行動経済学の
現在と未来

Behavioral Economics

Takanori Ida　　Katsuhiko Okada
依田高典・岡田克彦［編著］

日本評論社

はじめに

　行動経済学の特徴，魅力はその懐の深さ，適用可能分野の多様性にある．従来の経済学が「合理的経済人（ホモ・エコノミカス）」という数式で定義可能な人間を前提とするのに対し，合理性と非合理性の間で揺れ動く生身の人間を対象としたことで，行動経済学の知見は様々な実学分野に応用可能となった．人間を直視した新しい経済学の出現は，その関連分野において新しいパラダイムを創出することになったのである．

　行動経済学にとって，最も重要な概念は「限定合理性」である．米カーネギーメロン大学で活躍したハーバート・サイモン（Herbert Simon, 1978年ノーベル経済学賞受賞）は，人間の持つ情報は完全でなく，認知能力にも限界があり，計算処理の費用もかかるので，人間は効用を最大化するのではなく，せいぜい満足化に甘んじることを主張した．人工知能の提唱者としても知られるサイモンは，ホモ・エコノミカスの虚構性を暴き，生身の人間に立脚したモデルを提唱した．しかし，サイモンの経済学批判はあまりにも苛烈であり，時として，経済学そのものの学問批判にまで及んだために，サイモンの問題意識は経済学者の間でそれほど浸透することなく終わった．

　限定合理性がどのような満足化行動を惹起するのか鮮やかに描いたのが，イスラエルの心理学者エイモス・トヴァスキー（Amos Tversky）とダニエル・カーネマン（Daniel Kahneman, 2002年ノーベル経済学賞受賞）である．現実の意思決定と最適な意思決定との間には乖離が生じるが，その乖離を「バイアス（偏り）」と呼ぶ．人間の心には，今この瞬間に重きを置く「現在性バイアス」，確率が100％であることに重きを置く「確実性バイアス」等が潜んでいる．こうしたバイアスが単純ミスでないことは，バイアスを指摘されても，多くの者が行動を改めないことからも分かる．才気煥発で天才型のトヴァスキーと内気で近寄りがたいカーネマンは，異なる個性の火花を散らしながら，絶妙のコンビで次々と新しい理論を発表した．特に，1979年の論文において，リスク下の最適行動である期待効用理論を批判的に検討した「プロスペクト理論」は，ホモ・エコノミカス

に懐疑的な経済学者の間で幅広い支持を得た.

こうして,サイモンが種を蒔き,トヴァスキーとカーネマンが育てた行動経済学の芽は,1980年代に入って,合理性一色の主流派経済学に飽き足らなく思っていたリチャード・セイラー（Richard Thaler, 2017年ノーベル経済学賞受賞）の手によって,大輪の花を咲かせることになる.トヴァスキーとカーネマンの追っかけをしていた若きセイラーは,米スローン財団の支援を得て,「行動経済学プログラム」を立ち上げ,また,全米経済学会の機関誌で行動経済学の連載コラムを掲載するなど,主流派経済学における知名度を高める努力を続けた.セイラーは,「ナッジ（気づき）」という概念の提唱者である.これは,人間は行動を変更したがらない現状維持バイアスがあるので,与えられた選択肢に拘泥しがちである.このクセを利用して,臓器移植の同意について,同意をデフォルトにすると100％近い同意率が得られる一方で,不同意をデフォルトにすると10％程度の同意率に留まる.この考え方は,節電の促進や肥満の防止等,欧米の公共政策に大きな影響を与えた.

また,応用ミクロ経済学であるファイナンス研究の領域においては,「行動ファイナンス」という新分野を創出し,投資家の合理性,市場の効率性について大きな疑問を投げかけるようになった.資産価格は代表的投資家が効用最大化した結果として成立しているのだろうか,という疑問である.投資家がリスクとリターンを正しく評価できているのであれば,リスクの見返りとしてのみ高いリターンが得られるはずだ.しかし,行動ファイナンスの実証的研究の蓄積より,資産価格はリスクでは説明しきれない投資家の心理的要因に影響を受けていることが明らかになってきた.こうした発見は,非合理的投資家は市場では淘汰され,プロ投資家の存在が合理的価格形成を担保すると考えてきた研究者たちにとっては驚きであった.ただ,市場は時には誤ることもあるが,日々効率的市場に向かって変化を続けていると考えるべきだろう.企業の資本コストや企業価値が投資家の気分によって左右されるというのは由々しき事態であり,市場が情報を正しく反映できないということは,社会システムとしての根幹を揺るがす大きな欠陥をもつことを意味する.おそらくそうではなく,未だ完全ではないが効率的市場に向かって進化しているのである.2013年のノーベル経済学賞が,市場効率性を主張するシカゴ大学のユージン・ファーマ（Eugene Fama）と投資家心理が資産価格を左右すると主張するイェール大学のロバート・シラー（Robert Shiller）

の両博士に授与されたのも，バイアスにより歪められた市場の現実を明らかにし，より効率的な市場へと誘う役割がファイナンス研究者に求められていることを物語っている．事実，市場におけるいくつかの非合理性は解消され，あらたな知見が共有されるたびに効率性を高めている．本書でも紹介するように，近年，あたらしい技術やデータが整備され，これまでにないスピードで研究が進んでいる．行動ファイナンスの未来への歩みは効率的市場に向けての歩みと軌を一にすると言えよう．

こうした行動経済学の革命は，日本の経済学界でも確実に根を下ろし，学術分野のみならず，公共政策の分野でも広範な影響力を持っている．その中核をなす機関が行動経済学会だ．行動経済学会は，日本における行動経済学研究の促進を図り，その研究に関心のある広い分野（経済学，ファイナンス会計，経営，マーケティング，心理学，政治学等）の研究者，実務家，学生に会員となり，交流を深めるように呼びかけ，研究者の核となる場を提供するために2007年に設立された．研究報告大会を毎年1回開催し，行動経済学機関誌「行動経済学」を発刊している．

本書は，こうした行動経済学会の研究成果を広く日本の読者に紹介すると共に，行動経済学の未来を展望するものとして，行動経済学会10周年を機に企画された．執筆者は，機関誌の編集委員会を中心に構成され，行動経済学会の10年余の研究活動を広く深くとりまとめたものとなっている．これらの研究に興味を持たれた読者が，行動経済学に興味を持ち，行動経済学会会員として参加されんことを祈りたい．

2019年8月

行動経済学会編集委員会　編集長　岡田克彦

副編集長　依田高典

目　次

はじめに　　iii

初出一覧　　xiv

第Ⅰ部　行動経済学へのナッジ

第1章　**金銭的インセンティブとナッジが健康増進に及ぼす効果**―フィールド実験によるエビデンス（依田高典・石原卓典）‥‥‥‥‥‥‥‥‥‥‥‥3

1．はじめに　3

2．金銭的インセンティブによる行動変容　6

　2.1．ジムの参加率についての研究　6

　2.2．禁煙行動についての研究　8

　2.3．クラウディング・アウト　9

3．ナッジによる行動変容　10

　3.1．情報提供によるナッジを用いた研究　10

　3.2．社会的比較によるナッジ　15

　3.3．社会的規範によるナッジ　16

　3.4．ナッジと金銭的インセンティブの組み合わせによる介入　16

4．日本における研究紹介　17

5．結びに代えて―ナッジの意義と限界―　20

第2章　**医療現場の行動経済学**―意思決定のバイアスとナッジ（佐々木周作・大竹文雄）‥‥‥‥‥‥‥‥‥‥‥‥‥‥‥‥‥‥‥‥25

1．イントロダクション　26

2．行動経済学的特性と医療・健康行動　27

　2.1．リスク選好　27

　2.2．時間選好　28

3．医療・健康分野のナッジ　30

　3.1．介入の正当性　30

　3.2．ナッジ研究の事例　31

4．医療者の意思決定のバイアス・医療者を対象にしたナッジ　40

5．医療・健康分野の行動経済学の今後　42

vii

第3章 行動変容のメカニズムと政策的含意 （八木 匡・瓜生原葉子） ………… 47

1．序論　47
2．医療および健康行動における行動変容　48
3．行動変容の基礎理論　49
　　3.1．目標設定理論（Goal Setting Theory）　50
　　3.2．行動変容ステージモデル（Transtheoretical Model of Behavior Change）　51
　　3.3．社会心理学的行動理論（Behavioral and Social Psychological Theories）　51
　　3.4．行動変容をもたらす技術　52
4．社会的行動変容の神経科学的根拠　53
5．消費者行動における行動変容モデル　55
　　5.1．無意識の重要性　55
6．行動変容を可能にする戦略デザイン：臓器提供意思表示の事例　58
　　6.1．問題意識と実証研究の目的　58
　　6.2．意思表示行動のメカニズムと必要な介入の解明　59
　　6.3．態度・行動変容の実証（アクションリサーチ）　61
　　6.4．まとめ　64
7．結び　65

第4章 マーケティングと行動経済学—二重過程理論と文脈効果に関するレビューと購買履歴データからの実証分析 （星野崇宏・竹内真登） …………… 71

1．はじめに　71
2．二重過程理論と文脈効果　73
　　2.1．二重過程理論の概観　73
　　2.2．マーケティング・消費者行動研究における二重過程理論　74
　　2.3．文脈効果と研究知見の概観　76
　　2.4．二重過程理論と文脈効果の関連　79
　　2.5．魅力効果に対する疑義と課題　82
3．購買履歴による魅力効果の分析　84
　　3.1．分析データ　85
　　3.2．分析方法　87
　　3.3．分析結果と解釈　87
4．まとめ　88

目　次

第Ⅱ部　行動経済学の広がりと奥行き

第5章　心理学と行動経済学—古典的心理学と確率荷重関数の関係を中心に
（竹村和久・村上　始）…………………………………………… 97

1．はじめに　97
2．心理学と行動経済学とのかかわりの歴史　98
3．古典的心理学と行動経済学の接点としての確率荷重関数の問題　101
4．非線形期待効用理論と確率荷重関数　103
5．遅延価値割引と確率荷重関数　110
6．確率荷重関数と遅延時間割引関数の推定　114
　6.1．確率荷重関数の推定　114
　6.2．遅延時間割引関数の推定　118
7．結論と今後の課題　120

第6章　実験経済学方法論に関する最近の研究動向—報酬支払法を中心とした考察（川越敏司）………………………………………… 125

1．はじめに　125
2．実験経済学の方法論　129
　2.1．経済実験の目的　129
　2.2．行動経済学に関する2つのアプローチ　132
3．実験における報酬支払法　135
　3.1．研究の動機　135
　3.2．様々な報酬支払法　137
　3.3．報酬支払法に関するメカニズム・デザイン・アプローチ　142
4．結論　144

第7章　結婚と幸福：サーベイ（筒井義郎）………………………………… 149

1．はじめに　149
2．結婚している人と未婚の人のどちらが幸福か　152
3．結婚によって幸せになるのか、幸せな人が結婚するのか　153
4．結婚は幸福度にどのような影響を与えるか　156
　4.1．幸福は何によって決まるか　156
　4.2．結婚による幸福度の変化　156
　4.3．順応は完全か　158
5．なぜ結婚によって幸福になるのか　164
　5.1．結婚による幸福度の変化の原因を説明する研究　164
　5.2．選択配偶仮説とBeckerの分業仮説　164

ix

5.3. 心理学における選択配偶仮説　169

5.4. 性交渉の重要性　171

5.5. 出産と結婚幸福度　171

6. おわりに　172

第8章　セルフコントロールの行動経済学（池田新介）……………… 179

1. はじめに　179

2. セルフコントロールとは何か　181

3. セルフコントロール力と行動：実証知見　183

4. セルフコントロールと消耗　184

4.1. エゴ枯渇論争　184

4.2. 心理学的仮説　186

4.3. 統合の必要性　187

5. 誘惑＝二重処理モデル　188

5.1. 異時点間選択　190

5.2. リスク選択　192

6. 内生的意志力モデル　193

6.1. ケーキ問題　195

6.2. 意志力制約下の消費・貯蓄決定　196

7. 結論　200

第9章　AIと行動ファイナンス─ファクターに依拠した株価予測可能性の探索

（岡田克彦・羽室行信）……………………………………… 207

1. はじめに　207

2. 資産価格評価モデルの変遷と統計学　209

2.1. 資産価格評価モデルの変遷　209

2.2. 最近の資産価格評価モデル研究の流れとAI活用の可能性　210

3. クロスセクションの予測ファクターとAI　212

3.1. 増加するファクターについて　212

3.2. 次元の呪い（Curse of dimensionality）　212

3.3. LASSOによる変数選択　215

4. ネットワーク解析による株価の予測可能性　217

4.1. 企業属性以外の情報に依拠するクロスセクションの予測ファクター　217

4.2. グラフ理論に基づいた取引関係ネットワーク解析による株価の予測可能性　218

5. 結語　225

目　次

第10章　**行動ファイナンスと新規株式公開**（髙橋秀徳）‥‥‥‥‥‥‥‥‥‥‥‥ 229

1．はじめに　229

2．IPO パズル　230

3．情報の非対称性に基づく理論からのアプローチ　232

4．行動ファイナンスからのアプローチ　233
- 4.1．プロスペクト理論とメンタル・アカウンティング　234
- 4.2．センチメント　235
- 4.3．投資家の注目　236

5．情報の非対称性に基づく理論も根強い　239

6．今後の展望　239
- 6.1．指標の精緻化　240
- 6.2．国際比較　240
- 6.3．裁定取引の限界　242
- 6.4．結語　242

第11章　**グリット研究とマインドセット研究の行動経済学的な含意**─労働生産
性向上の議論への新しい視点（川西　諭・田村輝之）‥‥‥‥‥‥‥‥‥ 245

1．序論　245

2．グリット研究の概要　248
- 2.1．グリットスコアが成功を決める　248
- 2.2．グリット（やり抜く力）とは　249
- 2.3．グリットは伸ばせる　251
- 2.4．グリットとセルフ・コントロールの相違　252

3．マインドセット研究の概要　254
- 3.1．能力に関するマインドセット　254
- 3.2．マインドセットに関する研究の流れ　255
- 3.3．マインドセットの測定　257
- 3.4．能力に関するマインドセットが与える様々な影響　258
- 3.5．能力に関するマインドセットは変えられる　260
- 3.6．マインドセットと人間関係　261
- 3.7．グリットとマインドセット　261
- 3.8．マインドセットとセルフ・コントロールの関係　262

4．労働生産性向上をめぐる議論への含意　264
- 4.1．後天的な資質の重要性と認知バイアスの存在　264

4.2. 労働生産性向上と「生産性革命」をめぐる議論への含意　266

5．行動経済学への含意　273

5.1. 行動の多様性の原因としてのマインドセット　274

5.2. グリット形成プロセスの行動経済学的分析　278

6．結び　279

第Ⅲ部　行動経済学の開く未来

第12章　民族多様性と市場メカニズムに関する実験研究—ケニアにおける相対取引実験（下村研一・大和毅彦） ························· 287

1．はじめに　287

2．本研究の背景　289

2.1. ケニアの民族多様性　289

2.2. 実験で検証する理論モデル　291

3．実験デザインと取引方法　296

3.1. デザイン　296

3.2. 取引方法　298

4．実験結果　300

4.1. 取引価格の推移　300

4.2. 最終配分　302

4.3. カレンジン人効果：「My Way or the Highway」　306

5．おわりに　306

第13章　所得再分配選好の形成分析の展開と展望—反グローバル化時代における格差と人々の意識（山村英司） ························· 313

1．はじめに　313

2．「行動経済学」の形成と関連研究の紹介　315

2.1. 理論研究　318

2.2. サーベイデータを利用した研究　320

2.3. 実験的手法および先端的テクノロジーを利用した研究　323

2.4. サーベイ調査研究の結果と実験的手法の研究結果の違い　325

3．日本の研究　327

4．今後の展望：未来の研究者への問い　330

第14章　規範行動経済学と共同体（大垣昌夫・大竹文雄） ························· 339

1．はじめに　339

2．共同体の規範経済学研究のための倫理観　345

2.1. 厚生主義以外の倫理観の必要性　345

2.2. 徳倫理を導入する分析の枠組み　347

2.3. 家族共同体とワーク・ライフ・バランス　348

3．ヒューマン・キャピタル，ソーシャル・キャピタル，スピリチュアル・キャピタルと共同体メカニズム　351

4．内生的選好に関わるヒューマン・キャピタルと教育に関する実証分析　353

5．ソーシャル・キャピタルと教育の実証研究　356

6．向社会的組織と社会的選好　357

6.1. NPOと従業員の賃金　358

6.2. CSRと従業員の社会的選好　359

6.3. CSRが不正行為を増やす　360

7．結論　361

索引　367

執筆者一覧　373

xiii

初出一覧

■第Ⅰ部
第 1 章　行動経済学　第11巻（2018）　132-142
第 2 章　行動経済学　第11巻（2018）　110-120
第 3 章　行動経済学　第12巻（2018）　26-36
第 4 章　行動経済学　第12巻（2019）　51-61

■第Ⅱ部
第 5 章　行動経済学　第12巻（2019）　37-50
第 6 章　行動経済学　第12巻（2019）　15-25
第 7 章　行動経済学　第12巻（2019）　1-14
第 8 章　行動経済学　第12巻（2019）　62-74
第 9 章　行動経済学　第11巻（2018）　121-131
第10章　行動経済学　第11巻（2018）　88-95
第11章　行動経済学　第12巻（2019）　87-104

■第Ⅲ部
第12章　行動経済学　第11巻（2018）　96-109
第13章　行動経済学　第11巻（2018）　75-87
第14章　行動経済学　第12巻（2018）　75-86

第 I 部

行動経済学へのナッジ

第 1 章

金銭的インセンティブとナッジが健康増進に及ぼす効果
フィールド実験によるエビデンス

依田高典[a]・石原卓典[b]

●要旨

　金銭的インセンティブとナッジがどのような人間の行動変容をもたらすのか，行動経済学的なエビデンスの蓄積が進んでいる．本章では，フィールド実験を通じた健康増進の先行研究の結果を概観し，京都府けいはんな学研都市で行った著者らの研究結果も紹介する．
キーワード：行動経済学，金銭的インセンティブ，ナッジ，フィールド実験，健康
JEL Classification Numbers: B29，D90，D91

1.　はじめに

　人間の合理性は限定的であり，どの選択肢を選ぶかは，選択肢の与えられ方によって左右される．内容は同じものであっても，選択肢の与えられ方に選択が依存してしまうため，人々の選択の自由を認めつつも，彼ら選択者が後悔しないように選択肢の与え方を工夫するべきである．これが2017年にノーベル経済学賞を受賞したリチャード・セイラー教授らの提唱する「ナッジ（誘導）」である[1]．
　ナッジが効果を発揮したケースが，臓器移植の同意である．臓器を摘出するには2つの方法がある．ひとつは死亡した人が生前，臓器移植に同意すると意思表示している場合に限り，その臓器を摘出できる「オプトイン方式」である．もうひとつは，生前に反対意思を表示していない場合に摘出できる「オプトアウト方

---

a）京都大学大学院経済学研究科 e-mail: ida@econ.kyoto-u.ac.jp
b）京都大学大学院経済学研究科博士課程
1）非常に少額の金銭的インセンティブを含めてナッジとみなす場合もあるが，本章ではそうした金銭的インセンティブをナッジとしては扱わない．金銭に依らず，情報の提供や選択肢の提示の仕方を変えるものをナッジとして扱うものとする．

式」である．日本はオプトイン方式を採用している．人間が合理的に行動する存在ならば，オプトインでもオプトアウトでも，結果は同じになるはずである．しかし実際には，デフォルト（初期値）の回答をオプトイン＝同意しないにするか，オプトアウト＝同意するにするかによって，結果に大きな差が現れることが知られている（Johnson and Goldstein 2003）．例えば，欧州諸国では，デンマーク，ドイツ，英国，オランダがオプトインを採用している．これらの国では，同意率は4～28％と低水準にとどまっている．他方，オプトアウトを採用しているスウェーデン，ベルギー，ポーランド，ポルトガル，フランス，ハンガリー，オーストリアでは，同意率は86～100％と極めて高水準に上っている．

　このナッジの効果に着目し，もっと広い範囲で活用しようとする動きが，世界各国の政府に広がっている．有名なものは英国の事例である．2010年5月に発足したキャメロン政権は，セイラーの協力を得て，内閣府の下に「行動洞察チーム（ナッジ・ユニット）」を組織した．米国でも同時期に，キャス・サンスティーンが支援する同様のチームがホワイトハウスに発足した．

　日本では環境省が日本版ナッジ・ユニットを立ち上げており，家庭で省エネ・節電が進むよう誘導する計画である．消費者庁も，徳島市に消費者行政新未来創造オフィスを設置し，行動経済学の知見を活かした消費者教育等を展開する方針でいる．こういったナッジ・ブームは，セイラーのノーベル経済学賞受賞で，ますます盛り上がる可能性がある．

　他方で，学界では，以前から，ナッジに対して冷めた見方をしている経済学者が少なくない．彼らは「ナッジは効くが，その効果は小さく，長続きもしない」と考えているのである（Gneezy, Meier, and Rey-Biel 2011, Sunstein 2017）．そうした指摘が正しいかどうかを検証するために，著者の一人は経済産業省の支援を受けて，2012年夏にあるプロジェクトを行った．当時は東日本大震災後で，全国的に電力が不足していた．この局面で，京都府南部けいはんな学研都市の約700世帯を対象に，発電費用に応じて電気料金を65円から105円まで引き上げる変動型電気料金を導入することと，節電を要請するメッセージを送ることの効果を比較対照するフィールド実験を行った．後者のメッセージがナッジに相当する．メッセージの中身は具体的には，「X月X日の午後1～4時の間，電力の使用をお控え下さい」というものである．

　実験期間は特に気温の高い時期の15日間とした．異なる価格帯を1セットにし

て，3日を1サイクルとし，5つのサイクルに分けて比較したところ，結果は明らかであった．変動型電気料金は期間中，一貫して15％前後の電力消費量のピークカット効果を発揮した．これに対し節電要請では，第1サイクルこそ8％の効果があったものの，第2サイクル以降は効果がなくなった．この研究の枠内においては，メッセージによるナッジの効果は小さく，しかも持続しないことが証明されたのである（Ito, Ida, and Tanaka 2018）．

　こうしたナッジについての研究は，従来は，節電や募金等の文脈で語られることが多かったが，近年では健康行動についてもナッジが活用されるようになってきている．健康行動の変容が注視されるようになってきた背景としては，国内外における生活習慣病の広がりがその一因としてあり，国内における生活習慣病の総患者数は，平成26年度で，高血圧性疾患，糖尿病，高血圧性のものを除いた心疾患，脳血管疾患，悪性新生物を併せて，約1,780万人にのぼり，死亡原因の約6割を占めている．これらの疾患について医療費でみてみると，平成24年度で約9兆円となっており，医療費支出の約3割を占める主要疾患となっている．

　これらの生活習慣病は，喫煙や食生活，運動等の生活習慣と密接に関わりを持っており，生活習慣を改善することによりある程度予防が可能である．このような生活習慣病の予防について，金銭的インセンティブやナッジを用いて改善していくことは可能であると筆者らは考える．また，先行研究でも禁煙や活動量の増加，アルコール消費の適正化やダイエット等に金銭的インセンティブやナッジを用いてそれらの改善を図ったものも存在する．

　さらに，こうした金銭的インセンティブやナッジの政策介入による効果を測定する有効な方法として，近年ではランダム化比較試験（Randomized Control Trial: RCT）が注目されてきている．このランダム化比較試験はフィールド実験とも呼ばれ，対象者を介入を与えないコントロール群と，何らかの介入を与えるトリートメント群にランダムに振り分けたうえでアウトカムの差を比較することによって，介入による因果効果を明らかにするものである．

　本章では，近年研究が蓄積されてきつつある，ナッジによる健康行動変容についてのフィールド実験を紹介した上で，現在著者らが行っている研究の紹介を行っていく．第2節では，金銭的インセンティブによる行動変容を紹介する．第3節では，ナッジによる行動変容を紹介する．第4節では，日本における研究紹介として，ナッジを用いた我々の実験を紹介する．最後に第5節では，結びに代え

第Ⅰ部　行動経済学へのナッジ

て，ナッジの意義と限界を論じる.

2.　金銭的インセンティブによる行動変容

　本節では，まず，金銭によるインセンティブを用いた介入による，健康行動の変容を扱った先行研究を紹介していく. こうした金銭的インセンティブを与えることによる健康行動の変容を扱った先行研究は数多く存在し，実際の政策として活用されているケースもある. 金銭的インセンティブによるフィールド実験を扱った先行研究の代表的なものを表1にまとめている. また，以下ではそれらの研究について紹介していく.

2.1.　ジムの参加率についての研究

　ジムの参加率について検証しているものとしては Charness and Gneezy（2009）や，Acland and Levy（2015），Royer et al.（2015）などがある. Charness and Gneezy（2009）では，学生を対象として金銭的インセンティブにより，学生が大学のジムに通う割合が介入前後の期間で変化するか否かを検証している. この研究では，被験者を報酬のないコントロール群（40人）と，翌週に1度ジムに参加することで＄25もらえるトリートメント群（40人），翌週に1度ジムに参加し，その後の4週間に最低8回ジムに参加すれば追加で＄100もらえるトリートメント群（40人）の3つに分けている.

　その結果，コントロール群では，介入前後でジムへの参加が1週間当たり平均0.59回から0.56回へと減少し，1度の参加に対してのみ金銭的インセンティブが発生するグループでは，0.70回から0.76回へと参加率が上昇している. さらに，8回参加することで追加的に金銭的インセンティブが与えられるグループでは，0.60回から1.24回へと増加している. また，追加的に金銭的インセンティブが与えられる介入でのみ，コントロール群と比較した際に，その効果が統計的有意に得られている. この論文では，体重やウエストサイズ，脈拍等の健康指標の変化についても言及しており，追加的に金銭的インセンティブを与えられるグループで，これらの健康指標の改善がみられている.

　Acland and Levy（2015）でも同様に，学生と大学職員120人を対象にした，大学のジムへの参加率の金銭的インセンティブによる変化を検証している. この実

第1章　金銭的インセンティブとナッジが健康増進に及ぼす効果

表1　金銭的インセンティブによるフィールド実験

	Acland and Levy (2015).	Charness and Gneezy (2009).	Halpern et al. (2015).	Royer et al. (2015)	Volpp et al. (2009).
アウトカム	ジムの参加率	ジムへの参加率	禁煙成功率	ジムの参加率	禁煙継続率
対象	大学生，大学職員	大学生	従業員とその家族および友人	企業の従業員	従業員
サンプル数	120人	120人	2,538人	1,000人	878人
期間	1.5年間	9週間	6カ月間	2年間	18カ月
介入種別	報酬	報酬 (2種類)	報酬，デポジット (4種類)	報酬，コミットメント	報酬
効果の有無[1]	○	○	○	○	○
介入詳細	・1週間当たり2回以上参加すると$100.	2種類の介入・週に1度ジムに参加することで$25.・週に1度ジムに参加すると$25, その後の4週間に最低8回ジムに参加すれば追加で$100.	(個人，団体) × (報酬，デポジット) の4種類の介入：・個人：参加者個人の禁煙成功に応じて報酬.・団体：禁煙成功報酬は禁煙成功者に対して支払われ，グループ内の成功率に応じて報酬が増加.・報酬：6カ月間の禁煙成功で$800.・デポジット：初めに$150支払い，6カ月間の禁煙成功でデポジットの返金分を含め$800.	・4週間の間，最大週に3回まで1回ジムに参加するごとに$10.・報酬に加え，自身が定めた金額を積み立て，8週間続けてジムに参加しなければ没収される (コミットメント).	・禁煙プログラムの完了に対して$100, そのうえで6カ月以内に禁煙に成功すれば$250, 禁煙を6カ月以上続けることに対して$400.
結果詳細	・トリートメント群で介入終了後の8週間でのジム参加率が上昇.・その後の期間については有意差なし.	・追加で$100もらえるグループでのみ，介入によりジムの参加率が上昇.	・トリートメント群すべてで禁煙成功率は上昇.・6カ月間の禁煙成功率に団体・個人での効果の違いはみられない.・デポジットよりも，報酬での介入の方が効果が高い.	・金銭的インセンティブのみのグループでは，開始後半年は効果がみられるが，その後の効果の持続はなし.・金銭的インセンティブ＋コミットメントのグループについて，開始後2年間にわたり高い参加率.	・9カ月，12カ月目時点でトリートメント群で禁煙持続率は高く，15カ月，18カ月目で見てもトリートメント群における禁煙持続率は高い.

注1) 効果がみられた場合に○，効果がみられなかった場合×.

7

第 I 部　行動経済学へのナッジ

験では，実験の最初の 1 週目を学習の期間とし，コントロール群，トリートメント群のどちらに対しても，最低 1 度の参加に対して＄25を与え，その後の 4 週間コントロール群は介入を与えられず，トリートメント群はその後の 4 週間で 1 週間当たり 2 回以上参加することで追加的に＄100もらえるという介入を受けている．この実験では，介入期間の前後を合わせて約 1 年半にわたる長期のジム参加率を追っている．介入終了後の 8 週間でのジム参加率はコントロール群に比べてトリートメント群で有意に高かった．しかし，その後の介入が終了してからの期間についてはトリートメント群とコントロール群で介入によるジム参加率に有意な差はみられておらず，習慣の形成にはつながってはいない．

　Royer et al.（2015）でも，同様のジムの参加に対しての金銭的インセンティブの効果を企業の従業員を対象にして検証しており，ジムへの参加に対して金銭が支払われるインセンティブの効果を検証するのと同時に，自身が定めた金額を積み立て，8 週間続けてジムに参加しなければ没収されるというコミットメントによる効果の検証を行っている．金銭的インセンティブのみの介入を受けるグループでは，実験開始後半年では介入による効果がみられているが，その後の効果の持続はみられていない．一方，金銭的インセンティブに加え，コミットメントを受けるグループについては，実験開始後 2 年間にわたって高い参加率が維持されている．

2.2.　禁煙行動についての研究

　次に，禁煙行動に焦点を当てたものとしては，Volpp et al.（2009）や Halpern et al.（2015）等がある．Volpp et al.（2009）では，企業の従業員を対象に，禁煙プログラムの参加に対して，金銭的インセンティブを与えることで，それによる禁煙継続率の変化について検証している．この実験では，被験者を禁煙プログラムについての情報のみを受けるコントロール群（442人）と禁煙プログラムについての情報に加えて，金銭的インセンティブを受けるトリートメント群（436人）に分けている．ここで，トリートメント群の被験者に対して，禁煙プログラムを完了することで＄100を与え，その上で，6 カ月以内に禁煙に成功すれば＄250与え，さらに禁煙を 6 カ月以上続けることに対して＄400与えるという介入を行っている．この研究では，最長で18カ月目までの禁煙／喫煙行動を追っており，9 カ月目あるいは12カ月目時点での禁煙率はコントロール群で5.0％であったのに

8

対し，トリートメント群では14.7%であり，その差は統計的に有意であった．さらに，15カ月目あるいは18カ月目の時点での禁煙率は，コントロール群2.5%，トリートメント群9.4%であり，すべての期間について金銭的インセンティブが与えられるグループで禁煙率は高くなっている．

　Halpern et al.（2015）では，2,538人を対象にした大規模な介入実験を行っており，4種類の金銭的インセンティブによる介入効果の検証を行っている．この実験では，2（個人か団体か）×2（報酬かデポジットか）の介入が行われている．報酬を受け取るグループでは，6カ月間の禁煙成功で約$800受け取ることができ，デポジットグループでは，初めに$150デポジットとして支払い，その後の6カ月間の禁煙成功でデポジットによる返金を含めて$800受け取ることができる．結果として，4つの介入グループすべて（9.4〜16.0%）で，6カ月間の禁煙率はコントロール群（6.0%）よりも高かった．団体・個人での介入を比較してみると，6カ月間の禁煙率に差はみられず（13.7%，12.1%），報酬による介入での禁煙率（15.7%）の方が，デポジットによる介入での禁煙率（10.2%）よりも効果が高く見られている．

2.3.　クラウディング・アウト

　上記の先行研究をはじめとして，金銭的インセンティブによる行動の変化を検証した先行研究は多数あり，健康行動改善のための有効な方策の一つであることは間違いないだろう．

　人間が何か行動を行う場合，金銭など外的な報酬やペナルティを避けるために行動を行う場合と，それとは関係なく自発的な意思により，その行動をとる場合がある．こうした自発的な行動動機のことを内発的動機と呼ぶ．

　そうした内発的動機が働いている場合に，低い金額をインセンティブとして与えることにより，逆に内発的動機を阻害してしまい，自発的な行動変容が引き出されている場合にそれらを損なってしまう可能性が指摘されている（Heyman and Ariely 2004）．このように金銭的インセンティブにより内発的動機が阻害されてしまうことはクラウディング・アウトと呼ばれている．

第Ⅰ部　行動経済学へのナッジ

3.　ナッジによる行動変容

　健康行動の改善のための方策として，ナッジが用いられる場合もあり，健康行動促進のための有効な方法のひとつとして期待されている．健康行動変容のために用いられるナッジとして代表的なものは，（ⅰ）個人の活動結果をフィードバックする等により，個々人の健康状態や活動結果をその人に知らせるという情報提供，（ⅱ）他の人の活動結果とその人の活動結果，健康状態などを比較する社会的比較，（ⅲ）健康的な活動をすることが望ましいと伝える社会規範などがある．こうしたナッジによるフィールド実験を行った先行研究を表2にまとめている．

3.1.　情報提供によるナッジを用いた研究
3.1.1.　アルコールの消費についての研究

　一つ目の情報提供によるナッジを用いたフィールド実験で，アルコールの消費に関するものとしては，Bewick et al.（2008）がある．この研究ではフィードバックによる学生のアルコール消費量の変化について検証している．この実験では506人の大学生を対象として，コントロール群とトリートメント群に分け，12週間に亘って，被験者自身のアルコール飲料の消費行動に基づく，Web上での個別化されたフィードバックと社会規範情報を受けることができるという介入を与えている．このフィードバックには，被験者の1週間当たりのアルコール飲料の平均消費量とそれに関連した健康リスクの情報が含まれており，アルコール消費量を減らす／維持するべきであるというアドバイスも含んでいる．このような介入を与えた結果，コントロール群に比べて，トリートメント群ではアルコール飲料を飲む機会1回あたりの平均アルコール消費量について大きな低下がみられている．

3.1.2.　ダイエットについての研究

　Collins et al.（2012）では，Webを介したダイエットのプログラムやフィードバックによる体重の変化について検証している．この実験では，309人の肥満の成人を対象に12週間，Webによる体重減少のプログラム（basic）と，このプログラムに加えて，個別のフィードバックを与えるもの（enhanced）を介入として行っている．この実験の結果として，コントロール群と比べると，basicと

第1章　金銭的インセンティブとナッジが健康増進に及ぼす効果

表2　ナッジによるフィールド実験

	Bewick et al.(2008).	Burke et al.(2012).	Chapman et al.(2016).	Collins et al.(2012).	De Silva et al.(2016).
アウトカム	アルコール消費量	体重	歩数	体重	禁煙成功率
対象	大学生	成人（肥満）	大学職員	成人（肥満）	大学生
サンプル数	506人	210人	148人＋64人	309人	80人
期間	12週間	24カ月	3週間	12週間	6カ月
介入種別	情報提供，社会規範	情報提供，自分自身での記録	目標設定，社会的比較	情報提供	情報提供
結果	○	×	○	×	○
介入詳細	・1週間当たりのアルコール飲料の平均消費量と健康リスク情報）．	・三種類の介入： ・日記に記録． ・PDAに記録． ・PDAに記録＆フィードバック（毎日）．	・目標設定（ベースラインの歩数より，10%，50%，100%高い目標）． ・社会的比較（他の人の何%より高かったか低かったか）．	・体重減少のプログラム（Web）． ・プログラム＋個別のフィードバック．	・禁煙についてのリーフレット． ・リーフレット＋禁煙についてのアドバイス．
結果詳細	・アルコール飲料を飲む機会1回あたりの平均の消費量が低下．	・介入間での有意差なし．	・100%高い歩数を設定される介入を受けた場合，50%目標と比べ，一日当たりの歩数が増加． ・社会的比較を行う介入により，一日当たりの歩数が増加．	・プログラムのみ，プログラム＋フィードバックにより体重が有意に減少． ・介入間の効果はなし．	・禁煙成功率はリーフレットのみのものよりも，アドバイスも行ったグループで有意に上昇．

	Ghose et al.(2017).	Huang et al.(2006).	Kerr et al.(2016).	Moore et al.(2013).	Yilmaz et al.(2006).
アウトカム	血中グルコース，ヘモグロビンなど	購入食品の飽和脂肪酸の含有量	食品の購買行動，体重	一週間当たりのアルコール消費量	禁煙率
対象	糖尿病患者	ショッピングサイトの利用者	18歳から30歳までの成人	初年次の大学生	子供のいる女性
サンプル数	1,070人	497人	247人	3,800人	363人
期間	15カ月	4カ月	6カ月	11カ月	6カ月
介入種別	情報提供	情報提供（リコメンド・メッセージ）	情報提供	社会規範	情報提供
結果	○	○	○	×	○
介入詳細	・3種類の介入 ・mHealth app（スマートフォンアプリ）（T1）． ・m Health app＋全体向けのメッセージ（T2）． ・m Health app＋個別化されたメッセージ（T3）．	・食品購入の際に，飽和脂肪酸の含有量が高いものから低いものへ変えるようにリコメンド・メッセージを提示．	・フィードバックのみ，フィードバック＋テキストメッセージ）： ・フィードバック：果物や野菜の量などに対する3段階評価とコメント（毎日）． ・テキストメッセージ：レシピのリンクや栄養情報等（週に一度）．	・社会規範キャンペーン（ポスター，コースター，リーフレット，など）の実施．	・2種類の介入 ・自身の健康リスクについての情報． ・子供の健康リスクについての情報．
結果詳細	・T1，T2，T3のすべての介入で，すべてのアウトカムが有意に減少． ・特にグルコースについて，C2よりT1の方が減少率は高く，またT2とT3では異なる結果が得られ，T2の方が減少率が高い．	・トリートメント群でコントロール群よりも飽和脂肪酸含有量が0.66%低いもの購入．	・トリートメント群全体での購買行動に変化はなし． ・フィードバックのみのグループで，男性でエネルギーの高い食品の消費が低下し，女性では糖分を含んだ飲料の消費量が減少． ・フィードバックのみを行ったグループにおいて体重が減少．	・有意差なし．	・どちらのトリートメント群についても，コントロール群より禁煙率は高い． ・子供の健康リスクについての情報を与えられたグループにおいて，自身の健康リスクについての情報を与えられたものよりも禁煙率は高い．

第Ⅰ部　行動経済学へのナッジ

表2　つづき

	Zhang et al. (2015).	Zhan et al. (2016).
アウトカム	エクササイズプログラムへの1週間当たりの参加回数，一週間の運動日数	エクササイズプログラムへの1週間当たりの参加回数．
対象	大学生	大学生
サンプル数	217人	790人
期間	13週間	11週間
介入種別	情報提供，社会比較	金銭的インセンティブ＋社会比較，協調
結果	○	○
介入詳細	・Media condition：身体活動増加を啓発するメッセージやビデオをWeb上で見せる． ・Social condition：トリートメント群で4〜6人の匿名グループを作り，そのグループ内の他の人のプロフィールやプログラムの進捗状況等が参照できる．	・Social support：6人一組のチームを作り，チャットにより直接やり取りができる．同じ介入を受けるグループの中で，上位10%に入れば，グループメンバー全員が$20相当のギフトカードを受け取る． ・Social comparison：6人一組でチームを作り，チーム内のメンバー同士の結果がランキングにより比較される．各個人の参加回数に応じて同じ介入を受けた人たちの中で，上位10%の人が$20相当のギフトカードを受ける． ・Combined：6人一組でチャット機能がついている点では，social supportと同様．social comparisonと同じく，他のメンバーの結果と自身の結果を比較できる．報酬は上位5％のグループのメンバー全員が受ける．
結果詳細	・Media condition，Social conditionに割り当てられたグループで，プログラムへの平均参加数が増加． ・Social conditionグループでは，コントロール群と比べて，一週間の運動日数が増加．	・Social comparisonを含まない介入(コントロール，Social support)と比べて，Social comparison，Combinedのグループで参加回数が高い．

enhancedによる介入を受けたグループでは，それぞれ2.1kg,3.0kg有意に体重が減少している．しかし，basicとenhancedの介入間での効果はみられてはいない．

　Burke et al.（2012）では，消費カロリーと脂質の摂取量を記録でき，それらを目標値と比較することのできるPDAというソフトウェア，および日記を用いて，体重の自己管理とフィードバックによる体重減少の効果について検証してい

る．この実験では，24カ月間にわたり，210人の肥満の成人を対象に，日記，PDA のみ，PDA ＋フィードバックを介入としている．ここで，フィードバックとは，実験参加者のカロリーなどの摂取についてのものである．24カ月後の体重の変化について，日記をつけていたグループで1.94％，PDA のみのグループでは1.38％，PDA を利用し，さらにフィードバックを受けるグループでは2.32％の体重減少となっているが，各介入グループ間での効果の差についてはみられていない．また，体重の有意な減少が観察されたのは PDA ＋フィードバックによる介入のみである．

3.1.3. スマートフォンアプリを用いた研究

　情報提供や情報のフィードバックのナッジに関するものとして，近年ではスマートフォンのアプリを用いた実験も増えつつある．例えば，Kerr et al.（2016）では，食事を写真により記録するアプリを用いて，消費者の食品選択に関する変化を検証する実験を行っている．この実験では，18歳から30歳の247人を対象にして，6カ月間，日々のフィードバックのみによる介入，フィードバック＋テキストメッセージによる介入を行っている．ここではフィードバックとして，それぞれの食事の記録に対して，アプリ上に，果物と野菜の量，エネルギーの高い食品と糖分を含む飲料の量それぞれに対する3段階評価とそれに対するコメントが表示させている．さらにテキストメッセージによる介入としては，1週間に1度，対象者の携帯電話に，果物や野菜，ジャンクフードや飲み物についての，レシピへのリンクや栄養情報等を含んだものを送信している．このような介入を行った結果，トリートメント群全体では食品の選択について有意な変化がみられなかったが，フィードバックのみを行ったグループにおいて，男性ではエネルギーの高い食品の消費が低下し，女性では糖分を含んだ飲料の消費量が減少した．また，フィードバックのみを行ったグループにおいて，体重の減少が観察されている．

　Ghose et al.（2017）も，スマートフォンのアプリを用いた実験を行っており，リマインダーによる介入の血中グルコースやヘモグロビン等の健康指標に対する効果を検証している．この研究では，糖尿病患者1,070人を対象とし，15カ月間，実験を実施している．この実験に用いられているアプリでは，血中グルコースや血圧，運動量，食事，体重睡眠時間を記録できる他，それらをアプリ内で分析してリスク評価と個別のアドバイスを受けることができる．ここでは，被験者をコ

第Ⅰ部　行動経済学へのナッジ

ントロール群の他に，アプリのWeb版のみ，スマートフォンアプリのみ，アプリ＋全体に対するリマインダーメッセージ，アプリ＋個別化されたリマインダーメッセージといった介入を受ける4つのグループに分け，それぞれの介入による効果を見ている．この実験では，リマインダーは全体・個別ともに携帯電話のSMSを用いて送られる．このような介入を行った結果，すべてのトリートメント群でコントロール群に比べて，血中グルコース，ヘモグロビンや通院率，糖尿病関連支出について有意な減少がみられている．また，個別化されたリマインダーメッセージを受け取るグループよりも，全体向けのメッセージを受けたグループで減少率が大きいという結果がみられている[2]．さらに，Web版のアプリを利用したグループよりも，スマートフォン版のアプリを利用していたグループでより大きな効果がみられている．

3.1.4.　食品選択についての研究

　Huang et al.（2006）では，食品購入の際のリコメンドにより，消費者がより健康に良い商品を購入するようになるかということについて検証している．この実験は，ショッピングサイトの利用者497人を対象に，4カ月間行っている．ここでは介入として，インターネット上での食品購入の際に，飽和脂肪酸の含有量がより低いものを購入するようにリコメンドを行っている．その結果，コントロール群に比べ，トリートメント群では平均して飽和脂肪酸含有量が0.66％低いものを購入する，という結果がみられている．

3.1.5.　喫煙行動についての研究

　喫煙について，情報提供によるナッジを行ったものとして，De Silva et al.（2016）では，大学生80人を対象に，リーフレットによる情報提供のみの介入と，それに加えて短い禁煙についてのアドバイスを行う介入を行い，6カ月後の禁煙率を比較するという実験を行っている．この研究によると，禁煙率成功率がリーフレットのみの介入（7.5％）に比べ，アドバイスを行った方（55％）で有意に高くなっており，リーフレットを用いた情報提供だけではその効果が弱い，ということが示されている．

2）個別化されたメッセージの方が全体向けのメッセージよりも長くなってしまい，介入を受けた人が疲労感を覚えた可能性が指摘されている．また，通院率や糖尿病関連支出の減少幅は全体向けのものよりも，個別化されたもので効果が大きくなっている．

Yilmaz et al.（2006）では，子供のいる女性を対象に実験を行っている．ここでは，被験者をコントロール群（121人）と，子供の健康リスクについての情報を与えるグループ（111人），自身の健康へのリスクについての情報を与えられるグループ（131人）に分けている．その結果，コントロール群に比べ，健康リスクについての情報を与えられたグループでは禁煙率が有意に高く表れた．さらに，子供の健康リスクついての情報を与えられたグループの方が，自分自身の健康リスクについての情報を与えられた場合よりも，禁煙率は高くなっている．

3.2. 社会的比較によるナッジ

社会的比較によるナッジを用いた健康行動の変容を検証したものもいくつか存在する．

3.2.1. エクササイズプログラムへの参加についての研究

オンラインベースでのエクササイズプログラムへの参加を扱ったものとして，Zhang et al.（2015）がある．Zhang et al.（2015）では，大学生217人を対象にコントロール群と2つのトリートメント群に参加者を分けて，13週間に渡って実験を行っている．1つ目の介入では，media condition として身体活動増加を啓発するメッセージやビデオを Web 上で見せ，もう一方の介入では，social condition としてトリートメント群で4〜6人の匿名グループを作り，そのグループ内の他の人のプロフィールやプログラムの進捗状況等が参照できるようにしている．その結果，コントロール群の平均参加数4.5回に比べ，media condition, social condition に割り当てられたグループではそれぞれ5.7回，6.3回と，プログラムへの平均参加数が増加した．さらに，social condition グループでは，コントロール群と比較して，一週間の運動日数がおよそ0.8日有意に増加している．

3.2.2. 歩数についての研究

Chapman et al.（2016）では，目標設定や社会的比較が歩数の増加に与える効果を検証するため，2種類の実験を行っている．1つ目の実験では，大学職員148人を対象として，ベースラインでの歩数と比べて10%，50%，100%高い歩数を目標値として設定し，ランダムにそれらを参加者に伝えている．この実験では，最初の1週間でベースラインの歩数を測定し，その後の2週間介入を行っている．その結果，ベースラインより100%高い歩数を設定される介入を受けた場合に50%の目標値を伝えられる介入と比べて，一日当たり1,358歩歩数が増加し

第Ⅰ部　行動経済学へのナッジ

たが，50％の目標設定と10％の目標設定では有意な差がみられていない．また，2つ目の実験では，大学職員64人を対象に社会的比較によるフィードバックを与える実験を行っている．ここで行っている社会比較では，自分の歩数が全体の何％より高かったか低かったかという相対順位をあらわした情報が毎日Webサイトで伝えられ，週に2回の頻度でメールにより伝えられるという介入を行っている．その結果，社会的比較を行ったグループでフィードバックのみのグループに比べて，一日当たり1,120歩歩数が増加した，という結果が得られている．

3.3.　社会的規範によるナッジ

　社会規範によるナッジを行ったものとしては，上述したBewick et al.（2008）の他に，Moore et al.（2013）があり，この研究では学校単位で介入を行い，ポスターやドリンクのコースター，リーフレット等の形で他人の飲酒についての行動や態度を周知することにより，アルコールに関する大学入学者の誤認を正すことを目的に行われた．しかし，この研究は1週間当たりのアルコール消費量を指標として行われたが，ここでは有意な結果は確認されていない．

3.4.　ナッジと金銭的インセンティブの組み合わせによる介入

　ナッジと金銭的インセンティブを組み合わせることによって，より一層の行動変容を狙った研究もある．例えば，Zhang et al.（2016）では，ナッジと金銭的インセンティブを組み合わせた介入によりエクササイズプログラムの1週間当たりの参加回数の変化を検証している．ここでは，大学生を対象に11週間に渡り実験を行っている．参加者790人をコントロール群を含む4つのグループに分け，介入としてsocial supportとsocial comparison，それらを合わせたもの（combined）の3種類行っている．まず，social supportによる介入では，6人一組のチームを作り，チャットにより直接やり取りができるようにしている．この介入では同じ介入を受けるグループの中で，上位10％に入れば，グループメンバー全員が＄20相当のギフトカードを受け取ることができる．social comparisonによる介入では，こちらも6人一組でのチームを作り，チーム内のメンバー同士の結果がランキングにより比較される．こちらの介入では，各個人の参加数に応じて，同じ介入を受ける人たちの中で，上位10％の人が＄20相当のギフトカードを受けることができる．さらに，combinedの介入を受けるグループは，6人一組

でチャット機能がついている点では，social support と同じであるが，social comparison と同様に，他のメンバーの結果と自身の結果を比較できるようになっている．報酬は上位５％のメンバー全員が受けることができる．最後にコントロール群では，上位10％の人が＄20相当のギフトカードを受ける．この実験による結果として，各グループの１週間当たりの平均プログラム参加数は，social comparison で１週間当たり35.7回，combined で38.5回，コントロールで20.3回，social support で16.8回となっている．介入による効果としては，社会的比較による介入を与えられないコントロール群や social support による介入を受けるグループと比べて，social comparison や combined の介入を与えられるグループで，参加回数が有意に高くあらわれるといった結果が得られている．

4.　日本における研究紹介

　上記のナッジによる行動変容についての先行研究に関連して，本節では，著者らが行ってきた健康行動についてのナッジによるフィールド実験を紹介する（石原・富塚・依田 2016）．

　2015年から2016年にかけて，著者らは京都府南部のけいはんな学研都市を舞台として，情報提供と社会的比較の２種類の情報ナッジを用いたフィールド実験を２カ月間にわたり実施した．実験対象者は当該地域に住む住民の方である．参加者の属性としては，男性が63％であり，平均BMIが23，平均年齢が60歳である．

　この実験の手順は，図１のとおりである．先ず，タウンメールを用いて健康についてのアンケートを実施し，その回答者のうちアンケート回答の謝礼として歩数計を選択したものを対象にして行った．実験参加者は1,099人であり，その人たちをランダムにコントロール群を含む３つのグループに分けた．また，介入として，（１）個人の一日当たりの平均歩数をフィードバックし，行動変容の動機付けとするトリートメント（情報提供：Ｔ１）と，（２）情報提供に加えて，本人の歩数と他者の歩数を比較し，それに基づく相対順位をフィードバックすることで，行動変容の動機付けとするトリートメント（社会的比較：Ｔ２）を与えた．

　実験は2016年の２月１日から３月31日までの２カ月間実施し，各介入は実験期間中に３回はがきの郵送により行った．また，１回目の介入が始まる前の実験期

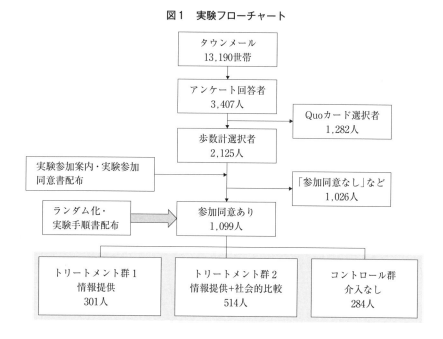

図1 実験フローチャート

間の最初の10日間をベースラインの歩数として用いた．

図2では，介入開始後から実験終了までの各トリートメント群の実験前後の平均歩数の差とコントロール群の実験前後での平均歩数の差の差の変動をあらわしたものである．各介入は，図中のD11，D31，D45の時点で行っている．

図2からもわかるように，情報提供・社会的比較の両グループでコントロール群よりも高い歩数がみられる．また，情報提供を受けたグループよりも社会的比較グループにおける平均歩数の方が実験期間を通じて高く推移しているようである．どちらのグループについても多少の変動はみられるものの，おおむね実験期間を通して効果が維持されているように見える．

これらの結果は回帰分析によっても観察され，情報提供のみを行うことにより，歩数がコントロール群に比べて，1日平均400歩ほど増加し，また，情報提供を行うことに加えて社会的比較を行うことによって，歩数は600歩ほど増加した．また，情報提供のみによる介入と社会的比較を追加で行う介入を比較したところ，その差は有意にみられた．加えて，実験期間を通じて繰り返し介入を行うことによっても，介入による効果が減少してしまうことや，消えてしまうという

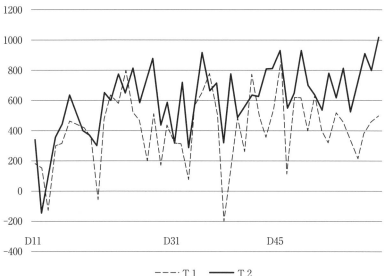

図2 情報提供（T1）と社会的比較（T2）の平均歩数の差の差

ことはみられず，介入期間を通して介入による効果がみられた．

　以上より，単純な情報提供を行うことによっても行動変容を引き出すことはでき，比較的低コストで生活習慣の改善を行うことはできることが分かる．そこから，社会的比較を行うことによって，より一層の行動変容が引き出されるということが分かっている．

　現在，著者らは消費者庁徳島オフィスの協力のもと，とくしま生協の組合員を対象にしたフィールド実験を行うことを計画している．この実験では，実験参加者を，コントロールを含めた3つのグループ群に振り分け，体重をアウトカムとした実験を実施することを計画している．

　トリートメント群は，それぞれ，チラシのみ（コントロール），チラシ＋目標リマインド，チラシ＋目標リマインド＋社会的比較の介入を与える．チラシは健康に資する情報とその情報にかかわるおすすめ食品を記載したもので，生協の他のチラシとともに被験者に渡される．また，各参加者には6月に行う事前アンケートで，9月から1年半後の健康目標（目標体重や目標運動時間等）を設定してもらい，この目標値を2カ月に一度通知されるのが目標リマインドによる介入である．さらに，社会的比較として，自分の体重の2カ月間での変化を他の被験者

第Ⅰ部　行動経済学へのナッジ

と比べる形で2カ月に一度通知する介入を行う．加えて，目標リマインドの伝え方にも，短期（2カ月）の目標達成度を伝える場合と長期（12カ月）の目標達成度を伝える場合の区別を設ける予定である．

　本実験では，ナッジによる体重の変化だけではなく，食品購買データを用いることにより，ナッジにより体重が変化するメカニズムを明らかにする．健康関連情報のみではなく，生協での購入情報を用いることで，チラシに記載した食品，健康ラベルの付いた食品等の購買量の変化を追うことができ，それにより情報提供→購買行動の変化→体重の変化という体重減少のメカニズムを購買状態の変化により明らかにしていく．

5.　結びに代えて―ナッジの意義と限界―

　ナッジには，大きく分けて2種類のアプローチがある．臓器移植はデフォルトを変えただけで，「自分で選択するのは面倒くさい」という人間の惰性を利用している．効果はあったが，何かを気づかせて意識を変え，行動変容を引き起こしたわけではない．

　一方，節電要請のメッセージは，それを見た人の意識を変え，節電するという行動変容を起こそうと狙ったナッジである．メッセージを受け取った当初は節電をしてくれるが，やがて刺激に慣れて，効果がなくなってしまった．これを心理学では馴化と呼ぶ．行動経済学は心理学の知見を活かして発展している．

　人間はもともと，限定合理的な存在であり，必ずしも合理的に行動しない存在である．ともすれば，怠け者になる人間に行動変容を起こさせるには，2つの壁を越える必要がある．一つ目は認知バイアスの壁である．多くの人は，望ましい行動変容が自分にとってどれだけの価値を持つのか，十分に理解していない．そのために情報を与え，人間の意識を変える．ここでナッジが役に立つと考えられる．二つ目は，スイッチングコストに根差す惰性の壁である．この時，人間が習慣を変えようとすると，デフォルト・バイアスがあらわれる．ナッジだけでは，このバイアスを同時に取り除くことは容易ではない．こうして，「分かっているが変えられない」という現象が起きる．

　このような理由で，単純なナッジだけの効果には残念ながら限界がある．ではどうすればよいか．行動経済学者の中には，ナッジに金銭的インセンティブを組

第 1 章　金銭的インセンティブとナッジが健康増進に及ぼす効果

み合わせるのが有効だとする考えがある．ある行動が生む価値について情報提供することで認知バイアスをなくし，さらに金銭的インセンティブによって，デフォルト・バイアスを乗り越えさせるのだ．この二種類の働きかけによって，初めて人間は納得した上で行動を変えられるのではないか．

　また，上記とは異なるアプローチとして，一人一人に合わせて個別化したナッジを行うことによって，行動を変えることが可能ではないかと考える．人間には，人によってそれぞれ異なる「心の癖」がある．医学の世界では，遺伝子情報に基づいて，一人一人にきめ細く合わせた治療を行うプレシジョン・メディシンという手法がある．同様に，一人一人の心の癖に合わせて行動アドバイスをするプレシジョン・ナッジというものが可能ではないだろうか．本章では主に平均介入効果（Average Treatment Effect: ATE）に着目して先行研究を紹介してきた．しかし，一人一人の心の癖が異なる以上，ナッジの受け取り方もまた人それぞれであり，異質性があるものと考えられる．そのナッジの受け取り方の異質性に着目し，一人一人の心の癖に合わせたプレシジョン・ナッジが有効ではないかと筆者らは考える．そうしたプレシジョン・ナッジを行うためには，膨大な行動データが必要となるが，ビッグデータ時代には，IoT を活用してパーソナルなデータが取得することが可能である．人の好みや行動履歴に基づき，最適なアドバイスを提供するといった形で，今までよりも効果が高い良質なナッジができるだろう．セイラーがノーベル経済学賞を受賞したことで，洗練されたナッジの政策的活用にも，拍車がかかることを期待したい．

引用文献

Acland, D. and M. Levy, 2015. Naivete, projection bias, and habit formation in gym attendance. Management Science 61, 146-160.

Bewick, B. M., K. Trusler, B. Mulhern, M. Barkham, and A. J. Hill, 2008. The feasibility and effectiveness of a web-based personalised feedback and social norms alcohol interven- tion in UK university students: a randomised control trial. Addictive Behaviors 33(9), 1192-1198.

Burke, L. E., M. A. Styn, S. M. Sereika, M. B. Conroy, L. Ye, K. Glanz, and L. J. Ewing, 2012. Using mHealth technology to enhance self-monitoring for weight loss: A randomized trial. American Journal of Preventive Medicine 43(1), 20-26.

Chapman, G. B., H. Colby, K. Convery, and E. J. Coups, 2016. Goals and social comparisons promote walking behavior. Medical Decision Making 36, 472-478.

Charness, G. and U. Gneezy, 2009. Incentives to exercise. Econometrica 77, 909-931.

Collins, C. E., P. J. Morgan, P. Jones, K. Fletcher, J. Martin, E. J. Aguiar, A. Lucas, M. J. Neve, and R. Callister, 2012. A 12-week commercial web-based weight-loss program for overweight and obese adults: Randomized controlled trial comparing basic versus enhanced features. Journal of Medical Internet Research 14(2), e57.

De Silva, W., R. Awang, S. Samsudeen, and F. Hanna, 2016. A randomised single-blinded controlled trial on the effective- ness of brief advice on smoking cessation among tertiary students in Malaysia. Journal of Health & Medical Infor- matics 7(1), 217.

Ghose, A., X. Guo, and B. Li, 2017. Empowering patients using smart mobile health platforms: Evidence from a randomized field experiment. Working paper.

Gneezy, U., S. Meier, and P. Rey-Biel, 2011. When and why in- centives (don't) work to modify behavior. Journal of Eco- nomic Perspectives 25(4), 191–209.

Halpern, S. D., B. French, D. S. Small, K. Saulsgiver, M. O. Harhay, J. A. McGovern, G. Loewenstein, T. A. Brennan, D. A. Asch, and K. G. Volpp, 2015. Randomized trial of four financial-incentive programs for smoking cessation. The New England Journal of Medicine 372, 2108–2117.

Heyman, J. and D. Ariely, 2004. Effort for payment: A tale of two markets. Psychological Science 15, 787–793.

Huang, A., F. Barzi, R. Huxley, G. Denyer, B. Rohrlach, K. Jayne, and B. Neal, 2006. The effects on saturated fat purchases of providing internet shoppers with purchase-specific dietary advice: A randomised trial. PLoS Clin Trials 1(5), e22.

石原卓典，富塚太郎，依田高典，2016．情報提供と社会的比較による活動量の行動変容：けいはんな学研都市におけるフィールド実験．京都大学経済学研究科ディスカッションペーパ ー J-16-002.

Ito, K., T. Ida, and M. Tanaka, 2018. Moral suasion and eco- nomic incentives: Field experimental evidence from energy demand. American Economic Journal: Economic Policy 10 (1), 240–267.

Johnson, E. J. and D. Goldstein, 2013. Do defaults save lives? Science 302 (5649), 1338–1339.

Kerr, D. A., A. J. Harray, C. M. Pollard, S. S. Dhaliwal, E. J. Delp, P. A. Howat, M. R. Pickering, Z. Ahmad, X. Meng, I. S. Pratt, J. L. Wright, K. R. Kerr, and C. J. Boushey, 2016. The connecting health and technology study: A 6-month randomized controlled trial to improve nutrition behav- iours using a mobile food record and text messaging support in young adults. International Journal of Behavioral Nutrition and Physical Activity 13(1), 52.

Moore, G. F., A. Williams, L. Moore, and S. Murphy, 2013. An exploratory cluster randomised trial of a university halls of residence based social norms marketing campaign to re- duce alcohol consumption among 1st year students. Substance Abuse Treatment, Prevention, and Policy, 8–15.

Royer, H., and M. Stehr, and J. Sydnor, 2015. Incentives, com- mitments, and habit formation in exercise: Evidence from a field experiment with workers at a Fortune-500 company. American Economic Journal: Applied Economic 7(3), 51–84.

第 1 章　金銭的インセンティブとナッジが健康増進に及ぼす効果

Sunstein, C., 2017. Nudges that fail. Behavioural Public Policy 1(1), 4-25.

Volpp, K. G., A. B. Troxel, M. V. Pauly, H. A. Glick, A. Puig, D. A. Asch, R. Galvin, J. Zhu, F. Wan, J. DeGuzman, E. Cor- bett, J. Weiner, and J. A. McGovern, 2009. A randomized controlled trial of financial incentives for smoking cessation. New England Journal of Medicine 360, 699-709.

Yilmaz, G., C. Karacan, A. Yöney, and T. Yilmaz, 2006. Brief intervention on maternal smoking: a randomized controlled trial. Child Care Health Development 32(1), 73-79.

Zhang, J., D. Brackbill, S. Yang, and D. Centola, 2015. Efficacy and causal mechanism of an online social media interven- tion to increase physical activity: Results of a randomized controlled trial. Preventive Medicine Reports 2, 651-657.

Zhang, J., D. Brackbill, S. Yang, J. Becker, N. Herbert, and D. Centola, 2016. Support or competition? How online social networks increase physical activity: A randomized controlled trial. Preventive Medicine Reports 4, 453-458.

第 2 章

医療現場の行動経済学
意思決定のバイアスとナッジ*

佐々木周作[a]・大竹文雄[b]

●要旨

　本章では，これまでに，医療・健康分野でどのような行動経済学研究の成果が蓄積されてきたかを整理する．本分野の研究は，患者を対象に，以下二つの分類で進められてきた．一つは，患者の意思決定上の行動経済学的な特性が積極的な医療・健康行動を取りやすくしたり，逆に，阻害したりしていることを明らかにする実証・実験研究である．具体的には，リスク回避的な人ほど積極的な医療・健康行動を取りやすいこと，一方で，時間割引率の大きい人・現在バイアスの強い人ほど取りにくいことがさまざまな医療・健康分野で観察されている．もう一つは，患者の行動経済学的な特性を逆に利用して，積極的な医療・健康行動を促進しようとする，ナッジの介入研究であり，実際に，ナッジが患者の行動変容を促すことが，多くの研究で報告されている．さらに，近年の研究動向として，医療者を対象にした行動経済学研究を紹介するとともに，長期的かつ安定的に効果を発揮するナッジの開発の必要性について議論する．

キーワード：医療，健康，リスク選好，時間選好，ナッジ

JEL Classification Numbers: H12, D81, D90

＊本章の準備にあたって，サントリー文化財団及び大阪大学社会経済研究所「行動経済学研究拠点」より助成を受けて，行動経済学研究者及び医学系研究者・実務家の両者が参加する研究会を開催し，医療・健康分野の行動経済学研究の成果の医療現場での重要性について意見交換を行った．

　本章は，多数の関連研究を追加して，佐々木・大竹（2018）を大幅に再構成したものである．本章の執筆にあたって，佐々木は JSPS 科研費（17J07242），大竹は文部科学省科学補助金（基盤（A）26245041）の助成を受けている．また，「行動経済学」誌匿名レフェリーから大変有益なコメントを頂戴した．

a）京都大学大学院経済学研究科 e-mail: ssasaki.econ@gmail.com

b）大阪大学大学院経済学研究科 e-mail: ohtake@econ.osaka-u.ac.jp

第Ⅰ部　行動経済学へのナッジ

1.　イントロダクション

　現代の医療においては，インフォームド・コンセントが重視されている．この背景には，正確な医学情報さえ与えられれば，患者は合理的な意思決定ができるという前提がある．しかし，多くの人が「現在バイアス」「損失回避」等の意思決定上の癖を持っていることが行動経済学の研究から明らかになってきた．実際，正しい医学情報が提供されたとしても，患者は医学的に望ましい選択をするとは限らないということを示した研究もある．したがって，患者が合理的な意思決定主体という前提そのものを考え直す必要がある．

　医療者は，患者の意思決定の特性をよく理解して，情報の提供の仕方を工夫することが重要である．一方で，患者も，医師から与えられた情報をもとに適切な意思決定ができるように，陥りがちな意思決定のバイアスを理解しておく必要がある．

　これまでの医療・健康行動に関する行動経済学の研究には，医療現場の問題意識に直結した研究が多く，その成果がそのまま診療に活用できるものや，ナッジを設計するときのヒントになるものまで多岐に渡る．

　医療行動経済学の研究は，まず，患者を対象にして，以下二つの分類で進められてきた．一つは，患者の意思決定上の行動経済学的な特性が積極的な医療・健康行動を取りやすくしたり，逆に，阻害したりしていることを明らかにする実証・実験研究である．もう一つは，患者の行動経済学的な特性を逆に利用して，積極的な医療・健康行動を促進しようとする，ナッジの介入研究である．

　次に，近年の傾向として，研究対象を患者から医療者に変更して，医療者の行動経済学的特性を調べる研究や，医療者を対象にしたナッジの介入研究が実施されている．

　本章では，第一に，患者を対象にして，上記二つの分類で，これまでにどのような研究成果が蓄積されてきたかを整理する．第二に，医療者を対象にした行動経済学研究の成果を紹介する．最後に，今後，医療・健康分野の行動経済学がどのように進展していくかについて展望する．

第 2 章　医療現場の行動経済学

2.　行動経済学的特性と医療・健康行動

2.1.　リスク選好

　医療・健康行動は基本的に不確実性下の意思決定の帰結であるので，リスクに対する態度と医療・健康行動には密接な関係があると考えられてきた．実際，プロスペクト理論に見られるリスクに対する態度のうち，特に，リスクを回避しようとする傾向とさまざまな医療・健康行動の間に特徴的な関係があることがわかっている．

　リスク回避傾向とは，平均的な利益は高いが同時に利益が0になるようなリスクも伴う選択肢よりも，平均的な利益は低いが安全確実な選択肢を好むというということである．これを医療・健康行動に当てはめて考えてみれば，タバコを吸ったり，深酒したり，食べ過ぎたりという行動は，「その行動から期待される満足度は高いが，健康を害する可能性も高い」という選択を取ることと同じである．そのため，リスク回避的な人ほど，そのような健康リスクのある行動は取らずに，「平均的な満足度は低いが，健康を害する可能性も低い」選択肢の方を好むだろうと予想できる．

　多くの研究が，予想と一致する結果を報告してきた．例えば，実験室実験や仮想的実験質問により被験者の金銭的なリスク回避傾向を抽出したとき，リスク回避的な人ほど喫煙しない，深酒しない，肥満傾向にない，慢性疾患を持ちにくい一方で，血圧の管理をきちんとする，デンタル・フロスを歯磨きに使う，シートベルトを着用する可能性が高いという結果が報告されている（Anderson and Mellor 2008, Barsky et al. 1997, Guiso and Paiella 2004, Hersch and Viscusi 1998）.

　しかし，少数ではあるが，予想に反する結果を報告する研究も存在する．例えば，Picone et al. (2004) は，リスク回避的な人ほど乳がん検診を受診しにくいという実証結果を示した．リスク回避的な人であれば，予め検診を受診してリスクヘッジする可能性が高いと想像できるので，この結果は予想外だと言える．彼らは次のように理由を説明する．乳がん検診受診には「乳がんの発見が遅くなることで生じる健康リスク」を低下させる一方で，「乳がんが発見され治療した場合，その治療が失敗するかもしれない」等の別のリスクに直面する側面があるため，検診受診は医療・健康リスクを低下させるだけではないというのである．検診受診に医療・健康リスクを低める効果と高める効果という2種類の効果が存在

27

第Ⅰ部　行動経済学へのナッジ

するならば，乳がん検診を受診することよりも受診しないことの方がリスク回避的な人の効用が高くなる場合が出てくることを，Picone et al.（2004）は理論的に明らかにした．彼らと同様の実証結果は，フランス（Goldzahl 2017）や日本（佐々木・平井・大竹 2016）でも報告されている．

　安全な選択肢とリスクのある選択肢の二択でなく，検診を受診する・しないに関わらず両方の選択肢にリスクが伴う状況では，リスク回避的な人ほど積極的な医療・健康行動を取る，とは必ずしも言えない可能性がある．

2.2.　時間選好

　医療や健康についての意思決定は，基本的に，将来の健康による利益と現在の治療に関わる痛みや金銭的な負担を比較検討する異時点間の問題であり，行動経済学における時間選好が重要な役割を果たすと考えられる．具体的には，将来の便益を割り引く傾向の強い，時間割引率の大きい人や，現在バイアスによる先延ばし傾向の強い人ほど，積極的な医療・健康行動を取りにくい可能性が指摘されている．

　禁煙する・健康診断を受診する・薬を必要なタイミングで服用することで，健康状態が改善したり，病気が悪化せずに済んだりするという利益は，それらの行動を取る時は別の，将来の時点で生ずることの方が多い．一方で，禁煙することで精神的な負担を感じたり，検診受診にお金や時間がかかったりするという費用は，それらの行動と同時点で発生する．この場合，時間割引率の大きい人は将来の利益を大きく割り引いて評価するため，現時点で発生する費用の方が大きく感じられる．その結果，積極的な医療・健康行動を取らないと予想できる．

　また，先延ばし傾向の強い人は，来年には禁煙する，ダイエットするというように，遠い将来時点については健康状態を重視した選択ができる．ここでは，医療・健康行動の費用が生ずるのも将来時点であり，健康状態が改善するのもそれよりさらに将来の時点であるというように，費用と利益のどちらも将来の出来事になっている．先延ばし傾向の強い人は，このような将来時点間の選択では忍耐強い選択をすると計画する．しかし，いざその時点が訪れると，夏休みの宿題などと同じように以前決めた計画を実行できず先延ばししてしまい，その結果としてやはり，積極的な医療・健康行動を取らないと予想できる．

　実際，時間割引率の大きい人ほど喫煙し，肥満傾向にあることが多くの研究か

ら分かっている（Lawless 2013）．また，マンモグラフィーを含む乳がん検診，パップテストと呼ばれる子宮頸がん検査，歯科検診，血中 LDL コレステロール濃度の測定検診を受診しにくいという結果やインフルエンザワクチンを接種する可能性が低いという結果も報告されている（Bradford 2010, Bradford et al. 2010）．さらに近年は，食事制限や運動療法などの医師からの指示をどのくらい遵守するかについても，時間割引率が影響を及ぼす可能性が指摘されている（Van Der Pol et al. 2017）．

先延ばし傾向についても同様に，先延ばし傾向の強い人ほど喫煙する，BMI が高く，肥満傾向にあること，一方で，主観的な健康感が低い，自前の歯の本数が少ない，乳がん検診を受診する可能性が低いことが分かっている（Fang and Wang 2015, Ikeda et al. 2010, Kang and Ikeda 2016）．また，これらの傾向は，先延ばし傾向を持つことを自分では分かっていない「ナイーブ」な人たちの間で強く観察されることも指摘されている．

しかし，リスク選好と同じように，当初の予想に反する結果を報告する研究もある．例えば，Bradford（2010）では，時間割引率の大きい男性の方が前立腺がんの検査を逆に受診しやすい可能性が示唆されている．また，数々の研究を整理して総合的に分析してみたときには，時間選好は，喫煙や肥満のような常習性の強い行動には大きな影響があるが，検診受診のような健康予防行動との関係性は比較的小さいと指摘されている（Chapman 2005）．実際，Picone et al.（2004）は，時間選好が乳がん検診の受診行動を説明する程度は，リスク選好やその他の要因に比べて小さかった，と報告している．

小括すると，リスク回避的な人ほど積極的な医療・健康行動を取りやすいという結果や，時間割引率の大きい人や先延ばし傾向の強い人ほど逆に取りにくいという結果は，様々な医療経済学分野で観察されている．一方で，分析対象となる医療・健康行動や対象者の属性が変わると，一般的な傾向と真逆の傾向が観察される可能性があることや，リスク選好や時間選好がどのくらい行動に影響するかが異なる可能性がある．

第Ⅰ部　行動経済学へのナッジ

3.　医療・健康分野のナッジ

3.1.　介入の正当性

　第3節では，人の行動経済学的特性を利用して，積極的な医療・健康行動の促進を目指したナッジの介入研究を紹介する．本節で採り上げるナッジ研究の多くは，時間割引率の大きさや現在バイアスの強さが原因で，禁煙できなかったり，ダイエットを継続できなかったり，健康診断を受診できなかったりする人を対象として想定している．彼らに積極的な医療・健康行動を選択してもらうには，どのような工夫が有効かを明らかにしている．

　その紹介に入る前に，医療者や政府による，人々の医療・健康行動を変えるための作為的な介入の是非に関する議論を整理しておく．伝統的経済学では基本的に，時間割引率が高いことが理由で，結果として不健康な状態に陥ったとしても，本人にとっては自発的で合理的な選択の帰結なので，政府が事前に介入して彼らの行動を変える必要はない，と考えられてきた．しかし，その伝統的経済学でも，本人の行動が他人に経済的損失をもたらすような負の外部性を生むものなら，彼らに介入することを正当化できるとしている．実際，医療費は本人だけでなく，公的な医療保険制度によって負担されているため，ある人が不健康な生活をして医療費がより多くなった場合，その医療費は本人だけでなく，社会全体で負担することになる．したがって，政府が予め介入して彼らの行動を変えることについては，一定程度の政策的意義が認められる．

　さらに，行動経済学では，特に現在バイアスによる先延ばし傾向が原因で積極的な医療・健康行動が取られていなかった場合，介入して彼らの行動を変えることには，彼らがもともと望んでいた選択が実現できるという意味で，彼ら自身にとってもメリットがある，と考えられる．

　次に，人々の行動に影響を与えるための政策介入の倫理的問題について議論する．ナッジとしてよく知られている方法の一つに，デフォルト設定の変更がある．これは，多くの人々の選択を変える可能性があることが指摘されている．ここで，デフォルト設定に影響された場合の選択と人々が入念に考えた場合の選択の間に大きな差がないのであれば，倫理的な問題は大きくないと考えて良いだろう．しかし，熟考した場合の選択がデフォルト設定に影響されたものと全く異なるなら問題が生じる．例えば，患者に病気と治療法に関する情報を与えられ，十

第 2 章　医療現場の行動経済学

分な説明を受けて，しっかりとした理解のもとで選択する治療法と，医療者がデフォルトとして提案する治療法が異なるなら，そのような提案による行動変容は倫理的な観点から避けられるべきである．時間的余裕がなく，不安を感じている中で，よく理解できずに意思決定をしなければならない状況に患者がある場合とそうでない場合で患者の意思決定が異なるときに，合理的な判断により近い治療法の方をデフォルトに設定して提案することが重要である，と考えられる．

3.2.　ナッジ研究の事例

3.2.1.　現在利益の追加

　時間割引率の大きい人が積極的な医療・健康行動を選択できないのは，将来時点で生ずる健康上の利益を小さく評価して，現時点で発生する費用の方が大きくなってしまうからである．したがって，彼らの行動を変えるには，何らかの工夫を施して，現在あるいは将来の利益をより大きくしたり，現在の費用をより小さくしたりすることが効果的ではないか，と考えられる．その工夫の一つに，現在の利益を新しく追加するという方法がある．時間割引率によって将来時点の利益がたとえ割り引いて評価されても，現在の利益が追加されているので，利益の合計が費用を上回る可能性が高くなる．

　現在の利益を追加するナッジに分類できるものに，他人に関する情報の提供がある．多くの人が処方薬をきちんと服用している，予防接種をしているという情報には，誰もが皆その選択肢を選ぶべきだという社会的規範を形成する効果がある．行動経済学では，他人の行動が参照点となること，その行動と同じように振舞わないと人は大きな損失を感じることが指摘されており，そのために，多くの人がこの社会的規範に従うことを好むのである．「あなた以外のほとんどの人が積極的な医療・健康行動を取っている」と伝えたときに，受取り側もその行動を選択すれば，「みんなと同じ行動を取っているのだ」という満足感を即時的に感じることになる．

　医療・健康以外の分野では，節電の促進・寄付金の募集・未納税金の徴収等さまざまなトピックで，他人に関する情報提供ナッジの有効性が確認されてきた（Allcott 2011, Frey and Meier 2004, Hallsworth et al. 2017, Shang and Croson 2009）．一方で医療・健康分野では，現在のところ，同様の傾向が観察されることは多くない．実際，インフルエンザワクチンの接種勧奨や乳がん検診の受診勧

31

第Ⅰ部　行動経済学へのナッジ

奨の場面で，他人に関する情報提供ナッジは統計的に有意な効果を示さなかった（Bronchetti 2015, Goldzahl et al. 2018）．ただし，ワクチン接種や検診受診より負担の小さい行動には効果的である可能性も示唆されている．例えば，自分の歩数が他人と比べてどの程度多いか・少ないかという情報を受け取ることで，歩数が増加するという結果を Chapman et al.（2016）は報告している．また，「インフルエンザワクチンを接種すべき」というタイトルの付いた電子メールを友人から受け取ることで，同じメールを別の人から受け取るよりもメールを開いてくれる確率が高まるという結果を Bronchetti et al.（2015）は報告している．

　現在の利益を追加するという観点では，宝くじのような形式で，少額の金銭的インセンティヴを提供することの効果を検証する研究がこれまでに数多く蓄積されてきた．代表的なものとして，Volpp et al.（2008）が行った実験研究がある．彼らは，まず，健康増進のための減量プログラムを実施するとして，BMI 値が30〜40の範囲の人を数十名集めた．そして，参加者に，プログラムの開始から4カ月後までに目標体重を下回ることを目指そうと言い，そのために毎日体重を計測して報告するように指示した．

　ここで，彼らは，参加者に賞金が当たるクジを提供することで，彼らの目標減量体重を達成する確率が高まるかを検証している．賞金の当たるクジが，追加される現在の利益に当たるわけである．検証には，ランダム化比較試験を採用して，参加者を無作為にグループ分けした後，一つのグループの参加者だけに2桁の数字を割り当てた．減量プログラムの期間中は毎日，プログラム実施者側が無作為に数字を選び，その数字と一致する数字が割り当てられて，かつ，その日にきちんと体重を報告していた参加者に10〜100ドルを賞金として渡すことにした．彼らによると，このグループの参加者は，体重を測定して報告するという選択肢を選んだときには，平均的に1日当たり3ドルの利益が追加されていることになっているという．

　表1を見ると，予想通り，宝くじが提供されたグループの方が，提供されなかったグループに比べ，減量の程度や目標減量体重を達成した割合が高くなっていることが分かる．例えば，減量の程度は前者がマイナス5.9 kg で，後者（マイナス1.8 kg）の約3倍の水準だった．

　宝くじのような金銭的インセンティヴを提供して，現在の利益を追加する戦略は，体重管理による減量プログラムだけでなく，処方薬の服用の順守（Sen et al.

第2章　医療現場の行動経済学

表1　宝くじが減量に与える効果

	宝くじのない グループ (N=19)	宝くじのある グループ (N=19)
減量の程度	マイナス1.8kg	マイナス5.9kg
目標体重を達成した割合	10.50%	53.60%

出所：Volpp et al.（2008）を基に筆者作成

2014）やインフルエンザワクチンの接種（Bronchetti et al. 2015）にも効果的であることが報告されている.

　ただし，このような金銭的インセンティヴの提供がナッジなのか，という点については議論の余地がある．まず，セイラー・サンスティーン（2009）は，ナッジの定義に「経済的なインセンティヴを大きく変えることなく」という条件を含めている．しかし，一方で彼らも，一日数ドル程度の金銭を渡す政策をナッジの事例として紹介している．どの程度の金額帯の金銭的インセンティヴであればナッジに含まれるのか，については，今後議論を深めていく必要がある.

3.2.2.　損失フレームで失われる利益の大きさの強調

　新しく現在の利益を追加するのではなく，将来時点の利益を強調して大きく見せる，という方法もある．そのときに使えるのが，損失回避である．一般的に，私たちは利益に比べて損失を2.5倍に感じる，と言われている．同じ100円の変化でも，「100円得した」ときに得る満足感より「100円損した」ときの喪失感の方が大きい，ということである．この損失回避の特性を踏まえると，「○○すれば，将来あなたの健康状態はこれだけ良くなります」という利得フレームの勧誘文句よりも，「○○しなければ，健康状態はこれだけ悪くなります」という損失フレームの勧誘文句の方が効果的だと推測できる.

　Altmann and Traxler（2014）は，どのようなメッセージが歯科検診の受診率を向上させるかを検証している．ドイツの歯科医と協力して，1,277名の患者を無作為に4つのグループに分け，検診日を通知するためのダイレクト・メールの内容を次のように変更して送った．あるグループには，綺麗な歯の写真付きの利得フレームのメールを送った．別のグループには，虫歯で苦しんでいる人の写真を掲載した，損失フレームのメールを送った．また，比較対象として，単に検診日を通知するだけのグループやダイレクト・メールを送付しないグループも設けた.

第Ⅰ部　行動経済学へのナッジ

ただし，この研究では，期待通りの結果は得られなかった．損失フレームのダイレクト・メールは，全くメールを送付しない場合に比べると効果はあったが，それよりも単に検診日を通知する場合や女性の綺麗な歯の写真付きの利得フレームのメールの方が効果は大きかった．

実は，関連する過去の研究を整理して総合的に分析した研究から，損失フレームのメッセージが必ずしも最大の効果を発揮しないことが分かってきている（Gallagher and Updegraff 2011, O'Keefe and Jensen 2009）．効果を発揮するための場面設定が限定されているのか，あるいは，他の工夫と組み合わせて活用することが重要なのかもしれない．

他の工夫との組み合わせ案として，現在の利益を追加した上で，損失回避の特性の活用によって，将来の利益でなく現在の利益を強調する，というものがある．この組み合わせ案の可能性は，Levitt et al.（2016）が実施した教育分野の実験研究によって提示された．彼らは，金銭的インセンティヴや非金銭的インセンティヴを提供することで生徒の成績が上昇するかどうかを検証する際に，それぞれのインセンティヴの提供方法に次のような違いを設けた．一つは，成績が前回を上回れば報酬を与えるという一般的な方法であり，もう一つは，テストの直前に報酬を生徒に渡しておき，テストの成績が前回よりも悪ければその報酬を没収するという方法である．後者は，事前に報酬を与えることが現在の利益を追加することに相当し，成績が上昇しなければ没収するというルールを課すことで，損失フレームによってその現在の利益の大きさが強調されていると解釈できる．結果は，金銭的インセンティヴの場合も非金銭的インセンティヴの場合も，予め報酬を与えて基準に達しなかった場合に没収するという場合に，生徒の成績がより上昇するというものだった．

この組み合わせ案の医療・健康分野への応用例は，日本国内で報告されている．福吉（2018）は，地方自治体と協働して，大腸がん検診のための便検査キットの利用率と検診の受診率向上を目的に次のような研究を行った．その自治体の住民のうち，大腸がん検診の対象となる者を約2,000名ずつ無作為に2グループに分けた．そして，キットを住民に送付する際に，片方のグループには「今年度，大腸がん検診を受診された方には，来年度，『大腸がん検査キット』をご自宅へお送りします」というメッセージを添え，もう片方のグループには「今年度，大腸がん検診を受診されないと，来年度，ご自宅へ『大腸がん検査キット』

をお送りすることができません」というメッセージを添えた.

　従来の受診勧奨で使われる損失フレーム・メッセージは,「放置すると症状が深刻化する」というように将来的な損失を強調するものが多い. しかし,この研究では,来年も便検査キットが自動送付されるという機会そのものを現在に近い時点の利益として取り出して,損失フレームによってその機会の貴重さを強調した. 結果,損失フレームのメッセージが送付された後者のグループの方が,検診の受診率は7.2%高かったと報告されている.

　続いて,利得フレーム・メッセージと損失フレーム・メッセージの効果の厳密な比較で損失回避効果を抽出していない研究まで含めて関連事例を紹介する. 外来患者による病院予約が無断キャンセルされがちだ,という問題を解決するために, Hallsworth et al.(2015)は,患者宛に事前送付するSMSメッセージ上で次のようなランダム化比較試験を実施した. 具体的には,10,111人の外来患者をランダムに振り分けて,あるグループには予約日を通知するメッセージとキャンセルする場合には事前に連絡して欲しいというメッセージを送付した. また別のグループには,その基本メッセージに加えて,「無断キャンセルされると約160£が無駄になります」というメッセージを送付した. 後者の追加メッセージは,「予約日にきちんと来院されると約160£が有効活用されます」というように利得フレームでも表現できたはずだが,実際に使われたものは損失回避を活用した損失フレームの表現になっている.

　図1に示すように,無断キャンセルが発生した割合は,損失回避によって現在の損失を強調したメッセージが送付されたグループで8.5%であり,数値として最も低かった. 基本のメッセージが送付されたグループ(11.1%)を比較対象としたときにも,統計的に有意に低いことが分かった.

　さらに,既に紹介したVolpp et al.(2008)の減量プログラム研究の中にも,関連事例を見つけることができる. 彼らは,減量プログラム研究で,宝くじの提供だけでなく「預入れ契約」を課すことの効果も検証した. 具体的には,無作為に振り分けたあるグループの参加者に毎日3ドルのお金を預け入れることを義務付けた. そのお金は積み立てられて,仮に4カ月後に減量目標体重を達成していれば倍額になって戻ってくるが,仮に達成できなければ預け入れたお金を全て失う,というルールが課された. 結果,預入れ契約が課されたグループで,減量の程度や目標減量体重を達成した割合が高くなった. 減量の程度は6.3kgであり,

図1 損失回避メッセージが無断キャンセル行動に与える効果

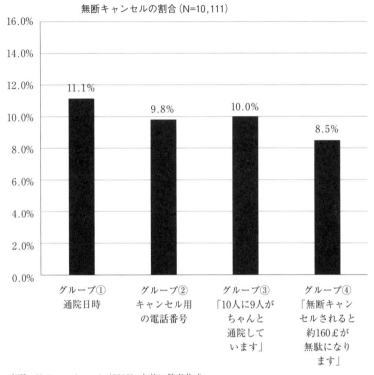

出所：Hallsworth et al.（2015）を基に筆者作成

これは宝くじを提供したグループ（5.9 kg）と変わらない水準である．

3.2.3. コミットメント手段の提供

　これまで，現在の利益を新しく追加したり，強調したりすることによって，その場で患者自身に積極的な医療・健康行動を選ぶように促す工夫を紹介してきた．一方で，前もってその選択肢を選んでおいて，後日その選択が変わってしまわないような工夫を施す，コミットメントという方法もある．特に，現在バイアスによる先延ばし傾向を持つ人は，将来時点の行動については予め忍耐強い選択肢を選ぶことが知られている．

　一般的に，コミットメント手段にはハードなものとソフトなものがあることが知られている．前者は，契約や制度，法律などによって選択を固定する方法である．後者は，禁煙やダイエットの目標を周囲に宣言したり，タバコやスナック菓

子を買い置きしなかったりというように，心理的な強制力を働かせることによって選択を固定する方法である．

以下には，医療・健康分野でソフトなコミットメント手段の効果を検証した2つの研究結果を紹介する．Milkman（2011）は，インフルエンザワクチンの接種を促進することを目的に，ある会社と協力して，つぎのようなランダム化比較試験を実施した．社員3,272名をランダムに3つのグループに振り分けて，ワクチンの提供日を通知する案内状の内容を少しずつ変更して配布した．一つ目のグループ宛の案内状には，単純にワクチンの提供日だけを掲載したが，二つ目のグループ宛の案内状には，提供日の情報とともに，スケジューリング用に接種を希望する月と日を書き込むためのフォームを設けた．さらに，三つ目のグループ宛の案内状には，月日だけでなく，時間帯まで書き込むためのフォームを設けた．

図2を見ると，ワクチンの接種率は，時間帯まで書き込むことを促した三つ目のグループで最も高く，一つ目のグループに比べて4.0％ほど高くなったことが分かる．本研究の特徴は，二つ目・三つ目のグループでは，そのグループの参加者が実際にフォームに書き込むように強制したわけではないし，書き込んでいるかどうかの確認もしていないところにある．デザインの工夫だけで詳細なスケジュールを組むように働きかけ，実際にフォームに書き込むか，あるいは，頭の中で具体的なスケジュールを組んだことが心理的な強制力となって，事前に選択した行動を遵守させたのだ，と推察される．

このようなコミットメント手段は，患者の無断キャンセルや遅刻を防ぐことにも有効のようだ．Martin et al.（2012）は，外来患者自身に，次回の予約日時をカードに記入させることで，患者が無断キャンセルや遅刻をする割合を18.0％下落させられることを示した．さらに，それまでは無断キャンセルの人数を掲示していたところを，予約を守ってた人数の掲示に変更した上で予約カードに自ら記入させた場合には，その割合が31.7％も下落することが分かった．つまり，能動的なコミットメント手段の提供と社会的規範の強調の両方で介入することがナッジとして大きな効果をもたらしたと解釈できる．

3.2.4. デフォルト設定の変更

事前のタイミングであっても，望ましい選択肢を選べなかったり，どちらを選ぶかを決めること自体が難しかったりする場合がある．例えば，コミットメント手段を有効活用できる人は，自分に現在バイアスがあることを認識している，賢

第Ⅰ部　行動経済学へのナッジ

図2　コミットメントがワクチン接種に与える効果

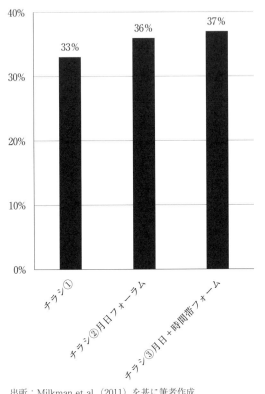

出所：Milkman et al.（2011）を基に筆者作成

明な人に限られる．よって，現在バイアスを自認しない，単純な人の行動を変容することは難しいだろう．また，賢明な人も，問題が難しい・未経験である・自分自身の好みが分からないなどのときは，事前のタイミングであっても選択できない可能性がある．そのような場面だと，前述したような誘導形式のコミットメント手段では十分な効果を発揮しないかもしれない．

　どんな人たちに対してもある程度効果的ではないか，と考えられてきたのが，多くの人が望ましいと考える選択肢をデフォルト設定にしておく，という工夫である．最も有名な例が臓器提供の意思表示である（Johnson and Goldstein 2003）．臓器提供の提供意思を記入している人の割合は，「提供しない」がデフォルトで，提供したい場合に意思を表示をする必要がある日本のような国々では10％前後と

図3 デフォルト設定が緩和治療の選択に与える効果

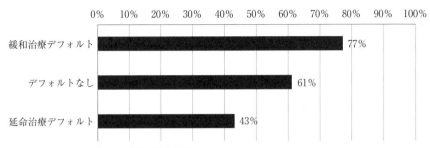

出所：Halpern et al.（2013）を基に筆者作成

低く，逆に「提供する」がデフォルトになっているフランスのような国々では100％に迫る水準であることが知られている．

医療・健康分野では，デフォルト設定の変更が，緩和治療か延命治療かを選択するような終末期医療に関する意思決定に対して影響を与えるのではないか，という問いを Halpern et al.（2013）が検証している．彼らの研究の場面設定は，患者と患者家族に対して，医師が将来緩和治療への切替えを提案したときに彼らがどうしたいかを計画しておくことを促す，というものである．その際，無作為に振り分けたあるグループには，「緩和治療を選択する」をデフォルトに設定した資料を提供して，どちらが良いかを選択してください，と伝えた．別のグループには，「延命治療を選択する」をデフォルトに設定した資料を提供し，また別のグループには，どちらも選択していない状態で資料を提供した．全てのグループに対して，医師は，両方の選択肢を家族と相談しながら時間をかけて検討することを推奨している．

図3より，まず，どちらも選択されていない資料を受け取ったグループでは，結果として緩和治療を選択した人の割合は61％であった．次に，延命治療がデフォルトだったグループでは，その割合が43％だったのに対して，緩和治療がデフォルトだったグループでは77％だった．

この結果をどのように解釈して，そして，どのように実務に活用できるかを検討する際には十分慎重になる必要があるが，少なくとも，緩和治療か延命治療かを選択する意思決定にもデフォルト設定の違いが影響する，ということは言える．また，どちらも選択しなかったグループにおいても約60％の人たちが緩和治

第Ⅰ部　行動経済学へのナッジ

療を望んだことを踏まえると，仮に延命治療をデフォルトに設定して患者や患者家族とコミュニケーションをとった場合は，そのうちの少なくない割合の人たちが延命治療を選んでしまう可能性がある，ということも言える．

フォローアップのために，Halpern et al.（2013）は，患者たちの選択が完了した後で研究の意図を開示して，彼らに選択を変更する機会を提供している．しかし，そこでも，ほとんどの患者が元の選択から変更しなかったと報告されている．また，2つのうちどちらの治療法を選んだとしても，選択後時点の満足度に差はなかった．以上から，彼らの研究では，デフォルト設定に変更を施すことで患者が慎重に考えた場合の選択肢の方にうまく誘導できている，と解釈して良いかもしれない．

さらに医療・健康分野では，デフォルト設定の変更でインフルエンザワクチンの接種率を上昇させられるかどうか，の検証もなされている．インフルエンザワクチンの接種勧奨では，接種可能な日時を知らせ，自主的な予約を呼びかけるオプト・インの形式が一般的である．Chapman et al.（2017）の研究では，デフォルト設定をオプト・インからオプト・アウトに変更して，接種日時を予め仮決めし，指定した日時での接種を促すメッセージを送付することで，従来の接種勧奨に比べ接種率が10%程度上昇することを示した．オプト・アウトのグループでは，指定された日時が都合に合わないときや接種をしたくないときには，連絡を入れることで日時を変更したりキャンセルしたりすることができるようになっており，選択の自由が保障されている．

4.　医療者の意思決定のバイアス・医療者を対象にしたナッジ

近年は，医師や看護師などの医療者を対象にして，彼らの行動経済学的な特性や，その特性と医療行動・看護行動との関係を検証する研究が進められている．行動経済学的特性は，医療者と患者で違いがあるかもしれない．医療者は，その患者の特性を十分に理解していないかもしれず，そのことが，患者の特性を所与としたときに最適な治療が施されていないことの原因になっている可能性がある．

Galizzi et al.（2016）は，リスク選好と時間選好が医師と患者の間でどのように異なるのか，を実験的質問を使って検証している．ギリシャの病院をフィール

ドに，金銭的表現でリスク選好・時間選好を測定する質問と医療・健康に関する表現でそれらの選好を測定する質問を設けて質問紙調査を行い，医師67名・患者300名から回答を得た．分析の結果，医療・健康表現の質問では，医師と患者の間でリスク選好に差がなく，共にリスク回避的だったが，金銭的表現の質問を使った場合は，医師の方が患者よりもリスク回避的であることが示された．続いて，時間選好については，どちらの質問を使ったときにも，医師の方が患者よりも我慢強いという結果が得られた．Galizzi et al.（2016）の研究からは，医師は患者よりもリスク回避的であり我慢強いというように，医師の方が良好な健康状態に結びつきやすい選好を持っている可能性が示唆されている．また，看護師を対象にした別の研究では，彼らの利他性が他の職業の人たちに比べて高いという結果が報告されている（Jacobsen et al. 2011）．

　しかし，全ての医療者が同じような傾向を示すわけではないだろう．看護師同士比べたときにも利他性の程度には差があり，より利他的な看護師ほど医療サービスの提供が不十分な田舎の職場を選択する傾向にあるということを示した研究がある（Lagarde and Blaauw 2014）．また，津川（2018）は，女性医師が男性医師よりもリスク回避的である可能性について議論している．Tsugawa et al.（2017）では，内科の病気で入院した際，担当医が女性医師である患者の方が，男性医師である患者より死亡率が低くなるという結果が示された．津川（2018）は，この男女差が何から生まれるかを推察する際に，診療パターンの男女差とともにリスク回避傾向の男女差にも着目している．以前から，女性医師の方が男性医師よりもガイドラインに沿った治療を行い，より患者中心の医療を提供していることが報告されてきた（Baumhäkel et al. 2009, Bertakis 1995, Krupat et al. 2000, Roter and Hall 2004, Roter et al. 2002）．さらに，医師に限定しない一般標本を用いた実験研究では，女性が男性よりリスク回避的であるという結果が得られることが多かった（Croson and Gneezy 2009）．これらの研究結果に基づけば，リスク回避傾向の男女差が医療上のアウトカムの男女差と関係しているかもしれない，と推察するのは一定程度自然だろう．

　さらに，近年は，ナッジ研究の介入対象にも医療者が含まれるようになっている．医療者に介入して彼らの診療行動を改善することによって，適切な医療の実現や患者の健康上のアウトカムの改善を目指すのである．Meeker et al.（2016）は，抗生剤の不適切な処方を減らすために，どのように医師に働きかけるのが効

第Ⅰ部　行動経済学へのナッジ

果的かを検証することを目的に，次のようなランダム化比較試験を行っている．無作為に分けられた一つのグループでは，風邪に対して抗生剤を処方する際に，電子カルテでその正当性を説明させ，その説明を同僚も読める設定に変更した．また別のグループでは，抗生剤処方率の低い医師に比べて自分がどれくらい抗生剤を処方しているのか，を通知するメールが送付されるように設定した．どちらの工夫にも統計的に有意な効果があり，前者は対照群に比べて7.0%，後者は5.2%ほど不適切な処方を減らしたと報告されている．

　ただし，患者を対象にした多くのナッジ研究と同様に，介入を中断した後は効果が持続しないことが後続研究から明らかになっている（Linder et al. 2017）．長期的かつ安定的に効果を発揮するナッジの開発が進められる必要がある．

5.　医療・健康分野の行動経済学の今後

　本節では，医療・健康分野の行動経済学の今後の方向性について展望する．

　第一に，行動経済学的な特性を，さまざまな医療・健康分野のトピックで検証していく，という方向性がある．過去の研究を見てみると，喫煙や肥満のような習慣性の強い行動と行動経済学的な特性に関する研究が多く行われてきた．それに続き，ワクチン接種や検診受診のような健康予防行動を対象にした研究が進められているが，それらの意思決定の特徴を探究する余地はまだ大きいと言える．

　第二に，患者や患者家族だけでなく，医師や看護師などの医療者を対象にして，彼らの行動経済学的な特性や，その特性と医療行動・看護行動との関係を調べていくことも重要である．医療者を対象にした行動経済学研究は，世界的に見てもまだ始動したばかりである．このような研究は，インフォームド・コンセントにおいて，医師と患者の認識のギャップを埋めようとするときに貢献するはずである．また，誤診や医療事故など，医療者の行動の帰結を読み解くときにも役立つ可能性がある．

　第三に，長期的かつ安定的に効果を発揮するナッジの開発も積極的に進められるべきである．近年，ナッジが有効でない場合があることが指摘されている（Sunstein 2017）．ナッジは，時として効果が短期的だったり，人々を混乱させてしまい，想定しない抵抗や効果を生んでしまったりすると言われている．また，医療・健康分野では，患者を対象にナッジの介入を行っただけでは効果は小

さい場合があることが分かってきている（Nieuwlaat 2014, Viswana- than 2012）.
一方で，金銭的インセンティヴを使った介入研究からは，医師と患者の両方に介
入を行うことで効果が十分に大きくなる可能性も示唆されている（Asch et al.
2015）．具体的には，心血管系疾患リスクを抱える患者にスタチンの服用を促し
たいときに，患者だけに金銭的インセンティヴを提供しても成果指標は改善しな
いこと，医療者と患者の両方に提供することできちんとした服用が促されて，成
果指標であるリポ蛋白コレステロール値が下落することが分かった．薬の服用
は，時間割引率や現在バイアス等，患者の行動経済学的特性だけによって阻害さ
れるわけではなく，患者がこれまでに薬の副作用に苦しんできた経験をもつこと
を考慮して医師が処方をためらうなど，医師側の要因にも影響を受ける可能性が
ある．したがって，患者と医師の両方に働きかけることで初めて十分有効に機能
する場合がある.

　最後に，以上の研究の方向性は，主に海外の研究動向から示唆されるものであ
る．今後の方向性とともに，過去の研究のうち日本国内で未実施のものを考慮し
ながら，日本国内の研究事例を積み重ねていくことが重要である.

引用文献

Allcott, H., 2011. Social norms and energy conservation. Journal of Public Economics 95 (9-10), 1082-1095.

Altmann, S. and C. Traxler, 2014. Nudges at the dentist. European Economic Review 72, 19-38.

Anderson, L. R. and J. M. Mellor, 2008. Predicting health behaviors with an experimental measure of risk preference. Journal of Health Economics 27(5), 1260-1274.

Asch, D. A., A. B. Troxel, W. F. Stewart, T. D. Sequist, J. B. Jones, A. G. Hirsch, and A. B. Frasch, 2015. Effect of financial incentives to physicians, patients, or both on lipid levels: A randomized clinical trial. JAMA 314(18), 1926-1935.

Barsky, R. B., F. T. Juster, M. S. Kimball, and M. D. Shapiro, 1997. Preference parameters and behavioral heterogeneity: An experimental approach in the health and retirement study. The Quarterly Journal of Economics 112(2), 537-579.

Baumhäkel, M., U. Müller, and M. Böhm, 2009. Influence of gender of physicians and patients on guideline-recommended treatment of chronic heart failure in a cross-sectional study. European Journal of Heart Failure 11(3), 299-303.

Bertakis, K. D., L. J. Helms, E. J. Callahan, R. Azari, and J. A. Robbins, 1995. The influence of gender on physician practice style. Medical Care 33(4), 407.

Bradford, W. D., 2010. The association between individual time preferences and health

第Ⅰ部　行動経済学へのナッジ

maintenance habits. Medical Decision Making 30(1), 99-112.

Bradford, W. D., J. Zoller, and G. A. Silvestri, 2010. Estimating the effect of individual time preferences on the use of disease screening. Southern Economic Journal 76(4), 1005-1031.

Bronchetti, E. T., D. B. Huffman, and E. Magenheim, 2015. Attention, intentions, and follow-through in preventive health behavior: Field experimental evidence on flu vaccination. Journal of Economic Behavior and Organization 116, 270-291.

Chapman, G. B., 2005. Short-term cost for long-term benefit: Time preference and cancer control. Health Psychology 24(4), S41-S48.

Chapman, G. B., H. Colby, K. Convery, and E. J. Coups, 2016. Goals and social comparisons promote walking behavior. Medical Decision Making 36(4), 472-478.

Chapman, G. B., M. Li, H. Leventhal, and E. A. Leventhal, 2016. Default clinic appointments promote influenza vaccination uptake without a displacement effect. Behavioral Science & Policy 2(2), 40-50.

Croson, R. and U. Gneezy, 2009. Gender differences in preferences. Journal of Economic Literature 47(2), 448-474.

Fang, H. and Y. Wang, 2015. Estimating dynamic discrete choice models with hyperbolic discounting, with an application to mammography decisions. International Economic Review 56(2), 565-596.

Frey, B. S. and S. Meier, 2004. Social comparisons and pro-social behavior: Testing "conditional cooperation" in a field experiment. American Economic Review 94(5), 1717-1722.

福吉潤, 2018. 第5章どうすればがん検診の受診率をあげられるのか？：大腸がん検診における損失フレームを用いた受診勧奨. 大竹文雄, 平井啓編, 2018. 医療現場の行動経済学：すれ違う医者と患者. 東洋経済新報社, 東京.

Gallagher, K. M. and J. A. Updegraff, 2011. Health message framing effects on attitudes, intentions, and behavior: A meta-analytic review. Annals of Behavioral Medicine 43(1), 101-116.

Galizzi, M. M., M. Miraldo, C. Stavropoulou, and M. van der Pol, 2016. Doctor–patient differences in risk and time preferences: A field experiment. Journal of Health Economics 50, 171-182.

Goldzahl, L., 2017. Contributions of risk preference, time orientation and perceptions to breast cancer screening regularity. Social Science and Medicine 185, 147-157.

Goldzahl, L., G. Hollard, and F. Jusot, 2018. Increasing breast-cancer screening uptake: A randomized controlled experiment. Journal of Health Economics 58, 228-252.

Guiso, L. and M. Paiella, 2004. The Role of Risk Aversion in Predicting Individual Behaviors. CEPR Discussion Paper No. 4591. Available at SSRN: https://ssrn.com/abstract=608262

Hallsworth, M., D. Berry, M. Sanders, A. Sallis, D. King, I. Vlaev, and A. Darzi, 2015. Correction: Stating appointment costs in SMS reminders reduces missed hospital appointments: Findings from two randomised controlled trials. PloS one 10(10).

Hallsworth, M., J. A. List, R. D. Metcalfe, and I. Vlaev, 2017. The behavioralist as tax collector:

第2章　医療現場の行動経済学

Using natural field experiments to enhance tax compliance. Journal of Public Economics 148, 14-31.

Halpern, S. D., G. Loewenstein, K. G. Volpp, E. Cooney, K. Vranas,C. M. Quill, and R. Arnold, 2013. Default options in advance directives influence how patients set goals for end-of-life care. Health Affairs 32(2), 408-417.

Hersch, J. and W. K. Viscusi, 1998. Smoking and other risky behaviors. Journal of Drug Issues 28 (3), 645-661.

Ikeda, S., M. I. Kang, and F. Ohtake, 2010. Hyperbolic discounting, the sign effect, and the body mass index. Journal of Health Economics 29(2), 268-284.

Jacobsen, K. J., K. H. Eika, L. Helland, J. T. Lind, and K. Nyborg, 2011. Are nurses more altruistic than real estate brokers? Journal of Economic Psychology 32(5), 818-831.

Johnson, E. J. and D. Goldstein, 2003. Do defaults save lives? Science 302(5649), 1338.

Kang, M. I. and S. Ikeda, 2016. Time discounting, present biases, and health-related behaviors: Evidence from Japan. Economics and Human Biology 21, 122-136.

Krupat, E., S. L. Rosenkranz, C. M. Yeager, K. Barnard, S. M. Putnam, and T. S. Inui, 2000. The practice orientations of physicians and patients: The effect of doctor–patient congruence on satisfaction. Patient Education and Counseling 39(1), 49-59.

Lagarde, M. and D. Blaauw, 2014. Pro-social preferences and self-selection into jobs: Evidence from South African nurses. Journal of Economic Behavior & Organization 107, 136-152.

Lawless, L., A. C. Drichoutis, and R. M. Nayga, 2013. Time preferences and health behaviour: A review. Agricultural and Food Economics 1(1), 17.

Levitt, S. D., J. A. List, S. Neckermann, and S. Sadoff, 2016. The behavioralist goes to school: Leveraging behavioral economics to improve educational performance. American Economic Journal: Economic Policy 8(4), 183-219.

Linder, J. A., D. Meeker, C. R. Fox, M. W. Friedberg, S. D. Persell, N. J. Goldstein, and J. N. Doctor, 2017. Effects of behavioral interventions on inappropriate antibiotic prescribing in primary care 12 months after stopping interventions. JAMA 318(14), 1391-1392.

Martin, S. J., S. Bassi, and R. Dunbar-Rees, 2012. Commitments, norms and custard creams—A social influence approach to reducing did not attends（DNAs）. Journal of the Royal Society of Medicine 105(3), 101-104.

Meeker, D., J. A. Linder, C. R. Fox, M. W. Friedberg, S. D. Persell, N. J. Goldstein, T. K. Knight, J. W. Hay, and J. N. Doctor, 2016. Effect of behavioral interventions on inappropriate antibiotic prescribing among primary care practices: A randomized clinical trial. JAMA 315 (6), 562-570.

Milkman, K. L., J. Beshears, J. J. Choi, D. Laibson, and B. C. Madrian, 2011. Using implementation intentions prompts to enhance influenza vaccination rates. Proceedings of the National Academy of Sciences 108(26), 10415-10420.

Nieuwlaat, R., N. Wilczynski, T. Navarro, N. Hobson, R. Jeffery, A. Keepanasseril, and B.

Sivaramalingam, 2014. Interventions for enhancing medication adherence. The Cochrane Library.

O'Keefe, D. J. and J. D. Jensen, 2009. The relative persuasiveness of gain-framed and loss-framed messages for encouraging disease detection behaviors: A meta-analytic review. Journal of Communication 59(2), 296-316.

Picone, G., F. Sloan, and D. Taylor, 2004. Effects of risk and time preference and expected longevity on demand for medical tests. Journal of Risk and Uncertainty 28(1), 39-53.

リチャード・セイラー，キャス・サンスティーン，2009．実践行動経済学：健康，富，幸福への聡明な選択．日経 BP，東京．

Roter, D. L. and J. A. Hall, 2004. Physician gender and patient-centered communication: A critical review of empirical research. Annual Review of Public Health 25, 497-519.

Roter, D. L., J. A. Hall, and Y. Aoki, 2002. Physician gender effects in medical communication: A meta-analytic review. JAMA 288(6), 756-764.

佐々木周作，大竹文雄，2018．第 3 章医療行動経済学の現状．大竹文雄，平井啓編．医療現場の行動経済学：すれ違う医者と患者．東洋経済新報社，東京．

佐々木周作，平井啓，大竹文雄，2016．リスク選好が乳がん検診の受診行動に及ぼす影響：プログレス・レポート．行動経済学第10回大会プロシーディングス 9, 132-135.

Sen, A. P., T. B. Sewell, E. B. Riley, B. Stearman, S. L. Bellamy, M. F. Hu, and D. A. Asch, 2014. Financial incentives for home-based health monitoring: A randomized controlled trial. Journal of General Internal Medicine 29(5), 770-777.

Shang, J. and R. Croson, 2009. A field experiment in charitable contribution: The impact of social information on the voluntary provision of public goods. The Economic Journal 119(540), 1422-1439.

Sunstein, C. R., 2017. Nudges that fail. Behavioural Public Policy 1(1), 4-25.

津川友介，2018．第12章なぜ医師の診療パターンに違いがあるのか．大竹文雄，平井 啓編．医療現場の行動経済学：すれ違う医者と患者．東洋経済新報社，東京．

Tsugawa, Y., A. B. Jena, J. F. Figueroa, E. J. Orav, D. M. Blumenthal, and A. K. Jha, 2017. Comparison of hospital mortality and readmission rates for Medicare patients treated by male vs female physicians. JAMA Internal Medicine 177(2), 206-213.

Van Der Pol, M., D. Hennessy, and B. Manns, 2017. The role of time and risk preferences in adherence to physician advice on health behavior change. The European Journal of Health Economics 18(3), 373-386.

Viswanathan, M., C. E. Golin, C. D. Jones, M. Ashok, S. J. Blalock, R. C. Wines, and K. N. Lohr, 2012. Interventions to improve adherence to self-administered medications for chronic diseases in the united statesa systematic review. Annals of Internal Medicine 157(11), 785-795.

Volpp, K. G., L. K. John, A. B. Troxel, L. Norton, J. Fassbender, and G. Loewenstein, 2008. Financial incentive-based approaches for weight loss: A randomized trial. JAMA 300(22), 2631-2637.

第3章

行動変容のメカニズムと政策的含意

八木 匡[a)]・瓜生原葉子[b)]

●要旨

　社会にとって望ましい行動を人々が常に行うわけではない．しかしながら，個人の選択と行動を社会的観点から変化させることは，個人の主体的意思決定を尊重するという立場からは，多くの人々が妥当性を認める問題に対して適用されるべきであり，その方法についても慎重な配慮がなされる必要がある．本章では，医療および健康行動における行動変容について議論を整理し，行動変容の基礎理論，社会的行動変容の神経科学的根拠を紹介する．最後に，臓器提供意思表示の事例を用いて，行動変容を可能にする戦略デザインについて議論を行う．

キーワード：行動変容，目標設定理論，行動変容ステージモデル，臓器提供意思表示
JEL Classification Numbers: I12, D12

1. 序論

　社会にとって望ましい行動を人々が常に行うわけではない．しかしながら，個人の選択と行動を社会的観点から変化させることは，個人の主体的意思決定を尊重するという立場からは，多くの人々が妥当性を認める問題に対して適用されるべきであり，その方法についても慎重な配慮がなされる必要がある．行動変容に関する議論は，非健康的行動の変容に関する個人的課題を中心に発展してきたと言えるが，現在では社会的課題を解決するための手法としても適用範囲が拡大している．

　本章では，第2節で医療および健康行動における行動変容について議論を整理

---

a）同志社大学 e-mail: tyagi@mail.doshisha.ac.jp
b）同志社大学 e-mail: yuryuhar@mail.doshisha.ac.jp

第Ⅰ部　行動経済学へのナッジ

し，第3節では行動変容の基礎理論，そして第4節では，社会的行動変容の神経科学的根拠を紹介する．第5節では，消費者行動における行動変容モデルを提示し，経済的問題への適用を検討する．第6節では，臓器提供意思表示の事例を用いて，行動変容を可能にする戦略デザインについて議論を行う．

2.　医療および健康行動における行動変容

　行動変容に関する研究は，ドラッグおよび喫煙行動の抑制，肥満抑制，食生活の改善，成人病予防といった医療および健康行動に関する研究が一つの核となって進められてきた．これは，個人の行動が，受動喫煙，ドラッグによる犯罪，医療費財政負担の増大といった社会的費用をもたらす場合に，個人の選択をすべて認めることが望ましくないと判断できる場合に，行動変容を促すことが社会的に望ましいという考えの下に進められてきている．

　これらの問題に対するアプローチは，肥満，喫煙およびアルコール中毒といった自制（self-control）が働かない理由を解明することを目的としている．近い将来を遠い将来よりも大きく割り引く性向を表す双曲割引による説明では，将来の自分は，現在の自分とは別の自分であることを無意識の内に信じていることにより，現時点で自制できていなくとも，将来の自分は自制できると考え，自制できなくなる（O'Donoghue and Rabin 1999; Gruber and Köszegi 2001; Fudenberg and Levine 2006）．ダイエットをしている人が，目の前に差し出されたケーキを見て，明日からはしっかりとダイエットに励もうと考えて我慢できないケースなどは，典型的な例と言える．

　医療・健康の問題においては，長期的に望ましくない行動を個人が制御できない場合に，政府が何らかの形で介入して，行動変容をもたらすための政策手段が数多く研究され，部分的に実際に施策が行われてきている．その中でも，本章では2つの介入方法を紹介する．第1の介入の方法として課税があり，たばこ税，酒税などは実際に導入されている．

　第2の介入方法は，選択アーキテクチャ（ナッジ）を使った介入方法である（Thaler and Sunstein 2008; Loewenstein et al. 2015; Vlaev et al. 2016）．Thaler and Sunstein は，ナッジを「選択を禁じることも，経済的なインセンティブを大きく変えることもなく，人々の行動を予測可能な形で変える選択アーキテクチャー

のあらゆる要素」と定義している（セイラー・サンスティーン（2009），邦訳版p. 17より引用）．そこで強調されていることは，ナッジは命令ではなく，介入を低コストで避けることができるものでなければならないという点である．

この選択アーキテクチャのコンセプトは，ナッジのスペルによって表現されている．ナッジ（Nudges）は，N = iNcentive, U = Understand mapping, D = Defaults, G = Give feedback, E = Expected error, S = Structure complex choices を意味している．N のインセンティブ構造は，誰が利用し，誰が選ぶのか，誰がコストを払うのか，誰が便益を受けるのかを明確化する．U のマッピングとは，選択と幸福度の対応関係を表し，トレードオフの判断が困難な問題に対して，マッピングを行う．D の初期設定は，PC のデフォルト設定等の例に示されるように，心理的に最も抵抗の少ない経路を初期的に付与するものである．G のフィードバックは，特定の行動を起こした時に反応がすぐに返ってくる仕組みを作ることで，その行動の意味を認識させ，望ましい行動に誘導するものである．E のエラー予測は，エラーを起こすことを予期し，ミスを起こす人間パフォーマンスを向上させる手段であり，ミスの前に警告を行う補完システムを意味する．また，エラーに対して可能な限り寛大となり得る仕組みを設定することも意味している．また，S で表されている選択肢の体系化により，選択肢が複雑になり過ぎることの問題を回避する．ダイエットを促進するために，レストランのメニューにおいて低カロリー商品を前面に配置するとか，アルコール摂取量を少なくするためにワイングラスを小さくする等は，ナッジの例となっている．

3. 行動変容の基礎理論

行動変容を引き起こす心理的要因について説明することにより，行動変容を促進する技術を提示することが可能となる．まず，Consolvo et al.（2009）で整理された理論を紹介する．ここでの心理的要因として考察する問題はモチベーション，行動変容のプロセスにおける心理的状態，認知状態であり，これらの心理的要因と行動変容との関係性について説明を行う．また，認知状態を変化させる技術をデザインすることにより，行動変容を効果的に促進させる例についても紹介する．

3.1. 目標設定理論（Goal Setting Theory）

　目標設定理論は，Locke（1968）によって提唱されたもので，モチベーションの違いが目標設定の違いによってもたらされ，曖昧な目標よりは明確な目標のほうが，また難易度の低い目標よりは難易度の高い目標のほうが，高いモチベーションを生み出し，より高い業績をもたらすと主張している．この目標設定理論は，Miñambres（2012）によって，プリンシパル－エージェントモデルによる厳密な理論的拡張が行われている．この理論では，高い報酬を与える挑戦的な目標設定が個々人で異なる状況において，内在的に決定される目標達成の誘因を最大化するような目標設定条件を明らかにしている．Locke and Latham（2002）では，35年間に亘る目標設定理論に関する実証研究結果を整理し，重要な帰結を整理している．興味深い帰結の一つは，「最善を尽くすように」と激励することの効果は弱く，高い目標設定をするほど，人々は高い結果を生み出すということである．特にパフォーマンスを制御できる場合には，目標設定によって目標成果に対する考え方のバラツキを小さくすることが可能となり，結果として高い成果を達成できる．

　しかしながら，目標達成と報酬が結びつく場合には，高い目標設定は目標達成可能性を低め，期待報酬を下げるため，目標達成のための努力が低くなる．矛盾する2つの力の内，どちらの力が重要となるかは，自己効力感（ある結果を生み出すために適切な行動を遂行できるという確信の程度）の大きさに依存すると考えられる．自己効力感の高い個人に対しては，高い目標設定によって，高い成果達成が可能となる．達成経験などは，この自己効力感を高めるため，達成経験を蓄積することにより，高い目標設定による高い成果達成の可能性が高まると考えられる．この他，目標達成の重要性，目標到達状況の本人へのフィードバック，目標達成に必要な技量の習得，目標達成満足感などが，目標達成度に影響を与えると予想される．

　目標設定理論が機能しない状況として考えられることは，目標を付与する者と目標達成する者の間で，目標が異なっている場合である．例えば，組織内において，マネジャーと労働者の間で目標が異なる場合，労働者は目標達成の重要性を理解できず，目標達成の満足感を得られない．このような場合，目標達成に向けての努力は行われず，行動変容は生じないことになる．

3.2. 行動変容ステージモデル (Transtheoretical Model of Behavior Change)

行動変容ステージモデルでは，たばこ等の非健康的行動を取っている者が，健康的な方向に行動（生活習慣）を変える場合，「無関心期」，「関心期」，「準備期」，「実行期」，「維持期」という5つのステージを通ると考え，それぞれのステージ毎に適切な働きかけを行うことにより，有効かつ持続的な行動変容が可能となるという考え方を提示している（Prochaska et al. 1992参照）．

「無関心期」（precontemplater）のステージでは教育に重点を置き，非健康的行動の問題点を認識させる．「関心期」（contemplater）では，行動変容の障害要因を取り除くための手法に焦点を置く．「準備期」（preparation）では，行動変容を行う際の誘因および報酬に着目する．「実行期」（action）では，社会関係の中で，行動変容を進める方法を模索する．「維持期」（maintenance）では，理想の自分を意識して，その実現のために必要な努力を行う．重要なのは，行動変容を進める上において，これらの5つのステージを繰り返し経過することであると言われている．ステージを戻ることにストレスを感じないように繰り返すことが，努力を継続する上で必要と考えられている．

3.3. 社会心理学的行動理論 (Behavioral and Social Psychological Theories)

日常生活は，常に社会との関連で行われる．理想の自分と現実の自分とのギャップが存在している時に，社会心理学的要素を組み入れた行動変容の手法によって，日々の生活をどのように変化させるかを分析するアプローチが社会心理学的行動理論である（Goffman 2006）．行動変容ステージモデルが独立した個人を考えていたのに対し，社会心理学的行動理論では，社会の中における存在としての個人に着目する．

このアプローチは，社会的な関係性における行動変容を考える問題において，有効性が高いと理解できる．各個人は社会の中の一員として生きている．そのため，他者に対して，自らを示す必要があり，それはFestinger（1962）によって提唱された認知不協和理論（Cognitive Dissonance Theory）によって説明されるような，自身の中で矛盾する認知を同時に抱えた状態をしばしば引き起こす．

行動変容をもたらすためには，認知のあり方を変化させる必要がある．社会的

第Ⅰ部　行動経済学へのナッジ

関係性を理解することにより，自らの行動が社会的環境の中で調和していないことを認知することを通じて，行動変容が促される．重要なのは，認知不協和理論において，人間は認知的に不調和な状況を改善したいという本能的な性向がある点である．この性向を活用することにより，行動変容を促すことが可能となる．喫煙が受動喫煙をもたらし，医療費を高めるという意味において社会的に好ましくないと多くの人々が主張すれば，喫煙者は自らの行動と矛盾する認知をし始めることとなり，この不協和を改善するような行動を取り始めることとなる．社会において自己を表現することは重要であるが，常に認知的不協和を伴うことになるため，政策的に不協和を緩和する認知を付与していくことが必要となる．このような第3の認知を付与することが，行動変容を可能にする．

3.4. 行動変容をもたらす技術

　認知不協和理論は，認知の状態を変化させることにより行動変容をもたらすことが可能であることを示唆している．ここでは，認知の状態を変化させる技術デザインについて議論する．Consolvo et al.（2009）では次のような例を挙げている．スマートウオッチに万歩計が入っており，この万歩計の値が自分の部屋にあるデジタル水槽とネットワークで繋がっているとする．このデジタル水槽の魚は，万歩計の値が増大すると元気になり，万歩計の値が小さければ悲しそうな顔をして動きが鈍くなる．このような技術は，1）抽象性と反射性（Abstract & Reflective），2）控えめ（Unobtrusive），3）公的（Public），4）美的（Aesthetic），5）前向き（Positive），6）制御可能（Controllable），7）傾向把握（Trending/Historical），8）包括的（Comprehensive）といった行動変容をもたらす技術として満足すべき条件を備えている（Jafarinaimi et al. 2005 参照）．

　デジタル水槽の魚の動きは，毎日の歩行量を反映して視覚的に把握することを可能にしている．また，毎日歩いた歩数を数値で示すのではなく，魚の動きに反映させることで，控えめなメッセージとなる．水槽の魚の動きは家族も見ることができ，自分以外の他者が把握できるという意味で公的なメッセージとなる．水槽の魚は美的な刺激を与え，歩行量を維持するという継続性を高める効果を持つ．また，魚が活き活きと動き回る姿は，前向きな姿勢をもたらし，それが自身の努力によって可能となるという意味での制御可能性をもっている．魚の動きは，日々の歩行量の変化を反映しており，努力の傾向を把握する上で有効であ

る．そして，魚の動き方と育ち方は，歩行努力を包括的に反映している．

このような私的な目的のための行動変容を可能にする技術を，社会的に望ましい目的を達成するための行動変容に応用することは可能である．地球温暖化対策として，エネルギー節約を進めるためには，人々の節約行動を喚起するための公的ディスプレーの設置も考えられる．ディスプレーでは，地域全体のエネルギー消費量が減少することにより，地球の絵のカラーが変化するようにすることもできよう．このような技術によって，エネルギー消費量の変化状況を把握でき，地域住民が継続的にエネルギー節約を意識できるようになる．

ここで示した例のように行動変容をもたらす認知状態を技術デザインによって変化させることにより，社会的に望ましい行動を引き出していくことが可能となり，政策的にも適用可能であると考える．

4. 社会的行動変容の神経科学的根拠

社会的行動を社会的に望ましい方向に誘導するためには，報酬と罰のメカニズムを明確化する必要がある．社会的関係性における最も重要な報酬は，マズローの欲求5段階説でも示されているように，社会・共同体における所属と愛の欲求，尊厳・承認欲求，そして自己実現欲求を充足できることであろう（Maslow et al. 1970参照）．

Jones et al.（2014）では，青年期をピークに社会的報酬に対する感応度が年齢の上昇によって低下する傾向を指摘しており，社会的行動変容が年齢上昇と共に困難になることを示唆している．例えば，学校時代にいじめ等によって疎外感を受け，承認欲求を満たすことができない場合には，登校拒否となったり，不良行為に走ったりする．逆に，承認欲求を満足できる場合には，自身のやる気が高まり，より一層の努力を行うことになる．実験結果から，褒めるといった正の社会的強化（social reinforcement）が内側前頭前野皮質および腹側線条体の神経活動と比例していることが示されている．

予測された報酬と実際との乖離または誤差が，学習を決めることを予測誤差学習と呼んでいる．内側前頭前野皮質は社会的なコントロールを行う領域であり，線条体は，これまでの経験してきた刺激パターンとは異なった刺激パターンが生じた場合に，より望ましい反応を学習する予測誤差学習を書き込む領域である

第Ⅰ部　行動経済学へのナッジ

（Kandel et al. 2014, p.1449参照）.

　さらに，青年期の人間においては，予測された報酬よりも実際の報酬が高くなる正の予測誤差学習が生じた場合の島皮質の活性化と正の社会的フィードバックを得た場合の補足運動野および被殻の活性化が，子どもおよび成人に比してより強くなっていることを実験によって確認している．島皮質は感情を生み出す情動体験に関連する領域であり，補足運動野は記憶に基づいて順序正しく運動することを制御する領域，そして被殻は強化学習を司る領域である（Kandel et al. 2014参照）．したがって，この研究結果から，青年期において，集団における承認経験が行動変容の強い動機付けとなっていることが確認されたことになる．

　このような神経科学における研究成果は，社会的関係性を意識した行動変容が，青年期において最も効果的に起き得ることを示唆している．そのため，若者に対する啓蒙活動と社会的に望ましい活動を積極的に行う若者を称賛することが，社会的に望ましい行動を引き出すためには重要となる．

　社会的関係性は，健康維持行動等に影響を与えて，社会環境の違いに基づく疾病率の違いをもたらしている（Mezuk et al. 2013）．環境アフォーダンスモデル（Environmental affordance model: EA モデル）は，社会的関係性がストレスおよび精神疾患を引き起こし，それが健康維持行動に影響を与えることにより，疾病率に影響を与えるメカニズムを描写したものである．EA モデルの中でも，ストレス過程モデルは，社会的関係性の中でどのように人々がストレスを受けるのかに着目し，ストレスを軽減するための社会的ネットワーク構築をサポートするような政策が有効であることを示唆している．社会的属性と独立なネットワーク形成を可能にするコミュニティスポーツの育成などは，ストレスを感じる社会的関係性とは別の社会的関係性を構築する上において有効な政策と考えられ，健康維持行動における行動変容を促進すると考えられる．

　社会の中で，同じ状況に直面している個人の間でも，同じ刺激に対して，性格等の違いによって異なった行動を取ることは良く知られている．例えば，組織内で生産性を引き上げるための評価システムを導入した場合でも，ある労働者は評価を上げるために前向きな努力をするのに対し，別の労働者はストレスによって生産性を逆に下げてしまう場合がある．このような反応の違いを分析したのがCorr et al. （2013）である．この論文では，反応の違いがビッグ５で測られるような性格の違いに基づいているのではなく，「報酬」刺激と「罰」刺激に対する

54

第3章 行動変容のメカニズムと政策的含意

人々の反応を引き起こす性向の違いにあると考え，性向と誘因構造との関連性に焦点を置いた分析を行っている．

ビッグ5で示される個人の性格特性（外向性，神経症等）の違いが，報酬系刺激および罰系刺激の中で，どのような刺激に対して，報酬追求行動とか危険回避行動といった行動において，どのような反応の違いをもたらすのかを明らかにするために，Gray（1970）で提唱されたグレイ生物心理学理論（Gray's biopsychological theory）とそれを発展させたCorr（2008）の強化因子感応理論（Reinforcement sensitivity theory）がある．Corr et al.（2013）では，外向性は報酬追求行動を強く説明しており，神経症は危険回避行動を強く説明していることを示している．このように行動変容の問題を考える場合に，性格特性の違いが，行動変容にどのような影響を与えるかを，神経科学における知見を活用しながら分析することの重要性は大きいと考えられる．

5. 消費者行動における行動変容モデル

5.1. 無意識の重要性

マーケティング論の分野では，かなり以前より選好形成に関する研究が進んでいる．例えば，Carpenter and Nakamoto（1989）では，パイオニア的企業が製品ライフサイクルの初期段階のみならず，成熟期段階においても優位性を持つ理由として，消費者の選好形成のプロセスが影響していることを示している．消費者はパイオニア企業の製品を経験することにより，その製品と密接に結びついた選好形成を無意識に行っており，この選好が長期的に継続することを指摘している．Govers and Schoormans（2005）では，製品のイメージ等が，消費者の個性および選好と結びつきながら，多様性を生んでいることを示しており，消費者の需要構造の多様性が生まれるメカニズムを研究している点において興味深い．Xie et al.（2015）では，ローカルブランドとグローバルブランドの間で，選好形成に影響を与える要因が異なり，グローバルブランドの選好形成においてブランドに対する特別感，信頼感と愛着が有意に影響を与えているのに対し，ローカルブランドではブランドのアイデンティティが有意に影響を与えていることが示されている．

このような消費者の選好が，消費選択行動に影響を与えるメカニズムを考える

第Ⅰ部 行動経済学へのナッジ

に当たって，無意識の存在は重要な意味を持つ．図1では，刺激情報を受け取った時に，人々がどのような処理を行うかを示している．例えば，ある旅行商品のチラシが入ってきたときに，価格情報はあるルールに基づいて支出予想額を与え，予算制約との対比において意識的に処理される．しかし，ラグジュアリーなホテルの客室の画像とか，美しい風景画像は無意識構造を通じて，わくわく感といった情動を引き起こす．美しい風景画像は，過去に行った旅行体験の中で，感動をもたらした風景記憶がある場合には，無意識の中で強く反応し，強い情動をもたらすことになる．このような強い情動を引き起こすことができれば，この旅行商品のチラシは，当該消費者に対して強い訴求効果を有していることになる．このように，消費者の行動を変容させる刺激情報は，無意識構造に強く働きかけ，情動を変化させるものであると考えられる．

Dijksterhuis and Nordgren（2006）では，無意識の果たす役割を詳細に議論しており，意識的な意思決定以上に，無意識的な意思決定の重要性を主張しており，特定のルールが存在していない複雑な意思決定ではむしろ無意識の意思決定の方が正しい判断をしていることを示している．「加重理論（The weighting theory）」によると，無意識状態では，自然に事項の重要性を加重しており，意識的考察は逆にこの自然な加重を歪めるように働くため，正しい決定から乖離する傾向を生むことになる．

このような無意識の存在の重要性を考えたときに，無意識がどのようなメカニズムによって形成されるかを吟味する必要がある．この点は，Dijksterhuis and Nordgren でも触れている問題であり，人間がどのように情報を入手し，それを無意識に伝達しているかを明らかにする必要がある．情報の無意識への伝達とコード化が意識的に行われている場合には，無意識の判断が正しくなる可能性が増大すると考えられている．

図1において，無意識と情動との関係は注意を要する．Winkielman and Berridge（2004）では，意識のみが情動を決定するというフロイト的な理解（Freud 1950参照）に対して，実証的結果を整理することにより，無意識が情動に重要な影響を与え，無意識の情緒的反応によって，行動も変化することを示している．そして実験によって，この無意識は被験者が持つ体験によって影響を受けることを示している．この無意識と情動との関係に関して，同論文では進化論的な見地から，意識が情動に影響を与えるようになったのは，人類のように意識

図1　無意識構造の概念図

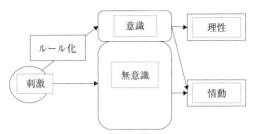

出所：筆者作成．

が能力として明確に形成された後であると記述している．このことは，無意識の一部分は DNA 情報として伝播され，生来的に形成されていることを意味している．これらの議論から，購買行動も遺伝情報として生来的に持っている要因と共に，経験の蓄積によって形成される無意識によっても影響を受けていると考えることができる．

そこで，経験情報および人間情報から選好形成を予想するアプローチが考えられる．個人の経験および感性といった人間情報に関する詳細な情報（ディープデータ）を収集し，どのような経験によってどのような感性が形成されたかを分析することにより，購買行動の裏にある財・サービスに対する感性面での反応を読み取ることが考えられる．第11回行動経済学会におけるパネルディスカッションで，高山大博氏が報告された人間情報ディープデータに基づく感性マーケティングは，このような考え方に基づくアプローチであると理解できよう[1]．

消費者行動における行動変容を考える場合には，無意識構造を前提にした訴求効果の高い刺激情報を伝達する必要があろう．これまでマーケットのセグメント化は，女子学生を対象に絞り込んだ商品企画といったように，年齢，性別，職業といった属性データによって行ってきた．しかしながら，無意識構造から生まれる志向性の詳細な特性を把握し，特性に応じた刺激情報をデザインすることにより，マーケティングの有効性を高めることが可能になる．エコに敏感な消費者が，どのような刺激情報に感応的かを把握することによって，より訴求力を高め

---

1) 第11回行動経済学会パネルディスカッションの内容については，行動経済学会誌（第10巻 Special Issue 号，pp.546-557（2017））にて収録されている．

第Ⅰ部　行動経済学へのナッジ

たマーケティングが可能になるといった議論は，その一つの適用例であろう．

6.　行動変容を可能にする戦略デザイン：臓器提供意思表示の事例

6.1.　問題意識と実証研究の目的

　本節では，行動変容の理論に基づき介入を行い，変容を促した事例を提示する．我々がテーマにしているのは，「臓器提供の意思表示」である．臓器移植を必要としている人が14,000人に対して移植を受けられる人がその2%の300人という社会問題を抱えた日本において，今より臓器提供数を増やすことが望まれている．その方法の一つとして，臓器提供方式を explicit consent から presumed consent に変更[2]するナッジが有効と報告されている（Thaler and Sunstein 2008）．

　しかし，法律改正の障壁が高く，明確な意思表示を前提とする explicit consent 方式の日本においては，「意思表示をすること」が次に示す2点の課題に対して重要な解決策となる．1点目は，臓器提供についての意思決定をしている人は63.5%（提供したい41.9%，したくない21.6%）であるのに対して意思表示率は12.7%に留まり（内閣府大臣官房政府広報室 2017），本人の意思が尊重されていないことである．2点目は，家族に心的負担がかかっている可能性が否定できないことである．本人の明確な意思表示がない場合，その意思決定は残された家族に委ねられる．万が一の場合，限られた時間で家族が意思決定することは非常に困難である．世論調査では，本人が残した書面による意思表示を尊重したい人が87.4%にのぼり（内閣府大臣官房政府広報室 2017），表示率が低い現状において心的負担がかかっている家族が多いと推察される．

　このように，「提供する，しない」に関わらず意思を表示する行動は，本人，家族，社会にとって望ましい行動である．しかし，免許証，保険証，マイナンバ

　2）explicit consent は「提供したい」との明確な意思表示に基づき臓器提供が実施され，presumed consent は，「提供したくない」と明確に意思表示されていない場合は，臓器提供に同意していたとみなされる（推定同意）．多くの国で約90%の人が明確な意思表示をしていないため，presumed consent の方が家族の提供承諾率が上がり，臓器提供数は多い．

第3章　行動変容のメカニズムと政策的含意

ーカードなど世界で最も多様な意思表示手段が整備されているにもかかわらず低率に留まっている．どうしたら，国民の意思表示への態度や行動を変容させることができるのかが問題意識である．

日本では，約20年間，国家機関，地方自治体が移植啓発活動を行ってきたが，効果が表れていない．先行研究では，マスメディアによる情報の提供やメディアキャンペーンだけでは意思表示行動にはつながらないとの報告が散見され (Thomson 1993; Jacob 1996; Wolf 1997)，若い世代などに焦点を当て，能動的に参画させる施策が効果的と報告されている (Callender et al. 1997; Cantarovich 2004; Mandell et al. 2006; Matesanz and Dominguez-Gill 2007)．

したがって，意思表示行動を促進するために必要な介入を明らかにすること，さらに，その介入を実装して効果を検証することを目的とした研究を行った．

6.2.　意思表示行動のメカニズムと必要な介入の解明

先行研究では，まず，臓器提供に対する態度に影響を及ぼす因子として，知識 (Cleveland and Johnson 1970; Moores et al. 1976; Corlett 1985; Hessing and Elffers 1986; Parisi and Katz 1986; McIntyre et al. 1987; Basu et al. 1989; Nolan and Spanos 1989; Wakeford and Stepney 1989; Horton and Horton 1990; Gallup Organization 1993; Shulz et al. 2000) と利他性 (Cleveland and Johnson 1970; Pessemier et al. 1977; Parisi and Katz 1986) が挙げられている．次に，献血，募金，ボランティア活動などの提供行動に範囲を広げて態度・行動への影響を調査したところ，他者指向性への共感 (桜井 1988)，援助規範，行動規範 (箱井・高木 1987) が態度形成に，向社会的行動 (小田ら 2013) が行動意図に影響を及ぼすことが挙げられた．意思表示行動に影響を及ぼす因子としては，知識，教育レベル，制度の認知度 (Mossialos et al. 2008)，臓器提供について考えた時間などのコミットメントレベル (Cardcci et al. 1984, 1989; Skumanich and Kintsfather 1996)，そのコミットメントが高まった時に表示媒体があること (Holton and Horton 1990; Sanner et al. 1995) が報告されている．

そこで，Prochaska and Velicer (1997) が提唱する行動変容ステージモデルを基に，意思表示行動のステージを，「①関心なし，②関心をもち考え中，③態度決定，④意思表示行動」の4段階に設定し，日本人10,000例を対象とした仮説検証型分析を行った．調査項目は，成果変数 (関心度，態度，行動)，移植関連要

第Ⅰ部　行動経済学へのナッジ

図2　意思表示行動ステージとその変容促進のために必要な介入

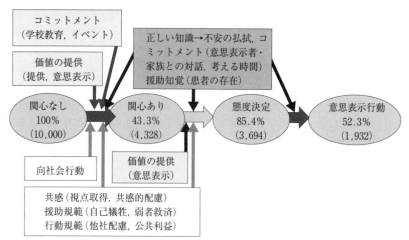

出所：筆者作成．

因（知識，移植医療への考え方，コミットメント），個人の信条（向社会行動，行動規範，援助規範，共感性），印象調査，個人特性であり，質問項目については，先行研究を参照し適宜リワーディングを行い，表面的妥当性，内容的妥当性を確認した．調査は，インターワイヤード社が提供するweb調査システムを用いた．その結果，図2のモデル図と以下の5点を明らかにした（瓜生原2016）．

① 意思表示行動ステージについては，臓器提供への関心度（図2の「関心あり」）は43.4％，意思表示行動意図（図2の「態度決定」）は関心あり層の85.4％，全体の36.9％，意思表示行動（図2の「意思表示行動」）は態度決定層に対して52.3％，全体の19.3％であった．関心を持つ段階，態度を決めて行動に移す段階の移行割合が低く障壁がある．

② 関心の有り・無し，表示行動意図の有り・無し，意思表示の有り・無し，各群において，各項目に対する平均値を算出し，その差の両側t検定を実施（有意水準 $p < 0.05$）した．その結果，臓器提供に関心が有る人は，関心が無い人に比べて，「仲間への同調」という行動規範以外の個人の信条が有意に高かった．臓器移植への態度として，不安が有意に低く，その他の認知成分，知識，コミットメントは有意に高かった．一方，意思表示を行っている人は，行っていない人に比べて，個人の信条のうち，「仲間への同調」のみ

が有意に低く，それ以外の項目は有意な差が認められなかった．以上から，意思表示行動の各段階によって，その障壁を取り除くための方策は異なる．

③　関心を持たせる段階では，学校教育やイベントで「臓器提供，意思表示の価値」についての知識を提供し，共感や援助規範を高めることが有効である．

④　行動に移す段階では，不安を取り除くこと，意思表示者や家族と意思表示について話し合い行動する機会，表示媒体を提供することが有効である．

⑤　意思表示の価値を『誰かを救うもの』から『家族へのメッセージ』へ転換することが重要である．

6.3.　態度・行動変容の実証（アクションリサーチ）

6.3.1.　対象と実施主体

　得られた知見を自ら実装し，実証を試みた．対象は主に社会科学系大学生である．大学生は，運転免許証の新たな取得，一人暮らしの開始で保険証を自身で携帯するなど，意思表示媒体を新しく入手する機会が最も多い層である．また，大学生の90％以上が非医療系で社会科学系が最も多く，その84％が私学に所属している（総務省統計局 2013）ため，私立大学社会科学系大学生を対象に介入や調査を行うことは，標本の代表性を担保することと整合的であると考えられる．

　介入実施主体は，研究室の学生23名である．Stefanone et al.（2012）は，意識の高い学生が主導した活動は，伝統的なメディアキャンペーンより大学生の行動を変容させることを報告しており，適切であると考えられる．

6.3.2.　介入方法

　我々は，前項の知見に基づいた行動変容の促進を目的とした年間キャンペーン型の介入を行った．各行動変容ステージへの介入の概略を記し，最も変容が困難な行動へと促す段階について詳細に述べる．

①関心なしから②関心ありへ変容させる介入

　無関心層に対して効果的とされる「イベントによる共感」に着目し，6月から7月にかけて，社会科学系大学生を対象に，意思表示の価値を伝える30分程度のワークショップを，21日間に亘り学内で毎日行った．万が一の時に意思を残しておくことが家族の心的負担を和らげること，および，「意思表示＝臓器提供」ではなく「意思表示＝残された家族へのメッセージ」という意思表示の価値を伝えた．無関心層に対するワークショップ参加の誘因として，「お母さんの好きな花

第Ⅰ部　行動経済学へのナッジ

図3 「MUSUBU アプローチ」の介入デザイン

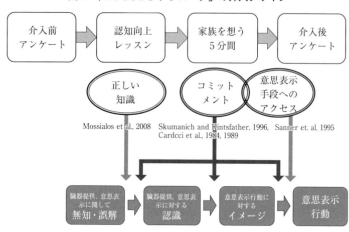

出所：筆者作成.

を知っていますか」と，誰もが身近に感じ，関心を寄せるタイトルを付与した．また，「家族とのつながり」，「大切なもの」を常に想起させる内容とした．
②関心ありから③態度決定へ変容させる介入

　態度決定には家族との対話が効果的であるため，8月から9月にかけて，ワークショップ参加者にオリジナルのガイドブックやチェックカードを配布し，夏休みに家族とともに意思表示について考え対話するきっかけ作りを行った．
③態度決定から④意思表示への介入「MUSUBU アプローチ」

　行動の促進には，臓器提供や意思表示に対する不安を払拭し，意思表示について考え行動する時間と媒体が効果的との知見から，10月に「MUSUBU2016」[3]を開催した．臓器提供や意思表示についての正しい知識を与えて皆で考える「MUSUBU アプローチ」の他，『意思表示＝家族へのメッセージ』を伝えるため，家族への感謝の気持ちを表す絵画・3行レターの作品展を行った．

　「MUSUBU アプローチ」では，まず，世界最多人数で受ける臓器提供認知向上レッスン"Largest organ donation awareness lesson"（ギネス世界記録®挑戦）と「家族を想う5分間」を組合せた介入を行い，その前後で態度・行動変容を測定した．ギネス世界記録®を選択した理由は，ルールが厳格（私語，居眠りなど

---

3 ）https://www.uryuhara.com/activity-in-2016

62

授業を真剣に聞いていないと失格になる）であり，知識を得て理解を促す可能性が極めて高いと考えたからである（図3）.

　事前に，意思表示への不安に関する知識について質的調査を行ったところ，脳死，臓器提供プロセス，意思表示の意義についての不安が示され，不安が最も多かった項目10項目を，知識に関する質問項目として設定した．それらを含む30分間の授業を設計し，専門家（移植学会理事長）による授業を実施した．「家族を想う5分間」では，自己知覚理論（Bem 1972）に基づく「段階的要請法」（Freedman and Fraser 1966）を用いた7つの行動を設定して意思表示行動へと促した．意思表示媒体は，家族への手紙を想起する親しみやすいデザインを加えたオリジナルカードとした.

6.3.3. 「MUSUBU アプローチ」の介入結果

　「態度決定」から「意思表示」への変容を目的とした「MUSUBU アプローチ」の介入結果を以下に示す．調査対象者（参加者）433名に対し，質問票回収は413名であった．行動変容ステージ，知識，認識を問う質問が一つでも無回答であった例を除き，362名を解析対象者とした．解析対象者の年齢は，30歳未満が72.6%，意思表示率は16.8%であった.

(1)知識の獲得

　脳死，臓器提供，意思表示に関する知識10項目について，介入により全ての正答率が上昇し，そのうち8項目に統計学的有意差（$p < 0.001$）が認められた.

(2)臓器提供，意思表示に対する認識の変容

　「脳死を人の死と思う」，「臓器提供に対して不安がある」，「意思表示をすることは重要である」の3項目についてリッカート5段階尺度（不同意-同意）で回答を得た．各項目における平均値は，介入前（3.15, 3.24, 4.23）に比較して介入後（4.15, 2.77, 4.66），統計学的有意（$p < 0.001$）に変容をしたことが確認された.

(3)意思表示行動に対するイメージの変容

　意思表示行動に対するイメージ8項目（役に立つ，誇り，身近なこと，家族，想い合う，つながり，怖い，不安）について，同様に分析を行った結果，全項目において統計学的有意（$p < 0.001$）に変容をしたことが確認された.

(4)意思表示行動ステージの変容

　意思表示行動変容ステージについて「関心なし(1)，関心あり(2)，態度決定

第Ⅰ部　行動経済学へのナッジ

図4　意思表示行動ステージの変容

		N	平均	標準偏差	t値	p値
平均値の差の両側t検定	介入前	362	2.29	1.130	-15.158	0.000***
	介入後	362	2.93	1.207		

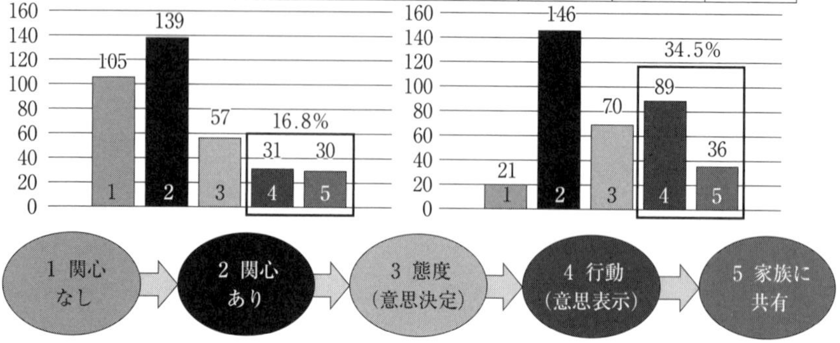

出所：筆者作成.

(3)，意思表示(4)，家族に共有(5)」を点数化したところ，その平均値は，介入前2.29，介入後は2.93であり，ステージが統計学的有意（p＜0.001）に促進されたことが示された．介入による意思表示行動の変化の割合は，変化なし：48％，1段階変化：37％，2段階以上変化：13％であった．また，介入によって「関心なし」105名のうち10名（9.5％），「関心あり」139名のうち24名（10.0％），「態度決定」57名のうち31名（54.5％）の計65名（18％）の意思表示行動を促進することができ，対象者の意思表示率は34.5％となった（図4）．

6.4.　まとめ

　キャンペーン型介入による実証の結果，年間を通して，732名に対して行動ステージに合った介入を行うことで，関心がない人を31.9％から8.5％に減少させ，意思表示率を14.4％から24.9％に増加させ，行動変容を促すことができた．正しい知識の提供，意思表示への関与の程度を高めること，関与の程度が高まった状態で意思表示手段を提供することの3要素が，最も障壁の高い行動を促すために重要であることが実証された．しかし，研究の限界として，各要素の効果を測る詳細な調査を行えなかったため，この3要素が行動を促すまでのどのプロセスに作用しているかは明確にできなかった．また，介入直後の変化をみているに過ぎず，時間経過による知識の忘却，認識の変化などが生じるのか，フォローアップ

第3章　行動変容のメカニズムと政策的含意

が必要であると考えられた.

　一連の研究を通し，まず，日本国民における臓器提供および意思表示への態度や行動の実態を把握できたことは意義深い．本研究のように，行動変容モデルに基づく年間を通した一般啓発キャンペーンは本邦初である．研究結果を蓄積することで，意思表示行動促進のためのエビデンスを構築し，社会に広く還元し，政策などに貢献したい．そして，万が一のとき，少しでも多くの人の意思が尊重されるような社会を実現していきたいと考える.

7.　結び

　本章では，行動変容に関する議論の流れを整理し，介入方法に関する実証的な検証結果を提示し，行動変容の理論を政策・実務レベルまで適用するための手法に関する評価を行った．行動変容を誘発する介入は，意識レベルに対する刺激のみでは十分ではなく，無意識レベルに対する刺激が重要となる．理性よりも情動が人々の行動を強く規定していると考えられる場合には，理性以上に，情動を動かす介入がより重要であることになる．この意味において，意識レベルでの介入に重点を置いた政策のみならず，無意識構造に働きかける介入政策を検討することは重要と考えられよう.

引用文献

Basu, P. K., K. M. Hazariwala and M. L. Chipman, 1989. Public attitudes toward donation of body parts, particularly the eye. Canadian Journal of Ophthalmology 24, 216-220.

Bem, D. J. 1972. Self perception theory, Advances in Experimental Social Psychology, 6, 1-62.

Cantarovich, F. 2004. The role of education in increasing organ donation. Ann Transplant. 9, 39-42.

Callender, C., B. Burston, C. Yeager and P. Miles, 1997. A National Minority Transplant Program for increasing donation rate. Transplantaion Proceedings 29, 1482-1483.

Carducci, B. J. and P. S. Deuser, 1984. The foot-in the door technique: Initial request and organ donation. Basic and Applied Social Psychology 5, 75-81.

Carducci, B. J., P. S. Deuser, A. Bauer, M. Larg and M. Ramaekers, 1989. An application of the foot in the door technique to organ donation. Journal of Business and Psychology 4, 245-249.

Charness, G. and U. Gneezy, 2009. Incentives to exercise. Econometrica 77, 909-931.

Carpenter, G. S. and K. Nakamoto, 1989. Consumer preference formation and pioneering

第Ⅰ部　行動経済学へのナッジ

advantage. Journal of Marketing Research 26(3), 285-298.

Chetty, R., A. Looney and K. Kroft, 2009. Salience and taxation: Theory and evidence. The American Economic Review 99, 1145-1177.

Cleveland, S. E. and D. L. Johnson, 1970. Motivation and readiness of potential human tissue donors and nondonors. Psychosomatic Medicine 32, 225-231.

Consolvo, S., D. W. McDonald and J. A. Landay, 2009. Theory-driven design strategies for technologies that support behavior change in everyday life. Proceedings of the SIGCHI Conference on Human Factors in Computing Systems. ACM, pp. 405-414.

Corlett, S. 1985. Public attitudes toward human organ donation. Transplantation Proceedings 17, 103-110.

Corr, J. P. 2008. The Reinforcement Sensitivity Theory of Personality. Cambridge University Press.

Corr, J. P., C. G. DeYoung and N. McNaughton, 2013. Motivation and personality: A neuropsychological perspective. Social and Personality Psychology Compass 7, 158-175.

Cutler, D. M. and A. Lleras-Muney, 2010. Understanding differences in health behaviors by education. Journal of Health Economics 29, 1-28.

Dijksterhuis, Ap. and L. F. Nordgren, 2006. A theory of unconscious thought. Perspectives on Psychological Science 1.2, 95-109.

Freedman, J. L. and S. C. Fraser, 1966. Compliance without pressure: The foot-in-the-door technique, Journal of Personality and Social Psychology 4, 195-202.

Festinger, L. 1962. A theory of Cognitive Dissonance Vol. 2. Stanford University Press.

Freud, S. 1950. Collected Papers, Vol. 4, J. Riviere Trans. Hogarth Press and Institute of Psychoanalysis, London.

Fudenberg, D. and D. K. Levine, 2006. A dual-self model of impulse control. The American Economic Review 96, 1449-1476.

Gallup Organization, 1993. The American Public's Attitudes towards Organ Donation and Transplantation. The Partnership for Organ Donation, Boston.

Goffman, E. 2006. The Presentation of Self in Everyday Life. A Dramaturgical Sourcebook. Anchor Books, New York.

Govers, P. C. M and J. PL. Schoormans, 2005. Product personality and its influence on consumer preference. Journal of Consumer Marketing 22, 189-197.

Gray, J. A. 1970. The psychophysiological basis of introversion-extraversion, Behaviour Research and Therapy 8, 249-266. Gruber, J. and B. Köszegi, 2001. Is addiction "rational"? Theory and evidence. The Quarterly Journal of Economics 116, 1261-1303.

箱井英寿・高木修, 1987. 援助規範意識の性別, 年代, および, 世代間の比較. 社会心理学研究 3, 39-47.

Hessing, D. J. and H. Elffers, 1986. Attitude towards death, fear of being declared dead too soon, and donation of organs after death. Omega: Journal of Death and Dying 17, 115-124.

第 3 章　行動変容のメカニズムと政策的含意

Horton, R. L. and P. J. Horton, 1990. Knowledge regarding organ donation: Identifying and overcoming barriers to organ donation. Social Science & Medicine 31, 791-800.

Jacob, F. 1996. Regional awareness campaign concerning organ sharing. Transplantation Proceedings 28, 393.

Jafarinaimi, N., J. Forlizzi, A. Hurst and J. Zimmerman, 2005. Breakaway: An ambient display designed to change human behavior. In CHI '05 Extended Abstracts, Portland, OR, USA, (Apr 2005), 1945-1948.

Johnson, E. J., et al., 2012. Beyond nudges: Tools of a choice architecture. Marketing Letters 23, 487-504.

Jones, R. M., L. H. Somerville, J. Li, E. J. Ruberry, A. Powers, N. Mehta, ... and B. J. Casey, 2014. Adolescent-specific patterns of behavior and neural activity during social reinforcement learning. Cognitive, Affective, & Behavioral Neuroscience 14, 683-697.

Kandel, E. R., J. H. Schwartz and T. M. Jessell, 2014. カンデル神経科学金澤一郎，宮下保司日本語版監修，メディカル・サイエンス・インターナショナル，東京.

Locke, E. A. 1968. Toward a theory of task motivation and incentives. Organizational Behavior and Human Performance 3, 157-189.

Locke, E. A. and G. P. Latham, 2002. Building a practically useful theory of goal setting and task motivation: A 35-year odyssey. American Psychologist 57, 705.

Loewenstein, G., C. Bryce, D. Hagmann and S. Rajpal, 2015. Warning: You are about to be nudged. Behavioral Science & Policy 1, 35-42.

Mandell, M. S., S. Zamudio, D. Seem, et al., 2006. National evaluationof healthcare provider attitudes towards organ donation after cardiac death. Critical Care Medicine 34, 2952-2958.

Maslow, A. H., R. Frager and J. Fadiman, 1970. Motivation and Personality, Vol. 2, pp. 1887-1904. Harper & Row, New York.

Matesanz, R. and B. Dominguez-Gil, 2007. Strategies to optimize deceased organ donation. Transplantation Reviews 21, 177-188.

Mezuk, B., C. M. Abdou, D. Hudson, K. N. Kershaw, J. A. Rafferty, H. Lee and J. S. Jackson, 2013. "White box" epidemiology and the social neuroscience of health behaviors: The environmental affordances model. Society and Mental Health 3, 79-95.

McIntyre, P., M. A. Barnett, R. J. Harris, J. Shanteau, J. Skowronski and M. Klassen, 1987. Psychological factors influencing decisions to donate organs, In Wallendorf, M. and Anderson, P. Eds., Advances in Consumer Research 14, 331-332.

Miñambres, J. G. 2012. Motivation through goal setting. Journal of Economic Psychology 33, 1223-1239.

Moores, B., G. Clarke, B. R. Lewis and N. P. Mallick, 1976. Public attitudes towards kidney transplantation. British Medical Journal 1, 629-631.

Mossialos, E., J. Costa-Font and C. Rudisill, 2008. Does organ donation legislation affect individuals' willingness to donate their own or their relative's organs? Evidence from

European Union Survey Data. BMC Health Services Re- search 8, 48-57.

内閣府大臣官房政府広報室, 2017. 臓器移植に関する世論調査（2017年8月調査）. 内閣府大臣官房政府広報室. https://survey.gov-online.go.jp/h29/h29-ishoku/index.html（2017年12月15日現在）.

Nolan, B. E. and N. Spanos, 1989. Psychosocial variables associated with willingness to donate organs. Canadian Medical Association Journal 141, 27-32.

小田　亮・大めぐみ・丹羽雄輝他, 2013. 対象別利他行動尺度の作成と妥当性・信頼性の検討. 心理学研究 8, 28-36.

O'Donoghue, T. and M. Rabin, 1999. Doing it now or later. American Economic Review 89, 103-124.

Parisi, N. and L. Katz, 1986. Attitude towards Posthumous organ donation and commitment to donate. Health Psychology 5, 27-32.

Pessemier, E. A., A. C. Bemmaor and D. M. Hanssens, 1977. Willingnes to supply human body parts: Some empirical results. Journal of Consumer Reseach 4, 131-140.

Prochaska, J. O., C. C. DiClemente and J. C. Norcross, 1992. In search of how people change: Applications to addictive behaviors. American Psychologist 47, 1102.

Prochaska, J. O. and W. F. Velicer, 1997. The transtheoretical model of health behavior change. American Journal of Health Promotion 12, 38-48.

桜井茂男, 1988. 大学生における共感と援助行動の関係. 奈良教育大学紀要 37, 149-153.

Sanner, M. A., H. Hedman and G. Tufveson, 1995. Evaluation of an organ donor card campaign in sweeden. Clinical Transplantation 9, 326-333.

セイラー, リチャード・キャス・サンスティーン, 2009. 実践行動経済学—健康, 富, 幸福への聡明な選択, 遠藤真美訳, 日経 BP 社.

Shulz, K. H., D. Meier, C. Clausen, R. Kuhlencordt and X. Rogiers, 2000. Predictors of intention to donate organs: An empirical model. Transplantation Proceedings 32, 64-65.

Skumanich, S. A. and D. P. Kintsfather, 1996. Promoting the organ donor card: A causal model of persuasion effects. Social Science Medicine 43, 401-408.

総務省統計局, 2013. 教育：高等専門学校・短期大学・大学・大学院の学科別学生数. 総務省統計局. http://www.stat.go.jp/data/nihon/22.htm.（2017年8月1日現在）.

Stefanone, M., A. E. Anker, M. Evans and T. H. Feeley, 2012. Click to "Like" organ donation: The use of online media to promote organ donor registration. Progress in Transplantation 22, 168-174.

Thaler, R. H. and C. R. Sunstein, 2008. Nudge: Improving Decisions About Health, Wealth, and Happiness. Yale University Press, New Heaven.

Thomson, N. M. 1993. Transplantation-The issues: A cross curriculum programme for secondary schools. Transplantation Peoceedings 25, 1687-1689.

瓜生原葉子, 2016. 大学教育におけるソーシャルイノベーションの実践とその有効性. 同志社商学 67, 61-101.

第 3 章　行動変容のメカニズムと政策的含意

Vlaev, I., D. King, P. Dolan and A. Darzi, 2016. The theory and practice of "nudging": Changing health behaviors. Public Administration Review 76, 550-561.

Wakeford, R. E. and R. Stepney, 1989. Obstacles to organ donation. British Journal of Surgery 76, 435-439.

Winkielman, P. and K. C. Berridge, 2004. Unconscious emotion. Current Directions in Psychological Science 13, 120-123.

Wolf, J., R. Servino and H. Natahn, 1997. National strategy to develop public acceptance of organ and tissue donation. Transplant Proceedings 29, 957-963.

Xie, Y., R. Batra and S. Peng, 2015. An extended model of preference formation between global and local brands: The roles of identity expressiveness, trust, and affect. Journal of International Marketing 23, 50-71.

第 4 章

マーケティングと行動経済学
二重過程理論と文脈効果に関するレビューと購買履歴データからの実証分析

星野崇宏[a] ・竹内真登[b]

●要旨

　行動経済学とマーケティング研究双方に関係が深い二重過程理論と文脈効果についてレビューを行うとともに，実際のスーパーマーケットでの購買履歴データから魅力効果の存在を示す著者らの解析例を示す.

キーワード：文脈効果，二重過程理論，マーケティング，消費者行動，購買履歴データ

JEL Classification Numbers: D91, M31

1. はじめに

　本章では行動経済学のマーケティング研究への応用，あるいはマーケティング研究から発見された，他分野においても有用な知見についての紹介を行うことを目的とするが，特に前者については膨大な研究があるため，特に後者側の代表的な話題である文脈効果に注目してレビューおよび著者らの関連する研究を紹介する．その中で，行動経済学研究の重要な枠組みの一つである二重過程理論と文脈効果の関係について整理する.

　現在いわゆる"行動経済学"と呼ばれている学問領域は，非常に多様な研究分野で蓄積された人間行動に関する知見の総体，あるいはそれを特に経済学研究に応用するものであるが，その知見の多くは心理学研究に依拠していることは疑いようがない．特に2002年にノーベル経済学賞を受賞した Daniel Kahneman が

＊本研究は科学研究費（17K18568/17H07051）による助成を受けております．この場を借りて御礼申し上げます.

a）慶應義塾大学 e-mail: bayesian@jasmine.ocn.ne.jp

b）東北学院大学 e-mail: makito_takeuchi@mail.tohoku-gakuin.ac.jp

第 I 部　行動経済学へのナッジ

Amos Tversky とともに1970年代中盤から実施した意思決定に関する一連の心理学実験によるプロスペクト理論や種々のヒューリスティックスの発見は行動経済学における理論枠組みとして現在でもよく利用されている．

　近年では実験経済学や開発経済学でのフィールド実験などで，これまで先行研究で示されてきた様々なヒューリスティックスや意思決定時のバイアスなどの膨大なリストあるいはカタログをもとに，人々の経済活動や健康維持活動の理解をする，さらには何らかの介入（Richard Thaler のいういわゆるナッジ）を行うことで，どの程度行動変容が起きるかについての研究も進みつつある．そのため，これまで報告されてきた様々な現象が観察されないこと，あるいは先行研究やそれに基づく予測とは異なる結果が得られることがしばしばあることが指摘されてきた．

　そこで近年では行動経済学的な様々な現象が「どのような場合に」「どの程度」生じるのかに関心が移りつつあり，それと共に様々な現象をその生起のメカニズムから統一的に理解するための枠組みが必要であることが認識されつつある．

　さて経済活動や医療受診行動などのうち，供給者側の要因やプリンシパル・エージェント問題などは伝統的な経済学モデルから議論することが可能である．一方，消費者あるいは生活者としての意思決定や行動のメカニズムについては，心理学や神経科学分野の研究の知見をもとに統一的な理解の枠組みとして提案されている二重過程理論が注目を集めている．本章では二重過程理論という枠組みの行動経済学研究における有用性，神経科学的な妥当性，さきほどの「どのような場合に」「どの程度」様々なヒューリスティックスやバイアスが生起するかの予測を可能にするという議論の具体例として意思決定における文脈効果と消費者の購買行動に関する応用研究を紹介する．

　次節では，二重過程理論や文脈効果について神経科学研究やマーケティング研究を説明するとともに，二重過程と文脈効果の関係を述べる．更に，近年指摘された魅力効果に対する否定的な研究知見も議論する．第 3 節では，筆者らが実施した購買履歴データに基づく魅力効果の分析結果を説明する．最終節では，第 3 節で説明した分析結果の課題などに言及している．

2. 二重過程理論と文脈効果

2.1. 二重過程理論の概観

　二重過程理論は個人の情報処理様式として直観的，自動的，効率的，努力を要さない，高速な処理と熟慮的，意識的，分析的，努力を要する，低速な処理の2種類を想定するものである（e.g., Stanovich 1999; Dhar and Gorlin 2013; 金子2013）．2つの処理を想定したモデルは，多くの研究者によって提唱され，それらは処理のプロセスなどに多少の差異はあるものの，主に直観的と熟慮的な情報処理の2つという点で共通する．二重過程の2つの処理様式については研究者によってヒューリスティック処理／システマティック処理（Chaiken 1980），システム1／システム2（Stanovich 1999），衝動システム／熟慮システム（Strack et al. 2006）など呼び名も様々だが[1]，本章では先行研究で特に説明が必要なもの，先行研究の表現のほうが理解しやすい場合を除いて，システム1とシステム2を用いる．

　心理学において二重過程という概念の歴史は非常に古い．二重過程という用語は認知心理学の研究において Wason and Evans（1975）によってはじめて導入されたが，当初は無意識的な認知プロセスと意識的な認知プロセスというややあいまいな定式化によるものでありその区分についての批判もあった．80年代に入り社会心理学における説得コミュニケーション研究において，情報処理能力と関心（関与）によって周辺ルートと中心ルートという2つの異なる処理のどちらになるかが決まるという精緻化見込みモデル（Petty and Cacioppo 1981, 1986）が構築され，政治学や消費者行動研究など関連領域でも非常に有名になったため，二重過程理論と精緻化見込みモデルを同一視するような議論がされることもある．但し後に挙げるような脳機能計測により活性化する脳部位の特定という観点では認知心理学でこれまで取り上げられてきた認知資源，注意，行為の熟達化などとの関連を考えることが重要であり，メッセージへの関与を中心に議論する精緻化見込みモデルはあくまで二重過程理論の一部として理解するのが適切であると考える．

---

1) 様々な提唱者における二重過程モデルの詳細やその違いは金子（2013）が詳しい．詳細は金子（2013）及び原著などを参照のこと．

第Ⅰ部　行動経済学へのナッジ

　二重過程理論におけるシステム1とシステム2の切り替えは，主にその処理に
認知資源がかけられているかどうかに依存すると考える（Evans 2008; Evans and
Stanovich 2013）．人間は同時に複数の処理を行っているが，そのうち特にその
個人にとって注意資源が多く振り向けられるほど重要かつ複雑な課題については
システム2で処理されるとする．また，同じ処理であってもシステム2で繰り返
し処理されることでシステム2ではなくシステム1で処理されるという一種の自
動化・認知資源の省力化が起きるとされる．

　さて，近年二重過程理論が有力なモデルとして考えられてきているのは，その
分かりやすさだけではなく，脳機能計測により活発化する脳部位の特定に関する
研究結果が得られていることにもよる．具体的にはトロッコ課題に代表されるよ
うな道徳規範に関する意思決定課題において，感情ベース（システム1とされ
る）か功利的判断（システム2とされる）かの違い（Greene et al. 2001），ある
いはリスク認知やリスクテイキング行動についての研究（Megias et al. 2015）で
fMRIからシステム1とシステム2と考えられる脳内の処理部位や処理パターン
の違いが報告されている．また，これまで伝統的であった脳部位と脳内処理の局
在論に対して脳機能計測において新しいパラダイムの一つとなりつつある脳内の
処理ネットワークの検出と理解という文脈（Raichle et al. 2001）において，内側
前頭前野・後部帯状皮質／膨大後部皮質下部頭頂葉の周辺における一連の活動で
あるDefault Mode Network（DMN）は安静時の脳内処理様式であり，負荷のあ
る処理があると抑制される．そこでDMNがシステム1と関連し，前頭葉・頭頂
葉中心で負荷の高い処理で活性化するTask Positive Networkが特定の処理ごと
のシステム2に対応するという仮説がある（Trends in Cognitive Sciences 2013の
特集号など）．例えばfMRIデータのグレンジャー因果性検定による倫理判断の
ネットワーク（Chiong et al. 2013）では，コンフリクトがある場面だと二重過程
モデルでシステム1に対応するとされるDMNが抑制されシステム2側のネット
ワークが働くことが示唆されている．

2.2.　マーケティング・消費者行動研究における二重過程理論

　マーケティングにおける消費者行動（consumer behavior）研究は主に社会心
理学者グループによって推進されてきたため，消費者の意思決定や態度変容を説
明する理論として二重過程理論は精緻化見込みモデルを発展させたものとして多

74

くの研究の枠組みに用いられている．例えば，ここ10年ほどの間でもマーケティング研究の主要誌の一つである Journal of Consumer Psychology のリサーチダイアログという特集に度々二重過程の関連研究が紹介されている．具体的には，熟慮的な購買と衝動的な購買の決定要因として2つの処理のモデル化（Strack et al. 2006），システム1を活性化させる操作に用いられる自己制御資源枯渇（自己消耗）により生じる消費者行動の変化，資源枯渇とシステム1の関係（Baumeister et al. 2008），精緻化見込みモデルに基づく数値アンカーへの2つの処理様式から生じる判断（アンカリング効果）やその判断の持続性といった議論（Wegner et al. 2010），消費者の選択行動における選好形成に対する二重システムの枠組みの導入（Dhar and Gorlin 2013: 2.4節で説明する）などである．

　更に近年のマーケティング主要誌に掲載された研究の一部を紹介すると，Haws et al.（2017）は，健康食品が非健康食品よりも高価であるといった直観的な信念を消費者がもっていること，健康食品が理由のわからない健康強調表示（「最も健康的」など）を伴い低価格という直観と一致しない場合に，一致する場合と比較して多くのレビューを読むなど熟慮的なシステム2で処理しようとすることを示した．システム1がシステム2よりも選好の一貫性が高いことを示す研究もある（Lee et al. 2009, 2015）．具体的に，Lee et al.（2015）は，時間を考えることがよりシステム1と関連し金銭を考えることがよりシステム2と関連すること，金銭を考えた場合に（すなわち，システム2が促進），時間を考えた場合と比較して，消費者の選好一貫性が失われることを実験結果から示した．Garshoff and Koehler（2011）は，エアバッグの暴発やワクチン接種による病気の罹患などの安全製品の裏切りの可能性に対する消費者の行動や反応に注目し，システム1を志向する個人ほど安全装置の裏切りの可能性が示唆された場合に，全体的な安全性が低い選択肢（例えば，衝突で死亡するリスク2%）と比較して，裏切りの可能性はあるものの全体的な安全性がより高い選択肢（衝突で死亡するリスク1%＋エアバックの暴発といった裏切りリスク0.01%）を選好しなくなることを示した．また Wan and Agrawal（2011）は解釈レベル理論（Trope and Liberman 2003）[2]と自己制御資源との関係を探り，制御資源を枯渇させると個人がより低レベル解釈を促進し，実現可能性や副次的属性のより優れたもの（例えば，つまらないが簡単な仕事，味はイマイチだが景色がよいレストラン）を選好することを見出している．

第Ⅰ部　行動経済学へのナッジ

2.3.　文脈効果と研究知見の概観

プロスペクト理論やアンカリング，フレーミングなどは心理学研究で見出されたものであるが，これとは関連がありながらやや異なる研究分野である消費者行動研究で見出され，経済学研究にも大きな影響を与えつつある「行動経済学的なバイアスのリスト」の重要なものの一つが文脈効果である．これは，ミクロ経済学における標準的な仮定である「選好の正則性の仮定」に対する反例として注目を集めている．

ここでは文脈効果のうち最も重要な「魅力効果」の説明のために，合理的な個人が行うであろう選好であれば，一般に選択肢の集合 X の要素 a, b, c に対して，以下の3つの性質

完備性　　a≳b（a が b より好ましいまたは同等）か

　　　　　a≲b（b が a より好ましいまたは同等）

のどちらかが成立する

反射性　　a〜a（a ならば無差別）

推移性　　a≳b, b≳c ⇒ a≳c

が成立するはずである（厳密には例えば Kreps, 1988 などを参照されたい）．

このとき，c(X) を X から選択されたものとした場合に，X の部分集合 Y, Y′ に対して

C(Y)∈Y′　かつ C(Y)≠C(Y′)⇒C(Y′)∉Y

が成立するはずである（これは顕示選好の弱公理（弱公準）として知られる．Arrow（1959）などを参照）．例えばうな重について X = {a 松，b 竹，c 梅}，Y = X = {a, b, c}，Y′ = {b, c} としよう．ここで選択集合 Y では b の竹を選ぶ人は，たまたま a の松がない場合 Y′ の集合では c の梅を選ぶことはないはずである．

しかし実際には松竹梅では竹を選ぶ人であっても竹梅では梅を選ぶことがありえる．これは文脈効果の一例であるが，より一般には文脈効果（Context

---

2）解釈レベル理論は，個人と対象との心理的距離の遠近により，個人が遠い場合には抽象的，なぜ，結果の望ましさをと関連した高レベル解釈，近い場合には具体的，どうやって，結果の実現可能性と関連した低レベル解釈で対象を捉えることを説明し，消費者行動分野で盛んに研究されている．内容は原著，外川・八島（2014），竹内・星野（2015a）などを参照のこと．

effects）とは，選択肢間の選好順序が他の選択肢の存在（追加または削除）によって変化する，という現象であり，妥協効果・魅力効果・類似性効果・背景対比効果・幻効果・多数効果など様々な効果が実験室実験や調査研究で発見されてきた．また，上記の説明では選好の関係は確定的であるが，確率的な選好確率の問題として一般に議論してもよい（Dasgupta and Pattanaik 2007）．

　文脈効果自体は消費者行動研究を発祥としているものの（Huber et al. 1982），特にこの中でも後述する魅力効果が過去の先行研究で頑健に存在することは，ミクロ経済学における顕示選好の弱公理を仮定した消費者行動の理論の前提条件が現実場面では成立しないことを示す．このような経済学に対する影響（や Ok et al.（2015）など文脈効果を考慮した理論展開も一部行われていること），マーケティング実務的にも意義が大きいことから（Ariely 2008; Dooley 2012），Huber らも，（調査したわけではないと断ったうえで）魅力効果はマーケティング分野から他の社会科学分野の研究に対して最も影響を与えた概念の一つではないかと述べている（Huber et al. 2014）．

　では，文脈効果の中でも最も重要な魅力効果（Huber et al. 1982），魅力効果とともに研究蓄積の多い妥協効果（Simonson 1989）の説明をしたい[3]．図1に基づくと，選択肢aと選択肢bがそれぞれ2つの属性間でトレードオフが生じていた場合，消費者が両選択肢のどちらを選択するかはいずれの属性をより重視するかで選択割合が決まる（仮にa：b＝50：50とする）．魅力効果は，この選択肢セットに，b（ターゲット）よりも全ての属性で劣っているb'（デコイ）を追加した場合，（b'の存在はaとbの選好とは無関係なはずにもかかわらず）aと比較したbの相対的な選択割合が2択時よりも高まることを指し（例えばa：b＝25：75），非対称性支配効果やデコイ効果ともいわれる．一方で妥協効果は，同じくaとbの選択肢セットに，選択肢cが追加された場合，中間的選択肢となったbの選択割合が上昇することを指す（例えば，a：b：c＝20：60：20または は a：b の相対割合＝25：75）．

　特に魅力効果は様々な先行研究で確認されている比較的頑健な現象であり，Heath and Chatterjee（1995）のマーケティング分野での92研究についてのメタ

3）幻効果（Platkanis and Farquhar 1992），多数効果（奥田 2003），背景対比効果（Simonson and Tversky 1992）などの文脈効果について，本章では紙面の制約から省略する．

図1　文脈効果における選択セットの関係

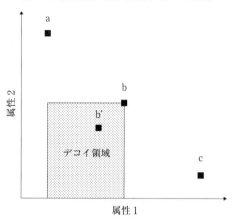

出所：Huber et al.（1982）の Figure A・B, Simonson（1989）の Figure C を参考に筆者ら作成.

分析によれば，平均して11.4％の魅力効果が存在し，高品質なターゲットがある場合に魅力効果が大きいことが報告されている．すでに述べた二重過程理論同様に，魅力効果についての神経科学研究も複数報告されている．Hu and Yu（2014）では，デコイ効果には知覚的顕著性が重要であり，前部島皮質が活性化することが示されている（ほかにも代表的な研究として Hedgcock and Rao 2009, Hedgcock et al. 2010など）．また興味深いことに，動物実験による餌場の選択などの選択行動研究でも魅力効果が起きることが報告されている（例えば，鳥（Hurly and Oseen 1999; Bateson et al. 2002），昆虫（Shafir et al. 2002），単細胞粘菌（Latty and Beekman 2011））．

次に最近のマーケティング分野における魅力効果，妥協効果研究をいくつか紹介する．Pandelare et al.（2011）は，製品の数値的属性の単位が大きく示されるほど（例えば，品質評価の単位を10ポイントではなく1000ポイントで示す）品質的に優れた製品がより選択されるとともに，品質の単位が大きい場合には低品質・低価格側にデコイを置いても魅力効果が生じにくくなると報告している（単位が小さい場合は魅力効果が生じる）．また，Simonson and Sera（2011）は，消費者意思決定の遺伝的影響に関する探索的な研究の中で文脈効果を取り上げ，妥協的な選択行動の性質に遺伝的影響がある可能性を示唆した．Rooderkerk et al.

（2011）は魅力効果，妥協効果及び類似性効果を取り込んだ選択モデルを提案し，新製品開発の市場調査に用いられることも多い選択型コンジョイントにおける選択行動をより良く説明できることを見出している．また千葉・都築（2014）は後述する二重過程と文脈効果の関係に加えて，眼球運動の計測から妥協効果が補償型，魅力効果が非補償型の決定方略に基づいていた可能性があること，妥協効果質問条件の被験者は魅力効果質問条件の人達よりもネガティブ感情が平均的により高いことを指摘した．

　他の理論と文脈効果の関係性を調べた研究もある．例えば，Levev et al.（2010）では消費者の制御焦点と文脈効果の関係を見出している．彼らは実験の中で，促進焦点である理想や希望（または義務や責任といった予防焦点）をプライミングした被験者に，アパートの景色や部屋サイズなどの促進関連の属性（または徒歩距離や騒音レベルなどの予防焦点の属性）で構成された選択肢を提示すると（プライミングと属性の焦点が一致），プライミングと属性の焦点が不一致な場合よりも，魅力効果と妥協効果が高まることを示している．社会心理学研究で頻繁に取り上げられる解釈レベル理論と文脈効果の関係を調べた研究もある（e.g., Khan et al. 2011; Chang et al. 2015）．Khan et al.（2011）は，低レベル解釈がより細部に注目することで属性間のトレードオフに注意を向けるため，高レベル解釈と比較して，妥協効果を高め，魅力効果を弱めることなどを見出した．更に，Khan et al.（2011）は自身の研究結果から，二重過程と文脈効果の関係（これらの関係は次節参照）についても最後に議論しており，文脈効果においてシステム 1 と高レベル解釈，システム 2 と低レベル解釈が関連している可能性を示唆している．

　ここまで文脈効果研究を概観してきたが，二重過程理論と文脈効果の関連を示唆する研究も多数存在する．以下では二重過程と文脈効果についての関係を詳細に議論する．

2.4．二重過程理論と文脈効果の関連

　Pocheptsova et al.（2009）は複数の実験を通じて，自己制御資源を枯渇させるタスクを実施した条件の被験者群（システム 1 が促進）では，枯渇させなかった被験者群（システム 2 を利用可能）と比較して，魅力効果が高まること，妥協効果が弱まることなどを示した．同様に，Macicampo and Baumeister（2008）

第Ⅰ部　行動経済学へのナッジ

も自己制御資源が枯渇すると魅力効果が高まること，資源枯渇しても砂糖を含む飲料の摂取することで血中グルコースを回復させて魅力効果の高まりが阻害されること（人工甘味料では阻害されない）を見出している．同様に，Lichters et al. (2016a) は，妥協効果が認知資源をより多く費やすことから，急性トリプトファン枯渇を用いて脳内のセロトニン濃度を低下させた被験者群で，非枯渇条件の被験者群よりも妥協効果が生じなくなることを示している．更に彼らの別の研究（Lichters et al. 2016b）では日用品よりも耐久消費財で妥協効果が大きいこと，セロトニンを欠乏させても耐久消費財における妥協効果の減少が日用品よりも小さいことを指摘している．他にも，回答時間を制約することでも妥協効果が減少することも示されている（Dhar et al. 2000）．以上は，システム１がより魅力効果を促進し，システム２がより妥協効果を促進するといった二重過程と文脈効果の関係を指すが，この関係は我が国の実験研究でも報告されている（千葉・都築 2014）．

　こうした関係について，そのプロセスを議論した研究もある．Dhar and Gorlin (2013) は選択における選好形成に二重システムの枠組みを導入し，その枠組みから魅力効果と妥協効果の生じるプロセスを説明している．システム１は，選択集合内で特段の注意を払わずに優れていると分かる選択肢（例えば，２択で全ての属性が優れたほうの選択肢）がある場合に，その選択肢へのポジティブな感情から強い選好を生み出す．この時にシステム２はさほど反応する動機付けがないので，システム２もその選好を受け入れ，最終的に意思決定者は選好した選択肢を選ぶことになる．一方で，属性間にトレードオフがある選択集合ではシステム１は強い選好を生じさせないため，システム２が属性情報を注意深く検討するなかで選択肢を評価していくことになる．しかし，仮にシステム１が特定の選択肢に強い選好を生じさせない場合でも，意思決定者が時間圧力，疲労，注意散漫な状況にある時には何らかの選択ヒューリスティックに頼って選択する可能性があること，システム２の処理も記憶や処理能力に限界があることから相対的な評価に頼る傾向があること，正当化の容易さが特定の選択肢を魅力的にする可能性があることを示唆している．これらの説明に基づき，彼らは魅力効果におけるデコイ選択肢に対して支配的な（すべての属性が優れている）選択肢がシステム１で魅力的となり，強い選好を形成することになると説明する．一方で妥協効果は，強い選好がないときに，熟慮的なシステム２の処理から相対的評価を行い，

中間的，妥協的な選択肢は欠点が少なく，他の2つの極端な属性をもつ（一方の属性が優れ，他方が劣る）選択肢よりも正当化しやすいことから魅力的に感じるために生じるという．

しかし，以上の一致した知見に矛盾する研究もある．Drolet et al.（2009）は，高い認知欲求特性がある人ほど妥協的な選択をしなくなる傾向があること，加えて実験的に認知負荷をかけるとその傾向が失われることを示した．Pettibone（2012）は選択集合提示後の考える時間を制約する（一定時間後，選択肢の属性値情報が消えて選択する）といった方法で時間圧力が高まるほど妥協効果が弱まること，更には魅力効果さえも弱まっていくことを見出している．このような不一致な研究知見があるにもかかわらず，妥協効果を議論した Dhar and Gorlin（2013）や Lichters et al.（2016a, 2016b）のすべてが Drolet et al.（2009）の知見に触れていない．更に Dhar and Gorlin（2013）は Pettibone（2012）の魅力効果に関する矛盾する知見を取り上げてはいるものの，厳しい時間圧力下での選択プロセスの影響については今後の課題と述べるに留まる．Pettibone（2012）は2〜8秒と非常に短時間の制約であり[4]，支配関係を知覚する余裕がなかったためと考えられているが（Dhar and Gorlin 2013; Huber et al. 2014），二重過程のシステム1を促進する方策として用いられることも多い時間的な制約・圧力と認知資源枯渇とのプロセスの違いによる文脈効果の生起の違いは消費行動にも関連する重要な研究課題となりえる．Drolet et al.（2009）の知見に対しても，特性や状態といった違いを踏まえて情報処理プロセスを検討する余地が残されている．

ここまで二重過程理論と文脈効果の関係を詳述してきたが，最後に解釈レベルと二重過程の双方の理論の交互作用から文脈効果を検討した筆者らの研究を紹介する（竹内・星野 2015b, 2015c）．筆者らは Khan et al.（2011）が暗に示唆した解釈レベルと二重過程の関係（高レベル解釈とシステム1，低レベル解釈とシステム2が類似・関連する可能性）に対して異議を唱え[5]，熟慮（システム2）して検討する必要がある高額商品で高レベル解釈が具体的に考えることを阻害して

4）Pettibone（2012）はプレテストで無制約下でも平均8秒ほどで選択したとしている．しかし，あくまで平均のため，一部の被験者にとっては8秒でも相当な時間圧力がかかっていた可能性も考えられる．2秒や4秒の時間圧力下では選択肢のほぼ属性情報を理解できなかった可能性もある．

第Ⅰ部　行動経済学へのナッジ

魅力効果を高め（低レベル解釈が魅力効果を阻害し），感情的・衝動的（システム1）に購買されやすい日用品で低レベル解釈が場面の視覚化による感情行動を促進し魅力効果を高める（高レベル解釈が魅力効果を阻害する）といった交互作用関係を予測した[6]．実験結果は予測と一致し，テレビ（高額商品）で高レベル解釈条件の被験者群のみ有意な魅力効果を生じさせ，オレンジジュースやマウスウォッシュといった日用品で低レベル解釈条件の被験者群の魅力効果のサイズは高レベル解釈条件の被験者群のそれと比べてより大きくなる傾向を見出した．

2.5.　魅力効果に対する疑義と課題

　これまで文脈効果（そのなかでも特に魅力効果）は頑健で，学術的，実務的にも重要であることが多くの研究で述べられてきた．しかし，近年魅力効果は非常に限定的で，実務的な意義も小さいのではないかという疑義が生じている．

　例えば Frederick et al.（2014）は，魅力効果が限定された状況でしか生じない可能性があることを指摘した．彼らはこれまでのマーケティング研究における魅力効果の実験で用いた商品の属性水準がほぼ数値（例えば，耐久性：7.2，掃除しやすさ：5.5）によって表現され，定性的な情報（ブランドなど）や知覚的な情報（例えば，写真や直接的な商品の経験など）が含まれておらず現実の購買状況とは異なると主張した．そのうえで，彼らは38の実験研究を実施し，選択肢セットの属性が従来通りすべて数値で表現された5つのケースのうち4つで魅力効果を見出したが，属性の一つ以上で知覚表現（フルーツの写真など），言語的記述（品質の文言説明など），直接経験（飲み物であれば飲用するなど）を含めた選択肢セットを用いた残りの実験研究では魅力効果を2つしか見出すことが出来なかった．それどころか，いくつかの実験研究で，デコイ選択肢を追加した場合にターゲット選択肢の選択率がデコイのない場合と比較して低下してしまうことも報告され（そのうちの1つは有意に低下），Frederick et al.（2014）はこの現象を嫌悪効果（repulsion effect）と名付けている．

5）文脈効果ではないもののシステム1と低レベル解釈が関連するという研究（Wan and Agrawal 2011; Amit and Greene 2012），モラル判断において解釈レベルと二重過程の交互作用を示唆する研究もある（Körner and Volks 2014）．

6）竹内・星野（2015b, 2015c）では，二重過程理論と文脈効果の関係性は Pocheptsova et al.（2009）や Macicampo and Baumeister（2008）に基づき，本文にある予測を構築している．

第4章　マーケティングと行動経済学

　Yang and Lynn（2014）も Frederick et al.（2014）の実験の追試を行い，11回
（計91の選択シナリオ）の実験研究を実施した（そのうち37シナリオが選択肢セ
ットの属性を数値表現のみで，12シナリオが選択肢に写真表現を含めたもの，42
シナリオが言語的表現を含めたもの）．その結果，全体で11シナリオ（12.1%）
しか有意な魅力効果が生じず，そのうち全て数値表現の属性による選択肢のシナ
リオが9（数値表現のみのシナリオのうち23.7%），定性的表現か写真表現を含
む選択肢のシナリオは2（定性的表現・写真表現のシナリオのうち3.7%）で有
意に魅力効果の生成割合が違うなど，Frederick et al.（2014）の知見を複製し
た．

　魅力効果に対するこうした疑義に対して，提唱者である Huber et al.（2014），
更に Simonson（2014）が反論している．Huber et al.（2014）はマーケティング
以外の様々な分野で検証が繰り返され，更に知覚的表現を用いた検証も行われて
いると指摘している．そのうえで，魅力効果は，1）事前に選択肢の間で強力な
選好が生じている，2）デコイとターゲット選択肢の支配関係を知覚することが
困難である，3）望ましくないデコイである（デコイに惹かれず，支配関係では
なく競合選択肢に注意を向ける），4）デコイ選択肢自体への選好がある，5）
被験者を通じた価値の異質性がある（コーラが好きならば，デコイがあってもタ
ーゲットのライムソーダを選ばない）といった場合に減じられるという．
Frederick et al.（2014）や Yang and Lynn（2014）では2）と4）が生じている
可能性があり，支配関係が知覚されているか分からないし，魅力効果が生じない
ことを示すための実験デザインであろうと批判している．Simonson（2014）も
デコイとターゲット選択肢の非対称性支配の関係が知覚されにくい場合に魅力効
果が観察されないことがあると指摘している．また Simonson（2014）は Ama-
zon.com の記述に基づいた価格と品質の数値表現による属性（及び商品写真）を
用いた選択セットで魅力効果を見出し，現実世界でも魅力効果が生じる可能性が
あるとする．

　Simonson（2014）の説明した実験のように，現実場面の選択状況に近づけた
方法（例えば，「選択しない」選択肢を加える，商品写真を提示する，選択した
商品を購買させる場合がある）で文脈効果を検証する研究も増えている（e.g.,
Müller et al. 2012; Lichters et al. 2016a, 2016b, 2017）．実際，被験者にランダムに
購買させる場合があると，妥協効果は小さくなるものの（Müller et al. 2012），

第Ⅰ部　行動経済学へのナッジ

魅力効果は有意に生じ（購買させない場合は生じなかった．Lichters et al. 2017），現実の購買場面でも文脈効果が起こり得ることが示唆される．

しかし，現実場面に近づける方法を用いたとしても実験的な例証に頼る限り，実際の購買場面や市場で本当に魅力効果が生じるかは明らかにすることはできない．一方で，統制された選択セットの環境は実験でしか表現することが難しいことも事実である．Huber et al.（2014）も上述の反論で，実際の市場では商品の属性が２つより多く複雑で，完全に支配されるデコイもほぼないだろうから，めったに起きないのではないかと認めている．

実際，著者らが調べた限りでは，フィールド実験が実施された研究として Doyle et al.（1999）があるのみである．これは２つの調査と１つの店舗内実験からなるものであり，特に店舗内実験では煮豆のナショナルブランド（NB）とプライベートブランド（PB）に加えて「くぼんでラベルがはげた缶詰」，NB で価格を高くしたものなど用意したという研究である．結果としては NB のデコイ商品（同じもので値段を上げた）があると NB がより選ばれやすくなるという，調査研究や実験室実験での結果と同じ傾向が見出されたという．但し Doyle et al.（1999）のフィールド実験も人工的な環境設定によるもので，かつ新製品登場による魅力効果の研究ではないなど，現実の市場における消費者の日々の購買行動で魅力効果が生じているかを明らかにするものとは言えない．

3．購買履歴による魅力効果の分析

２節で説明したように，文脈効果は実験室場面や市場調査では頑健に表れるが，現実の購買場面での再現性と購買意思決定の説明可能性については疑問がもたれている．過去の一連の実験室実験や調査研究の結果から得られたアノマリーやヒューリスティックスが開発経済学分野でのフィールド実験でその妥当性が検証されつつあるように，文脈効果についても現実の市場で生じているかを検証することは学術的，実務的に非常に重要かつ深い意義を持つことは言うまでもない．そこで，以下では筆者らが某食品スーパーの購買履歴データを用いて魅力効果が実際の市場で生じえるのかどうかを分析した例を紹介したい．目的としては特に新製品に注目し「ある（デコイと定義できる）新製品が発売される前」「された後」で"新製品であるデコイ商品"の追加によって，既存（ターゲット）商

84

品の選択率が上昇するかどうかを見る，というものである．

　但し，実際の消費者の購買は様々な要因に影響をされるものであり，また実際に売られている商品のブランド数は実験室実験や調査で想定される3つから4つ程度の選択肢よりもはるかに多いことが一般的であり，ここでは筆者らの設定したかなり制約の強い条件に合致した商品カテゴリーのみについての解析結果となる．したがって本節の内容は探索的なものであることをご了解いただきたい．またデータ提供企業の制約から，具体的なブランド名や記載せず，カテゴリー名は非常に抽象的な記載にとどめている．

3.1.　分析データ

　今回は食品スーパー A チェーン101店舗の IDPOS データを利用した．データの利用期間は2012年4月から2013年6月（456日）である．

　対象商品カテゴリーとしては，2012年10月から2013年2月までに発売された新製品で「デコイ商品」と見なせるものがあったカテゴリーであり，「デコイ商品発売前」と「発売後」でシェアを比較することで，魅力効果が生じているかどうかを検討する．更に，競合商品数は2から7となるようなカテゴリーに限定した．

　また，マーケティングで価格を利用した解析を行う際の通例として，期間内最大売価を通常価格とした．そして，企業側の新製品開発上の戦略による可能性をなるべく排除するために，ターゲット商品 T と競合商品 C が別のメーカーの製品である場合に限定した．

　デコイ商品はターゲット商品 T と同じ価格かそれ以上の価格で，結果として T よりも購買率が低い新製品 D をデコイ商品と定義する（図2で属性1が「価格」とする）．

　ここで，図2では属性2は一次元のように記載しているが，今回は属性2が実際には多次元であっても問題はない．デコイ導入前後でターゲット T と競合 C の製品属性に変更がないため，選好が選択肢に依存しなければ（文脈効果がなければ）デコイ導入前後でシェアに変化がないはずである．シェアが変化するとすれば，具体的に属性2がどんな次元によって構成されているかに依存せずに，魅力効果が生じているからと考えることができる．

　また本研究では前後比較の検定を行うことからターゲット商品 T の条件とし

第Ⅰ部　行動経済学へのナッジ

図2　デコイ商品の操作的定義

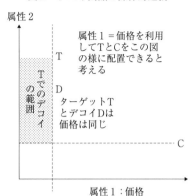

て，デコイ商品D発売前にはターゲット商品Tは当該カテゴリーのシェアが20%以上であることを条件とした．

より具体的には，以下のステップでデコイ商品，ターゲット商品，競合商品の探索を行った．

①特定期間のうちに発売された新商品Dを探す
②上記の新商品と価格が同じかそれ以下の商品Tを探す
　但しTは単価が最も高いものをターゲット商品とし，一方Tが複数存在するカテゴリーは利用しない
③新商品Dが発売後のシェアでD＜Tならデコイ商品と定義する
という順序でデコイ商品とターゲット商品の特定を行い，
④価格がTやDよりも安い商品で，Tをつくったメーカー以外のメーカーが作った商品を競合商品Cとする
とした．

また，期間中別のデコイ商品（価格がTと同じ）が当該ジャンルで出たらそれ以降のデータは利用しないが，Tより安くシェアが低ければそのまま利用することとした．

さらに魅力効果の定義は，新商品である（ここでの定義の）「デコイ商品」が投入される前と後で(i)Tのシェアが向上し，(ii)Cのシェアが低下する，こととした．但し投入後はデコイ商品のシェアを除いて計算する．

3.2. 分析方法

導入前のTのシェアSb(T)は通常のシェアの計算を行うが，導入後のシェアSa(T)は

$$\frac{T のシェア}{1-D 導入後の新商品のシェア}$$

とする．ここで

     (1) Sa(T)−Sb(T)>0,   (2) Sa(C)−Sb(C)<0

ならば魅力効果が生じたと定義する．但し競合商品は複数存在するのでSa(C)とSb(C)はそれらをまとめたものを計算する．また，データとしては日次のシェアを計算した．

3.3. 分析結果と解釈

新商品がデコイ商品の条件を満たし，ターゲット商品が1つとなる商品カテゴリー数は25あったが，上記のうちターゲットよりも有意に事前のシェアが高い競合商品のあるカテゴリー数は8であり，そのうち上記で定義した魅力効果が生じていたカテゴリーは5つであった．具体的にはウィスキー，香り付き柔軟剤のように消費者の関与が高いと考えられる商品においても生じえることが示された（表1，図3）．

但し，デコイ商品投入前後での「値引販促」の頻度，曜日の構成，ポイント販促日の構成等の分布が違うことによってこのような現象が生じたということを排除する必要があるため，Rubin causal model による因果効果（Average treatment effect on the treated, ATT）の検討を行った．具体的にはデコイ商品投入後での「投入された場合の選択率」−「投入されなかった場合の選択率」の差を見るために，「値引き額の平均」「曜日」「ポイント販促日かどうか」「来店者数」を共変量とする傾向スコアによる逆確率重みづけを行ったうえで差の検定を実施した（星野 2009）．その結果，ウィスキーと香りつき柔軟剤，シャンプー詰め替え用Lの3種は上記の共変量調整を実施したうえでも5%水準で有意な差があることが分かった．

第Ⅰ部　行動経済学へのナッジ

表1　推定値

カテゴリー名	Cの数	事前	デコイなし	デコイあり	事前事後	ATT	有意	ATT有意
ウィスキー350ML	6	0.2744	0.2780	0.3303	0.0560	0.0523	○	○
シャンプー詰め替えS	6	0.2892	0.2904	0.3414	0.0522	0.0510	○	
香りつき柔軟剤	5	0.3110	0.3122	0.3731	0.0620	0.0609	○	○
シャンプー詰め替えL	5	0.3782	0.3810	0.4383	0.0601	0.0573	○	○
おしりふきM	5	0.4483	0.4550	0.5040	0.0557	0.0490	○	

注：○は5%水準で有意のもの

図3　新製品導入前後でのターゲット商品の選択率の散布図

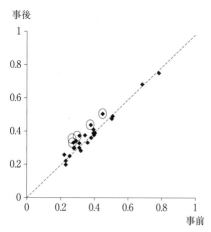

注：丸をしているものが有意に上昇したもの

4．まとめ

　本章では行動経済学とマーケティング研究双方に関係が深い二重過程理論と，二重過程理論からもしばしば説明がなされる文脈効果についてレビューを行った．先行研究ではごく一部の例を除き実験室実験や調査から魅力効果現象が見出されてきたことを取り上げ，著者らは実際のスーパーマーケットでの購買データから，操作的に定義された魅力効果現象が確かに存在することを示唆した．

第4章 マーケティングと行動経済学

　3節に示した実証研究は，かなり恣意的に商品の選択を行っているという批判
があるかもしれない．具体的にはシェアが20％以上であるといった条件は選択的
であると考えられるかもしれない．しかし，本研究の目的は，上記のように定義
された魅力効果が生じている商品が実際の購買場面で存在することを示すことで
あったため，一例でもそのような現象が見いだされることを示したことには一定
の意義があると考える．

　また3節の実証研究に関する課題としては，より網羅的な検証により実購買で
の魅力効果の発生要因が必要であること，特に二重過程理論からは例えば一人暮
らしで初めて自分で洗剤を選ぶ場合には魅力効果が生じにくいことが想定され
る．このような個人レベルの情報を組み合わせることができればよいが，スキャ
ンパネルデータであってもサンプルサイズの問題からそのような分析は難しいだ
ろう．

　しかし近年では筆者らが利用したIDPOSデータ以外にも，各種IoTデータや
位置情報データなど消費者の実購買場面での意思決定，選択行動やそのメカニズ
ムを理解するための様々なデータが利用可能になりつつある．今後はこういった
データを利用してより厳密に実購買場面での文脈効果を識別することが可能にな
ると考える．

引用文献

Amit, E. and J. D. Greene, 2012. You see, the ends don't justify the means: Visual imaginary and moral judgment. Psychological Science 23, 861-868.

Ariely, D 2008. Predictably Irrational: The Hidden Forces that Shape Our Decisions. HarperCollins, US. (熊谷淳子訳，2013. 予想どおりに不合理：行動経済学が明かす「あなたがそれを選ぶわけ」，早川書房.)

Arrow, K. J., 1959. Rational choice functions and orderings. Economica 26, 121-127.

Bateson, M., S. D. Healy and T. A. Hurly, 2003. Context-dependent foraging decisions in rufous hummingbirds. The Proceedings of the Royal Society B: Biological Science 270, 1271-1276.

Baumeister R. F., E. A. Sparks, T. F. Stillman and K. D. Vohs, 2008. Free will in consumer behavior: Self-control, ego depletion, and choice. Journal of Consumer Psychology 18, 4-13.

Chaiken, S., 1980. Heuristic versus systematic information processing and the use of source versus message cues in persuasion. Journal of Personality and Social Psychology 39, 752-766.

Chang, S.-S., C.-C. Chang and Y.-Y. Liao, 2015. A joint examination of effects of decision task type and construal level on the attraction effect. Journal of Economic Psychology 51, 168-182.

千葉元気・都築誉史，2014．多属性意思決定における妥協効果と魅力効果の生起機序に関する包括的分析：生理学的指標と含有運動測定に基づく実験的検討．認知科学 21, 451-467.

Chiong, W., S. M. Wilson, M. D'Esposito, A. S. Kayser, S. N. Grossman, P. Poorzand, W. W. Seeley, B. L. Miller and K. P. Rankin, 2013. The salience network causally influences default mode network activity during moral reasoning. Brain 136, 1929-1941.

Dasgupta, I. and P. K. Pattanaik, 2007. 'Regular' choice and the weak axiom of stochastic revealed preference. Economic Theory 31, 35-50.

Dhar, R., S. M. Nowlis and S. J. Sherman, 2000. Trying hard or hardly trying: An analysis of context effects in choice. Journal of Consumer Psychology 9, 189-200.

Dhar, R. and M. Gorlin, 2013. A dual-system framework to understand preference construction processes in choice. Journal of Consumer Psychology 23, 528-542.

Dooley, R. 2011. Brainfluence: 100 Ways to Persuade and Convince Consumers with Neuromarketing. John Wiley & Sons, US.

Doyle, J. R., D. J. O'Connor, G. M. Reynolds and P. A. Bottomley, 1999. The robustness of the asymmetrically dominated effect: Buying frames, phantom alternatives, and in-store purchases. Psychology & Marketing 16, 225-243.

Drolet A., M. F. Luce and I. Simonson, 2009. When does choice reveal preference? Moderators of heuristic versus goalbased choice. Journal of Consumer Research 36, 137-147.

Evans, J. St. B. T. 2008. Dual-processing accounts of reasoning, judgment, and social cognition. Annual Review of Psychology 59, 255-278.

Evans, J. St. B. T. and K. Stanovich, 2013. Dual-process theories of higher cognition: Advancing the debate. Perspectives on Psychological Science 8, 223-241.

Frederick, S., L. Lee and E. Baskin, 2014. The limits of attraction. Journal of Marketing Research 51, 487-507.

Garshoff, A. D. and J. J. Koehler, 2011. Safety first? The role of emotion in safety product betrayal aversion. Journal of Consumer Research 38, 140-150.

Greene, J. D., R. B. Sommerville, L. E. Nystrom, J. M. Darley and J. D.Cohen, 2001. An fMRI investigation of emotional engagement in moral judgment. Science 293, 2105-2108.

Haws, K. L., R. W. Reczek and K. L. Sample, 2017. Healthy diets make empty wallets: The healthy = expensive intuition. Journal of Consumer Research 43, 992-1007.

Heath, T. B. and S. Chatterjee 1995. Asymmetric decoy effects on lower-quality versus higher-quality brands: Meta-analytic and experimental evidence. Journal of Consumer Research 22, 268-284.

Hedgcock, W. and A. R. Rao, 2009. Trade-off aversion as an explanation for the attraction effect: A functional magnetic resonance imaging study. Journal of Marketing Research 46, 1-13.

Hedgcock, W., D. A. Crowe, A. C. Leuthold and A. P. Georgopoulos, 2010. A magnetoencephalography study of choice bias. Experimental Brain Research 202, 121-127.

星野崇宏，2009．調査観察データの統計科学．岩波書店，東京．

第4章　マーケティングと行動経済学

Hu, J. and R. Yu, 2014. The neural correlates of the decoy effect in decisions. Frontiers in Bahavioral Neuroscience 8, 1-8.

Huber, J., J. W. Payne and C. P. Puto, 1982. Adding asymmetrically dominated alternatives: Violations of regularity and the similarity hypothesis. Journal of Consumer Research 9, 90-98.

Huber, J., J. W. Payne and C. P. Puto, 2014. Let's be honest about the attraction effect. Journal of Marketing Research 51, 520-525.

Hurly T. A. and M. D. Oseen, 1999. Context-dependent, risk-sensitive foraging preferences in wild rufous hummingbirds. Animal Behavior 58, 59-66.

Khan, U., M. Zhu and A. Kalra, 2011. When trade-offs matter: The effect of choice construal on context effects. Journal of Marketing Research 48, 62-71.

金子充, 2013. 二重過程理論. マーケティングジャーナル 33, 163-175.

Körner, A. and S. Volks, 2014. Concrete and abstract ways to deontology: Cognitive capacity moderates construal level effects on moral judgments. Journal of Experimental Social Psychology 55, 139-145.

Kreps, D. M, 1988 Notes of the Theory of Choice. Westview Press, Boulder, CO.

Latty, T. and M. Beekman, 2011. Irrational decision-making in an amoeboid organism: Transitivity and context-dependent preferences. The Proceedings of the Royal Society B: Biological Science 278, 307-312.

Lee, L., O. Amir and D. Ariely, 2009. In search of homo economicus: Cognitive noise and the role of emotion in preference consistency. Journal of Consumer Research 36, 173-188.

Lee, L., M. P. Lee, M. Bertini, G. Zauberman and D. Ariely, 2015. Money, time, and the stability of consumer preferences. Journal of Marketing Research 52, 184-199.

Levev, J., R. Kivetz and C. K. Cho, 2010. Motivational compatibility and choice conflict. Journal of Consumer Research 37, 429-442.

Litchers, M., C. Brunnlieb, G. Nave, M. Sarstedt and B. Vogt, 2016a. The influence of serotonin deficiency on choice deferral and the compromise effect. Journal of Marketing Research 53, 183-198.

Litchers, M., H. Müller, M. Sarstedt and B. Vogt, 2016b. How durable are compromise effects? Journal of Business Research 69, 4056-4064.

Litchers, M., P. Bengart, M. Sarstedt and B. Vogt, 2017. What really matters in attraction effect research: When choices have economic consequences. Marketing Letters 28, 127-138.

Macicampo, E. J. and R. F. Baumeister, 2008. Toward a physiology of dual-process reasoning and judgment: Lemonade, willpower, and expensive rule-based analysis. Psychological Science 19, 255-260.

Meigias, A., J. F, Navas, D. Petrova, A. Cándido, A. Maldonado, R. Garcia-Retamero and A. Catena, 2015. Neural mechanisms underlying urgent and evaluative behaviors: An fMRI study on the interaction of automatic and controlled processes. Human Brain Mapping 36, 2853-2864.

第Ⅰ部　行動経済学へのナッジ

Müller, H., E. B. Kroll and B. Vogt, 2012. Do real payments really matter? A re-examination of the compromise effect in hypothetical and binding choice settings. Marketing Letters 23, 73-92.

Ok, E., P. Ortoleva and G. Riella, 2015. Revealed (p) reference theory. American Economic Review 105, 299-321.

奥田秀宇, 2003. 意思決定における文脈効果：魅力効果, 幻効果, および多数効果. 社会心理学研究 18, 147-155.

Pandelare, M., B. Briers and C. Lembregts, 2011. How to make a 29% increase look bigger: The unit effect in option comparisons. Journal of Consumer Research 38, 308-322.

Pettibone, J. C., 2012. Testing the effect of time pressure on asymmetric dominance and compromise decoys in choice. Judgement and Decision Making 7, 513-523.

Petty R. E. and J. T. Cacioppo, 1981. Attitudes and Persuasions: Classical and Contemporary Approaches. William C Brown Pub, US.

Petty, R. E. and J. T. Cacioppo, 1986. Communication and Persuasion: Central and Peripheral Routes to Attitude Change. Springer, US.

Platkanis, D. A. and P. H. Farquhar, 1992. A brief history of research on phantom alter natives: Evidences for seven empirical generalizations about phantoms. Basic and Applied Social Psychology 13, 103-122.

Pocheptsova A., O. Amir, R. Dhar and R. F. Baumeister, 2009. Deciding without resources: Resource depletion and choice in context. Journal of Marketing Research 46, 344-355.

Raichle, M. E., A. M. MacLeod, A. Z. Snyder, W. J. Powers, D. A. Gusnard and G. L. Shulman, 2001. A default mode of brain function. Proceedings of the National Academy of Sciences of the United States of America 98, 676-682.

Rooderkerk, R. P., H. J. van Heerde and T. H. A. Bijomolt, 2011. Incorporating context effects into a choice model. Journal of Marketing Research 48, 767-780.

Shafir, S., T. A. Waite and B. H. Smith, 2002. Context-dependent violations of rational choice in honeybees (apis mellifera) and gray jays (perisoreus canadensis). Behavioral Ecology and Sociobiology 51, 180-187.

Simonson, I., 1989. Choice based on reasons: The case of attraction and compromise effects. Journal of Consumer Research 16, 158-174.

Simonson, I and A. Tversky, 1992. Choice in context: Tradeoff contrast and extremeness aversion. Journal of Marketing Research 29, 281-295.

Simonson, I and A. Sera, 2011. On the heritability of consumer decision making: An exploratory approach for studying genetic effects on judgment and choice. Journal of Consumer Research 37, 951-966.

Simonson, I., 2014. Vices and virtues of misguided replications: The case of asymmetric dominance. Journal of Marketing Research 51, 514-519.

Stanovich, K. E., 1999. Who is Rational? Studies of Individual Differences in Reasoning. Lawrence Erlbaum Associates, US.

Strack, F., L. Werth and R. Deutsch, 2006. Reflective and impulsive determinants of consumer behavior. Journal of Consumer Psychology 16, 205-213.

竹内真登・星野崇宏, 2015a. 解釈レベルの操作を伴うコンジョイント測定法の開発 ―マーケティングリサーチに生じるバイアスの排除に関する実証分析―. マーケティング・サイエンス 23, 15-34.

竹内真登・星野崇宏, 2015b. 解釈レベル操作を伴う文脈効果状況下での商品選択行動の検討. 第51回消費者行動研究コンファレンス発表資料.

竹内真登・星野崇宏, 2015c. 解釈レベル理論と消費者の選好変化 ―二重過程・文脈効果との関連とマーケティングリサーチへの応用―. 行動経済学会第9回大会発表資料.

外川 拓・八島明朗, 2014. 解釈レベル理論を用いた消費者行動研究の系譜と課題. 消費者行動研究 20, 65-94.

Trope, Y. and N. Liberman, 2003. Temporal construal. Psychological Review 110, 403-421.

Wan, E. W. and N. Agrawal, 2011. Carryover effects of self-control on decision making: A construal-level perspective. Journal of Consumer Research 38, 199-214.

Wason P. C. and Evans J. St. B T. 1975. Dual processes in reasoning? Cognition 3, 141-154.

Wegner, D. T., R. E. Petty, K. L. Blankenship and B. Detweiler-Bedell, 2010. Elaboration and numerical anchoring: Implications of attitude theories for consumer judgment and decision making. Journal of Consumer Psychology 20, 5-16.

Yang, S. and M. Lynn, 2014. More evidence challenging the robustness and usefulness of the attraction effect. Journal of Marketing Research 51, 508-513.

第Ⅱ部

行動経済学の広がりと奥行き

第 5 章

心理学と行動経済学
古典的心理学と確率荷重関数の関係を中心に*

竹村和久[a]・村上 始[b]

●要旨

　本稿では，心理学と行動経済学との歴史的経緯について述べ，次に，両者が関連する現象として，プロスペクト理論にも仮定されている確率荷重関数を心理学的に解釈する研究の試みを例示して，心理学と行動経済学が密接に関係していることを説明する．

キーワード：心理学，行動経済学，確率荷重関数，プロスペクト理論
JEL Classification Numbers: B29, D90, D91

1. はじめに

　心理学と行動経済学とのかかわりの歴史は，非常に長い．社会科学の領域で「行動経済学」という領域が有名になったのは，ノーベル経済学賞受賞者のカーネマン（Kahneman, D.）と彼の共同研究者のトヴェルスキー（Tversky, A.）らの一連の経済心理学的研究もひとつの契機になっている．また，一昨年ノーベル賞を受賞したセーラー（Thaler, R.）の心的会計の研究も心理学的な研究であるとも言える．このような流れがある一方で「行動経済学」という研究領域は，心理学の中では別の学問動向の中ですでに育っていた．本稿では，まず，このよう

＊本研究は，文部科学省科学研究費基盤研究 A（課題番号24243061, 16H02050）および早稲田大学研究費の補助を得ている．また，本研究に際して，筑波大学中村豊先生，早稲田大学椎名乾平先生，東京大学玉利祐樹先生，それから本学会編集委員会の匿名の審査者からの有益なコメントをいただいた．記して謝意を表す．
a）早稲田大学文学学術院，早稲田大学意思決定研究所，早稲田大学理工総研 e-mail: kazup-sy@waseda.jp
b）日本学術振興会特別研究員 DC2（早稲田大学大学院文学研究科）

な行動経済学と心理学との経緯について，国際的な流れとともに国内の動向について論述する．次に，行動経済学と心理学とが関連する現象として，プロスペクト理論（prospect theory）にも仮定されている確率荷重関数を心理学的に解釈する研究の試みを例示して，古典的心理学と行動経済学が密接に関係していることを説明する．このために，具体的な実験例などを用いて，心理物理法則，遅延時間割引などの古典的心理学の概念がこの確率荷重関数とどのように関連しているのかという論考を行ってみる．

2．心理学と行動経済学とのかかわりの歴史

　心理学分野で既に存在していた「行動経済学」は，行動分析学と呼ばれるアメリカの心理学者スキナー（Skinner, B. F.）が1930年代に始めた研究に端を発する．スキナーは，パブロフ（Pavlov, I. P.）の条件反射学やソーンダイク（Thorndike, E.）の試行錯誤学習説による研究を発展させて，オペラント条件づけという概念で人間や他の動物の行動を説明しようとした．オペラント条件づけというのは，その行動が生じた直後の環境の変化に応じて，その後にその行動が自発的に生じる頻度が変化する学習のことであり，スキナーはこの条件づけによって多くの学習行動を説明しようとした．この行動分析学と経済学を結びつけた研究領域としての行動経済学的研究がすでに1970年代に生まれており，1980年にはハーシュ（Hursh 1980）によって，動物の行動実験データを，具体的に，封鎖・開放経済環境，価格弾力性，あるいは代替性・補完性という経済学的概念に関連づけて考察がなされている（Takemura 2019）．この流れでの行動経済学は，伝統的経済学に仮定されている効用最大化の仮定や価格弾力性や代替性や補完性などの概念を用いて動物行動を説明しようとするものであった（伊藤2001 参照）．我が国では，行動分析学は，佐藤方哉らによって戦後盛んに研究され，渡辺茂，伊藤正人，坂上貴之らによって動物の選択行動が研究されてきている．

　他方，現在の所謂「行動経済学」は，心理学の分野で言うと行動意思決定論の研究に遡ることができる．従来，心理学における意思決定の研究においては，期待効用理論などの規範理論の妥当性を確認する研究が先行し，そこでの理論と実際の人間の意思決定行動を比較する形で，記述的な理論研究である行動意思決定論研究がなされるようになってきた．行動意思決定論の創始者はエドワーズ

（Edwards, W.）である．彼は，1948年から意思決定に関する心理学的研究を始めていたし，1961年には，すでに「行動意思決定論（behavioral decision theory）」というタイトルのレビュー論文を書いている（Edwards 1961）．この行動意思決定論研究は，方法論的には，数理心理学者，実験心理学者によって，研究対象領域で分けると，認知心理学者，社会心理学者によって，研究がなされてきた．この行動意思決定論が現在の行動経済学に与えた影響は大きいと思われる．高見（2017）によると，1952年にフランスのパリでリスクに関する国際シンポジウムが開催されて，そこでアレの反例（Allais 1953）で有名なアレ（Allais, M.）が講演を行い，主観的期待効用理論の創始者のサヴェッジ（Savage, L. J.）と議論を行い，その数カ月後にアメリカのランド研究所で心理学者のクームズ（Coombs, C. H.）と数学者のスロール（Thrall, R. M.）の組織した学際的研究会「意思決定過程における実験計画法」が開催され，意思決定についての行動経済学的な諸研究が発表された．このような研究が行動意思決定論の初期のものとなるだろう．

　上記の研究グループは，トヴェルスキー，カーネマン，セーラーをはじめとした現在の多くの行動経済学者に強い影響を残している．さらには，わが国においての行動意思決定論の先がけとなる研究者に戸田正直がいるが，彼は1950年代から上記のランド研究所のグループや認知心理学者とも交流があり，主観的確率の測定や，感情と意思決定の問題を論じて国際的な観点からもかなり先駆的な研究をしている．また，小嶋外弘もランド研究所グループの研究に刺激を受け，1950年代にすでにカーネマンとトヴェルスキーによって提唱されたフレーミングやセイラー（Thaler, R.）の心的会計の概念に極めて近い「心理的財布」という概念を提唱して実証的研究を行っている．北海道大学で戸田に教えを受け，その後，オランダで学んだ小橋康章の決定支援の研究（小橋 1988）もこの行動意思決定論の系譜に入っている．また，ベイズ統計学の松原望，繁桝算男も主観的確率と意思決定についての行動経済学的な考察を1980年代から行っており，繁桝が1992年に発足した「認知的統計的意思決定研究会（CGSTDM）」は楠見孝，山岸俟彦，竹村和久を幹事として20年以上続いている（Takemura 2014）．

　行動意思決定論より広義の対象を扱う「経済心理学研究」ということになると，20世紀初頭のスコット（Scott, W. D.）やスターチ（Starch, D.）による広告心理学の研究，ミュンスターベルク（Münsterberg, H.）の産業心理学的研究に

第Ⅱ部　行動経済学の広がりと奥行き

まですくなくとも遡れる．20世紀の初頭に行動主義を創始したワトソン（Watson, J. B.）も実業界に転じてから広告業界で活躍しており，経済心理学との関係が深い．経済心理学は，あくまで心理学の一領域という位置づけになっており，行動経済学とは立場を異にするが，経済心理学が行動経済学に与えた影響も大きい．経済心理学の国際的な学会では，1982年に創設された「国際経済心理学研究学会（International Association for Research in Economic Psychology: IAREP）」があるが，この学会は，経済学と心理学が交差する領域の分野であり，経営管理，マーケティング，消費者行動の研究とも関係している．この学会では，経済活動が生じる心理学的メカニズムと経済現象の心理学的影響の両方を検討することを目的として，「経済心理学雑誌（Journal of Economic Psychology）」を刊行している．

　また，経済心理学研究において，中心的になる研究対象は，消費者行動であるが，これらの研究は，多くの分野の研究者によって研究がなされている．近年の消費者心理学の研究は，従来のように認知心理学や社会心理学の単なる応用というものではなく，独自の理論を生み出している傾向にある（Takemura 2019）．実際，ベットマン（Bettman, J. R.）らに代表される消費者の意思決定研究は，彼ら独自の理論と方法論によるものであり，知覚や認知を扱う米国の基礎系の心理学会（Psychonomic Society）でも，ひとつの分野を形成している．わが国における消費者心理学の展開は，佐々木（1988）や杉本（1997）が指摘しているように，戦後にマーケティング・リサーチなどの実務的な観点から進展した．すでに1950年代から林知己夫，印東太郎，小嶋外弘，吉田正昭，1960年代から飽戸弘，馬場房子，佐々木土師二をはじめとする心理学者がマーケティング・リサーチを念頭に置いた研究をしていた．また，1960年代より，広告心理に関する実務において，林英夫，仁科貞文を始めとする心理学者が活躍しており，また，1970年代からは，阿部周造，中西正雄をはじめとするマーケティング研究者が消費者情報処理を扱った研究を行っている．また，1970年代には，経済学者の西部邁が，消費者の選好形成や社会的影響を考えた経済学，すなわち，「ソシオ・エコノミックス」の必要性を説いている（西部 1975）．1980年代からは，消費者行動分析の観点から，杉本徹雄，岸志津江，青木幸弘，田中洋，恩蔵直人，守口剛，上田隆穂，江原淳，土田昭司，高橋郁夫，山本昭二などが経済心理学的研究を盛んに行っている．また，行動経済学とのかかわりのある心理学については，リスク心理

学があるが，これはスロビック（Slovic, P.）やフィッシュホフ（Fischhoff. B.）らが1970年代より研究を行っているが，わが国では木下冨雄，岡本浩一，吉川肇子，土田昭司，楠見孝，広田すみれ，中谷内一也などが盛んに研究を行っている．現在では，行動経済学会をはじめとして，日本消費者行動研究学会，日本広告学会，日本産業組織心理学会，日本社会心理学会，日本心理学会，日本リスク研究学会，日本行動計量学会などにおいて，多くの研究者が数多くの行動経済学に関する研究を発表し，互いに交流している．2018年には，本学会常任理事でもある星野崇宏が行動計量学会大会で行動経済学に関するシンポジウムを開催して，行動経済学会の大垣昌夫，依田高典，高橋泰城らをシンポジストに招いて，心理学者，統計学者らとの意見交換を行っている．

　心理学サイドからみると行動意思決定理論から派生したとも考えられる行動経済学は，人間行動が，効用理論のような規範的理論に従わない現象やその理由を検討し，逆に，行動分析学から派生した行動経済学は，人間よりもハトやラットなどの動物に対して伝統的経済学の理論を適用する傾向にあった．しかし，近年では，両者のアプローチはかなり近づいている．特に，遅延価値割引の研究やリスク下での選択行動研究などについて，人間にもその他の動物にも当てはまる統一的な研究をしようとする傾向がある．

3.　古典的心理学と行動経済学の接点としての確率荷重関数の問題

　心理学と行動経済学との関係は，広義に解釈するとさらに19世紀にまで遡れる．古典的心理学理論で有名なフェヒナー（Fechner, G. T.）が，1860年に刊行された著書において，心理物理学的測定法（psychophysical method）を提唱し，刺激強度と判断を通じてなされる心理量との関数関係を特定するための定数測定法と尺度構成法を開発し，対数関数で表現される感覚量の理論を導出しているが（Fechner 1860），このフェヒナーの研究自体が，18世紀の数理科学者ベルヌーイ（Bernoulli, D.）の期待効用理論の研究を参考にしていることからも，心理学と経済学の関係はかなり古い．また，心理学と経済学が数理科学的側面だけでなく，解釈学的にも密接な関係を持ってきていたかについても，塩野谷（2009）が詳しく述べているが，彼によると，経済学の方法論として心理学的方法が用いられる

ことは，19世紀にはそれほど特異なことではなかったようである．

　本稿では，次に，このような古典的心理学の中から生まれた心理物理学的研究の流れや行動分析学の流れが，行動経済学と密接な関係を持つことを，リスク下における意思決定の確率荷重関数の研究を例にして説明したい．確実性下の意思決定の中でも，確率分布がわかっている場合の意思決定をリスク下の意思決定と呼んでいる．リスク下の意思決定において，人々は確率で表現されるリスクをどのように評価しているのであろうか．例えば，宝くじに当たる確率は，極めて低いが人々は比較的過大評価することが知られている．一方，比較的良く起こる事象は，人々は過小評価することも知られている（Kahneman and Tversky 1979, Tversky and Kahneman 1992）．このように人々は，確率情報をある意味で歪めて解釈していると考えることができる．このような確率を歪めて解釈する傾向性を表現するのに，確率荷重関数を考えるやり方がある．本稿では，この確率荷重関数について考える．

　この確率荷重関数がどのようにして生じるのかということについては，意思決定研究の文脈でいろいろな理論的考察がなされている（Luce 2001, Prelec 1998, Prelec and Loewenstein 1991, Rachlin et al. 1991, Takahashi 2011, Tversky and Kahneman 1992）．Prelec（1998）は，特定の選好パターンを示したときに，どのような確率荷重関数の形状になるかを公理論的なアプローチから検討した最初の研究とされている（Luce 2001）．彼は複合不変性（compound invariance）という公理を提案し，この公理に従った選好パターンを示したときに，確率荷重関数は，

$$W(p) = \exp[-\beta(-\ln p)^{\alpha}], \tag{1}$$

となることを導いた（ただし，p は確率，$W(p)$ は確率荷重関数，α, β はパラメータである）．さらに，Luce（2001）は，Prelec（1998）の複合不変性公理をよりシンプルにした還元不変性（reduction invariance）の公理を提案している．この還元不変性公理は，複合不変性公理よりも，選好パターンの検証が容易であるという特徴がある．このように公理論的なアプローチから，選好パターンと確率荷重関数の形状の関係について検討した研究とは，別のアプローチとして，リスク下の意思決定と異時点間の選択の類似性から確率荷重関数がどのように生じるかを検討した研究がある．

第5章　心理学と行動経済学

　Prelec and Loewenstein（1991）は，リスク下の意思決定と異時点間の選択におけるアノマリー（アレのパラドックス（Allais 1953）など経済学における規範理論から逸脱した実際の選択行動）から，これらにはいくつかの共通した性質があることを指摘している．従来の研究ではリスク下の意思決定と異時点間の選択は別々の理論により説明されているが，一方で彼らは，現実の世界において時間と不確実性は相互作用の関係にあることにも言及している．例えば，何かが遅延するということは多くの場合，それは不確実であるということであり，また不確実性は時間により解決することが多く，不確実な事象は大抵，遅延して生起することを挙げている．

　リスク下の意思決定と異時点間の選択との関係性について検討した別の研究として，Rachlin et al.（1991）は，時間割引と確率割引が同一のプロセスにより行われることを主張している．Rachlin et al.（1991）は，確率と遅延時間は互いに変換可能であることを示した．さらに，彼らは価値の割引において，遅延時間が確率より本質的な要因であると考え，確率を遅延時間に変換し，遅延時間による価値の割引と，確率を遅延時間に変換した値による価値の割引はともに双曲線関数で表現できることを報告している．Takahashi（2011）は，Rachlin et al.（1991）の考え方を発展させ，確率荷重関数のモデルを提案している．このように，リスク下の意思決定と異時点間における選択行動との関係を示唆する研究は，近年増えてきており（詳しくは芝（2017）を参照），これら二つの意思決定の関係について検討することは人の意思決定をより深く理解する上で重要であると考えられる．本章では，確率情報を，一種の遅延報酬の観点から，確率荷重関数の形状を考えてみることにする．また，その考察をもとに，実際の確率荷重関数を実験心理学的に推定した結果（竹村・村上2016）をもとに報告する．

4.　非線形期待効用理論と確率荷重関数

　ベルヌーイの効用理論からさらに20世紀になって，期待効用理論はフォン・ノイマン（von Neumann, J.）とモルゲンシュテルン（Morgenstern, O.）によって公理的に体系化されて，伝統的経済学では，かなりひろく用いられている．しかし，行動経済学の研究から，期待効用理論から説明しにくいような現象が指摘されている．これが行動経済学では有名なアレ（Allais, M.）のパラドックスやエ

103

第Ⅱ部　行動経済学の広がりと奥行き

ルスバーグ（Ellsberg, D.）のパラドックスである（竹村2009, Takemura 2014）.

これらのパラドックスを説明するために，ショケ積分（Choquet integral）による非線形期待効用の理論などが提唱されている．トヴェルスキーとカーネマンによるプロスペクト理論（Tversky and Kahneman 1992）もこのショケ積分によるモデルを用いている．ショケ積分による期待効用理論は，シュマイドラー（Schmeidler 1989）が公理化を行い，非線形効用理論の中でも代表的なものになっており，アレのパラドックスやエルスバーグのパラドックスも説明可能になっている.

プロスペクト理論は，1979年の当初の論文では，リスク下の意思決定を表現するモデルであったが（Kahneman and Tversky 1979），1992年の論文では，曖昧性とリスクを含む不確実性の下での意思決定を表現するモデルに拡張され，累積プロスペクト理論と呼ばれている（Tversky and Kahneman 1992）．累積プロスペクト理論は，ランク依存型の非線形期待効用理論（e.g., Quiggin 1993, Starmer 2000, 田村・中村・藤田 1997）の一種であると解釈することができる.

まず，意思決定問題の要素を定義する．X を結果の集合，Θ を自然の状態の集合とし，不確実性下のプロスペクト（選択肢）を $f: \Theta \rightarrow X$ とする．すなわち，ある自然の状態 $\theta \in \Theta$ のもとで，$x \in X$ という結果が生じるならば，$f(\theta)=x$ となるような関数が存在すると考える．ただし，簡単のために，結果 $x \in X$ は，金銭的価値であると考える．例えば，f は，サイコロを転がして，「奇数の目」（θ_1）だと1000円（x_1）をもらえ，「偶数の目」（θ_2）だと2000円（x_2）もらえるような籤（くじ）である.

累積プロスペクト理論を考えるために，準備として，結果の望ましさが増加する順に結果を順位づけておく．例えば，結果に応じて，1000円，2000円，4000円…という様に並べるのである．この結果の望ましさの順位によって総合評価値を求める仕方は，ショケ積分（Choquet 1955）によるランク依存型の非線形期待効用（Fishburn 1988）を求める時と基本的に同じである．実際，累積プロスペクト理論でもショケ積分を用いている.

また，$\{\theta_i\}$ を Θ の部分集合で，θ_i が生じると結果 x_i になるとすると，プロスペクト f は，(x_i, θ_i) のペアの列であらわすことができる．例えば，上記のサイコロを転がす例だと，プロスペクト f ＝（1万円，奇数の目；2万円，偶数の目）というように表現できる．ここでも，結果の望ましさの昇順によって，結果と対

104

応する自然の状態を並べておくのである.

累積プロスペクト理論では,利得の領域と損失の領域で価値関数が異なること を仮定するので,f^+ を正の結果になるプロスペクト,f^- を負の結果になるプロ スペクトとして区別して扱う.すなわち,もし $f(\theta)>0$ ならば $f^+(\theta)=f(\theta)$,も し $f(\theta)\leqq0$ ならば $f^+(\theta)=0$,もし $f(\theta)<0$ ならば $f^-(\theta)=f(\theta)$,もし $f(\theta)\geqq0$ な らば $f^-(\theta)=0$ とする.上のサイコロの目の例だと,$f^+(\theta_1)=1000$ 円,$f^+(\theta_1)=2000$円,$f^-(\theta_1)=0$円,$f^-(\theta_2)=0$円,である.

期待効用理論と同様に,プロスペクト f がプロスペクト g より,強選好される か無差別ならば $V(f)\geqq V(g)$ というようになる関数を考え,

$$V(f)=V(f^+)+V(f^-),\ V(g)=V(g^+)+V(g^-), \tag{2}$$

と,利得領域のプロペクトと損失領域のプロスペクトの関数の和で全体的な効用 が求められると仮定する.

期待効用理論では,サヴェッジ(Savage 1954)の主観的期待効用理論の体系 のように,自然の状態の集合に関する加法的集合関数を考えるが,累積プロスペ クト理論では,確率測度を一般化した非加法的な集合関数を考える.これは,容 量やファジィ測度と同じである.すなわち,非空な自然の状態の集合 Θ の部分 集合からなる集合体から閉区間 $[0,1]$ への集合関数 $W: 2^\theta\to[0,1]$ である.また, 有界性の条件($W(\phi)=0,\ W(\Theta)=1$)と単調性の条件(Θ の部分集合 A_i が A_j の 部分集合であるとき,すなわち,$A_i\subseteqq A_j$ ならば $W(A_i)\leqq W(A_j)$ という関係)を 満たす.例えば,サイコロを転がして1, 3, 5の目の出るという信念の度合がそれ ぞれ0.1で,奇数の目が出るという信念の度合が0.4であったとすると,確率測度 の加法性の条件を満たしていないが,単調性の条件は満たしていると言える.

累積プロスペクト理論では,価値関数として,狭義の単調増大関数 $v: X\to R_e$ を考え,$v(x_0)=v(0)=0$ を満足するように基準化されていると仮定している.例 えば,具体例として,$v(x)=2x^{0.8}$ と言うような関数を想定してもよいが,価値関 数は,効用関数の説明のときと同じように一般的に論じることが多い.また,プ ロスペクトの総合的評価値 $V(f)$ を先に示したように $V(f^+)$ と $V(f^-)$ の和で説 明し,さらに $V(f^+)$ と $V(f^-)$ を以下のように定める.

$$V(f)=V(f^+)+V(f^-), \tag{3}$$

第Ⅱ部　行動経済学の広がりと奥行き

$$V(f^+)=\sum_{i=0}^{n}\pi_i^+ v(x_i), \qquad V(f^-)=\sum_{i=-m}^{0}\pi_i^- v(x_i). \tag{4}$$

このとき，$f^+=(x_0, A_0; x_1, A_1; ...; x_n, A_n)$，$f^-=(x_{-m}, A_{-m}; x_{-m+1}, A_{-m+1}; ...; x_0, A_0)$となっている.

また，$\pi_0^+, ..., \pi_n^+$ は利得領域のウェイトであり，$\pi_{-m}^-, ..., \pi_0^-$ は損失領域のウェイトである．ここで注意することは，ウェイトが結果の望ましさの順位をもとにして決定されることである．

累積プロスペクト理論では，ウェイトは下記のように定められる.

$$\pi_n^+=W^+(A_n), \pi_{-m}^-=W^-(A_{-m}), \tag{5}$$

$$\pi_i^+=W^+(A_i\cup...\cup A_n)-W^+(A_{i+1}\cup...\cup A_n),$$
$$0\leq i\leq n-1, \tag{6}$$

$$\pi_i^-=W^-(A_{-m}\cup...\cup A_i)-W^-(A_{-m}\cup...\cup A_{i-1}),$$
$$1-m\leq i\leq 0. \tag{7}$$

上記の式をもう少し説明する．まず，意思決定ウェイトの π_i^+ は，結果が正になる利得領域に関するものであり，x_i と少なくとも同じだけ望ましい結果をもたらす事象の非加法的確率と x_i より望ましい結果をもたらす事象の非加法的確率との差異である．また，意思決定ウェイトの π_i^- は，負の結果に関するものであり，x_i と少なくとも同じだけ望ましくない結果をもたらす事象の非加法的確率と x_i より望ましくない結果をもたらす事象の非加法的確率との差異である．各 W が加法的であれば，W は確率測度であり，π_i は単純に A_i の確率になるのである．

ここで表現を簡単にするために，もし $i\geq 0$ なら $\pi_i=\pi_i^+$，$i<0$ なら $\pi_i=\pi_i^-$ と表現し直すと，

$$V(f)=\sum_{i=-m}^{n}\pi_i v(x_i), \tag{8}$$

となる．

つぎにリスク下の累積プロスペクト理論について説明する．もしプロスペクト $f=(x_i, A_i)$ が確率分布 $p(A_i)=p_i$ によって与えられるとするならば，リスク下の意思決定問題になり，プロスペクトは $f=(x_i, p_i)$ と表現することができる．この

リスク下の意思決定問題の場合，決定加重は，下記のようになる．

$$\pi_n^+ = W^+(p_n), \ \pi_{-m}^- = W^-(p_{-m}), \tag{9}$$

$$\pi_i^+ = W^+(p_i \cup ... \cup p_n) - W^+(p_{i+1} \cup ... \cup p_n), \tag{10}$$
$$0 \le i \le n-1,$$

$$\pi_i^- = W^-(p_{-m} \cup ... \cup p_i) - W^-(p_{-m} \cup ... \cup p_{i-1}), \tag{11}$$
$$1-m \le i \le 0,$$

ただし，W^+, W^- は狭義の単調増大関数であり，$W^+(0) = W^-(0) = 0$, $W^+(1) = W^-(1) = 1$ と基準化される．不確実性下の累積プロスペクト理論と同様に，もし $i \ge 0$ なら $\pi_i = \pi_i^+$, $i < 0$ なら $\pi_i = \pi_i^-$ と表現すると，

$$V(f) = \sum_{i=-m}^n \pi_i v(x_i), \tag{12}$$

となる．

リスク下におけるプロスペクト理論の例を示すために，下記のような状況を考えてみる（Tversky and Kahneman 1992）．サイコロを一回投げて，出る目を x とすると，$x = 1, ..., 6$ となる．もし x が偶数ならば1000x円の利得を得て，もし奇数ならば1000x円を支払うようなゲームを考える．そうすると，f は（−5000円，−3000円，−1000円，2000円，4000円，6000円）という結果を，各結果の確率1/6で生じさせるプロスペクトであると考えることができる．これにより，f^+ = (0, 1/2; 2000, 1/6; 4000, 1/6; 6000, 1/6), f^- = (−5000, 1/6; −3000, 1/6; −1000, 1/6; 0, 1/2) と表現することができる．というのは，f^+ で，0円になる確率は奇数の目が出る確率であるので1/2であり，2000円，4000円，6000円を得られる確率はそれぞれ1/6になっており，f^- で，−5000円，−3000円，−1000円を得られる確率はそれぞれ1/6になっており，0円になる確率は偶数の目が出る確率であるので1/2になっているからである．したがって，

$$V(f) = V(f^+) + V(f^-)$$
$$= v(2000円)[W^+(1/6+1/6+1/6) - W^+(1/6+1/6)]$$
$$\quad + v(4000円)[W^+(1/6+1/6) - W^+(1/6)]$$
$$\quad + v(6000円)[W^+(1/6) - W^+(0)]$$

第Ⅱ部　行動経済学の広がりと奥行き

図1　累積プロスペクト理論における $V(f)$ の求め方

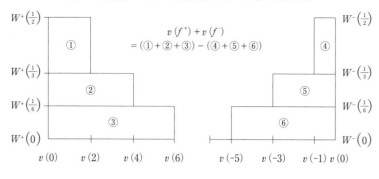

$$
\begin{aligned}
&\quad + v(-5000\text{円})[W^-(1/6) - W^-(0)] \\
&\quad + v(-3000\text{円})[W^-(1/6+1/6) - W^-(1/6)] \\
&\quad + v(-1000\text{円})[W^-(1/6+1/6+1/6) - W^-(1/6+1/6)] \\
&= v(2000\text{円})[W^+(1/2) - W^+(1/3)] \\
&\quad + v(4000\text{円})[W^+(1/3) - W^+(1/6)] \\
&\quad + v(6000\text{円})[W^+(1/6) - W^+(0)] \\
&\quad + v(-5000\text{円})[W^-(1/6) - W^-(0)] \\
&\quad + v(-3000\text{円})[W^-(1/3) - W^-(1/6)] \\
&\quad + v(-1000\text{円})[W^-(1/2) - W^-(1/3)], \tag{13}
\end{aligned}
$$

となる．この関係を表現したのが，図1である．$V(f^+)$ は，図1の左側の面積であり，$V(f^-)$ は図1の右側の面積にマイナスを掛けたものである．このことを言葉で表現すると，累積プロスペクト理論での総合評価値は下記のようにして求められることになる．まず，2000円の価値に関するウェイト π は，2000円以上を得る確率についてのウェイト w から4000円以上を得る確率のウェイト w の差異によって求められる．同様にして，他のウェイト π も求められる．その π と価値 v の積和によって総合評価値が求められるのである．

Tversky and Kahneman（1992）は，スタンフォードとバークレーの大学院生計25名に，コンピューターで，いろいろなプロスペクトを提示して選択実験を行い，累積プロスペクト理論の価値関数を推定した．彼らの提示したプロスペクトは，150ドルを得る確率が25％で50ドルを得る確率が75％というようなものであ

図2 利得（W^+）と損失（W^-）に対する確率荷重関数の形状

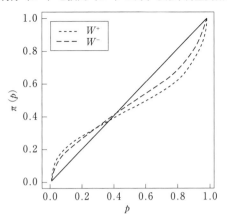

り，彼らはそのようなプロスペクトを，確実なプロスペクトとも比較をさせ，どちらが望ましいかの選択実験を行ったのである．彼らは，価値関数として以下のような冪関数を仮定した．

$$v(x) = \begin{cases} x^\alpha, & (x \geq 0 \text{の場合}) \\ -\lambda(-x)^\beta, & (x < 0 \text{の場合}) \end{cases} \quad (14)$$

彼らは，この実験の選択結果をもとにして，非線形回帰分析を行い，α と β については共に0.88，λ については2.25を推定した．推定された α と β の値が1以下であることは，価値関数が利得の領域で下に凹，損失の領域で下に凸であることを示している．また，推定された λ の値は，損失が利得よりも約2倍インパクトがあることを示しており，損失忌避の性質が強いことを示している．

彼らは，また，累積プロスペクト理論の具体的な確率荷重関数 W^+, W^- として下記のような関数を考えており，この選択実験によって，図2のように，確率荷重関数の形状を推定している．

$$W^+(p) = \frac{p^\gamma}{[p^\gamma + (1-p)^\gamma]^{1/\gamma}},$$

$$W^-(p) = \frac{p^\delta}{[p^\delta + (1-p)^\delta]^{1/\delta}}, \quad (15)$$

第Ⅱ部　行動経済学の広がりと奥行き

推定されたγの値は0.61であり，δの値は0.69である．わずかにδの値がγの値より大きく，図2にも示されているように，正の結果に関する確率荷重関数の方がややカーブの度合いがわずかに大きいことを示している．

5．遅延価値割引と確率荷重関数

報酬を得る場合に即時に得られる場合とある程度待つ場合では，後者のほうが報酬の価値が割り引かれることがわかっている．このような価値が待つ時間とともに減少する様子を示す関数を遅延時間割引と呼ぶ．この遅延時間に関する意思決定研究では，これまで指数型の時間割引関数と双曲線型の割引関数に関する議論が繰り広げられてきた．指数割引関数は，数理的に扱いやすい利点と人間の合理性の観点から記述しやすい性質があるが，動物実験やヒトの選択実験ではどちらかというと双曲線割引関数のほうが当てはまりがいいことがわかっている．

また，遅延時間割引関数から確率荷重関数を導出するような研究もある（Takemura and Murakami 2016）．本研究では，遅延時間割引関数から導かれる確率荷重関数を理論的に考察するとともに，確率荷重関数の心理実験の結果の分析とこれまでの遅延時間割引関数の実験結果の分析を通じて，モデルの当てはまりを検討して，確率荷重関数と時間割引関数との関係について考察を行う．

Rachlin et al.（1986）は，時間割引関数から一種の確率荷重関数（確率割引関数）を導出している．通常，動物の選択行動を研究する行動分析学でよく用いられている双曲線割引モデルがある．これは，下記のモデルである．

$$V = \frac{A}{1+kD},\tag{16}$$

ただし，Vは強化の価値，Aは強化量，Dは強化遅延を表す．kは割引率を表すパラメータであり，この値が大きくなるほど価値が大きく割り引かれる．この式は，強化の価値が遅延の逆数に比例するという考え方に基づいている．

Rachlin et al.（1986）の研究を再解釈して割引の部分だけを考えて，その率を$W(D)$とすると，

$$W(D) = \frac{A}{1+kD},\tag{17}$$

図3 (19)式のパラメータ α 毎の形状 (k=10)

図4 (19)式のパラメータ k 毎の形状 (α=3)

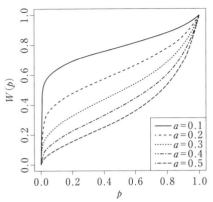
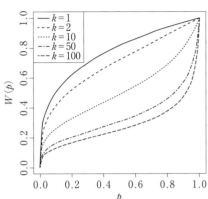

となるだろう．彼らは，(17)式の強化遅延を表す D を，ベルヌイ試行で初めて当たるまでの平均試行回数にあたるまでの期待値を1回目の試行で当たる場合を1で考えると，その期待値は確率 p の逆数である $1/p$ から1を引いた $(1/p)-1$ になり，$D=(1/p)-1$ と考えることができる．

したがって，彼らは，確率荷重関数 $W(p)$ を下記のように考えたと言える．すなわち，

$$W(p)=\frac{1}{1+k[(1/p)-1]}, \qquad (18)$$

彼らは，このように考えて，確率割引の現象と遅延価値割引の現象を双曲線関数で考えようとした．彼らの研究結果からは，概ねこのような考えで選択行動を説明できるとしたが，しかしながら，報酬量を変えると，両者の対応性が見られないなどの批判などもでている（佐伯 2011）．

他方，Takahashi（2011）は，この考えをさらに拡張して，下記のような双曲線型のモデルを考えている．このモデルのパラメータごとの形状の推移を図3，4に示す．

$$W(p)=\frac{1}{\{1+k[(1/p)-1]\}^\alpha}, \qquad (19)$$

第Ⅱ部　行動経済学の広がりと奥行き

　また Takahashi（2011）は，遅延時間が主観的に対数法則によって変換され，さらに，確率荷重関数による主観的遅延時間が客観確率による主観的遅延時間のべき乗になっているという仮定から，一般的な確率荷重関数を導出している．この仮定により Takahashi（2011）は，Prelec（1998）の確率荷重関数と双曲線型のモデルを時間割引のパラメータの違いから説明しようとした．

　一方，Takemura and Murakami（2016）は，行動分析学や動物心理学で用いられることの多い双曲線型の遅延時間割引モデルから，以下の確率に対する人の感受性のモデルを導出した．このモデルでは，Rachlin et al.（1986）や Takahashi（2011）の定式化とは異なり，1試行目の待ち時間は仮定しないので，(17)式の強化遅延を表す D を，ベルヌイ試行で初めて当たるまでの平均試行回数にあたるまでの期待値のフェヒナー型の対数型心理物理関数と比例していると考える点では同じであるが，幾何分布下での平均試行回数の期待値は確率 p の逆数である $1/p$ であるとすることになり，その対数は $-\log p$ となる．遅延回数についてフェヒナーの対数関数の心理物理関数が働くと仮定し，双曲線型の時間割引モデル(17)式に組み入れると，以下の(20)式を導く．

$$W(p) = \frac{1}{1 + k \log(1/p)}, \tag{20}$$

　さらに，(20)式は，以下の(21)式に変換される．

$$W(p) = \frac{1}{1 - k \log(p)}, \tag{21}$$

　この遅延価値割引から導出した確率荷重関数のモデルは，パラメータ k の値は 0 以上をとる．また，Tversky and Kahneman（1992）のモデルとの特徴的な違いは，客観的な確率に対して主観的な確率をより大きく判断するような態度への対応が可能である点である．このモデルのパラメータごとの形状の推移を図5に示す．

　このような双曲線型のモデルは心理学ではよく用いられているが，伝統的経済学においては，双曲線型の遅延時間割引モデルとは異なり，指数関数型の時間割引モデルがよく用いられている．すなわち，

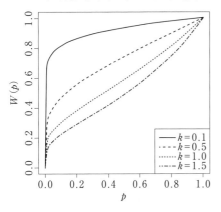

図5 遅延価値割引から導出したモデル(21)式におけるパラメータ毎の形状

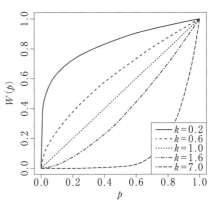

図6 変形指数関数(24)式におけるパラメータ毎の形状

$$V = \frac{A}{\exp(kD)}, \qquad (22)$$

ただし，Vは強化の価値，Aは強化量，Dは強化遅延を表す．kは割引率を表すパラメータであり，この値が大きくなるほど価値が大きく割り引かれる．

割引の部分だけを考えて，その率を$W(D)$とすると，

$$W(D) = \exp\{-kD\}, \qquad (23)$$

このモデルに，フェヒナー型の心理物理関数を適用すると

$$W(p) = \exp\{-[-k \log(p)]\} = \exp\{k \log p\}, \qquad (24)$$

となる．パラメータkの値は0以上をとる．また，パラメータkの値が1より小さいと凹関数となり，1より大きいと凸関数となる．このモデルのパラメータごとの形状の推移を図6に示す．興味深いことに，心理物理関数が遅延試行回数の平均値の対数のべき乗であると仮定すると，

$$W(p) = \exp\{-k\{-\log p\}^\alpha\}, \qquad (25)$$

となり，Prelec (1998) の確率荷重関数と一致する．

第Ⅱ部　行動経済学の広がりと奥行き

表1　確率荷重関数モデルの一覧

モデル	心理物理関数	遅延割引関数の型	確率荷重関数
一般化双曲線関数		双曲線型 $f(D)=[1+k\,D]^{-1}$	$W(p)=\{1+k[(1/p)-1]\}^{-a}$
変形双曲線関数	フェヒナー型 $F(D)=\ln(D)$		$W(p)=[1-k\ln(p)]^{-1}$
一般化変形双曲線関数			$W(p)=[1-k\ln(p)]^{-\beta}$
変形指数関数		指数型 $f(D)=\exp(-k\,D)$	$W(p)=\exp[k\ln(p)]$
Prelec type1	$F(D)=[\ln(D)]^a$		$W(p)=\exp[-(-\ln(p))^a]$
Prelec type2			$W(p)=\exp[-k(-\ln(p))^a]$
Tversky and Kahneman			$W(p)=p^{\gamma}/[p^{\gamma}+(1-p)^{\gamma}]^{1/\gamma}$

6. 確率荷重関数と遅延時間割引関数の推定

6.1. 確率荷重関数の推定

　このような観点から，さまざまな確率荷重関数のモデルが導出される（表1参照）．ここでさまざまな形の確率荷重関数が考えられたが，下記の方法によって，確率荷重関数の推定実験を行った（竹村・村上 2016）．実験方法及び推定に用いたデータは，Takemura and Murakami（2016）と同じである．

6.1.1. 刺激

　実験では174個のクジに対して確実同値額（certainty equivalent; CE）を求めた．また174個中，165個（結果11水準×確率15水準＝165種類）は推定用のデータに用いた．信頼性を測定するために，165種類のクジのうちランダムに9種類を選び，繰り返し提示した．

6.1.2. 推定方法

　Gonzalez and Wu（1999）の推定アルゴリズムを参考に165個の確実同値額を用いて，価値関数と確率荷重関数を推定した．Gonzalez and Wu（1999）の推定アルゴリズムでは，プロスペクト理論の理論式 $v(CE)=w(p)v(X)+[1-w(p)]v(Y)$ を仮定し，価値関数の8水準（$v(2,500)$, $v(10,000)$ など）と確率荷重関数の11水準（$w(0.01)$, $w(0.50)$ など）を目的関数として推定する．なお，Gonzalez and Wu（1999）の推定アルゴリズムでは導入されていない制約であるが，$p<p'$ → $w(p)<w(p')$, $x<x'$ → $v(x)<v(x')$ という制約を設けた．推定した確率荷重関数の11水準の値を用いて，非線形最小二乗法により，確率荷重関数のモデ

114

図7　実験参加者46名の確実同値額の中央値を用いた価値関数のプロット

図8　実験参加者46名の確実同値額の中央値を用いた確率荷重関数のプロット

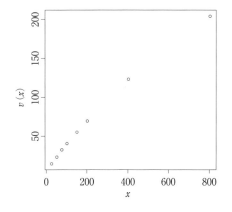
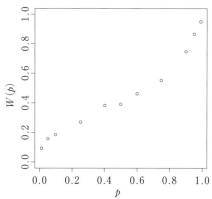

表2　七つのモデルの AIC のランキング

モデル	AICランキング						
	1	2	3	4	5	6	7
一般化双曲線関数	16	15	13	2	0	0	0
変形双曲線関数	6	3	0	11	8	18	0
一般化変形双曲線関数	8	12	11	7	7	0	1
変形指数関数	0	1	1	0	11	4	29
Prelec type1	4	1	3	9	9	13	7
Prelec type2	8	11	16	11	0	0	0
Tversky and Kahneman	4	3	2	6	11	11	9

ルのフリーパラメータの推定を行った．分析対象とした実験参加者の確実同値額の中央値から推定した価値関数と確率荷重関数をそれぞれ図7，8に示した．

6.1.3. 実験参加者

実験参加者は50名（女性35名．年齢19.24歳）であった．信頼性を表す級内相関係数の値が0.70以下であった4名を除き，46名のデータを解析対象とした．

6.1.4. 推定の結果

推定の結果を下記に示す．表2には，個人ごとに七つのモデルの AIC を比較し，当てはまりが良いほどランキングが低くなるようにランク付けした集計結果を示した．これによると，一般化双曲線関数(19)式が最も当てはまりがよく，次に一般化変形双曲線関数と Prelec 型(25)式のモデルが良いことがわかる．また，図

第Ⅱ部　行動経済学の広がりと奥行き

図9　一般化双曲線関数のAICのランクが1位の例（実験参加者19）

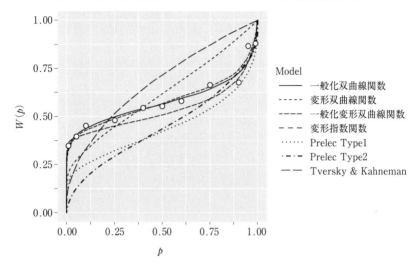

図10　一般化双曲線型モデルのAICのランクが4位の例（実験参加者25）

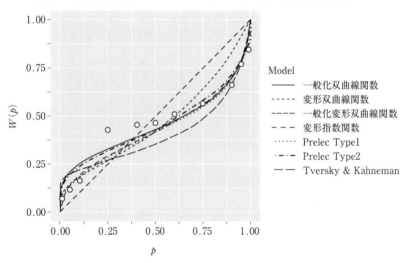

9から図11には，個人ごとの分析例を示し，図12と13には，最も当てはまりのよかった一般化双曲線関数のパラメータの推定値をヒストグラムで表した．なお，図11の分析例では，一般化双曲線関数のパラメータ k の推定値が最も大きかった分析例を示した．表3には，集計データ（実験参加者46名の確実同値額の中央

第5章 心理学と行動経済学

図11 一般化双曲線関数のパラメータ k が外れ値の例（実験参加者7）

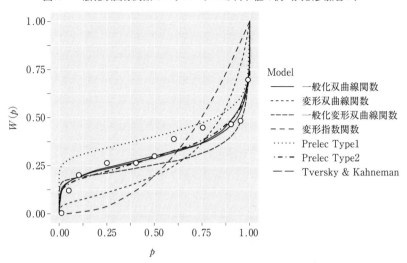

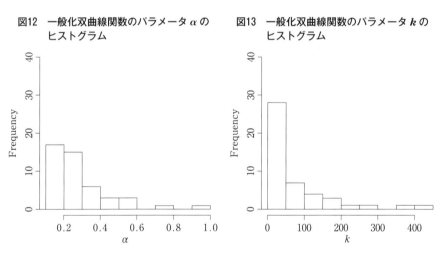

図12 一般化双曲線関数のパラメータ α のヒストグラム

図13 一般化双曲線関数のパラメータ k のヒストグラム

値をデータとして用いた）における七つのモデルのAICを表示した．AICは低いほうがいいので，そのことを考えると，一般化双曲線関数のモデルが最も当てはまりがよく，次にPrelecタイプと一般化変形双曲線関数のモデルの当てはまりがよいことがわかる．

117

第Ⅱ部　行動経済学の広がりと奥行き

表3　集計データにおける7つのモデルの AIC

モデル	AIC
一般化双曲線関数	-55.41
変形双曲線関数	-38.28
一般化変形双曲線関数	-46.82
変形指数関数	-15.89
Prelec type1	-41.44
Prelec type2	-44.24
Tversky and Kahneman	-40.85

表4　遅延価値割引モデルの一覧

モデル	心理物理関数	遅延割引関数のモデル
指数型		$f(D)=\exp(-kD)$
双曲線型		$f(D)=(1+kD)^{-1}$
一般化双曲線型		$f(D)=(1+kD)^{-a}$
変形指数型	フェヒナー型 $F(D)=\ln(D)$	$f(D)=\exp(-k\ln(D))$
変形双曲線型		$f(D)=[1+k\ln(D)]^{-1}$
一般化変形双曲線型		$f(D)=[1+k\ln(D)]^{-\beta}$
Prelec型	$F(D)=[\ln(D)]^a$	$f(D)=\exp[-k(\ln(D))^a]$

表5　遅延価値割引のデータの概要

使用したデータ	実験参加者数	遅延	遅延の単位	金額
Rachlin et al.(1991)	40名	1カ月,6カ月,1年,5年,10年,25年,50年	月	$1,000
Green et al.(1997) Green et al.(1997) Green et al.(1997) Green et al.(1997)	24名	3カ月,6カ月,1年,3年,5年,10年,20年		$100 $2,000 $25,000 $100,000
Takahashi et al.(2007)	31名	1週間,2週間,1カ月,6カ月,1年,5年,25年	日	1,000円
Takahashi et al.(2008)	26名			100,000円

6.2.　遅延時間割引関数の推定

　上記の確率荷重関数と同様に，時間割引の関数も大まかに，双曲線型と指数関数型が考えられる．また，詳細なヴァリエーションを考えると，表4のようになる．このモデルに従って，従来の遅延時間割引の実験の結果（表5を参照）をもとに，非線形最小二乗法でパラメータを推定して，AIC を求めた結果，表6に

表6　遅延価値割引のデータのAIC

データ	指数型	双曲線型	一般化双曲線型	変形指数型	変形双曲線型	一般化変形双曲線型	Prelec型
Rachlin et al.(1991)	-13.39	-17.47	-15.93	-1.87	0.58	0.20	-13.59
Green et al.(1997)	-4.77	-11.62	-16.78	-11.37	-7.12	-9.17	-15.49
Green et al.(1997)	-19.23	-28.75	-28.97	-3.16	-1.32	-1.08	-23.25
Green et al.(1997)	-22.98	-25.14	-24.31	-4.62	-3.32	-2.57	-21.20
Green et al.(1997)	-20.50	-33.00	-31.23	-4.30	-2.78	-2.23	-31.03
Takahashi et al.(2007)	-4.96	-10.95	-21.62	-5.24	-3.73	-3.15	-23.47
Takahashi et al.(2008)	-3.36	-8.35	-48.39	-6.52	-4.94	-4.43	-36.26

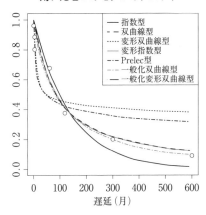

図14　Rachlin et al.(1991)のデータを用いた七つのモデルのプロット

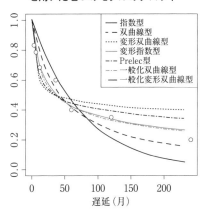

図15　Green et al.(1997)のデータ（$100）を用いた七つのモデルのプロット

示されるような結果になった．

　これによると確率荷重関数と同様に一般化双曲線型の当てはまりがよく，また広義の双曲線型の当てはまりがいいことがわかる．また，図14から図20までに各実験の当てはまりを図示した．これらによると，やはりパラメータ数の少ない指数型や変形双曲線型の当てはまりはあまりよくないことがわかる．ただ，双曲線型はパラメータ数が少ない割には比較的当てはまりがよかった．

図16 Green et al.（1997）のデータ（$2,000）を用いた七つのモデルのプロット

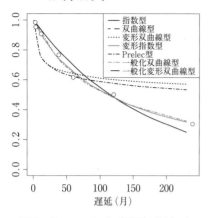

図17 Green et al.（1997）のデータ（$25,000）を用いた七つのモデルのプロット

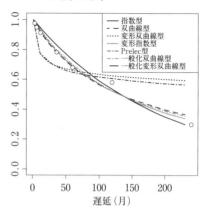

図18 Green et al.（1997）のデータ（$100,000）を用いた七つのモデルのプロット

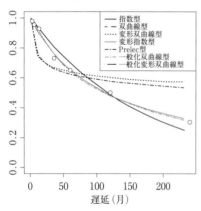

図19 Takahashi et al.（2007）のデータを用いた七つのモデルのプロット

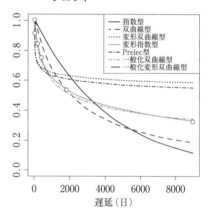

7. 結論と今後の課題

　本稿では，まず，心理学と行動経済学のかかわりについて広く議論したのちに，確率荷重関数の問題について焦点を当てて，古典的心理学との関係について論じることにした．伝統的な心理学や行動分析学でも用いられることの多い，遅延時間割引関数から導かれる確率荷重関数を理論的に考察するとともに，確率荷

第5章 心理学と行動経済学

図20 Takahashi et al. (2008) のデータを用いた七つのモデルのプロット

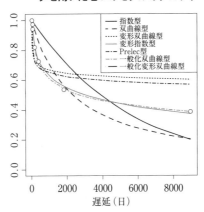

重関数の心理実験の結果の分析とこれまでの遅延時間割引関数の実験結果の分析を通じて，モデルの当てはまりを検討し，確率荷重関数と時間割引関数との関係について考察を行った．

　神経科学的研究でもよく用いられる Prelec 型の確率荷重関数のモデルは，比較的当てはまりがよかった．プレレックのモデルを用いた神経学的研究で，高橋らは，PET を用いて脳内のドーパミン D1受容体および D2受容体を測定し，脳の線条体の D1受容体および D2受容体を調べた（Takahashi et al. 2010）．それと並行して，確率の非線形な重み付けの程度を推定するために，リスク下の意思決定課題を行った．高橋らは，Prelec の簡易式に基づき，確率荷重関数を推定し，確率荷重関数を規定する α を求めると，その平均は0.5-0.6程度であり，過去の報告ともよく一致した．しかし，同時に個人差もあることが認められ，PET で測定した線条体の D1受容体および D2受容体結合能との関連を調べたところ，線条体の D1受容体結合能と確率荷重関数を規定する α との間に正の相関が認められた．この結果を言いかえると，線条体の D1受容体密度が低い人ほど確率荷重関数の非線形性が高く，低確率を高く，高確率を低く見積もる傾向が強いことを意味していることになる．このように確率荷重関数は，人間の心理現象だけでなく神経科学的基礎を持っている可能性が示唆されている．

　また，本分析の結果は，確率荷重関数では一般化双曲線関数の当てはまりがよく，遅延時間割引においても一般化双曲線型のモデルの当てはまりがよかった．

第Ⅱ部　行動経済学の広がりと奥行き

上述のように確率荷重関数の一般化双曲線関数(19)式は，Takahashi（2011）により，遅延時間割引関数から導出されたモデルである．そして，実験では，同型のモデルが確率荷重関数と遅延時間割引関数の両方において当てはまりがよかったことが示された．これらのことから，確率荷重関数と遅延時間割引関数との関連性を示唆する結果が得られたと考えられる．一方で，確率荷重関数において当てはまりのよかった一般化変形双曲線関数と Prelec 型のモデルは，遅延時間割引関数においては，当てはまりがよくなかった．なぜこのような違いがでるのかについて，これまでの反例的知見（Green et al. 1999, 2004）などを参照にして，検討する必要があると考える．また，ここで示した結果は，確率荷重関数においては，個人ごとのデータを用いていたが，遅延時間割引においては，従来の研究における集計データを用いていた．同一の実験参加者内における確率荷重関数と遅延時間割引の関係について検討を行っていないため，今後さらなる検討が必要である．さらには，公理論的測定の観点にたつ検証方法（Takemura, and Murakami 2018）を発展させる必要もある．

　このようにこれまで遅延時間割引関数と確率荷重関数の関係は，さまざまな形で議論されてきているが，数理モデルとして明確な類似性があるものの，遅延価値割引関数が確率荷重関数の原因になっているのかどうかについては推測の域を出ない．このような問題はあるものの確率荷重関数は近似的には遅延価値割引関数からも説明されるようである．しかし，佐伯（2011）が展望しているように，遅延価値割引と確率割引は，報酬量によって異なるパターンを示したりして，必ずしも全く同じメカニズムで生起しているとは言えないことを示唆する実験結果も数多く報告されている．今後は，このような報酬量効果も説明できるような統一的な確率荷重関数の導出ができることが期待される．

　以上，これらの考察から，19世紀の古典的な心理学が現代の行動経済学と深く関わっていることが推察されるのである．

引用文献

Allais, M., 1953. Le comportement de l'homme rationnel devant le risque: critique des postulats et axiomes de l'ecole Americaine. Econometrica 21, 503-546.

Choquet, G., 1955. Theory of capacities. Annales de l'Institute Fourier 5, 131-295.

Edwards, W., 1961. Behavioral decision theory. Annual Review of Psychology 12, 473-498.

第5章　心理学と行動経済学

Fechner, G. T., 1860. Elemente der Psychophysik. Breitkopf and Hartel, Leipzig.

Fishburn, P. C., 1988. Nonlinear Preference and Utility Theory. Johns Hopkins University Press, Baltimore.

Gonzalez, R. and G. Wu, 1999. On the shape of the probability weighting function. Cognitive Psychology 38, 129-166.

Green, L. and J. Myerson, 2004. A discounting framework for choice with delayed and probabilistic rewards. Psychological Bulletin 30, 769-792.

Green, L., J. Myerson, and E. McFadden, 1997. Rate of temporal discounting decreases with amount of reward. Memory and Cognition 25, 715-723.

Green, L., J. Myerson, and P. Ostaszewski, 1999. Amount of reward has opposite effects on the discounting of delayed and probabilistic outcomes. Journal of Experimental Psychology: Learning, Memory, and Cognition 25, 418-427.

Hursh, S. R., 1980. Economic concepts for the analysis of behavior. Journal of the Experimental Analysis of Behavior 34, 219-238.

伊藤正人，2001．行動経済学は行動研究にどのような貢献をなしたのか：行動経済学特集にあたって．行動分析学研究 16, 86-91.

Kahneman, D. and A. Tversky, 1979. Prospect theory: An analysis of decision under risk. Econometrica 47, 263-292.

小橋康章，1988．認知科学選書18：決定を支援する．東京大学出版会，東京．

Luce, R. D., 2001. Reduction invariance and Prelec's weighting functions. Journal of Mathematical Psychology 45, 167-179.

西部　邁，1975．ソシオ・エコノミックス：集団の経済行動．中央公論社，東京．

Prelec, D., 1998. The probability weighting function. Econometrica 66, 497-527.

Prelec, D. and G. Loewenstein, 1991. Decision making over time and under uncertainty: A common approach. Management Science 37, 770-786.

Quiggin, J., 1993. Generalized Expected Utility Theory: The Rank Dependent Model. Kluwer Academic Publishers, Boston.

Rachlin, H., A.W. Logue, J. Gibbon, and M. Frankel, 1986. Cognition and behavior in studies of choice. Psychological Review 93, 33-45.

Rachlin, H., A. Raineri, and D. Cross, 1991. Subjective probability and delay. Journal of the Experimental Analysis of Behavior 55, 233-244.

佐伯大輔，2011．価値割引の心理学：動物行動から経済現象まで．昭和堂，東京．

佐々木土師二，1988．購買態度の構造分析．関西大学出版部，大阪．

Savage, L. J., 1954. The Foundations of Statistics. Wiley, New York.

Schmeidler, D., 1989. Subjective probability and expected utility without additivity. Econometrica 57, 571-587.

芝　正太郎，2017．リスク選好と時間選好の統合に向けて．WINPEC Working paper Series No. J1701, 1-40.

第Ⅱ部　行動経済学の広がりと奥行き

塩野谷祐一, 2009. 経済哲学原理：解釈学的接近. 東京大学出版会, 東京.

Starmer, C., 2000. Developments in nonexpected-utility theory: The hunt for descriptive theory of choice under risk. Journal of Economic Literature 38, 332-382.

杉本徹雄編, 1997. 消費者理解のための心理学. 福村出版, 東京.

Takahashi, H., H. Matsui, C. Camerer, H. Takano, F. Kodaka, T. Ideno, S. Okubo, K. Takemura, R. Arakawa, Y. Eguchi, T. Murai, Y. Okubo, M. Kato, H. Ito, and T. Suhara, 2010. Dopamine D1 receptors and nonlinear probability weighting in risky choice. Journal of Neuroscience 30, 16567-16572.

Takahashi, T., K. Ikeda, and T. Hasegawa, 2007. A hyperbolic decay of subjective probability of obtaining delayed rewards. Behavioral and Brain Functions 3. doi:10.1186/ 1744-9081-3-52

Takahashi, T., Oono, H., & Radford, M. H. B. 2008. Psychophysics of time perception and intertemporal choice models. Physica A: Statistical Mechanics and its Applications 387, 2066-2074.

Takahashi, T., 2011. Psychophysics of the probability weighting function. Physica A: Statistical Mechanics and Its Applications 390, 902-905.

高見典和, 2017. 行動経済学の由来　連載経済学史第10回. 経済セミナー10月・11月号, 日本評論社, 95-101.

竹村和久, 2009. 行動意思決定論―経済行動の心理学. 日本評論社, 東京.

Takemura, K., 2014. Behavioral Decision Theory: Psychological and Mathematical Representations of Human Choice Behavior. Springer, New York.

Takemura, K., 2019 Foundations of economic psychology: Behavioral and Mathematical approach, Springer, New York.

竹村和久, 村上　始, 2016. 意思決定における確率荷重関数と時間割引の関係について. 日本知能情報ファジィ学会第21回あいまいな気持ちに挑むワークショップ講演論文集（大分市コンパルホール）, CD ロム.

Takemura, K. and H. Murakami, 2016. Probability weighting functions derived from hyperbolic time discounting: Psychophysical models and their individual level testing. Frontiers in Psychology 7. doi:10.3389/fpsyg.2016.00778

Takemura, K., & Murakami, H. 2018. A testing method of probability weighting functions from an axiomatic perspective. Frontier in Applied Mathematics and Statistics, 4, 48. doi: 10.3389/fams.2018.00048T

田村坦之, 中村　豊, 藤田眞一, 1997. 効用分析の数理と応用. コロナ社, 東京.

Tversky, A. and D. Kahneman, 1992. Advances in prospect theory: Cumulative representation of uncertainty. Journal of Risk and Uncertainty 5, 297-323.

第 6 章

実験経済学方法論に関する最近の研究動向
報酬支払法を中心とした考察

川越敏司[a]

●要旨

　実験経済学においては被験者の選好統制を行うために報酬を支払うが，これまで使用されてきた様々な報酬支払法のどれにも問題があり，これらの問題を回避するには1回限りの実験を行う必要があることを提案する.

キーワード：Induced value theory, Behavioral economics, Ellsburg paradox, Prisoner's dilemma, Experiment

JEL Classification Numbers: C90，C91，C92，D81，D90

1. はじめに

　なぜ，経済実験では金銭的報酬を被験者に支払うのだろうか？　この疑問は心理学などの異分野の研究者だけからではなく，しばしば実験的手法にあまりなじみがない経済学者からも提出されることがある.

　しかし，この疑問に対する答えは，必ずしも一致したものではないかもしれない．実験中に獲得されたポイントに比例した報酬を支払うことは，アカデミックな論文をジャーナルに掲載するためには不可欠だからと考えている人もいる．実際，経済学ではトップランクのジャーナルの1つである *Economertrica* には，実験論文を投稿するにあたっての詳しいガイドラインが提示されている[1]．そのチェックリストの中には，以下のような報酬支払いに関する記述が含まれている.

---

　a）公立はこだて未来大学

　1）https://www.econometricsociety.org/publications/econometrica/ information-authors/instructions-submitting-articles#experimental

第Ⅱ部　行動経済学の広がりと奥行き

査読プロセスにあたって提供することが推奨される情報：

…

5. 疑似的な通貨が使用されたか，報酬の換算率，参加報酬，平均獲得額，くじや成績を使用したかといったことを含む被験者への報酬支払法

他のジャーナルでは，その投稿ガイドラインには明示的ではないものの，どのような支払方法が使用されたのかや支払額については，査読者から要求されるのが通常である．

あるいは，実験における被験者のパフォーマンスに比例した現金報酬を支払うことは，実験を「リアルなもの」にし，被験者から課題に対する正直な反応を引き出すことを可能にしてくれる，と考える人もいる．

しかし，実験経済学のパイオニアの1人であるヴァーノン・スミスは，金銭的報酬を支払うことに対して明確な根拠を述べていた．彼によれば，被験者に金銭的報酬を支払うのは，以下の理由で実験的研究において本質的なのである．

「選好に対する統制（コントロール）は，実験室実験を経済学の他の研究手法から区別する最も重要な要素である．こうした実験では，2つの実験の間で，個人的価値（あるいは，需要や供給といった派生的概念）が特定の在り方で異なるのか異ならないのかを明確にできることが非常に重要なのである．こうした統制は，報酬構造や財産権を用いて（抽象的な）結果に対する所定の金銭的価値を誘発することによって実行可能である」（Smith 1982; p. 931）

そこで，スミスはその影響力のある論文において価値誘発理論（*induced value theory*）を提案したのである（Smith 1976, 1982）．メカニズム・デザインのアプローチにより，彼は被験者への金銭的報酬の支払いは，被験者の選好を誘発するために必要であることを示した．さらに，実験で獲得されたポイントを現金報酬に換算する率を適切に選択することにより，実験者は被験者の選好を統制可能である．つまり，実験者が実験において実現したいと望む任意の効用関数を誘発することが可能なのである．言い換えれば，金銭的報酬の支払いなしには，実験者は被験者の選好を統制できているという確信が得られないのである．例え

126

ば，リスク中立性を前提とする理論を検証する実験を計画した際に，価値誘発理論に従った報酬を被験者に支払わない場合は，リスク中立性に関する仮定が現実には満たされているか否かを検証できない．

価値誘発理論はすぐに経済実験における標準的な方法論になったが，実験経済学者と心理学者／行動経済学者の間では実験手法に関して多くの論争があった．もちろん，最も激しい論争は被験者への報酬の支払いに関するものである．実験経済学者は，心理学者／行動経済学者がしばしば何の金銭報酬も与えない実験を実施していたことを批判していた．あるいは，心理学者／行動経済学者は，単に被験者に仮想的な報酬を想像するように求め，選択の内容にかかわらず，すべての被験者に同じ金額の報酬を支払っていたわけである．実験経済学者は，このような報酬が実験における実際のパフォーマンスと比例的ではないために，被験者の選択は信頼のおけないものであると批判していた．被験者の選好が統制されていないからである．

それ以来，価値誘発理論を受け入れる心理学者／行動経済学者の数は増えてきたが，報酬支払法に関する論争は現在まで続いている．そのことは，例えば，ランダム支払法（random payment system）を正当化しようとするピーター・ワッカー（Peter Wakker）の論文からも明らかである（Wakker 2007）．

ランダム支払法では，典型的に，被験者の一部がランダムに選ばれ，ランダムに選ばれた実験課題の一部において獲得されたポイントに基づいて報酬支払額が決定される．ランダム支払法は心理学者／行動経済学者の多くが利用している（が，もちろん，その利用者は彼らだけに限られない）．ランダム支払法の長所は富効果を避けることができる点にある．しかし，ランダム支払法を採用する主な理由は支払総額を節約できる点にある．実際，くじの実現値にもよるが，支払額は比較的小さくなる傾向がある．そこで，実験経済学者はランダム支払法に対してときに懐疑的になるが，Wakker（2007）によれば，この方法のデメリットを示す証拠はない．ワッカーは，ランダム支払法が適切な支払法であるか否かに関する論争に触れ，この方法を支持する研究を引用しつつ，それが適切な手法であると結論付けている．

「残念ながら，現実的なインセンティブの重要性を強調するが，個人的意思決定に関する実験という領域をよく知らない実験経済学者の査読者は，何度

第Ⅱ部　行動経済学の広がりと奥行き

もこの支払法に関する論争を始めてしまう……この論文を執筆している2007
年の時点における私自身の経験では，経済学のジャーナルにおける半数以上
の査読者が［論文の著者と］この論争を行っている」（Wakker 2007）

それで，彼は次のように結論付けている.

「ランダム支払法は，富効果を避けることができる，個人的選択実験に対し
て今日知られている唯一の支払法である．これなしには，個人的選択に対し
て真のインセンティブを与えることはもはや不可能である」（Wakker 2007）

ところで最近，ランダム支払法の極端なバージョンが現れた．つまり，ただ１
人の被験者がランダムに選ばれて，ランダムに選ばれたただ１つの課題で獲得さ
れたポイントに基づいて支払額が決定されるというものである．これでもまだ妥
当な支払法といえるのだろうか？　この疑問が，実験経済学における支払法に関
する現状を検討する本研究を開始するきっかけとなった.

本論文の結論を先取りして述べておくと，以下のようになる.

ランダム支払法は，個人的意思決定の分野ではスタンダードな報酬支払手法の
地位を獲得しているが，最近の研究によれば，リスク下の選択においても不確実
性下の選択においても問題を抱えている．また，ゲーム理論的な状況，特に繰り
返しゲームへ適用された場合にも問題を生じる．もちろん，すべての課題につい
てすべての被験者に報酬を支払う伝統的な手法に対しては，ワッカーが指摘して
いるように富効果の問題が生じる．しかし，１回限りの実験という環境を想定す
れば，富効果の問題はなくなるばかりか，ランダム支払法に潜む問題もなく，報
酬支払法の問題における理想的な解決法である.

この１回限りの実験という環境設定は，近年，行動ゲーム理論の研究者を中心
に支持を集めつつあり，筆者も基本的にそれに同意するものである．実験の方法
論として，１回限りの実験を基本とするという主張は，これまで明確に述べられ
たことはなかった．そこで，本章ではこれを著者独自の根拠から論じるものであ
る.

本章の構成は以下のとおりである．報酬支払手法に関する主要な議論は第３節
で述べられる．その前に，第２節では，経済学における実験手法の特徴を要約

128

し，実験経済学者と心理学者／行動経済学者との区別について述べる．第4節では，様々な支払法に対する批判に答えるために実際的な解決法を提案し，結論を述べる．

2. 実験経済学の方法論[2]

2.1. 経済実験の目的

　実験経済学の方法論の基礎である，ヴァーノン・スミス（Smith 1976, 1982）によって導入された価値誘発理論の核心は，報酬手段，典型的には金銭的報酬によって被験者の選好を実験的に統制することにある．

　価値誘発理論に対してなされる素朴な疑問の1つに，それは経済実験を無意味なものにする，というものがある．もし，被験者の選好が完全に統制されれば，その行動は理論的予測と完全に一致することになるから，実験を実施する意味がなくなるというわけである．

　こうした批判に答えるために，経済モデルの基本構造について振り返っておくことは有益である．なお，説明の簡単化のため，リスクや時間選好を尋ねるような個人的意思決定の実験を考えるが，他人の選択が結果に影響するゲーム理論的状況にも容易に拡張できる．

　さて，経済モデルの基本構造は一般的には次のようになる．

$$x_i = f_i(u_i, e_i)$$

ここで，x_i は，プレーヤー i の選択あるいは「行動」である．実験の被験者数が n のとき，$X=(x_1, \cdots, x_n)$ を行動プロファイルという．この行動の結果，プレーヤー i が受け取ることになる利得を $P_i(X)$ とする．例えば，リスクに関する選択では，プレーヤー i の受け取るくじになる．P は，プレーヤーの行動をプレーヤーの利得に対応付ける利得関数である．実験参加者が n 人とすると，全員の利得をまとめた利得プロファイルは $P(X)=(P_1(X), \cdots, P_n(X))$ となる．

　2）この節の内容は，行動経済学会第10回記念大会におけるパネル・ディスカッション「行動経済学の過去・現在・未来」に寄せて書いた「討論を振り返って」（川越 2016）を改稿したものである．

第Ⅱ部　行動経済学の広がりと奥行き

u_i は，利得プロファイル上に定義されたプレーヤー i の「効用関数」である．伝統的な経済学では，多くの場合，利己的な効用関数

$$u_i(P(X))＝u_i(P_i(X))$$

を仮定する．もちろん，同じ利己的な効用関数とはいっても，その関数形はプレーヤーごとに異なりうる．

e_i は，プレーヤー i の制約条件（の集合）である．「環境条件」と言ってもよい．伝統的な経済学では，ここに予算制約や情報上の制約が含まれる．

f_i は，プレーヤー i の「行動原理」である．ある人にとっては効用最大化

$$f_i^*(u_i, e_i)＝\arg\max_z u_i(P(z)), \quad subject\ to\ z \in e_i$$

ある人にとってはランダム選択であったりする．「行動原理」は，現実的には人によって異なるが，伝統的な経済学ではすべてのプレーヤー i について効用最大化と考える[3]．

このモデルを用いて，はじめに伝統的な経済学では，実験の被験者間の行動の違いがどのように説明されるのかを考えてみる．

まず，伝統的な新古典派経済学では，どのプレーヤー i, j についても行動原理は効用最大化と仮定される（$f_i^*＝f_j^*$）．次に，どのプレーヤー i, j についても効用関数は利己的と仮定される．ここで，例えば，プレーヤーの効用関数が同一のものと（代表的個人を）仮定すれば，プレーヤー間の行動上の違いは環境条件 e_i の違いに解消されることになる．

しかし，実験環境 e_i は実験室において比較的容易に統制可能である（例えば，被験者に同じ予算や情報を与えるなどして）．効用関数 u_i もまた，価値誘発理論に従えば，被験者のパフォーマンスに応じた金銭報酬を与えることで統制可能である．このように，環境 e_i と効用関数 u_i が実験室において統制されると，伝統的な新古典派経済学のモデルによれば，代表的個人の仮定の下では，効用最大化

3）ときには，効用関数と行動原理を混同してしまう人もいる．そうした人々は，利己的な効用関数を持っていれば行動Ａ（囚人のジレンマで「裏切り」），利他的なら行動Ｂ（囚人のジレンマで「協力」）をとるはず，と考えてしまう．ところが，利己的なプレーヤーでさえ，協力を選ぶことがある．なぜなら，例えば，その行動原理がランダム選択であるためである．このように，効用関数と行動原理を分けて考えることが重要なのである．

という行動原理に従う被験者の行動に違いは生じえないことになる．こうして，先の価値誘発理論に対する素朴な疑問が当てはまることになる．

しかし，現実には被験者の行動は実験室において環境 e_i と効用関数 u_i が同一になるように統制されていても異なりうる．では，先ほどの素朴な疑問のどこに誤りがあったのだろうか？　その答えは，被験者の行動原理は観察不可能であり，かつ統制不可能であるという事実を見逃していたところにある．したがって，環境 e_i や効用関数 u_i が統制されているという条件の下では，被験者行動の違いの源泉は，被験者の行動原理 f_i になければならないことになる．

こうして，経済実験の目的は，環境 e_i や効用関数 u_i を統制した上で，被験者の行動原理 f_i の違いを見出すことにあることが明らかになった．こうした実験は，先の素朴な疑問にあったのとは違い，意味のある実験であることは明白である．

しかし，現実の被験者が従う制約条件は，伝統的な経済理論が想定する予算制約と情報上の制約だけではないかもしれない．実験室外で保有している所得や，投資経験があるかどうか，性別，家族構成，通学路にお寺があるかどうかといった社会的インフラの違いなどもまた，制約条件として利いてくるかもしれない．すると，行動原理 f_i だけでなく環境条件 e_i も被験者ごとに異なりうるということになる．この場合，プレーヤー間の行動の違いは行動原理の違いによるのか環境条件の違いによるのか特定できないという，科学哲学でいうデュエム＝クワイン問題に実験者は直面することになる．

そこで，実験者は，これまで見過ごしていた，プレーヤーの行動に影響すると考えられうる制約条件をさらに同定し，それらを統制することになる．例えば，性別が問題になる場合には，男女別に分けて実験するといった具合である．

もちろん，現実は理論で想定している以上に複雑なので，制約条件の統制をやり尽くしたつもりでいても，後にいままで考慮していなかった別の制約条件が発見・指摘されるということはありうる．そのたびに制約条件（環境 e_i）の集合を広げていき，これ以上統制可能な制約条件がない状態にまで到達すれば，実験者は最終的に被験者の行動の差異をその行動原理 f_i の差異だけに解消することができる（もちろん，実際には，実験者側には予算や時間の制約があるために，こうした理想的な状態は決して実現しないかもしれない）．

もちろん，環境 e_i を統制していくプロセスで，従来の行動原理の改訂や新し

第Ⅱ部　行動経済学の広がりと奥行き

い行動原理の発見ということも起こりうる．いずれにせよ，行動原理 f_i を同定することこそが，伝統的な経済学における経済実験における究極の目的なのである．

2.2.　行動経済学に関する2つのアプローチ

　伝統的な経済学は，あくまで現実への「第一近似」である，ということがよく経済学の教科書に書かれている．近代経済学誕生から100年以上経過し，行動経済学が伝統的な経済学に取り入れられ始めて，ようやく経済学は現実への第二近似へと動き始めている．

　行動経済学は多くの心理学的な洞察を経済モデルに取り入れてきた．個人的意思決定に関してよく受け入れられているモデルの1つがプロスペクト理論である（Kahneman and Tversky 1979）．それでは，プロスペクト理論のどこが新しいのであろうか？

　プロスペクト理論は，単に異なる種類の効用関数 u_i（と確率重み付け関数）を用いているに過ぎず，行動原理 f_i については，プロスペクト理論においても依然，効用最大化になっている，と考える人もいる．この点をもう少し形式的に述べてみよう．

　初めに，フォン・ノイマン＝モルゲンシュテルンとサヴェッジによって発展させられた期待効用理論（EUT）は，伝統的な経済学において個人的意思決定に関する基本的なモデルになっている（von Neumann and Morgenstern 1944, Savage 1954）．このモデルでは，くじ L から得られる賞金 x_j に関する効用関数 $u_i(x_j)$ と線形の確率関数 $p(x_j)$ に対して，期待効用関数 $E = \sum_j p(x_j) u_i(x_j)$ が構成される．

　次に，プロスペクト理論では，くじ L から得られる賞金 x_j に関する効用関数 $u_i(x_j)$ が利益と損失に関して非対称な価値関数 $v_i(u_i(x_j))$ によって変換され，確率関数 $p(x_j)$ が小さな確率が過大評価され，大きな確率が過小評価されるような非線形の歪みのある確率重み付け関数 $w_i(p(x_j))$ によって変換された上で，期待効用関数 $E' = \sum_j v_i(u_i(x_j)) w_i(p(x_j))$ が構成される．

　このように，E および E' という期待効用関数は異なるが，個人はその下でそれぞれの期待効用を最大化するような選択をすると考えられている．したがって，伝統的な経済学でも行動経済学でも，個人は同じ行動原理 f_i，すなわち，

132

第6章　実験経済学方法論に関する最近の研究動向

効用最大化に従っていると考えることができる.

　すると，被験者の期待効用関数が実験的に統制されるなら（例えば，くじを実験報酬に用いる Berg et al.（1986）の手法によって可能），前節において説明したように，実験者は被験者の行動原理を実験室において特定可能になるだろう.

　しかし，別の考え方もありうる．EUT もプロスペクト理論も，ともかく個人はその期待効用を最大化しようとしていると仮定しているので，行動原理 f_i を効用最大化に固定してもよいだろう．その代わりに，被験者の期待効用関数を実験的に統制しないことにする．すると，実験における被験者の行動の違いは，効用関数の違いに解消されることになる．したがって，効用最大化という行動原理 f_i を仮定した上で，実験によって効用関数を特定することこそが，行動経済学の主要な研究上の焦点であるとも考えられる[4].

　これと同じ議論が，社会的選好に関するモデルにも当てはまる．利己的な効用関数の代わりに，利他性や不平等回避，互恵性といった社会的選好（あるいは，他者をも考慮する選好［other-regarding preference]）が，実験における被験者の行動を説明する候補になりうる．この場合，被験者がどのような社会的選好を持っていても，その選好の下で効用を最大化しようしているのだと仮定される.

　こうしたアプローチを採用している行動経済学者のグループは，「新しい」行動経済学と呼ばれうるだろう．というのは「古い」行動経済学ではそれとは異なるアプローチを採用していたからである[5].

　「古い」行動経済学の創始者の1人であるカーネマンとトヴェルスキー

4）これは，行動経済学に関する理論モデルの多くが踏襲しているモデル化の手法である．つまり，何らかの現象（例えば，不確実性下の意思決定におけるあいまい性回避や，交渉実験における利他的行動）を説明するために，ある種の効果やバイアスを効用関数に導入した上で（例えば，マキシミン期待効用関数や不平等回避の効用関数），効用最大化原理に従って最適な選択を導く，ということである．この場合，伝統的なモデルとの違いは，ただ効用関数の違いのみであることになる．つまり，被験者は誰もが効用最大化を目指しているが，効用関数が異なるために，異なる選択に導かれていると考えるわけである.

5）ここでの「古い」行動経済学と「新しい」行動経済学という区別は，行動経済学会第10回大会でのパネル・ディスカッション「行動経済学の過去・現在・未来」におけるマルデワ・グジェゴシュ氏の講演での用語法に従ったものである．この場合，「古い」からすでに廃れてしまっている，ということは意味していない．その考え方の起源が「古い」ものであるということにすぎない.

第Ⅱ部　行動経済学の広がりと奥行き

（Kahneman and Tversky 1979）にとっては，プロスペクト理論は単に EUT と
異なる効用関数を用いているだけではなかった．彼らは，プロスペクト理論は，
例えば，フレーミング効果のように，異なる行動原理をも含むものと考えてい
た．

　ハーバート・サイモンもまた，意思決定に関して限定合理性のモデルを提唱し
ていた．そのモデルでは，効用最大化が批判され，それに代わる行動原理として
満足化が提唱されていた．サイモンを含む研究者たちは行動原理 f_i 上の違いを
強調しており，多くの限定合理的なモデルを提案してきた（最近のモデルでは，
質的応答均衡（QRE）やレベル K モデルなどが挙げられる）．

　では，なぜ「古い」行動経済学は経済学の中で忘れ去られてしまったのだろう
か？　おそらく，その答えは，限定合理的な行動は，計算上の制約や認知上の制
約を経済モデルに取り入れることで効用最大化として解釈可能になるという伝統
的な経済学からの批判のためである，ということになるだろう．

　例えば，満足化は意思決定者が直面している時間上の制約によって説明可能で
ある．もし，十分に長い時間が与えられれば効用を最大化する行動を選択できる
が，現実には十分な思考時間がないために，ある程度の満足化で我慢しなければ
ならなくなる，ということである．あるいは，意思決定者には十分な容量の短期
記憶がなく，意思決定状況に潜むあらゆる可能性を数え上げることができないた
めかもしれない．ともかく，こうした制約を環境 e_i に取り入れることで，被験
者の行動は効用最大化とみなすことができる．したがって，被験者の行動の違い
は，認知能力や計算リソースといった環境の違いに解消されるのである．

　「新しい」行動経済学が現在，行動経済学において支配的な立場になっている．
しかし，実験室における被験者の行動を説明するにあたって，質的応答均衡
（QRE）やレベル K モデルといったモデルに代表される「古い」行動経済学もま
だ有力な候補として生き残っている．

　さて，経済学における実験室実験の実施に当たっては，このように３つのアプ
ローチが存在する．伝統的な経済学では，被験者の行動の違いは環境 e_i の違い
によって説明される．「新しい」行動経済学では，被験者の行動の違いは効用関
数 u_i の違いによって説明される．最後に，「古い」行動経済学では，被験者の行
動の違いは行動原理 f_i の違いによって説明される．

　これまでの議論から，伝統的な経済学と「古い」行動経済学にとっては，被験

134

者の選好を統制することが，意味のある実験を実施する上で不可欠であることは明らかである．しかし，「新しい」行動経済学についてはその限りではない．彼らにとっては，効用関数（選好）は統制するものではなく，同定すべきものだからである．したがって，「新しい」行動経済学は価値誘発理論に従う理由はないことになる．

3. 実験における報酬支払法

3.1. 研究の動機

　被験者の選好に対する実験統制を実現するためには，価値誘発理論に従った金銭的報酬の支払いが伝統的な経済学や「古い」行動経済学にとって不可欠であるということが前節で示された．

　価値誘発理論は経済学における実験手法において基礎となるものの1つである．ヴァーノン・スミス（Vernon Smith 1976, 1982）は，価値誘発理論をメカニズム・デザインのフレームワークを用いて定式化している．それによれば，実験における報酬が，感応性（salience）や優越性（dominance）といったいくつかの妥当な要請を満たしているなら，被験者の選好に対する実験統制が実現可能になる

　経済実験における報酬支払いは，通常は次のように行われる．実験に参加した各被験者は，1つのセッションにおいていくつかの課題の実施を求められる．それから，セッションの間に獲得した総得点が報酬支払いの対象になる．言い換えれば，すべての課題を通じて獲得された得点が支払われるということである．これはときには「全支払法（all-pay system）」と呼ばれているものである．基本的に，実験経済学者は，全支払法こそが価値誘発理論の要請を満足する支払法において標準的なものであると考えている．

　ところで，実験者の予算制約を主な理由として，いくつかの選択された課題に対して獲得された得点のみに基づいて報酬が支払われることがある．この場合，報酬支払いの対象になる課題はランダムに選択される．これは「ランダム支払法（random payment system）」と呼ばれる．

　ランダム支払法は，個人的意思決定や繰り返しゲームの実験などで広く用いられている．ランダム支払法の利点は，富効果に対して頑健であることである．全

第Ⅱ部　行動経済学の広がりと奥行き

支払法では，被験者が実験の途中で十分な額の報酬を獲得すると，残りの課題に対する興味を失ってしまうことがある．これが富効果である．しかし，ランダム支払法を用いると，事前にはどの課題が報酬支払いの対象になるかわからないので，被験者はすべての課題に集中するようになると考えられている．

　最近，ランダム支払法の極端なバージョンが実験で用いられるようになってきた．いくつかの課題がある実験に参加した被験者のうち，ただ1人だけが選ばれて，ただ1つの課題だけが報酬支払いの対象となるのである．

　ランダム支払法の実施に当たっては，期待報酬額を全支払法における期待報酬額と等しくすることが理想であるが，そうした場合，1つの課題における報酬額が極端に低い金額になる可能性がある．そのため，先の極端なバージョンに限らず，ランダム支払法を使用する場合には，被験者に十分なインセンティブを与えるため，1つの課題における報酬額は全支払法の下でよりも比較的高めに設定されることも多い．

　しかし，ランダム支払法における期待報酬額が全支払法における期待報酬額と等しいかそれより高めだとしても，この手法によって被験者の選好に対する統制を実現できているのだろうか？　このように，経済実験における支払法を比較検討することが本節の主要な課題である．次節で具体的な例によって説明するが，これまでに指摘されているランダム支払法の問題点には以下のようなものがある．

　第1に，ランダム支払法は，被験者が非期待効用理論に従っている場合（特に，期待効用理論における独立性公理に違反している場合），誘因両立的ではないことが Holt（1986）等によって批判されている．また，ランダム支払法は，不確実な事象の間でヘッジを行うことが可能になるため，あいまい性回避の選好を持つ被験者に対して，その選好を表明させることができなくなることが示されている（Bade 2014）．

　繰り返しゲームに対してもランダム支払法が用いられている．無限繰り返しゲームでの割引因子はランダム終了確率として表現されるが，この場合，ランダム終了確率が割引因子と同じインセンティブを与えるように設定されたとしても，ランダム支払法の下では均衡経路は異なるものになりうる．したがって，ランダム支払法はこうした環境においても問題をはらんでいるのである．

　しかし，ランダム支払法のみが批判されるべきなのだろうか？　最近の研究で

は，全支払法もまた誘因両立的ではない可能性があることが示されている．

価値誘発理論によれば，被験者が社会的選好（他者をも考慮する選好）を示す場合には，その際の報酬支払いは優越性の要請を満たしていないことになる．つまり，社会的選好の存在は，被験者の選好に対する実験統制の失敗と考えられるのである．これは，全支払法を用いる場合にさえ生じうることである．すると，被験者の選好が統制されていないために，こうした実験には意味がないということになるのだろうか？ 価値誘発理論が経済実験における基礎的方法論であると仮定するなら，社会的選好の存在をどのように正当化できるのだろうか？

他方で，経済実験において社会的選好を検証することは，経済学において広く受け入れられた研究プロジェクトとなっている．その背景には，「新しい」行動経済学が経済学でポピュラーになってきたことが挙げられよう．前節で示したように，「新しい」行動経済学は価値誘発理論を必要とせず，むしろ選好を同定することが課題となっているからである．

それでは，価値誘発理論はもはや経済実験において妥当な方法論ではなくなったのであろうか？ もしそうなら，なぜわれわれは被験者に報酬を支払うのだろうか？ 以下では，報酬支払法に関するこうした問いに順に答えていこうと思う．

3.2. 様々な報酬支払法

この節では，様々な報酬支払法を比較していく．その際，被験者は全体で N 人が参加し，全部で T 個の課題に取り組むものと仮定する．

全支払法では，すべての被験者が報酬の支払いを受け，T 個の課題すべてが報酬計算に用いられる．すでに述べたように，全支払法は実験経済学において標準的な支払法である．全支払法では，被験者がリスク中立的であることが仮定される．もし，被験者がリスク回避的であるなら，彼らは現在バイアスを示す傾向があることが報告されている（Sherstyuk et al. 2013）．全支払法のもう1つの問題点は，すでに述べたように，富効果である．つまり，$K(<T)$ 番目の課題までに累積された報酬額が，限界効用逓減の法則に従って，将来の課題からの報酬を魅力的ではなくさせるのである（Chandrasekhar and Xandri 2011）．

ランダム支払法については，2つのヴァリエーションが存在する．1つ目は被験者内（within-subjects）ランダム支払法（wRPS）であり，この場合，全ての

第Ⅱ部　行動経済学の広がりと奥行き

被験者が報酬の支払いを受けるが，T 個の課題のうちの K 個（典型的には $K＝1$）だけが報酬計算に使用される．2つ目は被験者間（between-subjects）ランダム支払法（bRPS）で，N 人のうち M 人だけが報酬支払を受け，T 個の課題のうちの K 個だけが報酬計算に使用される（極端なケースでは $M＝K＝1$）．

　ランダム支払法は，いくつかの実験環境で問題を起こすことが知られている．リスク下の選択に関する実験では，もし複数の意思決定問題（典型的にはくじの選択）が提示されると，被験者はそれぞれの意思決定問題を独立のものとは考えず，それらを1つの合成くじとして取り扱うということが知られている．それで，期待効用理論における独立性公理が満たされていないと，ランダム支払法は誘因両立的ではなくなり，選好逆転が生じる（Holt 1986）．また，被験者は wRPS の下でよりも bRPS の下で，よりリスク回避的になるということが報告されている（Laury 2012）．

　不確実性下の選択に関する実験でも，ランダム支払法には問題がある．つまり，あいまい性回避的な被験者は，不確実な事象についてヘッジする機会が存在するために，その選好を表明しないことがある（Bade 2014, Baillon et al. 2015, Oechssler and Roomets 2013, Kuzmics 2013）．この問題は，以下の有名なエルズバーグの問題によって説明できる（例は Bade 2014 から採用した）．

　全部で90個の玉が壺の中にあるとする．そのうち30個は青色である．残り60個は緑色か赤色である．実験者はこの壺の中から1つの玉を取り出す．もし，被験者の選択が青色であり，青色の玉が取り出された場合，5ドルの賞金が与えられる．もし，被験者の選択が緑色か赤色であり，それぞれ該当する玉が取り出された場合，9ドルの賞金が与えられる（表1）．

　被験者はこの状況で2つの課題に取り組むものとする．最初の課題では，実験者が玉を取り出す前に，被験者は青色か緑色かそのどちらかを選択する．実験者が実際に玉を引いた後，被験者の事前の選択と引かれた玉の色に応じて被験者に報酬が発生する．2つ目の課題では，同じく被験者は実験者が玉を取り出す前に青色か赤色かそのどちらかを選ぶ．

　このとき，あいまい性回避の被験者は，例えば，最初の課題では緑色の玉が取り出される確率 $p(G)$ は10/90で，赤色の玉が取り出される確率 $p(R)$ は50/90であり，2つ目の課題では $p(G)$ は50/90で $p(R)$ は10/90であると信じているとする．

　ここでのポイントは，あいまい性回避の被験者は，不確実な事象に対しては悲

第6章　実験経済学方法論に関する最近の研究動向

表1　エルズバーグの問題

	青色	緑色	赤色
確率	30/90	60/90	
賞金額	$5	$9	$9

観的な信念を形成するということである．つまり，選んだ色の玉が取り出される確率が不明である玉の場合（緑色と赤色），それが取り出される可能性は，それ以外の玉よりも低いと考えるということである．

　それで，この信念の下では，あいまい性回避の被験者にとって，青色の玉を選んだ際の期待利得は $\$5 \times (30/90) = \$5/3$ であるのに対して，緑色あるいは赤色の玉を選んだ際の期待利得は $\$9 \times (10/90) = \$1$ となる．前者の方が後者よりも大きいので，あいまい性回避の被験者はどちらの課題においても青色の玉を選択するはずである．つまり，不確実な事象に直面した場合，あいまい性回避の被験者は確実な事象，すなわち，青色の玉を選択するようになる．これをあいまい性回避という．

　ここで，ランダム支払法がこの状況に導入されるとどうなるだろうか？　実験後に，2つの課題のうちの1つが1/2の確率で選ばれて，報酬が支払われるものとしよう．あいまい性回避の被験者がこのことを念頭に置くと，これら2つの課題での選択を組み合わせることが可能になる．つまり，最初の課題では緑色の玉を選択し，2つ目の課題では赤色の玉を選択するのである．このとき，こうした選択の期待利得は，$(1/2) \times (p(G) + p(R)) \times \$9 = (1/2) \times (60/90) \times \$9 = \$3$ となる．これは，両方の課題で青色の玉を選ぶ場合の期待利得（$\$5/3$）よりも大きいので，あいまい性回避の被験者は両方の課題で不確実な事象（緑色と赤色）の方を選ぶようになってしまう．こうして，エルズバーグの問題にランダム支払法が導入されると，選好逆転が発生し，あいまい性回避の被験者はその選好を表明しなくなるのである．

　ランダム支払法は，繰り返しゲームの実験においても問題を生じる（以下の例は，Chandrasekhar and Xandri（2011）から採用した）．以下の表2のような囚人のジレンマ・ゲームを無限回繰り返すものとしよう．

　この設定では，両方のプレーヤーがトリガー戦略を採用するなら，相互協力的な結果（C, C）は，割引因子が $\beta \geq 2/3$ であるとき，そのときのみ維持される．

139

第Ⅱ部　行動経済学の広がりと奥行き

表2　囚人のジレンマ・ゲーム

1＼2	C	D
C	1, 1	-1.5, 3
D	3, -1.5	0, 0

　実験室においてこの均衡予測を検証するために，通常は割引因子 β をランダム終了確率として表現する．つまり，各ステージ・ゲームの終了時点で，実験者（典型的にはコンピュータ・プログラム）がランダムに次のラウンドに進むかどうかを決定する．ここでゲーム継続確率を β に等しくする，すなわち，確率 $1-\beta$ でゲームが終了するようにすると，相互協力的な結果（C, C）に対する均衡条件は，元のゲームと等しくなる．しかし，ランダム支払法がこの環境に導入されると，そうではなくなることがある．

　そのことを見るために，相互協力的な結果（C, C）が第9ラウンドまで維持されていて，いま第10ラウンドに進んだと仮定する．ランダム終了確率に従って，ゲームは確率 $1-\beta$ で第10ラウンド後に終了する．相手プレーヤーがトリガー戦略に従い，均衡経路上の C を選択し続けるものとすると，被験者が第10ラウンドで C をプレーすれば利得1で，D をプレーすれば利得3となる．ここで，ゲームが実際に第10ラウンドで終了したとすると，C をプレーすることの期待利得は1で，D をプレーすることの期待利得は $(9/10)+(1/10)\times 3$ となる（10ラウンドのうちの1つがランダムに選ばれるから）．同様に，ゲームが第11ラウンドで終了する確率は $(1-\beta)\beta$ であり，C をプレーし続けた場合の期待利得は1で，第10ラウンドで D をプレーした場合の期待利得は $(9/11)+(1/11)\times 3+(1/11)\times 0$ となる（第10ラウンドで D をプレーすると，相手はトリガー戦略に従って第11ラウンドでは D をプレーするので，D に対する利得は0となるから）．このように第10ラウンドで D をプレーする場合の期待利得を計算していくと，その合計は以下のようになる．

$$\sum_{t=0}^{\infty}(1-\beta)\beta^t\left(\frac{9}{10+t}+\frac{3}{10+t}\right)=1.0116.$$

これは C をプレーし続ける場合の期待利得1よりも大きいので，被験者には相

第6章　実験経済学方法論に関する最近の研究動向

互協力的な結果から第10ラウンドで D に逸脱するインセンティブがあることになる．言い換えれば，ランダム支払法はプレーヤーを時間不整合的にしてしまうのである．一方，全支払法は富効果の問題を生じる．

そこで，Chandrasekhar and Xandri（2011）は，すべての被験者が報酬の支払いを受けるが，その支払額は最後のラウンドでの結果のみに基づいて支払われるという手法を提案している．これは，最終ラウンド支払法（last round payment system）と呼ばれる．全支払法と違って，最終ラウンド支払法はどのようなリスクに対する態度に対しても機能する．ランダム支払法とは違って，最終ラウンド支払法は時間不整合的な行動を導かない．

Sherstyuk et al.（2013）は，囚人のジレンマ無限繰り返しゲームを用いた実験により，最終ラウンド支払法を他の支払法と比較している．相互協力的な結果の割合については，全支払法と最終ラウンド支払法との間に有意な差はなく，それぞれの割合はランダム支払法よりも有意に高かった．D を常に選択するという戦略の割合については，ランダム支払法における割合が他の2つよりも有意に高かった．最後に，オウム返し（tit-for-tat）戦略の割合については，全支払法と最終ラウンド支払法との間に有意な差はなく，それぞれの割合はランダム支払法よりも有意に高かった．したがって，最終ラウンド支払法の性能は，全支払法と同等なものであった．

それでは，最終ラウンド支払法がより良い選択肢になるだろうか？　この手法にも問題があるように思われる．実験においては，被験者は最終ラウンドがいつになるかを推測するだろう．先の無限繰り返し囚人のジレンマ・ゲームにおけるゲーム終了回数の期待値は容易に計算できて，$\bar{t}=1/(1-\beta)$ となる．これから，被験者は $t<\bar{t}$ ラウンドまでは C を選び，$\bar{t}$ ラウンド目以降は D にスイッチするという戦略を採用可能である．$\bar{t}$ は被験者の間で共有知識であるから，他の被験者がこの戦略に従うと予期している被験者は，相互協力的な結果は実現しないと予想するかもしれない．というのは，ゲーム終了時点（の期待値）が知られているので，有限繰り返しゲームにおける後ろ向きの帰納法がここでは適用されることになるからである．したがって，こうした考えに従って，被験者は（相互協力という）均衡経路から逸脱する可能性がある．

また，最終ラウンド支払法は，ランダム終了確率と組み合わせないと有効ではない．というのは，最終ラウンドがいつか正確にわかっている状況では，報酬に

141

図1 ある報酬支払法の下での実験の一般形

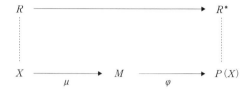

影響するのは最終ラウンドの結果だけなので,それ以外のラウンドを真剣にプレーするインセンティブがないためである.

3.3. 報酬支払法に関するメカニズム・デザイン・アプローチ

前節で検討したように,どの報酬支払法にも,少なくとも行動的な観点から見て欠点があった.そこで,報酬支払法をよりシステマティックかつ理論的に特徴付ける研究を紹介しよう.

Azrieli et al.（2016）は,様々な報酬支払法をメカニズム・デザインのアプローチによって研究している.そこでは,複数の課題がある実験が検討されている.つまり,1人の被験者がいくつかの課題を実行するような実験が検討されている.いくつかのくじ同士の比較を行う個人的意思決定の実験や,繰り返しゲームをプレーしたりするような実験はそうした例である.それで,Azrieli et al.（2016）は,こうした実験で誘因両立的な報酬支払法が存在するかを問うている.

彼らの理論では,X は選択肢の集合,$P(X)$ は X 上の報酬の集合,R は X に対する被験者の選好,R^* は $P(X)$ 上の選好,M は表明された選択の集合,μ はメッセージ関数,そして φ は報酬支払い関数である.ある報酬支払法の下での実験は,図1のような一般形で表現される.

この一般形では,μ は,被験者の X に対する選好 R に基づく X からの選択を表している.μ が真実表明であると言われるのは,それが X の最大元を選択するときである.報酬支払法 φ は報酬 $P(X)$ を決定する.報酬は典型的にはくじになる.したがって,$P(X)$ は X 上の確率分布となる.被験者はまた $P(X)$ 上の選好 R^* をも持っている.もし,R^* が R に対応しているなら R^* は R の拡張である,あるいは,誘因両立的であると言われる.

それでは,どのような条件の下で,ランダム支払法は誘因両立的になるだろう

か？ Azrieli et al.（2016）の特徴付けを述べるためには，意思決定理論から採られた次の定義が必要である．

定義 1．実行（Act）とは状態空間[6)]から $P(X)$ への関数であり，それは報酬を決定するランダム装置の実現値を表す．もし，どのような状態においても，ある実行 f の下での報酬支払いが別の実行 g の下での報酬支払いと同じかそれより多いならば，f は g を支配する．

定義 2（単調性）．もし，ある実行 f が別の実行 g を支配するならば $f R^* g$ であるとすると，拡張 R^* は単調である．

命題 1［Azrieli et al. 2016］．単調性が成り立つなら，ランダム支払法は誘因両立的である．

　全支払法を特徴付けるためには，次の定義が必要である．

定義 3（Ncat［Non Complementarity at the Top］）．選択 μ の各要素が異なる選択 ν の対応する各要素よりも選好されているとき，選択 μ の下での報酬額の合計が異なる選択 ν の下での報酬額の合計よりも選好されるならば，その選好の拡張は Ncat を満たす．

この条件（Ncat）の背後にあるアイディアは，以下のようなものである．例えば，安全なくじ x_i に対する報酬額が危険なくじ y_i に対する報酬額より選好されるとしても，それぞれのタイプのくじのポートフォリオに対する選好は異なるものになりうる．つまり，$\sum_i y_i R^* \sum_i x_i$ ということがありうる．Ncat はそうしたポートフォリオ効果が存在しないことを要請している．

命題 2［Azrieli et al. 2016］．*Ncat* が成り立つなら，全支払法は誘因両立的であ

---

6) ここで状態空間とは，（一般的にはくじとなる）報酬の実現値が取りうる値の集合のことである．

第Ⅱ部　行動経済学の広がりと奥行き

る．

4. 結論

　価値誘発理論に従えば，被験者の選好を実験的に統制するためには，金銭的報酬の支払いが必要である．しかし，これまでの議論から，どのような報酬支払法にも真の選好を誘発するには限界があることがわかった．だとすると，満足のいく報酬支払法は存在しないのだろうか？

　その答えは否である．もし，実験がただ1ラウンドのみで実施されるなら，これまで述べてきた報酬支払法に対する議論はどれも当てはまらなくなる．そこで，もし価値誘発理論を堅持しようと望むならば，1回限りの実験を実施すべきである．

　1回限りの実験というと極めて極端なものであると思われるかもしれない．実際，1990年代の行動経済学者と実験経済学者の間の論争を通じて，学習／進化理論の研究者たちは，被験者の試行錯誤プロセスが終了した時点での実験環境こそが「純粋なもの」と考えたので，そうした環境を得るためには実験の繰り返しが必要であると主張してきた（例えば，Binmore 1999）．

　しかし，21世紀になり，研究者たちの関心は，最初のラウンドでの意思決定を理解することに向けられていった．質的応答均衡（QRE, McKelvey and Palfrey 1995）やレベルK理論（Stahl and Wilson 1995），認知的階層モデル（Camerer et al. 2004）といったモデルは，新規の戦略的状況において，合理的な選択から逸脱しがちな被験者の初回の応答を記述しようと試みる理論の代表的なものである（川越 2007, 2010参照）．こうした理論の提唱者たちは，逆に学習や進化のプロセスは「純粋な」戦略的思考を「汚染」してしまうと考えており，自分たちの提案したモデルは1回限りの環境において説明力が高いことを示している．

　1回限りの実験しか許されないとすれば，意味のある実験を計画し，実施するにあたってあまりにも制限が大きいと考える人もいるかもしれない．特に，リスク選好や時間選好といった個人的意思決定を研究している研究者は，複数課題の実験を実施しなければ，その研究目的を達成できないと考えるかもしれない．こうした実験では，MPL法（multiple price list, Holt and Laury 2002）がこれまで被験者のリスクに対する態度を引き出す標準的な手法として用いられてきた（時

144

第6章　実験経済学方法論に関する最近の研究動向

表3　MPL法の下でのくじの選択

賞金額	選択A		選択B	
	$2.00	$1.60	$3.85	$0.10
くじ 1	10%	90%	10%	90%
くじ 2	20%	80%	20%	80%
くじ 3	30%	70%	30%	70%
くじ 4	40%	60%	40%	60%
くじ 5	50%	50%	50%	50%
くじ 6	60%	40%	60%	40%
くじ 7	70%	30%	70%	30%
くじ 8	80%	20%	80%	20%
くじ 9	90%	10%	90%	10%
くじ10	100%	0%	100%	0%

間選好に対して同様の手法が，Coller and Williams（1999）によって提案されている）．

　MPL法の下では，被験者は賞金額が異なる2つのくじのうちから1つを選ぶことになる．被験者にはこうしたくじの組が順に提示されるが，賞金額は固定されたままで，各くじの組において高い方の賞金が得られる確率が増加されていく．例えば，選択Aにおけるくじの賞金額は2ドルまたは1.6ドルであり，選択Bにおけるくじの賞金額は3.85ドルまたは0.1ドルであるとする．それぞれの選択で，高い方の賞金額が得られる確率は，10%から始めて100%に至るまで10%刻みで増加される（表3）．

　すべてのくじに対する選択が完了した後，1つのくじが選択されて，実際にそのくじを引いて得た賞金額が支払われる．つまり，ランダム支払法が用いられる．この実験では，リスク中立的な被験者は，はじめに選択Aを選び，くじ4において初めて選択Bに変更することになる．リスク回避的な被験者が選択を変えるのはもっと後のくじになる．このように，どのくじで選択を変更するかによって，被験者のリスクに対する態度を測定できる．したがって，もし妥当な支払法を維持するために複数課題の実験が許されないとすれば，このMPL法も使用できないことになる．しかし，1回限りの決定しか必要としない別の手法が存在する．BDM（Becker, De Groot and Marschak）法（Becker et al. 1964）やGneezy and Potter（1997）の手法などである．

　BDM法では，被験者に1つのくじが与えられる．それから，被験者はそのく

第Ⅱ部　行動経済学の広がりと奥行き

じの販売価格 p を尋ねられる．その後，実験者（買い手）がランダムに購入価格 b を決定する．もし $p>b$ ならばくじは販売できず，被験者は自分でくじを引いて，そこで得た賞金額を受け取る．そうでない場合，くじは販売され，被験者は b を受け取る．この BDM 法は誘因両立的であることが知られている．つまり，販売価 p をくじの確実性等価に等しくすることが支配戦略となっている．この確実性等価から被験者のリスクに対する態度を導くことができる（川越 2007参照）．

Gneezy and Potter（1997）の手法では，被験者に初期保有 x が与えられる．それから，被験者は投資のために使用する金額 y を尋ねられる．確率 p で，投資に使用した金額が k 倍になり（$kp>1$），そうでない場合，投資した金額は返ってこない．この場合，初期保有 x を全額投資することがリスク中立的な被験者にとって最適である．というのは，$kp>1$ なので，その場合の期待収益 $x+(kp-1)y$ は，全く投資しなかった場合の x よりも大きいからである[7]．しかし，リスク回避的な被験者は投資することを躊躇するだろう．こうして，被験者のリスクに対する態度を測定できる．

BDM 法も Gneezy and Potter（1997）の手法も，1 回限りの実験を実施するだけで充分である．したがって，被験者のリスクに対する態度を測定するためには，1 回限りの実験を計画すればよいのである．もちろん，どちらの手法にも限界があるが，それは MPL 法にしても同じである（Charness et al. 2013を参照）．

ともかく，報酬支払法に関する問題を避けようとするならば，1 回限りの実験を実施することである．こうすれば価値誘発理論を維持できる．もちろん，「新しい」行動経済学は，選好統制のために報酬支払法について悩まされることはない．というのは，彼らのアプローチでは，被験者の選好は統制されるのではなく，同定されるべきものだからである．

引用文献

Azrieli, Y., C. P. Chambers, and P. J. Healy, 2016. Incentives in experiments: A theoretical analysis. mimeo.

7）投資に対する期待リターンは $p(x-y+ky)+(1-p)(x-y)$ となる．この式を変形すると $x+(kp-1)y$ となる．

第6章 実験経済学方法論に関する最近の研究動向

Bade, S., 2014. Randomization devices and the elicitation of ambiguity averse preferences. mimeo.

Baillon, A., Y. Halevy and C. Li, 2015. Experimental elicitation of ambiguity attitude using the random incentive system. mimeo.

Becker, G. M., M. H. Degroot and J. Marschak, 1964. Measuring utility by a single-response sequential method. Behavioral Science 9, 226-232.

Berg, D., J. Dickhaut and B. O.Brien, 1986. Controlling preferences for lotteries on units of experimental exchange. Quarterly Journal of Economics 101, 281-306.

Binmore, K. G., 1999. Why experiment in economics? Economic Journal 109, F16-F24.

Camerer, C., T.-H. Ho, and J. K. Chong, 2004. A cognitive hierarchy theory of one-shot games. Quarterly Journal of Economics 119, 861-898.

Chandrasekhar, A. G. and J. P. Xandri, 2011. A note on payments in experiments of infinitely repeated games with discounting. mimeo.

Charness, G., U. Gneezy, and B. Halladay, 2016. Experimental methods: pay one or pay all. Journal of Economic Behavior & Organization 131, 141-150.

Charness, G., U. Gneezy, and A. Imas, 2013. Experimental methods: eliciting risk preferences. Journal of Economic Behavior & Organization 87, 43-51.

Coller, M. and M. B. Williams, 1999. Eliciting individual discount rates. Experimental Economics 2, 107-127.

Gneezy, U. and J. Potters, 1997. An experiment on risk taking and evaluation periods. Quarterly Journal of Economics 112(2), 631-645.

Holt, C. A., 1986. Preference reversals and the independence axiom. American Economic Review 76, 508-515.

Holt, C. A. and S. K. Laury, 2002. Risk aversion and incentive effects. American Economic Review 92(5), 1644-1655.

Kahneman, D. and A. Tversky, 1979. Prospect theory: an analysis of decision under risk. Econometrica 47, 263-291.

川越敏司, 2007. 実験経済学. 東京大学出版会.

川越敏司, 2010. 行動ゲーム理論入門. NTT 出版.

川越敏司, 2016. 討論を振り返って，パネルディスカッション「行動経済学の過去・現在・未来」への付論. 行動経済学9, 46-64.

Kuzmics, C., 2013. A rational ambiguity averse person will never display her ambiguity aversion. mimeo.

Laury, S. K., 2005. Pay one or pay all: Random selection of one choice for payment. mimeo.

McKelvey, R. D. and T. R. Palfrey, 1995. Quantal response equilibria for normal form games. Games and Economic Behavior 10, 6-38.

Oechssler, J. and A. Roomets, 2013. Unintended hedging in ambiguity experiments. mimeo.

Savage, L. J., 1954. The Foundations of Statistics, John Wiley & Sons.

Shertyuk, K., N. Tarui and T. Saijo, 2013. Payment schemes in infinite-horizon experimental

第Ⅱ部　行動経済学の広がりと奥行き

games. Experimental Economics 16, 125-153.

Smith, V. L., 1976. Experimental economics: Induced value theory. American Economic Review 66, 274-279.

Smith, V. L., 1982. Microeconomic systems as an experimental science. American Economic Review 72, 923-955.

Stahl, D. O. and P. W. Wilson, 1995. On player.s model of other players: theory and experimental evidence. Games and Economic Behavior 10, 218-254.

Starmer, C. and R. Sugden, 1991. Does the random-lottery incentive system elicit true preferences? An experimental investigation. American Economic Review 81, 971-978.

Von Neumann, J. and O. Morgenstern, 1944. Theory of Games and Economic Behavior, Princeton University Press.

Wakker, P. P., 2007. Message to referees who want to embark on yet another discussion of the random-lottery incentive system for individual choice. https://personal.eur.nl/ wakker/mis-cella/debates/randomlinc.htm

第 7 章

結婚と幸福：サーベイ

筒井義郎[a]

●要旨

　本章は，結婚が幸福度に及ぼす影響に関連する研究をサーベイし，以下のような結果を報告する．結婚している人はしていない人より幸福である．結婚と幸福の因果関係については，両方向の関係が確認されている．一般に幸福感にはベースラインがあり，結婚というライフイベントについても，いったん上がった幸福感は速やかに下がっていくことが確認されている．しかし，順応が完全であるかどうかについては論争があり，決着していない．なぜ人は結婚するのか，どのようなカップルが結婚し幸せになるのかについて，Becker（1973）は家庭内生産というモデルを提示して，家庭内分業が効率的であり，それでも多くの特質については似たもの夫婦が効率的であることを示した．後者は選択配偶仮説として，心理学や社会学の分野で精力的に研究されており，価値観や性格が似たものが結婚し，幸福であるという結果を報告している．

キーワード：幸福感，結婚，順応，選択配偶仮説

JEL Classification Numbers: I31, J12

1.　はじめに

　本章は結婚と幸福の関係に関する研究を展望する．結婚は慶事であるが，本当に結婚によって人は幸福になるのだろうか？　どういう人同士が結婚すればより幸福になるのだろうか？　この2点が本章が解明を目指す問いである．

　結婚している人がしていない人より幸福そうであっても，それが結婚によって幸福になることを意味しているとは限らない．逆に幸福な人が結婚しているだけ

---

a）甲南大学経済学部 e-mail: tsutsui@econ.osaka-u.ac.jp

第Ⅱ部　行動経済学の広がりと奥行き

かもしれないからである．たとえ回帰分析で，ある変数が有意であっても，それは，必ずしも因果関係があるとは結論できない．この問題は「内生性」の問題と呼ばれ，計量経済学で長らく取り組まれてきた．また，最近の経済学においても，とりわけ注目が集まっている問題である．

幸福感については，個人ごとの水準（ベースラインないしはセットポイント）が決まっており，幸福感はライフイベントによってそれから乖離するものの，再びベースラインに戻っていくと考えられている．結婚というライフイベントにもすばやく順応してしまい，結婚の幸せは長くは続かないのであろうか？

なぜ，何を求めて，人は結婚するのであろうか？　動物もみな子孫を残す性行動をとるし，その中には人間の結婚と似た子育ての期間をもつものも多い．人間の結婚の目的も子孫を残すためなのかもしれない．動物行動学ではカップルは全くランダムに組まれるのか，それとも何らかの選択に基づいているのかについて研究が行われてきた．これに触発されたのか，人間の結婚についてもどのようなカップルが結婚するのかに関心がもたれ，心理学では性格が似ている人が結婚するのかが，社会学では社会的グループや地位が似ている人が結婚するのかが調べられてきた．この問題に関しては，経済学は結婚の満足度（産出物）を最大にするように行動するという理論モデルを提示している点でユニークである．

本章が対象とする研究のほとんどが主観的幸福感を用いている．20世紀以降の経済学ではもっぱら比較選択行動によって観察可能な効用概念を採用し，主観的幸福という概念を曖昧なものとして避けてきた．幸福の経済学では主観的幸福感のデータを用いるが，それには問題があることも否定できない．第1の問題は，「幸福」という言葉でその人が何を思い描いているのかが明らかでないことである．幸福を定義するのは難しい[1]．幸福を高揚した気分ととらえる人もいれば，平静で落ち着いた気分と考える人もいる[2]．幸福の概念をめぐっては古くから2つの考えが対立してきた．第1のそして主流な考えは，ベンサムの功利主義や経済学の効用の最大化の原理と近い快楽主義（hedonism）であり，もう一つはア

1）オクスフォード現代英英辞典によると happy とは「feeling or showing pleasure」とされる一方，pleasure とは a state of feeling or being happy or satisfied と循環的に定義される．これは幸福が基礎的な概念であり，他の語をもって定義することが難しいことを表している．

リストテレスが『ニコマコス倫理学』で提唱したエウダイモニアである[3]．快楽主義では，本人が満足していることがすなわち幸福である．それは正しいだろうか？　アルダス・ハクスリーは小説『素晴らしい新世界』で，誕生から成長するまでに薬物などで完全にコントロールされ，快楽による幸福を保証された未来世界を描いた．他者にコントロールされることによって得られた幸福感は本当の幸福ではなく，キリスト教の信仰やシェイクスピアに基づく高貴な精神世界が幸福であるというのが彼の主張である[4]．この対立は深刻な問題であるが，本章で紹介する文献では無視されている．

　第2の問題は，幸福度を表した数値は基数ではなく序数ではないか，また，その数値は個人間で比較できないのでは，という疑問（ただし，経済学固有であり，他の学問分野では重要でない）である．これについては，計量経済学は一定の対処法を見出している．前者は順序プロビット・ロジットで推定すること，後者はパネルデータを固定効果法で推定することである．ただし，この両方の要請を満たす推定法は最近まで十分なものがなく，本章で紹介する研究の多くは基数の問題は無視して，単純な固定効果モデルを推定している．

　第3の問題は，幸福感をどう尋ねるかである．政府・公共機関が古くから行ってきた調査では「あなたの幸福度を0から10の11段階で答えてください」といった形式が多く，幸福の経済学でも多くがそれを踏襲している（経済学では質問が正しく答えられているかどうかにはあまりこだわらない）．しかし，心理学の分野では，この質問は明確でなく答えにくいし，単一の質問では回答が整合的であるかどうかを調べられないので問題だと考える．心理学では，主観的幸福度の指標としては4問からなる Subjective Happiness Scale（SHS; Lyubomirsky and

---

2）幸福の定義の曖昧さは，幸福の各国比較をする際の問題でもある．たとえば，フランス人の幸福度が低いことが知られているが，それは幸福という状態をシニカルに見る文化的な背景によるのではないかと言われている．民族によって幸福感のとらえ方の違うことも注目されており，たとえば，アメリカ人学生は中国人学生より，満足，幸福，喜びといったものを重要であると考える傾向があると指摘されている（Oishi and Koo 2008）．

3）アリストテレスは幸福とはその定義から他のものの手段ではなく追求すべき最終目標であるから，「最高善」だとした．

4）現代の幸福の経済学の研究の文脈では，精神的なことから得られる幸福は物質的なことによる幸福よりも状態に順応しにくく永続するので，そちらを目指すべきだ，という主張がある（Frank 2005）．

第Ⅱ部　行動経済学の広がりと奥行き

Lepper 1999）や 5 問からなる Satisfaction with Life Scale（SWLS; Diener et al. 1985）が知られている．また，意味がより明瞭な肯定的感情（positive affect）と否定的感情（negative affect）を複数の質問で尋ねることも多い（Kahneman et al. 2004）．また，他人の評価という客観指標を用いることもある（Kahneman 1999）．本章では質問の形式によって結果が異なるかどうかという問題には立ち入らない．

本章の第 2 節では，既婚と未婚の人のどちらが幸福かを調べた文献を紹介する．第 3 節では，結婚によって幸せになるのか，幸せな人が結婚するのかという因果関係の問題を取り上げる．第 4 節では結婚によって幸福度はどう変化するのかを，結婚に対する順応を中心に検討し，第 5 節では結婚によって幸福になる原因を検討する．第 6 節では今後の研究の展望に触れる．

2.　結婚している人と未婚の人のどちらが幸福か

結婚している人の方が未婚や離別・死別の人より幸福であることは多くの実証分析によって確認されている．Stack and Eshleman（1998）は世界価値調査（World Value Survey）のデータを用いて，アメリカ，カナダ，オーストラリア，日本と西ヨーロッパ13カ国において，結婚している人の方が幸福度が高いかどうかを，回帰分析によって調べた．その結果，北アイルランドを除く16カ国において，結婚している人は未婚の人より有意に幸福度が高いことを確認している．また，結婚している人は健康で，平均余命が長く（Gardnaer and Oswald 2004），自殺率が低い（Mastekaasa 1995）．Blanchflower and Oswald（2004a）はアメリカとイギリスにおいてこれを確認し，結婚を継続することは年 $100,000の価値があると評価している．日本においても筒井・大竹・池田（2009）が結婚している人の方が幸福であるという結果を確認している．

しかしこれまでの研究は先進国に偏っている．結婚している人の方が幸福度が高いというのは世界的な事実なのであろうか？　Carol Graham は数多くの国・地域で幸福度調査を行ってきた．Graham（2011）は彼女の仕事を概観して，中南米18カ国について結婚と幸福の間に有意に正の関係を確認したが，ロシアにおいては有意でなく，また，中央アジア 4 カ国において正の関係を認めたが，アフガニスタンにおいては既婚者の方が幸福度の平均は低かった，と報告している．

第7章 結婚と幸福:サーベイ

大阪大学 GCOE は，アメリカ，日本，中国，インドにおいて調査を行ったが，たとえば2009年のデータで，配偶者を持っている人と持っていない人の幸福度を比較すると，アメリカと日本においては有意に結婚している人の幸福度が高いが，中国の都市部では差は有意でなく，(2010年の) 農村部では有意ではないがむしろ結婚していない人の幸福度が高く，インドでは結婚している人の幸福度は有意に低い．これは単年度で平均値の比較でしかないが，中国やインドについてはさらに研究する必要性を示唆している．

3. 結婚によって幸せになるのか，幸せな人が結婚するのか

結婚している人が結婚していない人より幸せという事実から，結婚すれば幸せになれると結論して良いのだろうか．これは政策効果をめぐって最近とりわけ重要になってきた，因果関係の問題である．変数 A を変数 B に回帰して有意な結果があれば，A と B は相関するといえる．しかしそれは B が A の原因であることを必ずしも意味しない．一つの可能性は A と B に同時に影響する第3の変数 C があるかもしれないからである．また，B が A の原因ではなく，A が B の原因であるのかもしれない．第一の可能性は，変数 C を説明変数に加えれば解消できる．たとえば，筒井・大竹・池田 (2009) はクロスセクションデータを用いて，主観的幸福度を多くの属性に回帰して，結婚している人が幸福であることを確認している[5]．

しかし，変数 C のすべての候補をデータとして把握するのは不可能である．そこで現在利用されているのが，パネルデータ推定で固定効果を調整するアプローチである．この推定では，一人一人の (推定期間に一定である) すべての属性がコントロールされた結果を得ることができる．固定効果モデルを推定したこれまでの多くの研究で，結婚することによって有意に幸福なることが確認されている．しかし，時間とともに変わる個人属性もあるから，これで完全に問題が解決

---

5) ここで興味深いのは，女性の幸福度の平均値は男性より高いが，回帰分析で多くの変数を考慮すると，その差は有意でなくなることである．筒井・大竹・池田 (2009) によるとそのキー変数は喫煙するかどうかである．喫煙する人は不幸であるが，その要因をコントロールすると男女の幸福度の違いはなくなるのである．この例は，回帰分析において，さまざまな変数をコントロールすることの重要性を示している．

153

第Ⅱ部　行動経済学の広がりと奥行き

されたとは言えない.

第2の逆の因果の問題に対しては, 操作変数法が用いられる. しかし, 近年, 完璧な操作変数はないだろうという疑念が高まっていて, 代替的な方法として自然実験や介入によるフィールド実験などが模索されている. しかし, 結婚に関してはフィールド実験はなじまないし, 自然実験が適用できるケースは限られているだろう. それでも, 問題を「結婚すれば幸せになる傾向があるか」と「幸せな人が結婚する傾向があるか」の二つの問題に分解すれば, それぞれを確かめるのはさほど難しくない. 第1の問題には, 同じ人を追跡して, 結婚する前後の幸福度を比較し, 第2の問題は, 現在結婚している人と結婚していない人で良く似た属性(たとえば年齢, 所得など)の人の5年ほど前の幸福度を比較することで対処する.

多くの研究の詳細は次節で紹介するが, パネルデータを用いた研究は幸福度は結婚をするとともに上昇することを報告している. 所得などをコントロールしても, 幸福度が高まり始めたら結婚するというのはいかにも不自然だから, 結婚によって幸福度が上昇すると考えられる.

しかし, この結果をもって, 幸せな人が結婚するという傾向がないと結論することはできない. 逆の因果関係も成立していておかしくないからである. Stutzer and Frey (2006) は1984年から2000年のドイツ社会経済パネル (German Socio-Economic Panel; GSOEP) のデータを用いて, ある時点で独身であるが, その後結婚しなかった人と結婚した人の2つのグループの幸福度を比較した[6]. その結果, 調べられた20～38歳のうち, 29歳から31歳ではグループ間で差がないが, それ以外の年齢では, 後に結婚したグループの方が幸福度が高かった(図1). このことは, 幸福な人の方が結婚する傾向があることを示唆している. 彼らは, 同様に, 離婚した人と婚姻を継続した人を比較し, 結婚の前後20年ほどにわたって, 後に離婚した人の方が幸福度が低いことを見出している. この結果は不幸な人ほど離婚しやすい傾向があることをうかがわせる.

Grover and Helliwell (2014) はイギリス家計パネル調査 (British Household

---

6) ただし, 結婚の前の時点でも, 結婚を予定していることによって幸せになっている可能性があるので, 結婚したグループの幸福度としては, 結婚より4年以上前の時点のデータをとっている. Frey and Stutzer (2005) でも同じ結果が報告されている.

第7章 結婚と幸福：サーベイ

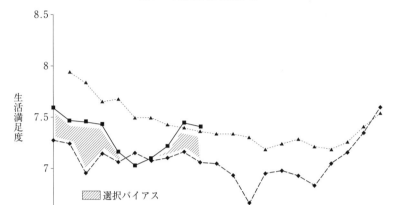

図1 幸福な人が結婚する

注：グラフは GSOEP データを用いて，回答者の性別，年齢，教育水準，子供の有無，世帯所得，世帯サイズ，世帯主との関係，就労状態，住居，国籍の影響を調整したもの．
出所：Stutzer and Frey（2006）.

Panel Survey; BHPS) を用い，結婚前の幸福度を調整しても結婚している人は幸福であることを見出し，結婚は人を幸福にすると結論している．まず，8年から10年前に未婚だった人を抽出し，その生活満足度が1ポイント上がると結婚確率が1.37%上昇することを見出した．これは上述の Stutzer and Frey（2006）と整合的に，幸福な人が結婚しやすいことを示している．次に，生活満足度を婚姻状態（既婚など）とコントロール変数（年齢，健康状態，所得）に回帰した結果と，それらにさらに過去の生活満足度を説明変数に追加した推計結果を比較する．ここで，被説明変数の過去値は「逆の因果を調整する」ために，固定効果と代替的に取られた変数である（Angrist and Pischke 2009, Chapter 5）．後者において，「既婚」の係数は若干小さくなるが依然有意であることから，逆の因果関係を調整しても結婚は有意に生活満足度を高めると結論している．

　本項の結論は，「人は結婚によって幸せになるし，幸せな人が結婚する」である．つまり，結婚している人がより幸福なのは，両方の効果による．しかし，2つの効果がどの程度ずつ寄与しているのかは明らかにされていない．

第Ⅱ部　行動経済学の広がりと奥行き

4.　結婚は幸福度にどのような影響を与えるか

4.1.　幸福は何によって決まるか

　人によって幸福感は違うが，それはどのような要因によるのであろうか．人の幸福感のほとんどは生まれつき遺伝子レベルで決まっているというのがセットポイント仮説（ベースライン仮説とも呼ばれる）である．セットポイントとは，環境が変化しても一定に保たれる体内の生理状態のことで，これが幸福感についても存在するという仮説である．

　Fujita and Diener（2005）は17年間にわたる GSOEP データを使って，最初の５年と最後の５年で24％の人の幸福度が変わったことを明らかにした．彼らは，これは安定的ともいえるものの，セットポイントが変わらないという仮説と矛盾しており，人々の幸福は結婚や失業といったイベントによって変化するのではないかと論じている．

　セットポイント仮説の研究は遺伝子研究と双子研究の方向に進んでいる．Lykken and Tellegan（1996）はミネソタ双子データ（Minnesota Twin Registry）を用いて，一時点の幸福の変動の50％，繰り返して計測された場合の変動の80％は遺伝的な効果で説明できるとしている．De Nevea et al.（2011）は双子研究で，遺伝的要素が幸福感の違いの33％を説明することを見出している．De Nevea（2011）は青年期の健康に関する長期研究（National Longitudinal Study of Adolescent Health; Add Health）の 708 人のデータを用いて，5-HTTLPR という遺伝子のゲノタイプの違いにより幸福度が異なることを回帰分析によって確認した．このことは幸福度のセットポイントが遺伝的に決まっている可能性を示唆している．Lyubomirsky et al.（2005）はいろいろな研究結果をまとめて，遺伝的要素が50％，環境が10％，意図的な行動が40％を説明するとしている．遺伝によって決まる割合が大きいが，結婚をはじめとするライフイベントによって変わる部分もあるという結果である．

4.2.　結婚による幸福度の変化

　セットポイント仮説からは，あるライフイベントによって幸福感が上昇・下落したとしても，人間はそのような生活状況に慣れてしまって（順応して），幸福感はだんだんとそのイベントが起きる前の状態に戻っていくと予想される．状態

の変化に対する順応（adaptation）は，幸福感のダイナミックスの重要な特徴である[7]．障害が幸福感に与える影響については，Brickman et al.（1978）が，事故で肢体不自由になってリハビリに通っている人の幸福度がたいへん低い（0から5の6段階で2.96，コントロールは3.82）ことを報告している．一方，Schulz and Decker（1985）は肢体不自由になってから20年たった人を調べて，その幸福度が健常人の平均とほとんど変わらないことを見出している．この結果は事故による障害は人を不幸にするが，人はそれに順応することを示唆している[8]．

Clark et al.（2008）はGSOEPのデータを用いて6つのライフイベントについて，そのイベントの4年前から5年後の幸福度の変化を調べている．彼らの分析は，失業，結婚，出生などについては1,000以上の観測数があり，パネルデータで固定効果をコントロールしており，回帰にラグ（順応）だけでなくリード（予想）も含めている点で優れており，信頼できる．結婚については結婚の1年前から幸福度は上がるが，結婚後低下し，5年後には元の水準に戻ると報告している．結婚についてはリード効果がみられ，とくに男性において強い．離婚については，離婚前は幸福度が低下し続けるが，離婚後幸福度は上昇する．死別については，死別の時に大きな落ち込みがあるが，その後幸福度は回復する．出産については女性のみ出産の前にわずかな上昇があるが，出産の1年後から幸福度は下落する．また，失業について，失業前から幸福度は低いが，失業とともに大きく下落し，それは5年後まで続くとしている．

樋口・萩原（2011）は家計経済研究所の「消費生活に関するパネル調査」のデータを用いて分析している．このデータは女性のみを対象としている点で限界があるが，「結婚年に近付くにつれて生活満足度と幸福度は高まっており，結婚年に最も水準が高くなっている．両者とも結婚後は年数がたつにつれて下がる傾向にあるが，結婚前後3年間を見る限り結婚前よりも結婚後において高い水準を示している」と報告している．すなわち，日本においても結婚によって幸福度は上

7）順応は多様な動物のいろいろな認知について起きる現象である（Kandel and Schwartz 1996）．
8）幸福感の順応はライフイベントについてだけでなく，毎日の出来事についても生じる．幸福感の短期間の変動についてTsutsui and Ohtake（2012）は日次の幸福度調査の結果を用いて，個人的なニュース，社会のニュース，健康状態，不安感などが幸福度に与える影響は3日後には元の水準に戻ることを見出している．

がり，その後低下していくという傾向が確認されている．

4.3. 順応は完全か

そこで争点となったのは，結婚などのライフイベントのもたらす幸福感の変化は，その後元の水準の方向に戻っていくとしても，完全に元の水準に戻るのかどうか，つまり順応は完全であるかどうかである．その発端となった論文は Lucas et al.（2003）である．経済学者の Clark を含むものの心理学者である Lucas を第1著者とし，幸福研究の大家である心理学者 Ed Diener らによる論文であり，著名な心理学雑誌に掲載された．彼らは GSOEP のデータを用い，11段階（0から10）の生活満足度を，定数項，結婚前後3年間を1とする「反応（reaction）期」ダミー，結婚の2年後以降を1とする「順応（adaptation）期」ダミーに回帰した．ベースライン幸福度を表す定数項は0.286であり，「反応期」ダミーの係数は有意で0.234（反応期の幸福度は0.286＋0.234）であり，「順応期」ダミーの係数は－0.006で有意でなかった（幸福度は0.286）．この結果は，結婚によって幸福になるものの，その後，完全に順応し，もとの幸福度に戻ることを示している．

これに対し，Easterlin（2003）は心理学で知られているセットポイントモデルは物質的なライフイベントには当てはまるものの（それゆえ主流派の経済学には問題があるが），結婚，離婚，肢体不自由といったイベントは幸福度に永続的な影響があると主張した．そして，アメリカの社会総合調査（General Social Survey; GSS）データを用いて「（ほとんどが結婚前である）18歳から19歳の人の幸福度は2.1であるが，その後10年間に50％以上が結婚し，結婚した人の幸福度は2.2から2.3なのに未婚の人は2.1に留まる」という結果を示した[9]．また，早く結婚した人の方が結婚前に幸福だった証拠もないので，選択バイアスでこの結果は説明できないとした．さらに，結婚後10年から35年経過したコーホートの幸福度はほとんど同じである一方，未婚のコーホートより高いとして，Lucas et al.（2003）を批判した．さらに，Easterlin（2005）は Lucas et al.（2003）はドイツにおいて一般的である婚前の同棲を無視したためにベースラインの幸福度を高く見誤ったと批判した．

9）GSS はパネルではないのでコーホート分析をしている．

図2　結婚における幸福感の順応は完全である

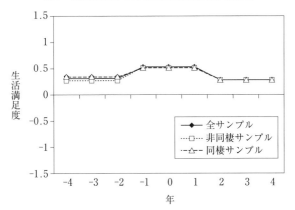

注：反応期と順応期を考慮したモデルを推定し，理論値をプロットしている．
出所：Lucas and Clark（2006）．

　この批判を受けて，Lucas and Clark（2006）は第1に，コーホート分析では，所得，結婚の率，就業率は年齢とともに同じように動くので結婚の効果を確かめるのは困難であると主張した．また，長期のGSSデータを用いて婚姻率は低下しているのに平均の幸福度は変化していないことを指摘し，もし幸福な人が結婚するならおかしくないけれども，結婚が幸福度を上げるとするなら矛盾している，と論じた．さらに，ドイツとイギリスのデータを用いてEasterlinと同じようにコーホート分析をすると，10代後期から20代後期にかけて婚姻率は上がるが幸福度は上がらないとし，Easterlin（2003）の結果はアメリカに特殊なものだと主張した．一方，同棲に関する指摘は妥当なものとして，同棲を明示的に考慮し，同棲ダミーを回帰式に追加した．その結果，同棲は満足度を高めるものの，順応期には元の水準に戻るというLucas et al.（2003）の結果は変わらないことを示した（図2）．

　ここまでの分析は，Lucasらの分析がパネルデータを用いて詳細な分析を行っており，Easterlinの分析より説得力があるように見える．しかし，Zimmermann and Easterlin（2006）は，Lucas et al.（2003）と同様にGSOEPデータを用い，同棲ダミーを考慮したパネル推計を行った．その結果，ベースラインは0であるので幸福な人が同棲するわけではなく，同棲は満足度を0.183上げ，結婚

第Ⅱ部　行動経済学の広がりと奥行き

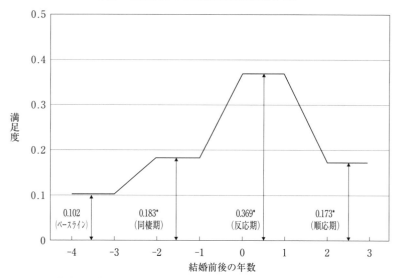

図3　結婚による幸福感の順応は完全でない

注：ダミー変数の係数を定数項に加えた値を示している．定数項，つまりベースラインの幸福度は0と有意に異ならなかったので，3つの数値は係数自体を示している（定数項の0.102を加えていない）．
出所：Zimmermann and Easterlin (2006).

によって満足度は0.369上がり，その後は0.173に下がるが，ベースラインより高いという結果を得た（図3）．

Zimmermann and Easterlin (2006) と Lucas and Clark (2006) は同じデータを用いて，ほとんど同じような推定をしているので，結果が違うのは意外である．Zimmermann and Easterlin (2006) は，Lucas et al. (2003) と Lucas and Clark (2006) の年齢変数の扱いが悪いために生じた (The difference arises from their failure to treat age as varying with time) と主張している[10]．そのほか，Zimmermann and Easterlin (2006) は初婚に限っている，反応期に結婚前年を含めていない，離婚サンプルを分けたなど，いくつかの点で Lucas and

---

10) Lucas and Clark (2006) では，Zimmermann and Easterlin (2006) と異なり，年齢は定数項だけでなく，反応期，順応期の係数にも入っている．このことは，年齢の幸福感に与える影響が3つの期間で異なることを許していることを意味するが，それが問題だとは思われない．

Clark（2006）と違っているので，そのために違いが生じた可能性は否定できない．以上が，順応が完全であるかどうかをめぐる論争であるが，完全な決着を見ていないため，その後にもいくつかの研究がなされている．

　まず，4.2節で紹介した Clark et al.（2008）は結婚を含め，失業を除く5つのイベントの順応が完全であると報告している．ただし，失業については順応はほとんど起こらず，幸福度についてセットポイント仮説が成立しない事例であることを認めている．Angeles（2010）は BHPS を用い，幸福度を予想（anticipation）期，反応期，順応期のダミーに回帰し，結婚によって幸福度が上がるが，速やかに順応し，元の水準に戻ると報告している．予想期にも幸福度の上昇がみられるが，Clark et al.（2008）と違い，女性の方が強い．Clark and Georgellis（2012）は BHPS を用いて Clark et al.（2008）と同様，失業，結婚，出産など5つのライフイベントを取り上げて，その幸福度の影響を調べている．その結果は GSOEP データによる Clark et al.（2008）とほとんど同じである．すなわち，失業だけは順応しないが，その他の4つのイベントは5年間に完全な順応をする．

　Frijters et al.（2011）はオーストラリア家計・所得・労働動態調査（Household, Income and Labour Dynamics in Australia; HILDA）を用いて結婚，出産を含む10個のライフイベントについて，選択（セレクション）効果，予想，反応（momentary）と順応の大きさを推定している．この研究の特徴は年次ではなく四半期のタイムスパンでの分析を行っていることである．HILDA は年次パネルデータではあるが，2002年から10個のライフイベントについて，それが起きた時期が過去1年の内のどの四半期に属するかを尋ねているので，四半期の分析が可能になったわけである．8四半期前から8四半期後の期間についての分析結果は，結婚については，選択効果と予想効果は小さく有意でなく，結婚当期の反応は5％水準で有意に正であるが，順応期には完全に元に戻ることを報告している．この結果は，とりわけそれまでの研究よりも順応のスピードが速いことを示していて興味深い．この研究は選択効果もなく，順応も2年間で完全であると結論しているが，もしそうであれば，クロスセクション分析で結婚している人の方が未婚の人より有意に幸福であるという結果が得られにくいように思われる．選択効果は，固定効果モデルと，性別・学歴などを調整した OLS モデルとの，結婚からできるだけ離れた時点ダミーの係数の差で定義されている．これはもっともな定義ではあるが，OLS モデルでどのような属性を入れるべきかについては，

図4 結婚前後の生活満足度の変化：順応は完全でない

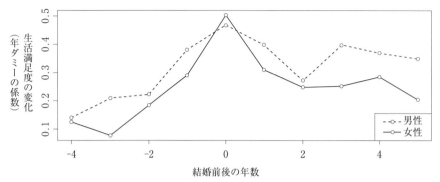

出所：Qari (2014).

さらに考慮する余地があるかもしれない．

　Qari (2014) は1984年から2006年までの23年間の GSOEP データを用いて，結婚年の前後4年ずつの年ダミーに回帰し，順応が完全でないという結果を報告している（図4）．Qari はラグ（順応）の年ダミーだけに回帰した時には完全な順応という結果が得られることを示し，Clark et al. (2008) がラグダミーだけ，あるいはリード（予想）ダミーだけに回帰していることを批判している．しかし，両研究はサンプル期間でも3年の違いがあり，それが相違を生んでいる可能性も否定できない．

　最後に，社会学者による分析を紹介しておこう．Soons et al. (2009) はオランダ社会統合パネル調査（Panel Study on Social Integration in the Netherlands; PSIN）のデータを用いて，人生に関する満足度（1節で述べた SWLS；1から7のスケール）を，独身，デートの相手がいる状態，同棲，結婚の4つの「関係地位」と「同棲または結婚状態になってからの継続期間」および「独身（18歳以上）ないしは同棲または結婚状態を終了してからの継続期間」に回帰して，それらの効果を見ている．その結果，人生の満足度は恋人ができることによって0.24上がり，同棲することによってさらに0.30上がり，結婚することによってさらに0.10上がることを報告している．独身と既婚者の差は0.64である．一方，（独身の継続も含めて）どの婚姻状態が継続しても人生満足度は低下する；つまり，順応がどの婚姻状況についてもみられる．しかし，その低下はわずかであり，長期間にわたる．たとえば25歳で結婚したとして，結婚の継続によって満足度は低下

図5　結婚の順応は長期間にわたる：順応は完全でない

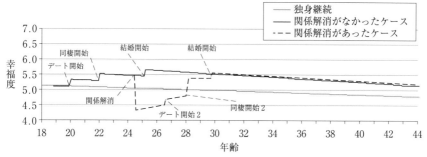

出所：Soons et al. (2009).

し続け，44歳の時点で同棲前の水準に達するが，それでも独身を継続した状態よりも高い（図5）．この結果は上記の順応が完全かどうかの論争にどのような含意を持っているだろうか？　Soons et al. (2009) では，継続期間が線形で入っているので人生満足度の低下がU字型でより素早く起きるのかどうかについては分からない．長期的にも幸福度は完全には元の水準に戻らないが，年齢がコントロールされていないので，満足度の低下が順応によるのか加齢によるのかは見分けられない．それでも興味深いのは，独身を継続した人の満足度も低下していることである．この人には結婚の「イベント」がなかったのだからこの低下は「順応」ではなく，年齢効果を表しているのかもしれない．図5の独身と既婚者の2本の線のギャップは両者の年齢効果を相殺しているので，この差は結婚のメリットを表わしている．残る問題は幸せな人が結婚するという選択バイアスであるが，当論文は固定効果モデルを用いることで，この問題にも一応対処している．

　以上紹介したように，順応が完全であるかどうかについては未だ決着を見ていない．とりわけ，GSOEPのデータを用いた分析では結論が分かれている．これらの研究方法を整理・統合し，論争に決着をつけることは大きな貢献となろう．ただし，順応が「完全である」かどうかは，あまりに細かな問題であり，「かなり大きな順応がある」という合意した結論で満足すべきかもしれない．現在の利用可能なデータの状況や推定モデルの選択の知識の水準からは，明らかにできる水準を超えている問題かもしれない．

第Ⅱ部　行動経済学の広がりと奥行き

5.　なぜ結婚によって幸福になるのか

5.1.　結婚による幸福度の変化の原因を説明する研究

　前節で紹介したように，結婚によって人々の幸福度は上昇する．それではいったいなぜ結婚によって幸福になるのであろうか．4節で紹介した Grover and Helliwell（2014）は BHPS のデータを用いてどのような夫婦が幸せかを分析している．BHPS では配偶者やパートナーが最も親しい友人であるかどうかを尋ねているので，「結婚している相手が最も親しい友人であることが幸福度を高めることになるのか」を調べることができる．その結果は図6に示しているが，結婚している人も同棲している人も，相手が親しい友人である場合はそうでない場合より2倍近い幸福度を結婚から得ることが分かる．ただし，これは結婚前後の変化を見ていないので，因果関係を保証するものではない．

　幸福度の変化の原因を明らかにするには，結婚前後をカバーするデータを用い，幸福関数に既婚ダミーと原因の候補の変数との交差項を入れて，その係数が有意かどうかを見るのが一つの方法であろう．Yamamura and Tsutsui（2017b）は，結婚予定者を対象に3年にわたって web 調査で収集した月次データを用い，夫婦間の身長や学歴の差が，パートナーの評価に与える影響が結婚の前後でどのように変化するかをこのような方法で調べている．パートナーの評価は結婚満足度の指標とも考えられる．この論文のもう一つの特徴は，夫婦げんかの頻度をも分析に取り入れていることである．分析結果は，身長や学歴の差が大きいほどけんかは少なく，それがパートナーの高い評価につながるという間接的な効果があるが，その一方で差が大きいほどパートナーの評価を下げるという直接的な効果があり，両方を総合すると，ギャップはマイナスの評価をもたらすことが報告されている．この結果は「似たものが結婚すると幸福になる」ことを示唆している．

5.2.　選択配偶仮説と Becker の分業仮説

　結婚前後の幸福度の変化の要因をとらえる研究は少ないが，結婚している夫婦のサンプルを対象として，どのような属性・性格のカップルがより幸福であるかについては数多くの研究がある．動物が交尾の相手を探すとき，（遺伝形質から言って）似たものを選ぶ傾向が強いのではないかという選択配偶（assortative

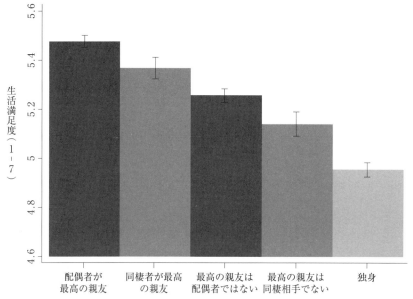

図6 親しい友人と結婚することが幸福度を高める

出所:Grover and Helliwell (2014).

mating)仮説が提唱され研究されている.心理学の分野においては,この仮説は人間のカップル形成を説明する仮説として採用されている(Caspi and Herbener 1990, Glicksohn and Golan 2001).もっとも,心理学的研究においては,遺伝形質ではなく,心理学で取り上げられてきた様々な性格が結婚に影響するか,とりわけ,性格が似ている人がカップルを形成する傾向があるかが調べられている.社会学では,人々が社会的なグループ内で結婚したり(endogamy),地位が近い人同士が結婚する(homogamy)という事実が多々見られることを,とりわけ人種,宗教,社会経済的地位の観点から実証する(Kalmijn 1998).この事実は「似たもの同士が結婚する」というようにとらえられ,選択配偶の社会学版と考えることができる.

Becker(1973)はこうした遺伝学,心理学,社会学における選択配偶の研究が理論を欠いており,それゆえどの特質については似たものが番い,どの特質においては似ていないものが番うのかを予測できていないと批判する.そして,夫婦の生活を家庭内生産(その中には夫婦間の会話や子供の数・質などが重要なも

のとして含まれる）としてとらえ，その産出を最大にする男女の組み合わせ問題
と定式化する．理論分析の結果は，夫のある特質と妻のある特質が家庭内生産に
おいて代替的（一方の特質が強くなると他方の特質の限界生産性が下がることを
本章ではこう言っておく）であれば，その特質が似ていない二人が結婚して分業
することによって利益が得られるが，特質が補完的（代替的の逆）である場合に
は，その特質が似ている二人が結婚することが効率的であることを示している．
そして，稼得能力は代替的な特質の例であるが，体力，賢さ，身長，人種，性格
のような多くの特質は（稼得能力を通じて間接的に産出量に影響することを無視
すると）補完的であり，これらの特質が似ている人が結婚することが効率的であ
るとする．つまり，Becker の理論は，①稼得能力ないし所得については異なる
二人が結婚することを有利であるとし，「似たもの仮説」を否定するが，②その
ほかの多くの特質については通常の選択配偶仮説を支持する推測をする．

　Becker（1981, 1985）では，①を夫婦間の分業（専門特化）仮説として説明
し，「比較優位」にある活動に特化するメリットから説明している．つまり，国
家間の分業と同様，家族内においても個人が比較優位に基づいて特化することに
よって効率的になると主張する．興味深いのは，たとえ男性・女性が稼得能力に
おいて同じ特質であり，かつ生産が収穫一定であったとしても，人的資本形成に
収穫逓増がある限り分業のメリットがあるという主張である．

　結婚のメリットに関する命題は，離婚の原因も示唆する．結婚の安定性（離婚
の原因）を分析した Becker et al.（1977）は，Becker（1973）に沿って，男性の
稼得能力と女性の魅力といった正のソート（類似性；homogamy）が高い夫婦は
離婚確率が低く，女性の相対的稼得力が高いと離婚確率が高いと予測する．男性
をサンプルとした推定結果は所得が多いほど離婚発生率が小さく，予測と整合的
な結果である．Guvena et al.（2012）は GSOEP, BHPS, HILDA を用いて，夫婦
の幸福度のギャップが大きいほど離婚の確率が大きいことを見出した．とりわ
け，妻の幸福度が低いことが離婚につながる要因である．ベースライン（セット
ポイント）モデルからすると幸福度は個人で決まっている特質であり，それが似
ている個人であるほど結婚の安定性が保たれるという結果は，選択配偶仮説と同
時に Becker et al.（1977）の主張を裏付けるものである．

　家庭内の役割，例えば家事の時間分担は夫婦の交渉力によって決まっていると
いう交渉（bargaining）仮説がある．たとえば，Grossbard et al.（2014）は夫婦

の人種（白人か黒人か）が家事の時間分担に影響することを見出している．Lee and Ono（2008）は Becker（1981）の分業仮説と交渉仮説のどちらがアメリカおよび日本の状況をよりよく説明するかを GSS と日本版 GSS（JGSS）のデータを用いて調べている．「あなたの結婚生活は幸せですか」という質問の回答を，教育，雇用状態（働いていないか働いているか），子どもの有無，健康，世帯所得，夫と妻の所得などに回帰した結果，アメリカにおいては妻が働いていると夫の結婚幸福度は低くなるという結果を得ている．この結果は分業仮説を支持する．日本では，妻の幸福度は夫が働いている方が高いが，自分自身が働いていると低くなる．この結果は，女性について分業仮説を強くサポートする．さらに所得の効果を見ると，アメリカでは妻の所得額が多くなると夫の結婚幸福度は低くなる．一方，日本では，夫は自分の所得が多いと幸福になるが，妻の所得額は妻の結婚幸福度に影響しない．また，配偶者の所得は男性の幸福度には影響しないが，女性の幸福度を有意に上げる．つまり，女性の幸福度は自らの所得と関係するのではなく，配偶者の所得に依存しているのである．これらの結果をまとめると，アメリカの妻については交渉仮説が当てはまるが，夫については分業仮説と整合的である（この結果は解釈しにくい）．日本については分業仮説の説明力がある，と結論している．

　Elmslie and Tebaldi（2014）は GSS データを用いて，主婦であることは妻の結婚幸福度を上げる一方，世帯の働き手が増えることは夫の結婚幸福度には影響しない（ただし，一般の幸福度を下げる）という結果を見出している．彼らは，この結果を「妻は伝統的な家庭内分業を好む」と解釈している．こうした当事者の役割意識が行動に影響することはアイデンティティ仮説として知られている（Akerlof and Kranton 2010）．Bessey（2015）は日本，韓国，台湾，中国をカバーする東アジア社会調査（East Asian Social Survey, EASS）のデータを用いて，伝統的な価値観を持っている人は結婚から得られる幸福度が高いという結果を報告し，アイデンティティ仮説が支持されたとしている．

　夫婦の役割や幸福度は交渉力やアイデンティティに依存する可能性があり，身長・年齢・学歴はこうした交渉力やアイデンティティのもとになるかもしれない．Yamamura and Tsutsui（2019）は日本の月次調査を用いて，夫婦の年齢差が，結婚前に比べて結婚後の家事分担率の変化に影響することを見出し，交渉＋アイデンティティ仮説が支持されると主張している．

第Ⅱ部　行動経済学の広がりと奥行き

Groot and van den Brink（2002）は夫が妻より高年齢・高学歴であることに注目し，これが幸福につながっているかを，資金援助仮説（financial support hypothesis; 妻は夫の生活援助を好む）と社会平等仮説（social equality hypothesis; 社会文化的に似ているほど結婚満足度が高い）のどちらが妥当するかというように定式化して検討した．オランダのパネル調査データ（CERRA-I）を用いて，夫婦の幸福度を年齢差と学歴差に回帰したところ，男性との年齢差が大きいほど男女とも幸福であり，学歴差の絶対値が大きいほど女性は幸福であることを見出した．これは，概して資金援助仮説と整合的であり，社会平等仮説と矛盾する結果である．これに関連して，Yamamura and Tsutsui（2017a）は1965年以前に生まれた世代では，身長が高い男性ほど，また身長が低い女性ほど結婚の確率が高かったが，1965年以降に生まれた世代では，女性については身長の効果がみられなくなったと報告している．こうした影響は時代によって変化するのかもしれない．資金援助仮説は夫の所得が妻の幸福度に正の影響を与えることを意味する．Sohn（2016）はインドネシアのデータ（Indonesia Family Life Survey, IFLS）を用いて，夫の属性の中で妻の幸福度に影響するのは（健康と）所得だけであると報告している．

最近の日本において，離婚や晩婚，生涯独身が増加している．以前は，結婚しないことが異端視される傾向にあったが，最近ではごく普通のことと受け止められることが，こうした現象の増加を後押ししていると思われる．これも社会規範・アイデンティティの影響とみることができよう．Wadsworth（2016）はアメリカにおいて，自分と同じ年齢層で結婚している人が多い州に住んでいる既婚者ほど生活満足度が高いことを示した．結婚がその地域で予想される状態であり規範として認められるほど，結婚満足度が高くなると解釈している．同性婚の人々が地域的に偏在していると思われるので，GSS のデータを用いて，同性婚の人が多い地域では同性婚の人はより高い幸福度を得ているかを調べるのも興味深いテーマであろう．

この項では主として経済学関係の研究を見てきた．それらは①幸福度と所得の関係を見る，②大規模パネルデータを用いる，といった特徴がある．①は経済学の関心として当然であるし，Becker のモデルのような理論モデルに基づく仮説を検定するのが経済学のスタイルであることからも自然な選択である．Thompson（2008）が夫婦間のコミュニケーションが結婚の質に，さらには離婚に大き

168

な影響を与えるという理論モデルを構築しているので，経済学者が結婚の質の実証研究を展開するきっかけとなるかもしれない．②は幸福度の個人間比較をできるだけ避けたい経済学者としては自然な選択である．しかし，Karney and Bradbury（1995）は心理的な要素は所得の何倍もの強い影響を結婚幸福度に与えることを明らかにしているので，心理的要因をコントロールしない分析には限界がある[11]．今後は心理的要因を尋ねるアンケート調査を経済学者が行うようになるかもしれない．

5.3.　心理学における選択配偶仮説

心理学の分野では夫婦の性格が結婚幸福度に影響すると考える．そして選択配偶仮説を「性格が似たカップルの方が結婚の質が高く，結婚の満足度が高い」という推測に定式化して検討する．Gaunt（2006）は248組のイスラエル人カップルを対象に様々な性格と結婚満足度との相関を調べた．その結果，夫婦の性格が似ているカップルほど結婚満足度が高いことを確認した．Botwin et al.（1997）は付き合っているカップル118組と新婚の216組に対し5つの心理傾向を尋ね，どちらのグループについても，自分の性向と似た人を求める傾向があり，実際のパートナーがその好みの性向を持つ傾向があることを明らかにした．これらは選択配偶仮説と整合的である．

Luo and Klohnen（2005）は平均で結婚後5カ月の291組の新婚カップルを用いて，選択配偶の傾向がみられるかを検討した．考え方（attitude）の変数として，価値観（平等，自尊心，愛，人間関係など），政治的意見，宗教をとり，性格の変数としてビッグファイブ（big-five）をはじめとする多くの変数を用意した．これらの変数が実際のカップルでどのくらい似ているかを推定する一方，ランダムな疑似カップルを2500ほど作ってその似ている程度と比較した．その結果，考え方の変数は現実のカップルが有意に似ているが，性格の変数については差がないことが分かった．この結果は，「考え方が似ている個人が結婚する」選択配偶仮説と整合的ではあるが，別の仮説も考えられる．例えば，考え方が似ている人

---

11) 経済学では心理的要因は時間不変であるとして，固定効果で把握できるとしている．もちろん，結婚幸福度の原因を調べたい場合には，心理変数の効果を知る必要があるので，固定効果モデルでは対処できない．

第Ⅱ部　行動経済学の広がりと奥行き

が遭遇しやすい社会環境になっている可能性（social homogamy），そして，カップルになった後で二人の考え方が似てきた可能性（convergence）である．Luo and Klohnen（2005）は民族や宗教といった社会的なバックグラウンドが同じ夫婦の考え方や価値観がより似ているかどうかを調べて，支持する結果が得られなかったので，social homogamy 仮説を否定する．また，結婚後の期間が長いカップルの方が相似性が高いかどうかを調べて，やはり否定的な結果を得ている．したがって，選択配偶の傾向がみられたと結論している．

　続いて，Luo and Klohnen（2005）は，類似性の高いことが夫婦（夫と妻それぞれ）の結婚満足度を高めるかどうか調べている．この研究で興味深いのは，本人の満足度だけではなく「観察者の」満足度をも用いていることである[12]．様々な考え方や性格と満足度の関係を相関や回帰で調べた結果，性格が似ていることは妻と夫の結婚満足度を上げるが，考え方の相似は満足度と関係がないことが明らかにされた．夫婦が似ていることが幸福になるポイントである点では，この結果は選択配偶仮説と整合的である．しかし，夫婦を選択する段階で重要なのは考え方であり，性格ではなかった（前頁）．結婚前か後かの関係のステージによって考え方・性格のどちらの類似性が重要であるかは変化するというのが一つの解釈であろう．これと関連して，Watson et al.（2004）は，選択配偶仮説は結婚するカップルを予測するだけであり，婚姻後の夫婦の結合の強さまで予測するものではないと狭義に定義し，似たものは結婚する傾向があるが，結婚満足度は夫婦の類似性には依存しないという結果を報告している．

　Murray et al.（2002）はパートナーとの類似性に加えて，パートナーが自分に似ているとの思い込み（自己中心性；egocentrism）が夫婦の満足度に与える影響を調べた．この3つの変数をパス解析した結果，本当の類似性は満足度に影響しており選択配偶仮説を支持する一方，類似性に関する思い込みは（デートしている段階では効果がないが，結婚している夫婦には）現実の類似性よりも強い影響を与えることを見出した．

---

12) ここでの「観察者の満足度」とは，夫婦にタスクやディスカッションしてもらった5分間のビデオを2つ見て，二人の観察者が幸福度を判定するものである．「観察者のとらえる幸福度」については，Kahneman（1999）参照．

第7章　結婚と幸福：サーベイ

5.4.　性交渉の重要性

　Kahneman et al.（2004）がアンケート調査によって明らかにしているように，性交渉（セックス）はいろいろな人間行動の中で最も高い満足度を与える行動であり，結婚はそれを保証する契約である．したがって，既婚者の幸福度が高いのは性交渉の回数が多いからではないかというのは自然な推測である．Blanchflower and Oswald（2004b）は，1989-2002年の16,000人のGSSデータを用いて，性交渉の回数や性交渉の相手の数・性別と幸福度の関係を調べている．幸福度をこれらの変数に回帰した結果，性交渉の回数が多い人ほど幸福であり，性交渉の相手が一人の人が幸福である，という結果を報告している．しかし，これらの性交渉の変数をコントロールした回帰結果でも，死別，離別，未婚の人は既婚の人より有意に幸福度が低いので，結婚した人の幸福度が高いのは性交渉の状況以外にも理由がある（もともと幸福な人である可能性を含めて）ことが示唆される．さらに，性交渉の回数を人種，結婚状況，所得などに回帰して，結婚している人は有意に多いこと，世帯所得は回数に影響しないことなどを見出している[13]．

　Elmslie and Tebaldi（2014）はGSSデータを用いて，不倫（1年以内に配偶者以外と性交渉をもった）が，不倫の内生性を考慮しても，妻・夫ともに結婚幸福度に大きな影響をもたらすことを報告している．

　Wadsworth（2014）はやはりGSSデータを用いて，幸福感は自分の性交渉回数に影響されるだけでなく，他者（回答者と同じ性，年齢，都市のグループの平均）の回数が少ないほど高いという「相対回数仮説」が支持されることを報告している．

5.5.　出産と結婚幸福度

　結婚とは対照的に，出産が幸福度に与える影響については，限定的である（Aassve et al. 2012, 色川 1999），第1子は幸福度をあげるが第2子以降は影響が小さい（Kohler et al. 2005, 樋口・萩原 2011），幸福度を下げる（Clark et al. 2008, Doss et al. 2009, Clark and Georgellis 2012）といった報告がなされてい

---

13) JGSSにも性交渉回数のデータがあり，玄田・川上（2006）は労働時間が長いほど回数が少ないという結果を報告している．

第Ⅱ部　行動経済学の広がりと奥行き

る[14].

　Tao（2005）は台湾のデータ（Taiwan Panel Study of Family Dynamics; PSFD）を用いて，結婚幸福度（夫婦の関係の強さ；5段階）を子供の数と世帯所得（それぞれ2次の項も）に回帰した．その結果，45000台湾ドル（1620米ドル）までは結婚幸福度は上昇するが，それ以降は一定であることを見出し，子供の数については4人で幸福度が最高になることを見出している．

　Tsang et al.（2003）は，アメリカにおける結婚不安定調査（Marital Instability over the Life Course: A Three Wave Panel Study 1980-1988）の1275人のデータを用い，パス解析によって，子供が増えることは直接には結婚満足度を上げるが，間接的には伝統的な家庭内分業を強めたり経済状態を悪化させたりして，結婚満足度を下げ，両者のネットの効果は明確でないとしている．育児負担を軽減する政策によって出産満足度を上げることが可能であり，少子化問題を克服できる可能性を示唆していて興味深い．

　Brian et al.（2009）は218組のカップルへの結婚以降8年間の調査で，最初の子供の出産の夫婦関係に関する幸福度への影響を調べている．父親も母親も，出産とともに幸福度が急激に低下し，その水準が調査の最終時点まで続く．子供がいないカップルでは幸福度の低下は穏やかであるので，急激な悪化は出産のせいだと判断される．

6.　おわりに

　本章は，結婚が幸福度に及ぼす影響に関連する研究をサーベイした．結婚している人はしていない人より幸福である．しかし，これまでは先進国における研究が主で，開発途上国における研究には追加の余地がある．結婚することによって幸福になることが確認されているが，逆に幸福な人が結婚しやすいという傾向も確認されている．しかし，後者については，パネルデータを用いて推定するアプローチによっては否定されており（Frijters et al. 2011），検討の余地がある．結婚によって上がった幸福度はすぐに下がっていく（順応する）ことは多くの研究

---

14) Parr（2010）と樋口・深堀（2013）は幸福な人が出産するという逆の因果を報告している.

172

で確認されている．これは，一般に幸福感にはセットポイント（ベースライン）があり，ライフイベントや日々の出来事によって変化した幸福感は速やかに元の水準に戻っていくというセットポイント仮説と整合的である．しかし，結婚の場合，順応が完全であるかどうかについては論争があり，決着していない．その原因の一つは，大規模パネル調査はまだ十分な期間のデータを蓄積していないことがあげられる．この問題には，違ったデータ（たとえば，短期間であっても回答頻度の多いデータ）を利用することが問題解決への一つの道かもしれない．

　なぜ，結婚によって幸福度が上がるかについての研究はあまりなく，これからの課題である．なぜ，人は結婚するのか，どのようなカップルが結婚するのか，どのようなカップルが幸せになるのか，について，家庭内生産という明確なモデルを提示して答えたのは Becker（1973）である．その理論は，①多くの人にとって結婚が効率的であり，②家庭内分業が効率的であり，③それでも多くの特質については似たもの夫婦が効率的であることを示した．③は選択配偶（assortative mating）仮説として，心理学や社会学の分野で精力的に研究されてきた．心理学の研究では，研究者が回答者を集めてデータを構築することが多い．その多くが，価値観や性格が似たものが結婚する傾向があり，そういう夫婦がより幸福であるという結果を報告している．このトピックは，経済学，心理学，社会学がともに取り組んでいるので，その成果を共有することが発展の道である．それとともに，経済学の研究は理論によって導出される仮説の検定という点に特徴があるので，その独自性を発揮することが貢献の道である．

　結婚の実相は急速に変化している（Lundberg and Pollak 2007）．「結婚により幸福になるか」，「その原因は何か」の問題に対するアプローチも，結婚の実相に応じて適切に変化しなければならない．

引用文献

Aassve, A., A. Goisis and M. Sironi, 2012. Happiness and childbearing across Europe. Social Indicators Research 108(1), 65-86.

Akerlof, G. A. and R. E. Kranton, 2010. Identity economics: How our identities shape our work, wages, and well-being. Princeton UP.（山形浩生・守岡　桜訳，2011. アイデンティティ経済学，東洋経済新報社.）

Angeles, L., 2010. Adaptation and anticipation effects to life events in the United Kingdom. unpublished manuscript.

第Ⅱ部　行動経済学の広がりと奥行き

Angrist, J. D. and J.-S. Pischke, 2009. Mostly harmless econometrics: An empiricist's companion. Princeton UP. (大森義明, 小原美紀, 田中隆一, 野口晴子訳, 2013. ほとんど無害な計量経済学. NTT 出版.)

Becker, G. S., 1973. A Theory of marriage: Part I. Journal of Political Economy 81(4), 813-846.

Becker, G. S., 1981. A Treatise on the Family. Harvard University Press.

Becker, G. S., 1985. Human capital, effort, and the sexual division of labor. Journal of Labor Economics 3(1), S33-S58.

Becker, G. S., E. Landes, and R. Michael, 1977. An economic analysis of marital instability. Journal of Political Economy 85(6), 1141-1187.

Bessey, D., 2015. Love actually? Dissecting the marriage-happiness relationship. Asian Economic Journal 29(1), 21-39.

Blanchflower, D. G. and A. J. Oswald, 2004a. Well-being over time in Britain and the USA. Journal of Public Economics 88, 1359-1386.

Blanchflower, D. G. and A. J. Oswald, 2004b. Money, sex and happiness: An empirical study. Scandinavian Journal of Economics 106(3), 393-415.

Botwin, M. D., D. M. Buss, and T. K. Shackelford, 1997. Personality and mate preferences: Five factors in mate selection and marital satisfaction. Journal of Personality 65, 107-136.

Brian D. D., G. K. Rhoades, S. M. Stanley, and H. J. Markman, 2009. The effect of the transition to parenthood on relationship quality: An eight-year prospective study. Journal of Personality and Social Psychology 96(3), 601-619.

Brickman, P., D. Coates, and R. Janoff-Bulman, 1978. Lottery winners and accident victims: Is happiness relative? Journal of Personality and Social Psychology 36(8), 917-927.

Caspi, A. and E. S. Herbener, 1990. Continuity and change: Assortative marriage and the consistency of personality in adulthood. Journal of Personality and Social Psychology 58, 250-258.

Clark, A. E., E. Diener, Y. Georgellis, and R. E. Lucas, 2008. Lags and leads in life satisfaction: A test of the baseline hypothesis. Economic Journal 118, F222-F243.

Clark, A. E. and Y. Georgellis, 2012. Back to baseline in Britain: Adaptation in the British household panel survey. Economica 80, 496-512.

De Neve, J.-E., 2011. Functional polymorphism (5-HTTLPR) in the serotonin transporter gene is associated with subjective well-being: Evidence from a US nationally representative sample. Journal of Human Genetics 56, 456-459.

De Nevea, J.-E., N. A. Christakis, J. H. Fowler, and B. S. Frey, 2011. Genes, economics, and happiness. unpublished manuscript.

Diener, E., R. A. Emmons, R. J. Larsen, and S. Griffin, 1985. The satisfaction with life scale. Journal of Personality Assessment 49, 71-75.

Doss, B. D., G. K. Rhoades, S. M. Stanley, and H. J. Markman, 2009. The effect of the transition to parenthood on relationship quality: An eight-year prospective study. Journal of Personality and Social Psychology 96(3), 601-619.

Easterlin, R. A., 2003. Explaining happiness. Proceedings of the National Academy of Sciences of the United States of America 100(19), 11176-11183.

Easterlin, R. A., 2005. Is there an 'iron law of happiness'? Institute of Economic Policy Research Working Paper.

Elmslie, B. T. and E. Tebaldi, 2014. The determinants of marital happiness. Applied Economics 46 (28), 3452-3462.

Frank, R. H., 2005. Does absolute income matter? L. Bruni and P. L. Porta eds., Economics and Happiness. Oxford UP, Oxford.

Frey, B. S. and A. Stutzer, 2005. Happiness research: State and prospects. Review of Social Economy 62(2), 207-228.

Frijters, P., D. W. Johnston, and M.A. Shields, 2011. Life satisfaction dynamics with quarterly life event data. Scandinavian Journal of Economics 113(1), 190-211.

Fujita, F. and E. Diener, 2005. Life satisfaction set point: Stability and change. Journal of Personality and Social Psychology 88(1), 158-164.

Gardner, J. and A. Oswald, 2004. How is mortality affected by money, marriage, and stress? Journal of Health Economics 23, 1181-1207.

Gaunt, R. 2006. Couple similarity and marital satisfaction: Are similar spouses happier? Journal of Personality 74(5), 1401-1420.

玄田有史, 川上淳之, 2006. 就業二極化と性行動. 日本労働研究雑誌 556.

Glicksohn, J. and H. Golan, 2001. Personality, cognitive style, and assortative mating. Personality and Individual Differences 30, 1199-1209.

Graham, C., 2011. The Pursuit of Happiness. Washington: Brooking Institution. 多田洋介訳, 2013. 幸福の経済学―人々を豊かにするものは何か―. 日本経済新聞社.

Groot, W. and H. M. van den Brink, 2002. Age and education differences in marriages and their effects on life satisfaction. Journal of Happiness Studies 3, 153-165.

Grossbard, S. A., J. I. Gimenez-Nadal, and J. A. Molina, 2014. Racial intermarriage and household production. Review of Behavioral Economics 1(4), 295-347.

Grover, S. and J. F. Helliwell, 2014. How's life at home? New evidence on marriage and the set point for happiness. NBER Working Paper 20794.

Guvena, C., C. Senik, and H. Stichnothc, 2012. You can't be happier than your wife: Happiness gaps and divorce. Journal of Economic Behavior and Organization 82, 110-130.

ハクスリー・アルダス, 1974. すばらしい新世界. 講談社文庫 (松村達雄訳). Aldous Huxley, Brave New World, 1932.

樋口美雄, 深堀遼太郎, 2013. 女性の幸福度・満足度は出産行動に影響を与えるのか―「消費生活に関するパネル調査」を用いた第1子・第2子出産行動の分析. 季刊家計経済研究98.

樋口美雄, 萩原里紗, 2011. ライフイベントと女性の生活満足度・幸福度の変化およびその要因―「消費生活に関するパネル調査」を使用した実証分析―. Keio/Kyoto Global COE Dis-

第Ⅱ部　行動経済学の広がりと奥行き

cussion Paper Series DP2011-016.

色川卓男, 1999. 結婚・出産・離婚で女性の〈生活満足度〉はどう変わるか—生活全般満足度と生活程度のパネル分析—. 樋口美雄・岩田正美編, 1999. パネルデータから見た現代女性：結婚・出産・就業・消費・貯蓄　第7章. 東洋経済新報社, 193-223.

Kahneman, D. 1999. Objective happiness. Kahneman D., E. Diener, and N. Schwarz eds., Well-Being: The Foundations of Hedonic Psychology. Russell Sager Foundation, New York.

Kahneman, D., A. B. Kruger, D. A. Schkade, N. Schwartz, and A. A. Stone, 2004. A survey method for characterizing daily life experience: The day reconstruction method. Science 306, 1776-1780.

Kalmijn, M., 1998. Intermarriage and homogamy: Causes, patterns, trends. Annual Review Sociology 24, 395-421.

Kandel, E. R., J. H. Schwartz, and T. M. Jessell, 1996. Essentials of Neural Science and Behavior, Appleton & Lange, Stamford, CT.

Karney, B. R. and T. N. Bradbury, 1995. The longitudinal course of marital quality and stability: A review of theory, method, and research. Psychological Bulletin 118(1), 3-34.

Kohler, H.-P., J. R. Behrman, and A. Skytthe, 2005. Partner + children = happiness? The effects of partnerships and fertility on well-being. Population and Development Review 31 (3), 407-445.

Lee, K. S. and H. Ono, 2008. Specialization and happiness in marriage: A U.S.-Japan comparison. Social Science Research 37, 1216.1234. 家庭内分業と結婚の幸福度：日米比較. 大竹文雄・白石小百合・筒井義郎編, 2010. 日本の幸福度—格差・労働・家族. 日本評論社.

Lucas, R. E. and A. E. Clark, 2006. Do people really adapt to marriage? Journal of Happiness Studies 7, 405-426.

Lucas, R. E., A. E. Clark, Y. Georgellis, and E. Diener, 2003. Reexamining adaptation and the set point model of happiness: Reactions to changes in marital status. Journal of Personality and Social Psychology 84(3), 527-539.

Lundberg, S. and R. A. Pollak, 2007. The American family and family economics. Journal of Economic Perspectives 21(2), 3-26.

Luo, S. and E. C. Klohnen, 2005. Assortative mating and marital quality in newlywed: A couple-centered approach. Journal of Personality and Social Psychology 88, 304-326.

Lykken, D. T. and A. Tellegen, 1996. Happiness is a stochastic phenomenon. Psychological Science 7(3), 186-189.

Lyubomirsky, S. and H. S. Lepper, 1999. A measure of subjective happiness: Preliminary reliability and construct validation. Social Indicators Research 46, 137-155.

Lyubomirsky, S., K. M. Sheldon, and D. Schkade, 2005. Pursuing happiness: The architecture of sustainable change. Review of General Psychology 9(2), 111-131.

Mastekaasa, A., 1995. Age variations in the suicide rates and self-reported subjective-being of married and never married persons. Journal of Community and Applied Social Psychology 5,

第 7 章　結婚と幸福：サーベイ

21-39.

Murray, S. L., J. G. Holmes, G. Bellavia, D. W. Griffin, and D. Dolderman, 2002. Kindred spirits? The benefits of egocentrism in close relationships. Journal of Personality and Social Psychology 82(4), 563-581.

Oishi, S. and M. Koo, 2008. Two new questions about happiness: "Is happiness good?" and "is happiness better? Eid, N. and R. J. Larson eds., The Science of Subjective Wellbeing. The Gulford Press, New York.

Parr, N., 2010. Satisfaction with life as an antecedent of fertility: Partner + happiness = children? Demographic Research 22(21), 635-662.

Qari, S., 2014. Marriage, adaptation and happiness: Are there long-lasting gains to marriage? Journal of Behavioral and Experimental Economics 50, 29-39.

Schulz, R. and S. Decker, 1985. Long-term adjustment to physical disability: The role of social support, perceived control, and self-blame. Journal of Personality and Social Psychology 48 (5), 1162-1172.

Sohn, K., 2016. The role of spousal income in the wife's happiness. Social Indicators Research 126, 1007-1024.

Soons, J., A. Liefbroer, and M. Kalmijn, 2009. The long-term consequences of relationship formation for subjective wellbeing. Journal of Marriage and Family 71(5), 1254-1270.

Stack, S. and J. Ross Eshleman, 1998. Marital status and happiness: A 17-nation study. Journal of Marriage and the Family 60, 527-536.

Stutzer, A. and B. S. Frey, 2006. Does marriage make people happy, or do happy people get married? Journal of Socio- Economics 35, 326-347.

Tao, H.-L., 2005. The effects of income and children on marital happiness: Evidence from middle- and old-aged couples. Applied Economics Letters 12(8), 521-524.

Thompson, P., 2008. Desperate housewives? Communication difficulties and the dynamics of marital (un) happiness. Economic Journal 118, 1640-1669.

Tsang, L. L. W., C. D. H. Harvey, K. A. Duncan, and R. Sommer, 2003. The effects of children, dual earner status, sex role traditionalism, and marital structure on marital happiness over time. Journal of Family and Economic Issues 24(1), 5-26.

Tsutsui, Y. and F. Ohtake, 2012. Asking about changes in happiness in a daily web survey and its implication for the Easterlin paradox. Japanese Economic Review 63(1), 38-56.

筒井義郎，大竹文雄，池田新介，2009．なぜあなたは不幸なのか．大阪大学経済学58(4)，20-57.

Wadsworth, T., 2014. Sex and the pursuit of happiness: How other people's sex lives are related to our sense of well-being. Social Indicators Research 116, 115-135.

Wadsworth, T., 2016. Marriage and subjective well-being: How and why context matters. Social Indicators Research 126, 1025-1048.

Watson, D., E. C. Klohnen, A. Casillas, E. N. Simms, J. Haig, and D. S. Berry, 2004. Match makers

第Ⅱ部　行動経済学の広がりと奥行き

and deal breakers: Analyses of assortative mating in newlywed couples. Journal of Personality 72, 1029-1068.

Yamamura, E. and Y. Tsutsui, 2017a. Comparing the role of height between men and women in the marriage market. Economics and Human Biology 26, 42-50.

Yamamura, E. and Y. Tsutsui, 2017b. Gap of height and education within couple and its effect on conflict and evaluation about partners: Psychological cost of division of labor within household. Discussion Papers in Economics and Business No. 17-35, Osaka University.

Yamamura, E. and Y. Tsutsui, 2019. Spousal age gap and identity and their impact on the allocation of housework, unpublished manuscript.

Zimmermann, A. C. and R. A. Easterlin, 2006. Happily ever after? Cohabitation, marriage, divorce and happiness in Germany. Population and Development Review 32(3), 511-528.

第 8 章

セルフコントロールの行動経済学[*]

池田新介[a]

●要旨

　本章の目的は，セルフコントロール（自制）と意志決定の関係についての研究を展望することによって，行動経済学を含めた経済学の今後の研究の発展に資するところにある．二重処理理論の観点からセルフコントロールを定義し，意思決定や行動への含意を実証と理論の両面から総括する．実証知見については，行動上のさまざまなアウトカムへの影響やセルフコントロールによる消耗について，経済学では馴染みの薄い心理学等隣接分野の知見を含めて整理する．セルフコントロールの理論的含意については，誘惑理論に基づいた二重自己モデルを取り上げ，意志力の限界を考慮した新しい消費理論の可能性について考える．セルフコントロールコストの凸性とセルフコントロールの異時点間代替という定型的事実が，意志力を内生化することでうまく記述される．

キーワード：セルフコントロール，誘惑，二重処理，二重自己，意志力

JEL Classification Numbers: D05，D91

1.　はじめに

　新古典派経済学を中心とする標準的な経済学と行動経済学を分けるもっとも重要な鍵概念の 1 つがセルフコントロール（自制）である[1]．標準的な経済学では，与えられた選択条件のもとで高い整合性と数学的合理性をもって行動を決め

---

[*] 多数の建設的なコメントを寄せられたレフェリーに心からお礼申し上げます．この研究は，科学研究費補助金の基盤研究 B（17H02499），挑戦的研究（萌芽）（18K18576），基盤研究 S（15H05728），および大阪大学社会経済研究所共同研究拠点経費による資金助成を受けている．

[a] 関西学院大学経営戦略研究科 e-mail: ikeda@kwansei.ac.jp

第Ⅱ部　行動経済学の広がりと奥行き

るとされる．しかし実際の人々の意志決定には多くの場合バイアス（数学的合理性をもった決定からのランダムでない乖離）が伴い，それが社会経済生活におけるさまざまな劣最適な（suboptimal）行動や誤行動（misbehavior）をもたらしている（Thaler 2016）．認知諸科学の研究から，そうしたエラーは意志決定主体のセルフコントロールにおける限界や失敗に起因することが明らかになっている（Moffitt et al. 2011, Mischel 2014）．その事実認識に立って，意志決定や判断のバイアスやエラーがどのようなメカニズムで発生し，どう改善すればよいのかを考えるのが行動経済学であり（Thaler 2016），セルフコントロールの問題は必然的に行動経済学の中心課題の1つということになる．

　本章の目的は，セルフコントロールと意志決定の関係についての関連研究を総括することで，行動経済学を含めた経済学の今後の研究の発展に資することである．関連する知見を総括するに当たってここでは3つの点に留意している．第1に，心理学などの認知科学から提出された基本的な研究知見を網羅的に取り上げる（第3節）．マシュマロ・テストで有名な Walter Mischel 等による一連の研究（Mischel 2014参照）からも分かるように，もともとセルフコントロール研究の主戦場は心理学であり，セルフコントロールの問題を仮定によって排除してきた経済学の取り組みは遅い．エゴ枯渇説（Baumeister et al. 1998）をめぐる論争など，経済学の研究者には馴染みの薄い心理学等周辺分野の議論を整理することで，経済学における今後の研究に供するのがねらいである．

　第2に，そのことに関連してここでは，セルフコントロールの概念をいわゆる二重処理理論（the dual process theory）の立場から定義する（第2節）．人間の意思決定や判断が，情動的・反射的な処理システムと理性的・分析的な処理システムという二本立ての認知システムの中で行われるという考え方である（Stanovich 2004）．行動経済学で議論されているさまざまな問題が，これによりセルフコントロールという統一的な観点から理解できることになる．

　第3に，二重処理理論に基づいてセルフコントロールを記述する理論モデルと

───────────

1）セルフコントロールという語は，直接的には英語の self-control に対応した言葉として用いている．英語の類語に self-regulation があるが，self-control と同義に用いられることが多い（たとえば，Baumeister and Vohs 2003）．ここでもそれに従って，2つの単語を区別しない．

して，いくつかの二重自己（dual self）モデルを取り上げ，その含意をセルフコントロールの限界，とくに意志力の消耗，と意志決定の関係から整理する（第4，第5節）．経済学では，セルフコントロール問題を時間割引関数における現在バイアス（双曲性）や時間非整合性として記述し，その含意を理論と実証の両面から議論する研究が多いが，そうしたアプローチからの知見はすでによく整理されているので[2]，本章では立ち入らない．二重処理の観点からセルフコントロールの限界と意思決定の関係がどのように理解できるかがとくに本論後半の主たる関心である．

2. セルフコントロールとは何か

セルフコントロールは，反応的な行動をこらえて，より意図的・選択的に行動しようとする努力と定義される．その「行動」には，通常の意味での行動以外にも，思考（悲観的に考えない），感情（怒りを抑える），推論・判断（客観的に確率を予想する），欲望（空腹に耐える），遂行（仕事のノルマを達成する）など，広い意味での行為がすべて含まれている．そのときの一時的な感情や習慣，あるいは生来の傾向（性向）や本能的な衝動によって，さまざまな行動が特定の方向に反射的に引っ張られてしまうのを堪えて，理想や目標に沿うようにその反応を停止したり変更したりする努力がセルフコントロールである．

この定義からわかるように，セルフコントロールという概念には，行動が少なくとも2つの処理（processes）によって引き起こされることが前提としてある．最初に反応を引き起こすプロセスと，それを抑制しようとするプロセスである．人間の行動が相互的で競合的な複数の処理の産物であるという考え方は古代ギリシャ哲学以来の共通した理解であるが[3]，近年それは，認知科学，とりわけ神経科学と認知心理学における多方面の研究によって「二重処理仮説（the dual process hypothesis）」あるいは「二重処理理論」という検証可能な仮説として焼き

2）初期の重要論文として，Strotz（1955），Laibson（1997），O'Donoghue and Rabin（1999）がある．これらとそれ以降の研究の進展については，たとえば，Frederick et al.（2002），Dhami（2016），Ikeda（2016）などで整理されている．
3）プラトンは，『国家』で人間の行動原理を理性と非理知的欲望の2つに求めている．

第Ⅱ部　行動経済学の広がりと奥行き

直され[4]，その妥当性が検証されている．それによれば，脳内には(1)情動的で反射的な処理を行う認知システムと，(2)理性的で分析的な処理を行う認知システムが備わっていて，広義の人間行動はその2重の処理構造から生み出される．

　1970年代から2000年代初期にかけて，さまざまな分野の研究者が認知処理のそうした二重性を多面的に特徴付けている．たとえば，ヒューリスティック処理（heuristic processing）と系統的処理（systematic processing）（Chaiken et al. 1989），暗黙思考処理（tacit thought processes）と明示思考処理（explicit thought processes）（Evans and Over 1996），ホットシステムとクールシステム（Metcalfe and Mischel 1999），経験的システム（experiential system）と合理的システム（rational system）（Epstein 1994），連想的処理（associative processes）と記号的処理（symbolic processes）（Sloman 1996），システムⅠとⅡ（Kahneman and Frederick 2002），自律的システム（TASS: the autonomous set of systems）と分析的システム（the analytic system）（Stanovich 2004），などである．これらの対照的な名称は，そのまま情動処理(1)と理性処理(2)の性質を記述したものと考えられる．要約すると，情動処理は，自動的，迅速，並列的，文脈依存的で認知負荷が小さいのに対して，理性処理は，制御的，緩慢，直列的，文脈独立的で認知負荷が大きい（Stanovich 2004）．

　日常的に繰り返されるルーティンに対しては情動処理システムが対応し，高度な判断や決定が必要な場合に理性処理システムがそれを処理する．理性処理は認知能力への負荷が大きいので，常にそれを節約する方向に圧力がかかっている．意思決定者の状態や判断の文脈によって，ともすれば情動処理システムの関与が必要以上に大きくなり，それが選好や確率判断にバイアスをもたらし，判断と決定の操作的合理性（数学的合理性）を失わせることになる．それが決定者の厚生を損なう，さまざまな劣最適（suboptimal）な行動となる．

　セルフコントロールとは，そうしたことが生じないように理性処理システムが情動処理システムの活動を制御し，意志決定者の規範的な利益を実現しようとすることと言い換えることができる．さまざまな劣最適行動（suboptimal behavior）や誤行動（misbehavior）の発生メカニズムを解明しその知見を制度設計に役立てるのが行動経済学の課題とすれば，結局セルフコントロールの可能性

4）Dual process を二重過程と訳すことも多いが，ここでは二重処理とする．

と限界の問題を解明することが行動経済学の主要問題になる.

3. セルフコントロール力と行動：実証知見

情動を制御して規範的な利益を獲得する努力がセルフコントロールなら，その能力の大小は人々の実際の行動の質を決めるうえで重要な役割を演じることが予想される．セルフコントロールが社会科学と行動科学に共通する重要課題であることから，実際にそうした実証知見が経済学の隣接分野で数多く蓄積されている．Mischel et al.（1989）と Shoda et al.（1990）は初期のもっとも重要な研究である．そこでは，満足遅延実験（マシュマロテスト）によって測られた4歳時点のセルフコントロール力が，青年期の問題処理能力，克己心，学業成績などに予測力を持つことが明らかにされている．

ニュージーランド・ダニーデン市で実施されたダニーデン長期パネル調査（the Dunedin Multidisciplinary Health and Development Study）では，1972〜73年生まれの被験者1037人の行動的・生理的データを3歳から2，3年ごとに継続的にとり，幼年期のセルフコントロール力が後年のさまざまなアウトカムに対して予測力のあることを一連の論文で報告している．たとえば，Moffitt et al.（2011）では，幼年期のセルフコントロールが，青年期の学歴，少年犯罪歴，所得，財務計画性，健康度を予測することを，Caspi et al.（1998）では，青年期の失業を予測することを示している．さらに，Caspi et al.（2016）は，幼年期のセルフコントロールが成人後の生活保護受給額，喫煙量，入院日数，犯罪歴に対して説明力があると結論づけている．

Piquero et al.（2010, 2016）は，子供へのセルフコントロール改善プログラムによる社会実験（RCT による）の効果を調べた34の研究によってメタ分析を行っている．その結果，改善プログラムが参加者のその後の自制心を高め，若年犯罪を減少させる効果を持つことを明らかにしている．

Bogg and Roberts（2004）は，194研究のメタ分析に基づいて，セルフコントロールの1特性である勤勉度（conscientiousness）が，寿命を決める健康関連行動（運動，過剰飲酒，ドラッグ，不健康摂食，危険運転，危険性交，自殺，喫煙，暴力）と強い相関をもつことを明らかにしている．Kern and Friedman（2008）は，19の研究で用いられた20の独立サンプルのメタ分析から，実際に勤

第Ⅱ部　行動経済学の広がりと奥行き

勉度が高いほど，どの年齢においても死亡確率が低く，従って寿命が長いことを明らかにしている．

そのほか，たとえば，Pratt et al.（2014）では，独立な42のデータセットを用いたメタ分析から，セルフコントロールが犯罪被害リスクと負の相関をもつことを示している．Englert（2017）は，スポーツとセルフコントロールの関係についてのサーベイを行っている．セルフコントロールが弱い人ほど，さまざまな競技の成績がふるわず，関連する運動課題の成果も低く，プレッシャーによる成果の低下が大きい傾向のあることが指摘されている．

Tangney et al.（2004）は，人の性格的特性としてのセルフコントロール力（特性（trait）セルフコントロール）を計測するために質問票を開発し，そのスコアが，良好な学業成績，精神的安定性，健康的な食生活，良好な人間関係，適切な感情反応と正で単調な相関を持つことを示している．その後，この質問票によるセルフコントロールスコアを用いた研究も少なくない．

4.　セルフコントロールと消耗

4.1.　エゴ枯渇論争

セルフコントロールの問題を考える場合，多くの場合にそれがなぜ不完全に終わるのかが説明されなければならない．それを説明しようとするのが，Roy Baumeister 等による「エゴ枯渇（ego depletion）」仮説である．何らかの消耗しやすいメンタルな資源を用いてセルフコントロールが行われるという仮説である．その資源が消耗することをエゴ枯渇といい，セルフコントロールが続けられないのはエコ枯渇が生じるためだとするのがこの仮説である．この仮説を立証するために，Baumeister と彼の共同研究者たちは，セルフコントロールが必要な無関連な2つの作業課題を連続して行わせ，後の課題に対する作業成果が最初の作業の有無に影響されるかどうかを調べる連続課題法（the sequential task paradigm）によって，「エゴ枯渇（ego depletion）」仮説の妥当性を立証した（実証実験の多くは，Vohs and Baumeister（2011）で展望されている）．この仮説の生理学的根拠については，Gailliot et al.（2007）が血中グルコース濃度に着目し，実験的にセルフコントロール課題を課すと，被験者が消耗するとともにグルコース濃度を低下させることを示している．Hagger et al.（2010）は，エゴ枯渇に関

184

連する83実験のメタ分析を行い，エゴ枯渇仮説を支持する結果を示した．

ところが，2010年以降，一部の研究者からの批判的なコメント（Carter and McCullough 2014, Carter et al. 2015）が発端になって，実験の再現可能性に疑義が提出され，アメリカ心理科学学会（Association for Psychological Science: APS）全体を巻き込む論争に発展した．Inzlicht 等は，資源仮説をイソップ寓話（スープが美味しいのは自分が加えた石のおかげだと，旅人が農婦を騙した寓話）の「スープ石（soup stone）」になぞらえて批判している（Inzlicht et al. 2014）．

APS では，先のメタ分析でエゴ枯渇仮説を支持する結果を示した Martin Hagger を筆頭とする研究チームを組織し，統一プロトコルによるエゴ枯渇の再現実験プロジェクトを立ち上げた．プロジェクトによる実験では，セルフコントロール課題として，Baumeister et al.（1998）が考案した e 探索作業を採用した．次々に表示される英単語に e が入っているかどうかをチェックし，それが他の母音と 2 文字以上離れている場合だけ所定のキーを押す課題である．実験は，予め決められた共通プロトコルに従って24の実験ラボで行われたが，エゴ枯渇仮説を支持する結果は得られなかった（Hagger et al. 2016）．

しかしながら，実験による再現の失敗から，資源仮説としてのエゴ枯渇仮説が全否定されたと考えることはできない．第 1 に，APS が実施した実験が e 探索課題に限られているために，その結果の信頼性は，彼らが採用した e 探索課題のプロトコルに大きく依存する．プロトコルが不完全であったために，枯渇を引き起こす適切な課題になっていなかった可能性がある．たとえば，元々 Baumeister 等が考案したプロトコルでは，被験者が反射的に e を拾えるようにするために，事前に周到な訓練を行っているが，APS の統一プロトコルではそれを省いている．さらに負荷をかけるために原プロトコルでは紙とペンを使うよう指定しているのに対して，APS ではコンピューターを用いている．その結果，APS では処置課題が適切な消耗課題になっていなかった可能性がある．実際，再現実験では，e 探索課題による消耗と疲労との間に相関が検出されていない（Hagger et al. 2016, p. 559）[5]．

5）Hagger et al.（2016）の実験結果がエゴ枯渇仮説を否定することになっていないとする見解については，たとえば，Hagger and Chatzisarantis（2014）と Blazquez et al.（2017）を参照．

第Ⅱ部　行動経済学の広がりと奥行き

　第2に，Hagger et al.（2016）以降も，エゴ枯渇仮説を支持する結果がいくつも提出されている（Vonasch et al. 2017, Garrison et al. 2018, Sjastad and Baumeister, 2018）．とくに，Garrison等は，1000人以上の参加者を集めた実験で，ライティングによるセルフコントロール課題を課した処置群では，ストループテストや注意ネットワークテストなどの注意葛藤課題の成績が，統制群よりも有意に悪化したことを報告している．第3に，もっとも重要なポイントして，医学的・生理学的なデータに基づく研究では，セルフコントロールがメンタルな負荷となって生体に持続的な影響を与えることが示されている．たとえば，セルフコントロールが必要な課題を取り組んだ後では，ストレスホルモンの分泌が進み，現在指向性や衝動性が高まる（メタ分析は，Fields et al.（2014）を参照）．さらに，セルフコントロールによるメンタル疲労が進むと，セルフコントロールにかかわる神経システムが持続的なダメージを受ける（Okada et al. 2004, de Lange et al. 2008, Tanaka et al. 2014, Kelley et al. 2015）．Miller et al.（2015）は，米国黒人青年を対象としたパネル調査（17〜20歳で開始，22歳でDNA調査）を行い，末梢血単核球細胞のDNAメチル化の程度で彼らの後成的な加齢速度を計測している．その結果，低社会経済階層では，当初高いセルフコントロールを示していた青年ほどその後速い速度で加齢が進行したことが示されている．生理データにもとづくこれらの実証知見は，セルフコントロールによるメンタルな疲労が実物的（"real" Hagger et al. 2016, p. 559）な現象であることを示唆している．

4.2.　心理学的仮説

　エゴ枯渇仮説に対する批判と平行して，モチベーションや資源配分に関わる心理的要因によってセルフコントロールの失敗を説明する代替的な仮説が提出されている．セルフコントロール失敗の理由を資源の枯渇に求めるエゴ枯渇仮説に対して，そこではセルフコントロールの配分（allocation）に着目する．Inzlicht et al.（2012, 2014）は，消耗によってセルフコントロールが困難になるのは，あるセルフコントロールの努力をすると，「規範」目標（"have-to" goals）に向かって認知的労働を行うことと，認知的な休暇をとりたいという「欲望」目標（"want-to" goals）の間のバランスが崩れるために，セルフコントロールへのモチベーションと注意が下方にシフトする結果だとしている（モチベーション＝注意仮説）．現象としてセルフコントロールの消耗が観察されるのは，資源が枯渇

するからではなく，セルフコントロールを続けるメリットが低下し自制への関心と注意が弱まるからという主張である．1つの根拠として，実際に1つのセルフコントロール課題を課しても，高い報酬を支払う処置群では，低報酬の統制群よりも消耗が少なくなるという実験結果を報告している．

Kuzban et al. (2013) は，より明確に機会費用の観点を打ち出して，セルフコントロールの消耗を説明する仮説を提示している（機会費用仮説）．セルフコントロールが必要な仕事を続けていると，そこから得られる利益が逓減するために，他の行動を行った場合に得られる利益との差—機会費用が逓増する．そこでセルフコントロールの対象を他の有益な方向にスウィッチさせるために消耗が生じるという主張である．実験的に数学の問題を解く課題に取り組ませると，携帯電話が傍に置かれた処置群では，置かれていない統制群に較べて消耗が早くなる．問題を解くことの機会費用が傍らにある携帯電話によって高まるというのがこの仮説の解釈である．

さらに，セルフコントロール力の消耗の有無や速度が行為主体の主観的要因に大きく依存することが実験で明らかにされている．Job et al. (2010, 2015) は，セルフコントロール資源が限られているか無尽蔵かについてその人が持っている信念—暗黙の理論（implicit theories）—によってセルフコントロール課題のパフォーマンスが大きく違ってくることを示している．たとえば，実験参加者に，セルフコントロール資源は無尽蔵であるという信念を外生的に植え付けることで，セルフコントロールのパフォーマンスは有意に向上する．心理的要因に焦点を当てたこれらの仮説は，資源仮説としてのエゴ枯渇仮説では十分に議論されてこなかった消耗の主観的側面を重要視するものである[6]．

4.3. 統合の必要性

セルフコントロールの消耗が心理的な要因によって影響を受けることが示されたからといって，そのことが資源的制約の存在を否定することにはならない．むしろ，背後にある認知資源がネックになっているからこそ，セルフコントロール

6）エゴ枯渇仮説の立場から心理要因を統合しようとする試みとして，Vohs et al. (2013) がある．そこでは，モチベーションのシフトを通じたセルフコントロール資源の節約や再配分のメカニズムを導入することで，エゴ枯渇仮説が拡張されている．

第Ⅱ部　行動経済学の広がりと奥行き

の限界費用が逓減していくと考えるのが自然であり，そうした資源制約の存在を仮定せずに，メンタルな努力のモチベーションが逓減したり，その機会費用が逓増したりする性質を説明するのは難しい．また前述のように，セルフコントロールの消耗がメンタルな努力に伴う生理基盤の消耗に関連しているというデータが数多く提出されている．セルフコントロールの消耗のメカニズムは，資源説か心理説かという二分法ではなく，それらを統合した観点から多面的に理解されるべきだというのが，本節で引用した数々の実証知見からの示唆である．

実は疲労の研究でも，かつて生理基盤仮説と心理学要因仮説の間で同様の対立があったが，現在にいたって，疲労はホメオスタシスを維持するための統合的な神経システムのイベントとして捉えられている（Noakes 1997, Evans et al. 2015, Tanaka et al. 2014）．末梢からの生理的な情報に基づいて，前頭皮質を中心とする中心神経システムが仕事の量や重要性，生理的容量などを勘案しながらホメオスタシスを維持するために疲労の指令を出す．メンタル面，肉体面を問わず，疲労は生命を脅かす事態を避けてホメオスタシスを維持するための限界設定と考えられている．モチベーションなどによってその設定を引き上げて疲労を遠ざけることができるという意味で，心理要因の影響を受けるが，背後にあるのは，生命体の生理的な限界である．Hagger et al.（2016）が指摘するように，セルフコントロールによるエゴ枯渇は，疲労研究のこうした知見を取り入れながら再構成される必要がある．

5.　誘惑＝二重処理モデル

本節からの2つの節では，前2節で見た実証知見に基づきながら，セルフコントロール問題がもつ意志決定上の含意を理論的に整理する．まず本節で，Gul and Pesendorfer（2001, 2004）の誘惑モデルを応用することで，二重処理による意志決定を記述し，その含意を議論する．意志決定者の情動処理システム，理性処理システムをそれぞれ情動的自己，理性的自己という2人の機能的主体と考えれば，以下のモデルはFudenberg and Levine（2006）のいう二重自己のモデルとみなすこともできる．次節で，第4節の議論に従って意志力を内生化したモデルを考える．

情動と理性の二重処理によって意思決定を行う主体を考えよう．選択集合 B

の中からその要素 c を選択する問題を例にとる．その選択は，理性的自己が直接的に得る規範的な効用 $U(c)$ と，情動的自己が得る情動効用 $S(c)$ の 2 つに動機付けされる．情動に惑わされない状況で選択にコミットできる場合，意思決定主体は U だけに関心がある．その意味で，U は，Gul and Pesendorfer（2001, 2004）のいうコミットメント効用（commitment utility）であり，もう一方の情動効用 S は彼らが誘惑効用（temptation utility）と定義したものと同じである．情動的自己は，S が高ければうれしいので，それを最大化する c の選択がかれにとっての最適解—「情動最適（affective optimum）」（Loewenstein et al. 2015）—である．情動最適解は誘惑の大きさを決めるので，c^T と表記する．定義から，それは

$$c^T = \arg\max_{c \in B} S(c)$$

で与えられる．

意思決定者は理性的な立場に立ってコミットメント効用を最大にしたいが，そのような選択は通常情動最適解から乖離するので，情動的自己の方で不満足 $(S(c^T) - S(c))$ が発生する．それに堪えるのがセルフコントロールである．結局，彼は，コミットメント効用（規範効用）から，このセルフコントロールに必要なメンタルなコストを差し引いた決定効用（次式右辺）を最大にする c^* を選ぶ．

$$c^* = \arg\max_{c \in B} [U(c) - \gamma\{S(c^T) - S(c)\}] \tag{1}$$

ここで，$\gamma(>0)$ は，セルフコントロールの単位コストを表す．

モデルの実証含意を明確にするために，ここではセルフコントロールの単位コスト γ が 2 つの要因に依存すると仮定する．1 つは，メンタルな資源としての意志力ストック W，もう 1 つは，セルフコントロール資源を他のセルフコントロール課題に振り向ける必要性 d である．実証事実（Vohs and Baumeister 2011）に鑑みて，意志力ストックが消耗するほど，また，消費以外のことで自制しなければならないことが多くなるほど，セルフコントロールの単位コストが高くなると仮定する：

$$\gamma = \gamma(W, d);\ \gamma_W(W, d) < 0,\ \gamma_d(W, d) > 0.$$

ただ本節では，W, d，したがって γ は外生的に与えられた定数として議論す

第Ⅱ部　行動経済学の広がりと奥行き

る．この場合，(1)式にある $\gamma S(c^T)$ は定数になるので，この部分を省略しても最適選択 c^* は変わらない．

$$c^* = \arg \max_{c \in B} \{U(c) + \gamma S(c)\} \tag{2}$$

結局，二重処理に従う決定主体は，コミットメント（規範）効用と誘惑効用の線形和で表される決定効用を最大化することになる．そして誘惑効用へのウエイトを決めるのがセルフコントロールの単位コスト γ である．意志力が消耗したり，他での自制に忙しかったりすると，γ が大きくなって選択は誘惑に引きずられる．コミットメント効用関数は，従来標準的な経済学が想定してきた効用関数の形をしていると考えられる一方で，誘惑効用関数は行動経済学が指摘してきた様々な情動的なバイアスを持っていると考えられる．その結果，セルフコントロールの単位コスト γ が存在することで（$\gamma > 0$ であることで），選好や意思決定に情動的なバイアスが発生し，コストが大きくなるほどそのバイアスは顕著になる．以下では，異時点間選択とリスク選択を例にとって，セルフコントロールコストが時間選好やリスク選好に与えるバイアスについて考える．

5.1. 異時点間選択

離散期間 $t \in \{0, 1, \ldots, T\}$ での消費配分を決める異時点間選択を考える．コミットメント効用と誘惑効用をそれぞれ $U = \sum_{t=0}^{T} \delta^t u(c_t)$; $S = \sum_{t=0}^{T} (b\delta)^t u(c_t)$, $0 < \delta \leq 1, 0 \leq b < 1$ と特定化する．関数 u は通常の技術条件を満たす期間効用関数を，δ は割引因子を表している．両自己ともに指数割引に従うが，b は1より小さいので，情動的自己の方が高い割引率をもつ．以下では，$0^0 = 1$ と約束する（したがって，情動的自己が完全に近視眼的な場合（$b=0$）でも，$(b\delta)^0 = 1$ が成立することに注意）．このとき，決定効用 O は

$$O = \sum_{t=0}^{T} \delta^t u(c_t) + \gamma(W, d) \sum_{t=0}^{T} (b\delta)^t u(c_t);$$
$$= \{1 + \gamma(W, d)\} \sum_{t=0}^{T} \frac{\delta^t + \gamma(W, d)(b\delta)^t}{1 + \gamma(W, d)} u(c_t) \tag{3}$$

と変形できるので，上の決定効用 O を最大にする問題は，縮約された以下の決定効用 $\tilde{O}$ を最大化する問題と変わらない．

第8章　セルフコントロールの行動経済学

$$\tilde{O} = \sum_{t=0}^{T} F_t u(c_t) \tag{4}$$

ここで，F_t は実効的な割引関数であり，次のように定義される．

$$F_t = \frac{\delta^t + \gamma(W, d)(b\delta)^t}{1 + \gamma(W, d)}, \ t \geq 0 \tag{5}$$

つまり，実効割引関数 F_t は，理性的自己の割引関数と情動的自己の割引関数の線形和に等しい．よって，実効的な時間割引率は，理性的自己のそれよりも高い．また，(5)式から，

$$\frac{F_{t+1}}{F_t} - \frac{F_t}{F_{t-1}} = \frac{\delta^{t-1}(b\delta)^{t-1}\gamma(\delta - \delta(b\delta))^2}{(\delta^t + \gamma(b\delta)^t)(\delta^{t-1} + \gamma(b\delta)^{t-1})} > 0 \qquad \text{for } t \geq 1, \ b \neq 0$$

を得る．したがって，t 期の時間割引率 θ_t を $\theta_t = \ln(F_{t-1}/F_t)$ と定義すれば，

$$\theta_{t+1} < \theta_t \text{ for } t \geq 1, \ b \neq 0$$

となり，時間割引率は逓減的な性質を持つことがわかる[7]．

命題1：二重処理モデル(3)の下では，実効的な時間割引率は，(1)理性的自己のそれよりも高く，(2)遅れに関して逓減的である．

　とくに，Gul and Pesendorfer（2004）などが仮定したように情動的自己が完全に近視眼である場合（$b=0$），実効割引関数 F_t は，

$$F_t = \begin{cases} 1 & \text{for} \quad t = 0 \\ \dfrac{1}{1+\gamma}\delta^t & \text{for} \quad t > 0 \end{cases}$$

と簡単化される．Laibson（1997），O'Donoghue and Rabin（1999）の準双曲型割引関数である．

7）二重自己（dual-self）モデルから逓減的な時間割引率を導いた初期の研究として，たとえば，Thaler and Shefrin（1981），Fudenberg and Levine（2006）がある．

第Ⅱ部　行動経済学の広がりと奥行き

系1：二重処理モデル(3)の下では，情動的自己が完全に近視眼である場合 ($b=0$)，実効的な割引関数は準双曲型になる.

　上の導出から明らかなように，準双曲型の割引は情動的自己が完全に近視眼的であり，したがって誘惑が現時点だけに限定されている状況に対応しているので，将来の消費からの誘惑が扱えない難点がある．Noor（2007）と Fudenberg and Levine（2012）は，モデル(3)のように将来消費からの誘惑があるモデルを用いて，コミットメントの価値が期間構造に過度に依存しないモデルを提示している．
　(5)式より，実効割引関数が情動的自己の割引関数に引っ張られる程度はセルフコントロールの単位コスト $\gamma(W, d)$ が大きいほど大きい．その性質は以下のようにまとめられる．

命題2：二重処理モデル(3)の下では，実効的な時間割引率はセルフコントロールの単位コスト γ が高いほど高い．その結果，意志力が消耗しているほど，また他からのセルフコントロールの必要性が高いほど，時間割引率は高くなる.

　この性質は，数多くの実証事実と整合的である．たとえば，メンタルな消耗を引き起こす実験課題を課すと，衝動買いや衝動財の消費が増加し（Vohs and Heatherton 2000, Dewitte et al. 2005, Vohs and Faber 2007），先送り行動が増え（Vohs et al. 2008），推定される時間割引率が高まる（Fields et al. 2014; Vohs et al. 2014）ことが知られている．また，実験的に認知負荷をかけた上で異時点間選択をさせると，推定される時間割引率や観察される現在指向性が高まることが，Shiv and Fedorikhin（1999）や Hinson et al.（2003）によって報告されている.

5.2.　リスク選択

　次に，二重処理の下でのくじ（確率 p，報酬 c）の選択を考える．Mukherjee（2010）や Loewenstein et al.（2015）にしたがって，情動的自己はくじのプロスペクト価値 $w(p)v(c)$ に関心があり，理性的自己はその期待効用 $pu(c)$ に関心があるとする．関数 $w(p)$，$v(c)$ はそれぞれプロスペクト理論におけるウエイト付

け関数および価値関数である（Dhami 2016）．二重処理システムの下で，決定主体は以下の決定効用関数 O を最大にするようにこのくじの選択をおこなう．

$$O(x) = \sum_i p_i u(x_i) + \gamma(W, d) \left[\sum_i w(p_i) v(x_i) \right] \tag{6}$$

この簡単なモデルの直接的な含意として，セルフコントロールコスト $\gamma(W, d)$ が大きくなるにつれて，プロスペクト理論で指摘されているさまざまなバイアスが，意志決定や確率判断の際に強まることがわかる．プロスペクト理論で記述されるバイアスの多くが情動的な性質をもっているという実証知見とこのことは整合的である．たとえば，損失回避とそれに関連する賦存効果（endowment effect）は大脳辺縁系（線条体，扁桃体など）に関連しており（Tom et al. 2007），感情を刺激すると損失回避が強まること（Charpentier et al. 2016）が知られている．損失か利得かのどちらかが当たるくじを提示して「引く」か「引かない」かを選択させると，認知的な負荷がかかりセルフコントロール資源を消耗するような条件下では，「引く」ことを選ぶ確率が低下する（Benjamin et al. 2013）．このことは，モデル(6)式の d が増えると損失回避が強まることを示唆している．Rottenstreich and Hsee（2001）では，情動財・誘惑財（休暇，電気ショックなど）が当たるくじの場合[8]，当選確率が低い場合にはそれが過大に評価され，高い場合には過小評価されることが示されている．この結果は，過剰加重（overweighting）や確実性効果（the certainty effect）が情動的自己による判断バイアスに起因していることを示唆している[9][10]．

6. 内生的意志力モデル

前節のモデルではセルフコントロールの単位コスト γ は外生的に与えられてい

8）電気ショックは，負の限界誘惑効用（または情動的自己への限界不効用）を生じる財ととらえることができる．

9）Mukherjee（2010）は，同様の二重処理システムモデルを用いて，リスク選択上のさまざまなアノマリーを包括的に説明している．

10）二重処理モデルを用いた社会選好形成については，Loewenstein et al.（2015）を参照．そこから含意される情動的な利他選好や他者顧慮選好（other-regarding preferences）が実証知見と整合していることが示されている．

第Ⅱ部 行動経済学の広がりと奥行き

た．そのために(1)式の最適問題は，(2)式という縮約された決定効用を最大化する問題に簡略化されたが，実際のセルフコントロールを記述するモデルとしては不十分である．第1に，セルフコントロールが必要な仕事が増えると，仕事（セルフコントロール）の量や質が限界的に悪化する現象（Baumeister and Vohs 2003, Vohs and Baumeister 2011）が説明できない．これを記述するには，セルフコントロールコストに凸性を導入する必要がある．第2に，セルフコントロールの異時点間代替が説明できない．たとえば，ある時点でセルフコントロールの負担が大きくなると，それ以降に行うセルフコントロールが抑制される．逆に，将来のセルフコントロールの負担増が予想されると，現在のセルフコントロールを抑制しようとする．つまり，現時点の意志決定に関わるセルフコントロールコストは，過去から将来にわたる全時点のセルフコントロールに依存している．

第4節の実証知見に基づきながらこれらの問題を解決するために，セルフコントロールを可能にするメンタルな資源＝意志力をモデルに導入することが考えられる[11]．意志力を用いてセルフコントロールが行われ，後者は前者を消耗させる．セルフコントロールのために消耗された意志力はもし他の目的に使われていれば何らかの便益を生み出したはずである．その便益がセルフコントロールの機会費用を構成することになる[12]．その結果，意志力の便益に凹性（収穫逓減）があれば，セルフコントロールコストに凸性が生じる．さらに，現時点の意志力ストックは，現在までのセルフコントロール（による消耗）の流列に依存するので，セルフコントロールに異時点間代替性が生じることになる．

以下では，意志力を内生化した Ozdenoren et al.（2012）と Ikeda and Ojima（2014, 2017）を取り上げ[13]，消耗資源としての意志力の役割に注意しながら，制約的なセルフコントロール下の消費行動について考える．

11）意志力を導入することの理論的な意義については，Fudenberg and Levine（2012）も参照．

12）意志力の便益としては，セルフコントロールコストを下げる（Ikeda and Ojima 2014, 2017），何らかの他の仕事の生産性を上げる（Ozdenoren et al. 2012, Fudenberg and Levine 2012）など，いくつかの形が考えられる．

13）Ikeda and Ojima（2014）については，池田（2012）も参照．

6.1. ケーキ問題

　セルフコントロールを可能にする意志力を内生化し，その含意を初めて動学的な最適消費行動の中で解析的に明らかにしたのが Ozdenoren et al.（2012）である．Ozdenoren 等は，一定の大きさ $R_0(>0)$ をもった保存可能な「ケーキ」を，連続時間で定義された有限期間 $t \in [0, T]$ $(T>0)$ 内（たとえば 1 週間）で食べる効用最大化問題を考える．これをケーキ問題とよぼう．消費者は，各時点 $t \in [0, T]$ で食べる量（消費量）$c_t \in [0, \bar{c}]$ に応じて，瞬間効用 $u(c_t)$ が得られる．u は $[0, \bar{c}]$ の範囲で増加的で凹性を満たしている．定数 $\bar{c}$ は，それ以上たべても効用が増えない飽和レベルを表している．先の誘惑モデルでいえば，誘惑効用が最大になる誘惑消費水準を表していると解釈できる．ケーキが残っているのに，食べる量をこの誘惑水準 $\bar{c}$ より小さいレベルに抑える場合には，セルフコントロールが必要になる．それが意志力 W_t を消耗させる．その消耗の速度は消耗関数 $f(c, W)$ で与えられる．ここで，$f_c<0$(for $c<\bar{c}$)，$f_W<0$，$f_{cW} \geq 0$ であり，(c, W) に関して凸とする．時点 t におけるケーキの残存量を R_t として，意志力の消耗は，次式で表される．

$$\dot{W_t} = \begin{cases} -f(c_t, W_t) & \text{for} \quad R_t>0, \\ 0 & \text{for} \quad R_t=0, \end{cases} \tag{7}$$

$$W_0 = \text{given}$$

ここで，変数上のドットは時間微分を表す（$\dot{W_t} = dW_t/dt$）．

　意志力の希少性を表すために，期末に残った意志力 W_T は別の仕事に投入できると仮定し，その便益を効用タームで $m(W_T)$ と表す．関数 m は増加的で凹性を満たしている．Ozdenoren 等は，期間内の効用割引率をゼロと仮定して，次の効用最大化問題としてケーキ問題を考えている．

$$\max_{\{c_t, W_t, R_t\}} \int_0^T u(c_t)dt + m(W_T) \tag{8}$$

subject to (7) および

$$\dot{R_t} = -c_t$$

$$(R_T, W_T) \geq 0 \tag{9}$$

第Ⅱ部　行動経済学の広がりと奥行き

　ケーキ問題(8)を解くことで，Ozdenoren et al.（2012）は意志力のもつ3つの
含意を強調している．第1に，意志力の資源制約があるために，消費の平準化が
行われない可能性がある．ここでは時間割引率がゼロと仮定されている一方，(9)
式から分かるように金利もゼロと設定されている（ケーキを期間の後半に残した
からといって増えるわけではない）ので，標準的なオイラー条件から考えれば，
消費経路はフラットになるはずである．しかしその消費水準が誘惑水準より小さ
い場合には，セルフコントロールのために意志力が消耗し，期末の仕事の生産性
m が低下する．もし，期末の仕事に意志力を投入した場合の限界効用が十分に
大きければ，消費者はケーキを早いうちに食べ尽くして意志力を期末の仕事のた
めに温存した方が得になる．こうした事態は，初期の意志力ストック W_0 が小さ
いほど生じやすい．

　第2に，ケーキの消費量を低く抑えるセルフコントロールと，仕事を遂行する
ためのセルフコントロールという一見無関係な節制行動の間に代替的な関係が生
じる．競合的な2つの節制行動に，意志力という共通の希少資源を用いなければ
ならないからである．

　この性質から含意される第3の重要な点として，Ozdenoren 等は，ケーキの
消費と仕事の実行という2つの行動に違った時間選好率が顕示されることを強調
している．たとえば，先述のように期末の仕事からの限界利益が大きい場合，ケ
ーキを早く食べ尽くして，仕事に多くの意志力を投入する．その結果，ケーキの
消費については高い時間選好率が，節制の効いた仕事からは低い時間選好率が顕
示される．ただ，このモデルでは，仕事が1時点で瞬間的に行われる設定になっ
ていて，対応する時間選好率を定義することはできない．そこでは，単に仕事に
より大きな意志力が投入される状況を時間割引率が低いと形容しているにすぎな
い．

6.2.　意志力制約下の消費・貯蓄決定

　意志力の消耗によるセルフコントロールの限界を考慮して，消費者の消費・貯
蓄行動を考える場合，Ozdenoren 等のケーキ問題の設定では不十分である．第
1に，ケーキの消費と期末に仕上げなければならない仕事という限定的な選択問
題だけに焦点を当てているために，消費者の他の行動との関係が記述されていな
い．その意味で，主体均衡を部分的に記述する，いわば部分主体均衡のモデルで

ある．第2に，同様に貯蓄が考慮されていない．この点は，意志力と富の関係を考える場合にとくに重要である．富が消費の総量を直接制約する予算変数だとすれば，意志力はセルフコントロールの総量を制約する予算変数と考えることができる．消費に誘惑が伴う現実的な状況では，富と意志力という2つの予算変数に補完性や代替性の相互関係が生じてくるはずである．この点は，富裕度（または貧困度）とセルフコントロールの関係を考えるうえで重要である．第3に，前節の最後に指摘したように，消費ドメインごとの時間選好率が定義できる枠組みになっていない．最後にもっとも重要な点として，Ozdenoren 等のモデルでは消費の誘惑水準 $\bar{c}$ が外生的な定数と仮定されている．Gul and Pesendorfer（2001, 2004）が指摘するように，消費・貯蓄の動学的な問題を考える場合，富の蓄積にともなって，消費の可能性集合が変わっていくので，誘惑の度合いも変化する可能性がある．セルフコントロールの動学的含意を考えるにはその点を明示的に考慮する必要がある．

　これらの問題点を解決し，より一般的な設定の下で意志力制約下の消費・貯蓄行動を理論的に特徴付けたのが，Ikeda and Ojima（2014, 2017）である．Ikeda and Ojima（2014）では，誘惑効用が飽和点を持つと仮定することで，誘惑消費水準が一定値に固定されてしまう簡単なモデルを扱っている．ここでは，その仮定を外し，より一般的なモデルを提示した Ikeda and Ojima（2017）（以下，IO）に沿って，意志力制約がもつ消費者行動へのインプリケーションを考える．

　IO モデルでは，誘惑効用を生み出す誘惑財（ポテトチップ，ワインなど）x と誘惑効用を生じない非誘惑財（野菜など）c の2種類の財を想定する．無限期間 $t \in [0, \infty]$ を生きる消費者は富と意志力の予算制約の下で生涯効用を最大にするように両財への消費と貯蓄の時間経路を選択する．富を a_t，所得を y，金利を r，誘惑財の相対価格を q（y, r, q は外生で一定）で表す．非誘惑財をニュメレールとして，消費者のフローの予算制約は次式で与えられる．

$$\dot{a}_t = ra_t + y - qx_t - c_t, \ a_0 = \text{given} \tag{10}$$

　誘惑財消費 x と非誘惑財消費 c はそれぞれ $u(x)$，$v(c)$ の瞬間的コミットメント効用を生み出す．これらのコミットメント瞬間効用関数は単調性，凹性など通常の条件を満たす．誘惑財はさらに誘惑効用を生じる．簡単化のために，誘惑瞬間効用関数はコミットメント瞬間効用関数 $u(x)$ と同一であると仮定しよう．情

第Ⅱ部　行動経済学の広がりと奥行き

動的自己は誘惑瞬間効用流列の割引価値を最大にするように，x の時間経路を決めると仮定する．簡単化のために割引率が r に等しいと仮定すれば，時点 t の情動的自己の間接効用関数は，

$$V(a_t) = \max_{\{x_s\}_{s=t}^{\infty} \text{ s.t.(10) and NPGC}} \int_t^{\infty} u(x_s)\exp(-r(s-t))ds \tag{11}$$

で与えられる．NPGC は無ポンツィ・ゲーム条件である．この問題の解 $\{x_s^T\}_{s=t}^{\infty}$:

$$x_s^T = \frac{ra_t + y}{q}, \ s \geq t \tag{12}$$

が時点 t の情動的自己への誘惑となる各時点 s の誘惑消費である．つまり，割引率が利子率と等しいと仮定されているので，情動的自己の消費計画の下では貯蓄は常にゼロに等しくなり，誘惑消費 x_s^T $(s \geq t)$ は，t 時点の富水準で決まる恒常所得 $(ra_t + y)/q$ に等しいところで決まる．この解を(11)式に代入することによって，誘惑間接効用は，$V(a_t) = u\{(ra_t + y)/q\}/r$ と表される．

　このように情動的自己は貯蓄をゼロに保ちながら消費をフラットに維持する計画を立てるが，後述のように理性的自己が実際に行う消費行動では，貯蓄はゼロでなく資産保有 a_s も時間を通じて変化していく．その結果，情動的自己の計画は時間非整合的な性質をもつことになる．

　理性的自己はコミットメント効用を大きくすることに関心があるが，誘惑財の消費計画が情動的自己の最適な計画から乖離するのに応じてセルフコントロールコストを負担しなければならない．時点 t になされるそのようなセルフコントロールのレベルを σ_t，その単位価格を γ_t とすれば，同時点のセルフコントロールコストは $\gamma_t \sigma_t$ で表される．セルフコントロールコストの凸性を導入するために，Loewestein et al.（2015）と同様に，γ は意志力 W の関数で，減少性と凸性（$\gamma'(W) < 0$, $\gamma''(W) > 0$）を満たしていると仮定しよう．

　消費者の生涯効用は，コミットメント瞬間効用からセルフコントロールコストを差し引いたネットの効用フローの割引現在価値，

$$U_t = \int_t^{\infty} \{u(x_s) + v(c_s) - \gamma(W_s)\sigma_s\}\exp(-r(s-t))ds \tag{13}$$

で与えられる．各時点 t でなされるセルフコントロール σ_t は，情動的自己にと

っての最適な消費計画から誘惑財消費が乖離することによって発生する逸失効用フローに等しいものとする.

$$\sigma_t = u(x_t^T) - \{u(x_t) + (u'(x_t^T)/q)\dot{a}_t\} \tag{14}$$

ここで, 右辺第1項, 第2項は, 誘惑財消費が誘惑水準から乖離することによる効用の損失を表す一方, 第3項は, 貯蓄 $\dot{a}_t$ が, 情動最適な水準であるゼロから乖離することによる情動的な効用損失を表している. OI では, この必要セルフコントロールの割引現在価値が, 情動的自己の間接効用 $V(a_t)$ と実際に得られる誘惑効用フローの割引現在価値 $\int_t^\infty u(x_s)\exp(-r(s-t))ds$ の差に等しいことが示されている.

最後に, 意志力は, 各時点一定率 ψ でリカバーする一方で, セルフコントロールコスト $\gamma_t\sigma_t$ に応じて消耗する.

$$\dot{W}_t = \psi - \alpha\gamma_t\sigma_t, \ \alpha > 0, W_0 = \text{given}. \tag{15}$$

結局, IO モデルの消費者は, (10), (15)式と初期条件 (a_0, W_0) の下で(13)を最大にするように行動する.

Fudenberg and Levine (2012) や Loewenstein et al. (2015) などでは, 現在バイアスを説明するために, 情動的自己が理性的自己よりも高い時間割引率を持つと仮定しているのに対し, IO 論文は, 両自己が同じ割引率 (r) で効用を割り引くと仮定している. IO モデルでは, 誘惑の度合いが異なる2つの財の間で, 消費行動の性質, とりわけ時間選好率の振る舞いがどのように異なってくるかという新たな問題に焦点が当てられている.

IO モデルから, 以下の新しい知見が示される. 第1に, 2つの予算変数である意志力と富は, 誘惑財が奢侈財か劣等財かによって, 代替的または補完的な役割を演じる. 誘惑財が奢侈財の場合, 富を蓄積するにつれて意志力が弱まるが, 誘惑財が劣等財の場合には, 富の蓄積に応じて人びとの意志力は強まり, その結果誘惑財の消費が減少していく. これらの結果は, 裕福になるほど, 高級ワインやクラシックコンサートなどの誘惑的な奢侈財の消費に無節制になる一方で, ポテトチップやテレビ鑑賞など誘惑的な劣等財に対しては自制的になる日常的な消費行動をよく記述している.

199

第Ⅱ部　行動経済学の広がりと奥行き

　第2に，消費のドメインが誘惑財か非誘惑財かによって，異なる時間選好率が形成される（ドメイン効果）．これは，Ozdenoren et al.（2012）が議論しようとして，モデルの設定上うまく扱えなかった性質である．

　第3に，誘惑財の消費を決める時間選好率は，それが奢侈財の場合には，消費者の裕福度が上がるにつれて上昇し，劣等財の場合には低下する．時間選好率の研究では，従来時間選好率が富の増加関数（increasing marginal impatience: IMI）なのか（Obstfeld 1990），減少関数（decreasing marginal impatience: DMI）なのか（Hirose and Ikeda 2008）が議論されてきたが，この結論は，そのことが(i)ドメイン財が誘惑財かどうか，(ii)それが奢侈財か劣等財か，に依存して一意に決まらないことを示している．

　第4に，災害や負の社会経験など，長期的な意志力を枯渇させるようなストレスショックが外生的に発生した場合，時間が経つにつれて消耗が増して意志力の希少性が大きくなる結果，誘惑財消費に対する抑制が徐々に低下する．この結果は，たとえば，東日本大震災の被災者が生活上の節制の度合いを低下させた事実（Ohira et al. 2016, Hanaoka et al. 2018）と整合的である．

　最後に，IOは，意志決定者が，意志力制約の存在を知らない「ナイーブ」な消費者であった場合に，セルフコントロールを含めた行動がどのように変わるかを分析している．その場合，意志力の消耗を計算に入れない分だけ，セルフコントロールが過剰になる結果，富のレベルに大きな違いがない限り，長期的なセルフコントロールのレベルはかえって低下し，より多くの誘惑財を消費してしまうことになる．

7.　結論

　本章では，二重処理理論の観点から，セルフコントロール（自制）と意志決定の関係についての研究知見を展望した．われわれの意思決定や判断は，情動システムと理性システムの葛藤のなかで行われている．その矛盾を解消して決定者の規範的利益を確保しようとする努力がセルフコントロールである．認知諸科学の研究は，セルフコントロール力の程度によって意思決定や行動の質が異なること，とくに，若年期に観察されるセルフコントロール力が後年の生活や行動の質（極端な場合，寿命までも）への予測力を持つことを示している．セルフコント

第8章　セルフコントロールの行動経済学

ロールによる消耗については，そのメカニズムを資源の消耗性にもとめる資源説
（エゴ枯渇説）と，純粋な心理現象と捉える心理説（モチベーション＝注意仮説，
機会費用仮説，暗黙理論仮説）が対立していたが，疲労研究の知見は両方の要因
を統合する必要性を示唆している．そうした実証知見に基づいて，本章の後半で
は，セルフコントロール下の消費選択が二重自己モデル（二重処理仮説）によっ
てどのように記述できるかを考察し，その含意を議論した．とくに，セルフコン
トロールコストの凸性とセルフコントロールの異時点間代替という定型的事実
は，意志力を内生化することによってうまく記述できることが指摘された．セル
フコントロールに関する知見がもつ政策含意については，紙幅の制約上議論でき
なかった．政策や制度の設計を考える上で，構成員のセルフコントロール（の限
界）は新たな視点を提供する．たとえばMagen et al. (2014) からも読み取れる
ように，リバタリアン・パターナリズムに基づくナッジは，フレーミングによっ
て情動システムの活性化を抑制することでセルフコントロールの必要性を緩和す
る工夫と位置づけることができよう．

引用文献

Baumeister, R.F., E. Bratslavsky, M. Muraven, and D.M. Tice, 1998. Ego depletion: Is the active
　　self a limited resource? Journal of Personality and Social Psychology 74, 1252-1265.

Baumeister, R.F. and K.D. Vohs, 2003. Willpower, choices, and self-control, G. Loewenstein, D.
　　Read, and R. Baumeister eds., Time and Decision. Russell Sage Foundation.

Benjamin, D.J., S.A. Brown, and J.M. Shapiro, 2013. Who is 'behavioral'? Cognitive ability and
　　anomalous preferences. Journal of European Economic Association 11, 1231-1255.

Blazquez, D., J. Botella, and M. Suero, 2017. The debate on the ego-depletion effect: Evidence from
　　meta-analysis with the p-uniform method. Frontiers in Psychology 8, Article 197.

Bogg, T. and B.W. Roberts, 2004. Conscientiousness and health-related behaviors: A meta-
　　analysis of the leading behavioral contributors to mortality. Psychological Bulletin 130,
　　887-919.

Carter, E.C., L.M. Kofler, D.E. Forster, and M.E. McCullough, 2015. A series of meta-analytic tests
　　of the depletion effect: Self-control does not seem to rely on limited resource. Journal of
　　Experimental Psychology 144, 796-815.

Carter, E.C. and M.E. McCullough, 2014. Publication bias and the limited strength model of self-
　　control: Has the evidence for ego depletion been overestimated? Frontier in Psychology 5,
　　Article 823, 1-11.

Caspi, A., R.M. Houts, D.W. Belsky, H. Harrington, S. Hogan, S. Ramrakha, R. Poulton, and T.E.

第Ⅱ部　行動経済学の広がりと奥行き

Moffitt, 2016. Childhood forecasting of a small segment of the population with large economic burden. Nature Human Behaviour 1, Article 0005.

Caspi, A., B.R.E.Wright, T.E. Moffitt, and P.A. Silva, 1998. Early failure in the labor markets: Childhood and adolescent predictors of unemployment in the transition to adulthood. American Sociological Review 63, 424-451.

Chaiken, S., A. Liberman, and A.H. Eagly, 1989. Heuristic and systematic information within and beyond the persuasion context. J.S. Uleman and J.A. Bargh eds., Unintended Thought. Guilford Press, New York. 212-252.

Charpentier, C.J., B.D. Martino, A.L. Sim, T. Sharot, and J.P. Roiser, 2016. Emotion-induced loss aversion and striatal-amygdala coupling in low-anxious individuals. Social Cognitive and Affective Neuroscience 11, 569-579.

de Lange, F.P. A. Koers, J.S. Kalkman, G. Bleijenberg, P. Hagoort, J.W.M. van der Meer, and I. Toni, 2008. Increase in prefrontal cortical volume following cognitive behavioural therapy in patients with chronic fatigue syndrome. Brain 131, 2172-2180.

Dhami, S., 2016. The Foundations of Behavioral Economic Analysis. Oxford University Press, Oxford.

Dewitte, Siegfried, Mario Pandelaere, Barbara Briers, and LukWarlop, 2005. Cognitive load has negative after effects on consumer decision making. SSRN Working Paper No. 813684.

Englert, C., 2017. Ego depletion in sports: Highlighting the importance of self-control strength for high level sportperformance. Current Opinion in Psychology 16, 1-5.

Epstein, S., 1994. Integration of the cognitive and the psychodynamic unconscious. American Psychologist 49, 709-724.

Evans, D.R., I.A. Boggero, and S. Segerstrom, 2015. The nature of self-regulatory fatigue and "ego depletion": Lessons from physical fatigue. Personality and Social Psychology Review 1-20.

Evans, J.St.B.T. and D.E. Over, 1996. Rationality and Reasoning. Psychology Press, Hove. England.

Fields, S.A., K. Lange, A. Ramos, S. Thamotharan, and F. Rassu, 2014. The relationship between stress and delay discounting: A meta-analytic review. Behavioural Pharmacology 25, 434-444.

Frederick, S. G., G. Loewenstein, and T. O' Donoghue, 2002. Time discounting and time preference: A critical review. Journal of Economic Literature 40, 351-401.

Fudenberg, D. and D.K. Levine, 2006. A dual-self model of impulse control. American Economic Review 96, 1449-1476.

Fudenberg, D. and D.K. Levine, 2012. Timing and selfcontrol. Econometrica 80, 1-42.

Gailliot, M.T., R.F. Baumeister, C.N. DeWall, J.K. Maner, E.A. Plant, D.N. Tice, L.E.Brewer, and B.J. Schmeichel, 2007. Self-control relies on glucose as a limited energy source: Willpower is more than a metaphor. Journal of Personality and Social Psychology 92, 325-336.

Garrison, K.E., A.J. Finley, an B.J. Schmeichel, 2018. Ego depletion reduces attention control:

第 8 章　セルフコントロールの行動経済学

Evidence from two high-powered preregistered experiments. Discussion Paper, https://www.researchgate.net/publication/ 321654614.

Gul, F. and W. Pesendorfer, 2001. Temptation and selfcontrol. Econometrica 69, 1403-1435.

Gul, F. and W. Pesendorfer, 2004. Self-control and the theory of consumption. Econometrica 72, 119-158.

Gergelyfi, M., Jacob, B., Olivier, E., and Zenon, A, 2015. Dissociation between mental fatigue and motivational state during prolonged mental activity. Frontiers in Behavioral Neuroscience 9, Article 176, 1-15.

Hagger, M.S. and N.L.D. Chatzisarantis, 2014. It is premature to regard the ego depletion effect as "too incredible". Frontiers in Psychology 5, Article 298.

Hagger, M.S., N.L.D. Chatzisarantis, H. Alberts, C.O. Anggono, C. Batailler, A. Birt, …., M. Zwienenberg, 2016. A multi-lab pre-registered replication of the egodepletion effect. Perspectives on Psychological Science 11, 546-573.

Hagger, M.S., C. Wood, C. Stiff, and N.L.D. Chatzisarantis, 2010. Ego depletion and the strength model of selfcontrol: A meta-analysis. Psychological Bulletin 136, 4, 495-525.

Hanaoka, C., H. Shigeoka, and Y. Watanabe, 2018. Do risk preferences change? Evidence from panel data before and after the Great East Japan Earthquake. American Economic Journal: Applived Economics 10, 298-330.

Hinson, J.M., T.L. Jameson, and P. Whitney, 2003. Impulsive decision making and working memory. Journal of Experimental Psychology: Learning, Memory, and Cognition 29, 298-306.

Hirose, K. and S. Ikeda, 2008. On decreasing marginal impatience. Japanese Economic Review 59, 259-274.

池田新介, 2012. 意志力の経済学―消費・貯蓄理論の新次元. 行動経済学5, 277-287.

Ikeda, S., 2016. The Economics of Self-Destructive Choices（Advances in Japanese Business and Economics Series Vol. 10）, Springer, Tokyo. 2016.

Ikeda, S. and T. Ojima, 2014. Controlling self-control: A willpower model of consumer dynamics, a paper presented at Workshop on Consumer Behavior, Selfcontrol, and Intrinsic Motivation, Dec. 8, 2014, University of Copenhagen.

Ikeda, S. and T. Ojima, 2017. Tempting goods, self-control fatigue, and time preference in consumer dynamics. University of Vienna Working Paper No. 1704.

Inzlicht, M., and B.J. Schmeichel, 2012. What is ego depletion? Toward a mechanistic revision of the resource model of self-control. Perspectives on Psychological Science 7, 450-463.

Inzlicht, M., B.J. Schmeichel, and C.N. Macrae, 2014. Why self-control seems（but may not be） limited. Trends in Cognitive Sciences 18, 127-133.

Job, V., C.S. Dweck, and G.M. Walton, 2010. Ego depletion.Is it all in your head? Implicit theories about willpower affect self-regulation. Psychological Science 20, 1-8.

Job, V., G.M. Walton, K. Berneckerm, and C.S. Dweck, 2015. Implicit theories about willpower predict selfregulation and grades in everyday life. Journal of Personality and Social

第Ⅱ部　行動経済学の広がりと奥行き

Psychology 108, 637-647.

Kahneman, D. and S. Frederick, 2002. Representativeness revisited: Attribute substitution in intuitive judgment. T. Gilovich, D. Griffin, and D. Kahneman eds., Heuristics & Biases: The Psychology of Intuitive Judgment. Cambridge University Press, New York. 49-81.

Kelley, W.M., D.D. Wagner, and T.F. Heatherton, 2015. In search of a human self-regulation system. Annual Review of Neuroscience 38, 389-411.

Kern, M.L. and H.S. Friedman, 2008. Do conscientious individuals live longer? A quantitative review. Health Psychology 27, 505-512.

Kurzban, R., A. Duckworth, J.W. Kable, and J. Myers, 2013. An opportunity cost model of subjective effort and task performance. Behavioral and Brain Sciences 36, 661-726.

Laibson, D., 1997. Golden eggs and hyperbolic discounting. Quarterly Journal of Economics 112, 443-477.

Loewenstein, G., 2000. Willpower: A decision-theorist's perspective. Law and Philosophy 19, 51-76.

Loewenstein, G., T. O'Donoghue, and S. Bhatia, 2015. Modeling the interplay between affect and deliberation. Decision 2, 55-81.

Magen, E., B. Kim, C.S. Dweckb, J.J. Grossb, and S.M. McClure, 2014. Behavioral and neural correlates of increased self-control in the absence of increased willpower. PNAS 111, 9786-9791.

Metcalfe, J. and W. Mischel, 1999. A hot/cool system analysis of delay of gratification: Dynamics of willpower. Psychological Review 106, 3-19.

Miller, G.E., T.Y. Yu, E. Chen, and G.H. Brody, 2015. Self-control forecasts better psychosocial outcomes but faster epigenetic aging in low-SES youth. PNAS 112, 10325-10330.

Mischel, W., 2014. The Marshmallow Test: Mastering Self- Control. Little, Brown and Company, New York. W・ミシェル著　柴田裕之訳, 2015.　マシュマロ・テスト　成功する子・しない子．早川書房.）

Mischel, W., Y. Shoda, and M.L. Rodriguez, 1989. Delay of gratification in children. Science 244, 933-938.

Moffitt, T.E., L. Arseneault, and A. Casbi, 2011. A gradient of childhood self-control predicts health, wealth, and public safety. PNAS 108, 2693-2698.

Mukherjee, K., 2010. A dual system model of preferences under risk. Psychological Review 117, 243-255.

Noakes, T.D., 1997. Challenging beliefs: Ex Africa semper aliquid novi. Medicine & Science in Sports & Exercise 29, 571-590.

Noor, J., 2007. Commitment and self-control. Journal of Economic Theory 135, 1-34.

Obstfeld, M., 1990. Intertemporal dependence, impatience, and dynamics. Journal of Monetary Economics 26, 45-76.

O'Donoghue, T. and M. Rabin, 1999. Doing it now or later. American Economic Review 89,

第 8 章　セルフコントロールの行動経済学

103-124.

Ohira, T., M. Hosoya, and M. Abe, 2016. Effect of evacuation on body weight after the Great East Japan Earthquake. American Journal of Preventive Medicine 50, 553-560.

Okada, T., M. Tanaka, H. Kuratsune, Y. Watanabe, and N. Sadato, 2004. Mechanisms underlying fatigue: A voxelbased morphometric study of chronic fatigue syndrome. BMC Neurology 4: 14: http://www.biomedcentral.com/1471-2377/4/14.

Ozdenoren, E., S.W. Salant, and D. Silverman, 2012. Willpower and the optimal control. Journal of European Economic Association 10(2), 342-368.

Piquero, A.R., W.G. Jennings, and D.P. Farrington, 2010. On the malleability of self-control: Theoretical and policy implications regarding a general theory of crime. Justice Quarterly 27, 803-834.

Piquero, A.R., W.G. Jennings, D.P. Farrington, B. Diamond, and J.M.R. Gonzalez, 2016. A meta-analysis update on the effectiveness of early self-control improvement programs to improve self-control and reduce delinquency. Journal of Experimental Criminology 12, 249-264.

Pratt, T.C., J.J. Turanovic, K.A. Fox, and K.A. Wright, 2014. Self-control and victimization: A meta-analysis. Criminology 52, 87-116.

Rottenstreich, Y. and C.K. Hsee, 2001. Money, kisses, and electric shocks: On the affective psychology of risk. Psychological Science 12, 185-190.

Shiv, B. and A. Fedorkhin, 1999. Heart and mind in conflict, The interplay of affect and cognition in consumer decision. Journal of Consumer Research 26, 278-292.

Shoda, Y., W. Mischel, and P.K. Peake, 1990. Predicting adolescent cognitive and self-regulatory competencies from preschool delay of gratification: Identifying diagnostic conditions. Developmental Psychology 26, 978-986.

Sjåstad, H. and R.F. Baumeister, 2018. The Future and the Will: Planning requires self-control, and ego depletion leads to planning aversion. Journal of Experimental Social Psychology 76, 127-141.

Sloman, S.A., 1996. The empirical case for two systems of reasoning. Psychological Bulletin 119, 3-22.

Stanovich, K.E., 2004. The Robot's Rebellion Finding Meaning in the Age of Darwin, The University of Chicago Press, Chicago. （K・E・スタノビッチ著，椋田直子訳2008. 心は遺伝子の論理で決まるのか　二重過程モデルでみるヒトの合理性. みすず書房.）

Strotz, R. H., 1955. Myopia and inconsistency in dynamic utility maximization. Review of Economic Studies 23, 165-180.

Tanaka, M., A. Ishii, and Y. Watanabe, 2014. Regulatory mechanism of performance in chronic cognitive fatigue. Medical Hypotheses 82, 567-571.

Tangney, J.P., R.F. Baumeister, and A.L. Boone, 2004. High self-control predicts good adjustment, less pathology, better grades, and interpersonal success. Journal of Personality 72, 271-324.

Thaler, R.H., 2016. Behavioral economics: Past, present, and future. American Economic Review

106, 1577-1600.

Thaler, R.H. and H.M. Shefrin, 1981. An economic theory of self-control. Journal of Political Economy 89, 392-406.

Tom, S.M., C.R. Fox, C. Trepel, and R.A. Poldrack, 2007. The neural basis of loss aversion in decision-making under risk. Science 315, 515-518.

Vohs, K.D., R.F. Baumeister, B.J. Schmeichel, J.M. Twenge, N.M. Nelson, and D.M. Tice, 2008. Making choices impairs subsequent self-control: A limitedresource account of decision making, self-regulation, and active initiative. Journal of Personality and Social Psychology 94, 883-898.

Vohs, K. and R.F. Baumeister eds., 2011. Handbook of Self- Regulation Research, Theory, and Applications, Second Edition. The Guiford Press, New York.

Vohs, K., R.F. Baumeister, and B.J. Schmeichel, 2013. Motivation, personal beliefs, and limited resources all contribute to self-control. Journal of Experimental Social Psychology 49, 184-188.

Vohs, K.D., R.F. Baumeister, B.J. Schmeichel, J.M. Twenge, N.M. Nelson, and D.M. Tice, 2014. Making choices impairs subsequent self-control: A limitedresource account of decision making, self-regulation, and active initiative. Motivation Science 1(S), 19-42.

Vohs, K.D. and R.J. Farber, 2007. Spent resources: Selfregulatory resource availability affects impulsive buying. Journal of Consumer Research 33, 537-547.

Vohs, K.D. and T.F. Heatherton, 2000. Selfregulatory failure: A resource-depletion approach. Psychological Science 11, 249-254.

Vonasch, A.J., K.D. Vohs, A.P. Ghosh, and R.F. Baumeister, 2017. Ego depletion induces mental passivity: Behavioral effects beyond impulse control. Motivation Science 3, 321-336.

第 9 章

AI と行動ファイナンス*
ファクターに依拠した株価予測可能性の探索

岡田克彦[a]・羽室行信[b]

●要旨
　本章では株価の予想可能性をクロスセクション（cross section）の予測に限定し，新たに報告されるファクターが近年急増している事実を紹介する．クロスセクションの予測ファクターの数は年々増加の一途をたどっているが，その整理は未だされていない．そこで近年，機械学習の方法論を援用して変数選択しようという取り組みが行われている．AI の金融応用におけるもう一つの方向性は，これまで活用されていないデータを，近年の計算機能力の進化を活用してすすめることにある．本章では，その一例として取引関係に基づく株価の予測可能性について紹介する．

キーワード：資産価格評価モデル（asset pricing model），株価の予測可能性（return predictability），AI，ネットワーク

JEL Classification Numbers: G00，G40

1. はじめに

　AI という言葉が新聞紙上に出てこない日はないほど，現在の AI ブームは過去のそれと比較すると群を抜いている．新聞記事を検索し「AI（人工知能）」という語句が入った記事数の推移を一覧するとそのブームが如何に急激に訪れたかをみることができる．2014年頃から増え始めるが，とりわけ，2016年以降の AI 関連記事数の急増はすさまじい．こうした世間の強い関心を反映して，人工知能

＊匿名のレフェリーの建設的なコメントに心からお礼申し上げます．本研究は科学研究費補助金基盤研究 B（16H03668），JSTCREST「データ粒子化による高速高精度な次世代マイニング技術の創出」による資金助成を受けています．

a）関西学院大学大学院経営戦略研究科 e-mail: katsuokada@kwansei.ac.jp

b）関西学院大学大学院経営戦略研究科 e-mail: y.hamuro@gmail.com

第Ⅱ部　行動経済学の広がりと奥行き

学会の全国大会への参加者は年々増加の一途を辿っている．2017年6月に名古屋で開催された全国大会では，各セッションの研究報告は満席どころか，通路にも人が座らざるを得ないほど聴衆があふれるという，通常の学会ではあり得ないような状況が現出した．筆者らがこれまでに経験したいかなる学会よりも強い関心が払われているのである．

　多くの研究者がAIの応用に大きな可能性を見出し，学際を超えた研究が行われるのは大変好ましい．とりわけ金融領域への応用研究は近年急増しており，2017年の人工知能学会全国大会においては，AIの金融応用関連領域では20件の研究報告があった．筆者らはこれらの研究を株式・債券・為替などの「時系列予測」に関するもの，テキスト情報から何らかの情報を得ようとする「自然言語処理」に類するもの，仮想市場を作ってマーケットデザインにおける知見を得ようとする「（エージェント）シミュレーション」と呼ばれる分野に属するもの，及び「その他」の4つに分類した．すると，研究の半数が時系列予測に関するものであることがわかった．AIといえば，将棋や囲碁の世界で名だたる名人を次々と打ち負かしていっているため，それを金融分野にあてはめようとすると，AIに相場師の役割を担わせようという発想になるのかもしれない．しかし，ファイナンス領域の研究では，株価は概ねランダムウォークすることがわかっている．Kendall（1953）がランダム性を報告して以降も，テクニカル分析などの株価予測の有効性についての研究はいくつか報告されている．しかし，そのいずれも限定的な予測可能性を示しているものが多く，日々の株価動向の中にはっきりとした規則性を見つけ出すことは難しい．一部の例外として，カレンダーアノマリー（週末効果，月替り効果，ハロウィーン効果）が報告されているが（Ariel 1987, Bouman and Jacobsen 2002やSakakibara et al. 2013 他），いずれも長期間における傾向であり，時系列方向のn数を増加させずに捕捉することは難しく放置されている市場の歪みである．市場は概ねウィークフォーム（weak form）で効率的であり，過去の株価情報はすでに現在の株価に織り込まれているため，過去を単純に研究しても未来への示唆は得られないことが知られている．AIの研究者が金融市場を研究する学際的研究領域が発展するのは好ましいが，時系列変動の予測にこだわることで，その有用性が十分に発揮されないのではないかとの危惧を筆者らは抱く．

　そこで本章では，株価の予測可能性を探る過程の中で，どのようにAI関連技

第 9 章　AI と行動ファイナンス

術が応用可能であるかをこれまでの研究成果に基づいて整理していくことにする.

2.　資産価格評価モデルの変遷と統計学

2.1.　資産価格評価モデルの変遷

　ファイナンス研究，とりわけ資産価格評価モデル研究におけるパラダイムは，高いリスクの見返りとしてのみ高いリターンが存在するということである．したがって，観察される金融資産のリターンはリスクの関数となっており，それらが何であるかを明らかにすべく多くの研究者達は没頭してきた．これまでの研究を概観すると，まず仮説（時には理論モデル）を立て，資産価格の変動要因についてのデータを収集し，帰無仮説を棄却しながら自らの仮説の正しさ，新しいリスクファクターの存在を証明するという一連の流れが存在する．ここで用いられるのが統計学である．例えば，投資家が取ったリスクの見返りとして株式のリターンが得られ，その全てのデータが観察されるとしよう．資産価格に関連するあらゆる情報がベクトル $\mathbf{X}$ として表現され，資産価格のリターンが $\mathbf{Y}$ で表現されるとすると，ベクトル $\mathbf{X}$（独立変数）の入力に対して，マーケットから $\mathbf{Y}$ という反応が時々刻々と吐き出されている．リスク回避的な投資家はベクトル $\mathbf{X}$ を観察して Y という結果を出しているわけであるから，この $\mathbf{X}$ の中身が何かを突き止めようとしているということである．ファイナンス研究は応用ミクロ経済学であるから，厳密な仮定をおきながら合理的な投資家の選択行動のあるべき理論，規範理論を考えた．その中の一つで，最も一般的に応用されているものが資本資産評価モデル（CAPM）である．CAPM はいくつかの前提条件の下に，理論的に銘柄間の共変動から求められる β と各資産価格の期待リターンには線形の関係があることを証明した．したがって，この理論モデルの検証には線形回帰を用いるのは自然であろう．

　CAPM の検証の第一ステップは，過去データから β を推定し，平均リターンと β の関係性が線形関係にあるかどうかを確認することである．多くの実証研究の結果，株式の期待リターンは β との線形の関係を示す証券市場線（SML）上から外れていることがわかってきた．β のみをリスクと考えた理論モデルは現実の現象を説明できず，こうした現象をアノマリーと呼んでいる．しかし，実は真

図1 資産価格評価モデルの検証

のβは時系列に変動する可能性もあり，正しく推定できないのではないか．数学的に美しい規範理論である CAPM を現実を説明しないからと言って捨てるわけにはいかない．例えば，Savor and Wilson（2014）では，平時はほとんどフラットな SML しか観察されないが，連邦公開市場委員会（FOMC）の発表前後では右肩上がりの SML が観察され，CAPM が成立しているという．この事例が示唆する様に，理論モデルが間違っているのではなく，マーケットデータには多くのノイズが乗っており，理論を実証するのには不向きだと考える研究者もいる．もう一つの考え方は，規範理論としてそもそも成り立っていないのではないかというものである．これは理論が導かれるために設定された様々な前提条件が誤りだという指摘で，簡潔に言えば，「投資家の合理性」という前提が誤りだというのである．こうした行動ファイナンス的（behavioral）な視点で CAPM を捉えた場合，マーケットデータで実証できないのは当然のこととなる．

その後，資産価格評価モデル研究の中心は，期待リターンを説明するリスクファクターを，統計的手法を用いて探索する方向へと力点を移していく．こうした流れの起点になったのが Fama and French（1993）の研究である．彼らはCAPM のβに加えて企業規模基準（SMB）とバリュー株基準（HML）を加味することで，βだけで説明しようとした時と比較すると，ずっとうまく平均リターンを説明できることを実証した．図1のベクトル **X** にβだけでなく，新たに2つのファクターを加えた計3つのリスクファクターで，Y を予測するモデル，Fama-French の Three Factor Model を提唱したわけである．このモデルは，その後の実証研究のスタンダードとなっていく．

2.2. 最近の資産価格評価モデル研究の流れと AI 活用の可能性

Fama-French の Three Factor Model は CAPM の理論的アプローチとは異なり，過去データから着想した資産価格評価モデルである．少し意地悪な言い方をすれば，期待リターンはリスクの関数であり，理論から導かれたβだけでは不十分なので，他のリスクとなりそうなものを経験的に探索し，線形結合したモデル

図2 統計学とAIの違い

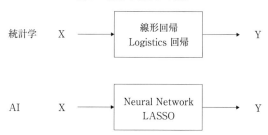

として表現しただけである．確かに，企業規模が小さければリスクが高く，あるいは成長性に乏しければリスクが高いというのは直感と整合的である．しかし，これら2つのファクターを基準としてソートしたポートフォリオ間にはっきりとしたリターンの違いが認められることから，リスクファクターとして扱っているに過ぎない，いわば経験的なリスク指標である．また，期待リターンを3つのファクターの線形結合として表現しているが，規模と時価簿価比率がなぜ期待リターンと線形の関係にあるべきかは理論的には示されていない．あくまでも経験的なのである．

ここに研究の流れに大きな転換が見られる．応用ミクロ経済学としての理論モデルの構築から，現象を説明するモデルの模索へと流れが変わっていったのである．このアプローチはその後多くの研究者が採用し，3つのファクターでは説明できない期待リターンの説明要因の探索が行われるようになる．最近では，Fama-Frenchも当初はリスクファクターというより企業属性（Quality Factor）だと批判していた『投資（investment）』と『利益率（profitability）』のファクターを加えたFama-French Five Factor Model（Fama and French 2015）を提唱している．

筆者らはこの流れの中にあって，既に統計学的手法にこだわる必要はなくなっているのではないかと考える．図2に示すように，理論モデルから線形の関係が明らかになっている場合は，線形回帰の検証を行うのは合理的であるが，とにかくYを説明することが重要だという視点にたてば，方法論に拘る必要はない．多くの説明変数をXに投げ込んで，LASSOで変数選択をさせても良いわけである．また，線形関係も前提にする必要はなく，ニューラルネットワークで複雑な関数を学習しても構わないのではないだろうか．

図3 上位学術誌に掲載された（される可能性の高い）新しいファクター数の推移

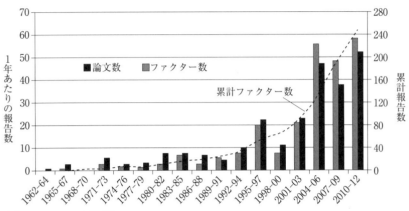

出典：Harvey et al.（2016）

3. クロスセクションの予測ファクターと AI

3.1. 増加するファクターについて

昨今の AI の金融応用における学会では時系列予測が主流であるが，ファイナンス研究者の多くは Fama-French（1993）以降，クロスセクションの予測ファクターを探索してきた．Carhart（1997）は規模や簿価時価比率に加えて過去の収益率（momentum）が予測ファクターになっていることを明らかにした．1997年以降は，米国の資産価格評価モデルによる検証は Fama-French の Three Factor Model に momentum factor を加えた Carhart の Four Factor Model を用いることがスタンダードとなった．その後も新しいファクター発見の報告は続く．いわゆる一流金融経済雑誌に掲載された，あるいはされる見込みがある論文が発見したファクターの数も年々増加している．この状況を Harvey et al.（2016）が調査した結果，累計で240を超えるという．図3に示すのは，1962年から2012年までの期間に新たに発見されたクロスセクションの予測ファクターの数である．

3.2. 次元の呪い（Curse of dimensionality）

Fama-French（1993）の新しいファクターの検証は，ポートフォリオソート

という方法を使っている。規模と時価簿価比率で全上場銘柄を5分位×5分位，計25分位ポートフォリオを作成し，それぞれのポートフォリオにおける平均リターンを計算するのである。その結果，規模が大きくなればなるほど平均リターンは低下し，簿価時価比率が高くなればなるほど平均リターンは低下することが確認できる。しかし，ファクターの数が増えれば増えるほどポートフォリオソートで対応することはできなくなる。ファクターが1つないし2つであれば問題ないが，5つのファクターを同時に検証しようとすると，$5^5 = 3125$通りのポートフォリオを作成する必要があり，十分に分散された銘柄数を確保するためには銘柄数が足りないという状態に陥る。いわゆる次元の呪い（curse of dimensionality）に直面するのである。したがって新しいファクターの確認は，新たに発見されたファクターでポートフォリオを構築し，ファクターベースのソーティングをおこない，ファクターの強弱によって5分位に並べる。次に，第1分位 Long と第5分位 Short の Long/Short ポートフォリオを時系列観察する，という手法をとる。こうした時系列ポートフォリオが規模と簿価時価比率をコントロールした Fama. French Three Factor Model あるいは Carhart Four Factor Model で回帰したときに，有意な α を示せば新たなファクターの誕生となるのである。

　新しいファクターが240を超える現状を考えるに，資産運用者の立場でもっとも気になるところは，はたしてそれらのファクターは真にクロスセクションの予測ファクターになっているのかどうかという点である。仮に全てのファクターがクロスセクションの予測ファクターになっているのであれば，一体どのファクターに重みを持たせたポートフォリオを組むのが最も α を獲得できるのであろうか。長期的に α は獲得できるのかもしれないが，時系列に変化する予測ファクターであれば，資産運用に応用できないのではないか。こうした疑問に応えるのが，Lewellen（2015）である。

　Lewellen（2015）は，簿価時価比率や会計発生高等の企業属性が期待リターンの形成に関係していていることは事後的には確認されたが，将来においてそうした属性が予測力をもっているかどうかに着眼した。彼は手法として Fama-Macbeth 回帰を援用し，過去の企業属性に基づく期待リターンの予測力を，推定に使わなかったデータ（out of sample data）で調査したのである。仮に過去データを用いたファクターモデルが完全に機能しているのであれば，out of sample 期間の次年度以降に実現したリターンを被説明変数，本年度のファクターを用い

第Ⅱ部　行動経済学の広がりと奥行き

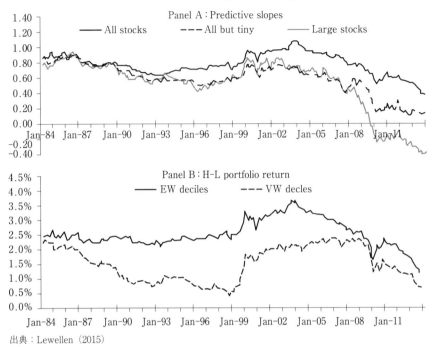

図4　ファクター予測能力の時系列推移

出典：Lewellen（2015）

て予測するリターンを説明変数とする場合の回帰係数は1となるはずである．もし，過去データから推定される期待リターンにバイアスが乗っている場合や，あるいはファクターの効果が時系列変動するのであれば，回帰係数は1から解離するだろう．

　検証の結果は図4の通りである．ここでは規模，簿価時価比率，モーメンタム，ROA，配当利回り，会計発生高，β，新株発行，負債，売上，出来高，成長率など15のファクターを考慮したモデルの結果を示している．投資家はt時点の情報に依拠して投資ポートフォリオを作りt+1のリターンを予測する．そこで，Fama-Macbeth（1973）の手法に準拠し，過去10年間のデータで，15のファクターの重みを推定する．その推定値を用いて，将来のリターンを予測する．予想された月次リターンを説明変数，実現月次リターンを被説明変数として1年間のデータを用いて線形回帰し，その傾きを観察するのである．10年の推定期間を毎年ずらしていく（ローリングウィンドウ方式）手法で検証するため，データは1974

第9章　AIと行動ファイナンス

年から使っているが，図4では1984年が起点となっている．

　Panel A では傾きの時系列推移を以下の3つのユニバース別に示している．全上場銘柄で検証した"All stock"，NYSE の時価総額下位20％を除いて検証した"All but tiny"，また，NYSE の時価総額の中央値以上の"Large stock"である．全体を概観すると，ファクター効果は時系列の変動を繰り返していることがわかる．とりわけ，金融危機時には"Large stock"のユニバースで，ファクターモデルの予想と反対の結果が出ている．この中身を見ると，大型株においてモーメンタムファクターが強く負の効果をもたらしているのが大きな原因と考えられる．金融危機時には，過去の winner を購入すると大きく下落し，過去の loserのパフォーマンスが相対的に高かったのだ．全体に傾きは小さくなる傾向にあるが，1990年代中頃にも同様の傾向がみられてからまた拡大しているので，一定の傾向を示しているとは言い難い．

　Panel B はファクターモデルが予測する期待リターンに基づき，期待リターンの高い10％を買い持ち（long）し，低い10％を空売り（short）するというLong/Short ポートフォリオを構築した場合の実現リターンを示している．単純平均（EW）と時価総額加重平均（VW）の双方とも正のリターンを示すが，差異は金融危機以降に小さくなり，これまでのファクターに依存したポートフォリオ構築に不安を投げかける結果となっている．

3.3.　LASSO による変数選択

　2011年の AFA（American Finance Association）の会長講演で John Cochraneはこのように述べている．「現在の資産価格評価モデルの研究分野には新たなファクターが動物園のようにあふれかえっている．このような状況に対処するために我々には新しい方法論が必要だ」．数多くのファクターの中で，どのファクターが追加的説明力をもつのかを特定する手法として，線形回帰の手法では対処しきれない状況になってきているからである．図4の検証結果からもわかるように，ファクターの効果について短期的な予測は不可能である．運用者の立場から考えると，長期の期待値としてはプラスであっても，単年度で大きな損失を出す可能性が大きいファクターに過度に依拠してポートフォリオを組成することはリスクである．例えば，モーメンタムファクターは金融危機前までは非常にロバストであったが，このファクターに過度に依拠したポートフォリオで臨めば，金融

215

第Ⅱ部　行動経済学の広がりと奥行き

危機後には手痛い失敗を被った．ここに，どのファクターにも過度には依存せず，高い期待リターンを達成したいという切実な実務的ニーズが存在する．

こうしたニーズに応えるには，現在のファイナンス研究の主流である分位ポートフォリオの作成による検証方法は大きく3つの問題をはらんでいるといえよう．第一に，先に述べた通り，同時に考慮できるファクター数に限界があること．第二に，分位間の他のファクターの影響が常に観察できるわけではないということである．仮に規模で5分位に分け，小型株に属する企業間にのみ簿価時価比率による平均リターンの差異が認められたら，簿価時価比率はファクターとして無視すべきだろうか．小型株だけにバリュー効果が見られる場合はどう扱うのかが難しいという点．第三に，期待リターンは時系列に一定だとの前提で分位ポートフォリオを作成するが，時系列に変動している場合，分位ポートフォリオによる検証は機能しない点．そこで，実務的ニーズに応える一つの方向性として，最小二乗法（OLS）で考えるのではなく，非線形の推定を行った場合にどのような結果になるかを検証したのが，Freyberger et al.（2017）である．彼らは変数選択の手法として，Huang et al.（2010）の推奨している 'adaptive group LASSO' という手法を用いて，ファクター選択を行い，非線形の推定を行った．その結果，線形で推定するよりもノンパラメトリックな LASSO 推定にもとづいてポートフォリオを構築した方が良い結果が出ることを発見した．具体的には，1963年から1990年までのデータで LASSO を用いて全てのファクター（かれらは36のファクターを列挙）から変数選択させ，そのモデルを使って1991年から2014年までの out of sample 期間でテストしたのである．LASSO モデルが算出する最も期待リターンの高い第1分位と低い第10分位の Long/Short ポートフォリオでテストした結果と線形モデルのそれとを比較したところ，LASSO モデルは1.24のシャープ・レシオに対して線形モデルは1.01であった．LASSO モデルを用いて，どの程度ファクターの時系列変動を予測できるかについてははっきりした証拠は提示されていないが，機械学習的アプローチの有効性を実証したと言えるだろう．

機械学習の要は訓練誤差とテスト誤差の差異をどう縮めていくかにある．訓練データで良い結果が出たとしても，それは過学習の危険性を含んでおり，モデル構築に用いた期間の外では大きく外すリスクを抱える．Freyberger et al.（2017）の結果は，過学習をコントロールしながら機械学習を活用することで，実務的課

第9章 AIと行動ファイナンス

題を解決する有効な手段となり得ることを示している.

4. ネットワーク解析による株価の予測可能性

4.1. 企業属性以外の情報に依拠するクロスセクションの予測ファクター

　従来の資産価格評価モデルの検証は，概ね，過去の株価データ，出来高データ，企業の財務データ等に基づいた属性分類を行い，その効果を検証したものである．株式の期待リターンを説明するものは，株式のリスクファクターでなければならないというのが，資産価格評価モデルの出発点であるから，ファクターとなり得る情報は非常に長期間の検証に耐える必要があり，直近の数年の検証のみではとてもロバストな結果としては受け入れられない．その観点から，長期に入手可能なデータを用いて，斬新な切り口でクロスセクションの予測ファクターを発見したのが，Cohen and Frazzini（2008）である．かれらは，企業の取引関係に着眼し，供給企業（Supplier, S）と顧客企業（Customer, C）の関係性から株価の予測可能性があるかどうかを検証した．

　図5は当該論文からの抜粋であるが，直感的にわかりやすいのでこちらに基づいて解説する．Coastcast 社はゴルフクラブのヘッドを顧客企業である Callaway 社に供給している．ある日，Callaway 社の業績悪化が伝えられ株価が大幅に下落．この下落のうちどの程度企業固有の事情によるもので，どの程度が業界の事情に関することなのかはわからない．Cohen and Frazzini（2008）ではこうした株価動向に着眼し，個別要因か業界要因かの特定はできないかもしれないが，大幅に株価が下落している背景には当該企業の経営環境に関する何らかの情報が存在し，その情報は供給企業にも影響を与えると着想した．一般に企業間取引関係は，一部の有名企業を除いて，ある程度の調査をしないと見えない．彼らは投資家の注意力に限界があるためマーケットは瞬時に評価できず，図5に示す様に Callaway が大幅下落してからタイムラグをおいて Coastcast が下落することになると考えたのである．

　こうした状況が投資家の限定合理性によるものであれば，長期にわたって株価の予測可能性がみられるはずである．それを実証するため，彼らは明白に供給企業・顧客企業（SC）関係が成立している銘柄群に解析対象をしぼり，有価証券報告書ベースで確認できる企業間関係を抽出した．対象となるのは，全上場銘柄の

217

図5 顧客企業（C）から供給企業（S）への波及

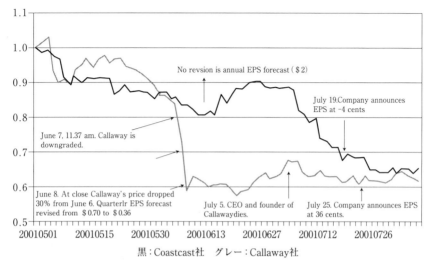

黒：Coastcast社　グレー：Callaway社

出典：Cohen and Frazzini（2008）

10%程度の銘柄群である．それらの中からC企業群のリターンを算出し，t−1月末時点で降順に5分位に分類．最もリターンの高い第1分位にあるC企業群に供給しているS企業群をt月初に購入，同時に第5分位にあるC企業群に供給しているS企業群を空売りするというLong/Shortゼロコストポートフォリオを構築した．そして，そのポートフォリオのカレンダータイムリターンをFama-FrenchのThree Factor Model, Carhart（1997）のFour Factor Model, Pastor and Stambaugh（2003）の流動性を加えたFive Factor Modelで回帰し，αを観察した．その結果，どのモデルで評価しても1％有意水準で正のαが観測されたのである．

こうしたC企業に基づくS企業群モーメンタム戦略が奏功するのは，銘柄によって情報伝播速度の差異が生じているからである．取引関係という新たな情報を用いることにより，市場における情報伝播経路を特定することが可能となり，そこにおける投資家の限定合理性が超過リターンの源泉となっている．

4.2. グラフ理論に基づいた取引関係ネットワーク解析による株価の予測可能性

本節では，羽室・岡田（2018）の人工知能問題研究会（SIG-FPAI）における

報告論文をベースに，Cohen and Frazzini（2008）では捉えられていない情報伝播経路の網羅的な特定と，日次ベースでリターンを観察しながらネットワーク解析理論に基づいた銘柄群を取引することで，より強い株価の予測可能性が示された例を紹介する．

4.2.1. Cohen and Frazzini（2008）との差異

4.1節で，情報は取引関係ネットワークを経路に伝播し，そこに流れる情報の伝播速度の違いがリターンの差異を産むということを紹介した．彼らの研究において着眼しているのは，顧客企業のファンダメンタルズ情報が先に株価に反映され，遅れて供給企業に波及するという点である．しかし，供給企業のファンダメンタルズが改善され，それが顧客企業に波及する経路も存在するはずである．例えば，トヨタ自動車の販売が好調であることにより，部品メーカーであるデンソーが潤うという一方向の経路だけでなく，鉄鋼市況が良くなることで鋼板メーカーのファンダメンタルズが改善するが，鉄鋼市況がよくなっているという状況が更なる自動車販売の好調を予見する要因となるケースもあろう．すなわち，ネットワーク関係を通じての情報伝播を観察する際に，相互依存的な関係も考慮すべきだというのが筆者らの主張である．そこで，本節では，C→Sだけでなく，S→Cの関係性も伝播経路に含まれると考えて検証する．

但し，この関係性を特定するためには，有価証券報告書に記載されている情報だけでは不十分である．羽室・岡田（2018）の検証では，取引関係を年次レポートや報道を通じて公表されるデータから逐一管理している Revere Data Base を活用する．このデータに依拠することで，概ね全上場銘柄間の取引関係を把握することができ，それによって取引関係の濃淡の識別が可能となる．Revere Data Base には2003年以降の取引関係データが収録されているので，検証は2003年からとする．

次に，情報伝播の速度を考える．Cohen and Frazzini（2008）ではt−1月のリターンでC企業群を高い順に並べ，t月月初に呼応するS企業群を Long/Short 取引すると仮定している．この方法で構築したゼロコストポートフォリオに超過リターンが観察されるということは，t−1月末のリターンが含む良い（悪い）ファンダメンタルズ情報が瞬時に反映されておらず，t月以降に織り込まれるということである．ただ，このようなリターンによる銘柄ソートのやり方は，t−1月初からt−1月末までの変化率を見ているため，月中の変化は無視している．

第Ⅱ部　行動経済学の広がりと奥行き

より正確には，良いニュースが入ってきた時点で，その関連企業への情報伝播は始まっていると考えるべきである．例えば，Apple 社の iphone の売れ行きに関するニュースの様に，真にインパクトのあるニュースであれば，多くの投資家が瞬時に反応し，関連部品メーカーへの影響はすぐに株価に反映され株価の予測可能性を産むとは考えにくい．ただ，もう少し注目度の低い企業ニュースであれば，短期間だが株価の予測可能性を産む可能性がある．したがって本節では，日次で株価を観察することでこの Cohen and Frazzini の問題点を克服する．

　日次ベースの観察を実現させるためには，ポートフォリオソートのアプローチは適切ではない．そこで，筆者らはイベントドリブン型の検証を行うことにした．具体的には，株価が急激に上昇した銘柄を教師企業と定義し，その企業と取引関係がある企業群を取引しながらポートフォリオを構築する．

4.2.2. 教師企業の定義

　教師企業とは，その企業に何らかの新たなファンダメンタルズ情報が発生した企業を指し，そうした企業の株価は大きく変動することが予想される．したがって，教師企業を当該企業の d 日間の超過リターン系列（本章の場合 S&P500 種株価指数との差分）と第 d 成分だけ 1 で他は 0 である d 次元ベクトル $\mathbf{u}=(0, 0, \ldots , 1)$ との相関係数 $\mathrm{sim}(.,.)$ を定義して考え，教師企業を中心にポートフォリオの構築を考える．この点が Cohen らの研究手法との大きな違いであり，彼らの手法をポートフォリオソート型だとすると，筆者らの手法はイベントドリブン型と表現できよう．

　この定義によって直近の株価動向が相対的に急激に上昇する教師銘柄を捉えられるが，そのインパクト，すなわち絶対値としての上昇幅を表現することができない．そこで日 t の超過リターンと日 t−d+1 の平均超過リターンの差によってインパクトを考慮する．価格変動パターンとそのインパクトから新たな情報が入力された教師銘柄集合 U_t は(1)式で定義される．

$$U_t=\left\{a\bigg|\mathrm{sim}(\mathbf{r}^a_{t,d}, \mathbf{u})\geq\rho,\ \delta^L\leq r^a_t-\frac{1}{d-1}\sum_{i=1}^{d-1}r^a_{t-i}\leq\delta^U\right\}_{a\in N_t} \tag{1}$$

ここで，$r^a_{t,d}$ は時点 t における銘柄 a の過去 d 日間の超過リターンベクトル $(r^a_{t-d+1}, r^a_{t-d+2}, \ldots r^a_t)$，$\delta^L$ 及び δ^U はインパクトの幅，N_t は対象としたユニバースを示す．本章の実験では，過去 2 週間の株価変動パターンを観察するため，

d=9, δ^L=0.05, δ^U=0.1, N_t は全上場銘柄の時価総額上位20%としている．なお，d=9としているが超過リターンの定義から営業日ベースでは2週間のデータを使っていることになる．また，超過リターンの上限を10%としているのは，あまりにも大きな値をとる倒産寸前の銘柄等の異常値を示す企業を教師企業集合から排除するためである．

4.2.3. 取引戦略と重み付け

教師企業が特定されれば，その企業と取引関係にある銘柄集合を取引する．N_t の取引関係にある銘柄間にエッジを張った有向グラフ G_t を考える．エッジ集合 E_t は取引関係の向きによって二種類考えられる．一つは S → C で G_t^{SC}=(N_t, E_t^{SC})，もう一つは C → S で G_t^{CS}=(N_t, E_t^{CS}) である．今，グラフ上の2つの銘柄 a, b がそれぞれ供給企業，顧客企業の関係にあった場合，SC グラフに基づく戦略では a 企業が教師企業となった場合に b 企業を購入するというものである．逆に b が教師企業となった場合には a は購入しない．

日 t における取引関係ネットワークが G_t(N_t, E_t) と表されるとき，日 t に購入される銘柄集合 Q_t は次のように表される．教師企業 a と取引関係にある銘柄 b が推奨されるのであるが，教師企業は複数存在し得る．したがって他の教師企業が銘柄 b と取引関係にあれば，Q_t には同一銘柄が複数回推奨される場合もあり得る．

$$Q_t = \{b | (a, b) \in E_t, \ b \notin U_t\}_{a \in U_t},\tag{2}$$

次に Q_t に含まれる銘柄の購入方法には，1. 単純に等金額を投資する（EW），2. 時価総額加重で投資する（VW），3. 何らかの重み付けを考慮して投資する3種類の方法が考えられる．一般的にファイナンス研究では EW と VW を検証する場合が多く，EW では比較的小型の銘柄に重みが偏る結果，超過リターンが出やすいことが知られている．そこで，本章では VW を基本とする．さらに，取引関係ネットワークの経路を考える時，教師企業との取引が密である企業の方がそうでない企業よりも新たな情報に対する感応度は高いと考えられる．したがって VW をベースにネットワーク中心性を考慮した重み付けを考える．

ネットワーク中心性とは，グラフ理論においてノードの重要性を評価するための指標であり，ソーシャル・ネットワークにおけるインフルエンサーの同定や道路ネットワークの避難経路の密集地点の評価などに用いられてきた．これまで

第Ⅱ部　行動経済学の広がりと奥行き

様々な方法が提案されているが，本章ではノード媒介中心性（Node Betweenness Centrality, NB）とエッジ媒介中心性（Edge Betweenness Centrality, EB）を用いて重み付けを考える．

ある企業 a のノード媒介中心性 $C^{NB}(a)$ は式(3)で定義される．$g_{i,j}$ はノード i からノード j への最短路の数で，$g_{i,j}(a)$ はその中でノード a を経由する最短路の数である．これはネットワーク上の全ノードペアの最短経路において，企業 a をどの程度経由するかを示したものである．材の流通が最短路で行われることを想定すると，材が経由する当該企業を経由すればするほど中心性は高まり多くの企業がその企業に依存していると言える．

$$C^{NB}(a)=\sum_{i\in V}\sum_{j\in V;j\neq i}\frac{g_{ij}(a)}{g_{ij}} \tag{3}$$

この考え方をエッジに拡張したのが，エッジ媒介中心性 $C^{EB}(a, b)$ であり，式(4)で定義できる．(3)式との違いは，分子が a 企業と b 企業を結ぶエッジを通る数となっている点である．(3)式であれば，中心となるような Apple やトヨタ自動車といった大企業の値が高くなるが，(4)式であれば，関係性に着眼した中心性であり，必ずしも企業規模が大きいからといって中心性が高くなるわけではない．

$$C^{EB}(a, b)=\sum_{i\in V}\sum_{j\in V;j\neq i}\frac{g_{ij}(a, b)}{g_{ij}} \tag{4}$$

最後に中心性の重み付けについて記す．日 t における SC グラフ（あるいは CS グラフ）上での推薦銘柄 $a\in Q_t$ に対する教師銘柄を $S(a)\in U_t$ で表すと銘柄 a のノード媒介中心をもちいた購入重みは $w_t^{NB}(a)$ であり(5)式で定義する．この式で表されるのは，推薦銘柄 a の購入重みは教師銘柄のネットワークにおける強さで調整されるということである．同様にエッジ媒介中心性による重み付けは(6)式で定義する．

$$w_t^{NB}(a)=\frac{C^{NB}(s(a))}{\sum_{i\in Q_t}C^{NB}(s(i))} \tag{5}$$

$$w_t^{EB}(a)=\frac{C^{EB}(s(a), a)}{\sum_{i\in Q_t}C^{EB}(s(i), i)} \tag{6}$$

第9章　AIと行動ファイナンス

表1　情報伝播日数を1日と仮定した取引成績

取引関係の方向性	Weight	a 値（bp）	$p\text{-}value$（%）	年率収益率（%）	取引銘柄数
CS	Original	5.01	1.75	21.2	85,099
	NB	2.68	26.79	14.1	
	EB	3.87	12.49	18.1	
SC	Original	6.32	0.29	22.6	64,819
	NB	5.37	1.35	19.8	
	EB	9.85	0.03	31.4	

注：CSは教師企業がC企業である場合に，関係の深いS企業を買う戦略，SCは教師企業がS
企業である場合に，関係の深いC企業を買う戦略である．検証期間は2003年から2017年5月末
まで．

4.2.4.　実証結果

実験は米国株式市場でおこなった．対象銘柄としては，全上場銘柄のうち時価
総額の上位20％の銘柄群とした．これは，計算時間の短縮と現実に取引可能なレ
ベルの銘柄に絞り込むためである．これまで議論してきたように，実務的応用の
観点から重要となるのは時系列におけるファクター効果の変動である．期待値と
してプラスの α が観測されても，投資期間途中の価値減価が大きければ保有に
耐えることができず，裁定の限界（Limits of Arbitrage）[1]問題に直面する．この
問題を避けるため，本節ではファンダメンタルズ情報の変化があった直後のタイ
ミングで取引関係のある銘柄をポートフォリオに短期間だけ保有する戦略を検証
した．

表1に示すのは，教師銘柄の取引関係にある企業を購入し，1日間保有後に売
却する戦略を採用した場合の時系列ポートフォリオリターンを，Fama-French
のThree Factor Modelで回帰し，その切片項の α 値を観察したものである．ポ
ートフォリオの重み付け（weight）については，先に述べた様に3種類実験し
た．'Original' が時価総額加重平均して推奨銘柄を購入するという戦略，'NB'

---

1) 一般に金融市場では明らかにミスプライスされている証券が存在すればすぐに裁定取引が
　介在して正しい価格に修正されると考えられている．しかし，明らかにミスプライスされて
　いる証券があったとしても，日次ベースで値洗いを要求されるプロの投資家は，ミスプライ
　スの程度が拡大した場合に評価損失を被る．こうした理由でミスプライスが放置されること
　を limits of arbitrage という．

第Ⅱ部　行動経済学の広がりと奥行き

表2　保有日数を変化させた場合の取引成績（*p-value*（%））

取引関係の方向性	Weight	1 日	2 日	3 日	4 日	5 日
CS	Original	1.75	29.00	29.80	78.70	62.50
	NB	26.79	87.40	79.30	83.30	76.90
	EB	12.49	26.70	45.10	84.00	62.50
SC	Original	0.29	0.65	0.64	2.62	2.44
	NB	1.35	4.54	2.14	7.56	15.10
	EB	0.03	0.11	0.14	1.19	0.93

注：CS は教師企業が C 企業である場合に，関係の深い S 企業を買う戦略，SC は教師企業が S 企業である場合に，関係の深い C 企業を買う戦略である．検証期間は2003年から2017年 5 月末まで．

が(5)式で重みを算出したもの，‘EB’が(6)式で重みを算出したものである．ここから明らかなように，短期間保有の成績は Cohen and Frazzini（2008）の CS よりも，SC の方が良い．すなわち，情報伝播は SC においてより遅延が起こっていることを示唆している．CS については，重み付けが機能していないようであるが，SC では EB による重み付けが高い効果を示している．

次に，保有日数を変えて結果の変化を観察する．表 2 に示すように，SC が圧倒的に成績がよい．とりわけ EB での重み付けポートフォリオは 5 日間保有しても超過リターンの水準に変化がないのが特筆される．SC 関係においてはどうしてこれほど良い結果がでるのだろうか．ひとつの推測としては，顧客企業から供給企業への波及は想定しやすいが，供給企業のファンダメンタルズが改善しても，どの顧客にその影響が及ぶのかを特定し難いという現状があるのではないだろうか．供給企業は複数業者に納入しており，真に影響を受ける企業を特定するためには，取引関係を調査しなければならず，そこに株価反応にタイムラグが生じている可能性が考えられる．

最後にカレンダータイムポートフォリオのパフォーマンスを図 6 に示しておく．保有期間については，最も p-value の低い（効果の高い） 1 日保有の例をグラフで表している．一目瞭然であるが，SC の戦略については途中のポートフォリオ価値の下落の程度が少ない点に注目される．S&P500種平均を保有している場合は，125％の累積リターンに対して，SC-EB は470％の累積リターンとなっている．保有期間が短く，情報伝播が一日遅れている銘柄だけをポートフォリオに取り込み，収益を確定しているため，純粋に情報伝播速度の違いを収益化して

図6 各種投資戦略の累積リターン（保有期間1日）

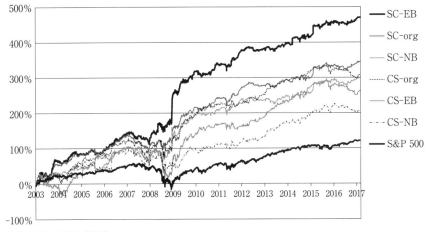

出典：羽室・岡田（2018）

いる戦略と言えよう．このモデルを用いて実運用を行なうためには，取引コストや執行コストを勘案する必要があるが，これだけの差異が生じているため，実務的応用可能性は高いと考えられる．

5. 結語

本章では，これまで蓄積されてきた資産価格評価分野における研究知見に基づいた上で，AIを活用することによって，資産運用の世界に新たな領域をひらく可能性を示唆した．これまで多くのAIの金融応用研究は，時系列分析の枠組みの中で考えられてきた．しかし，株価系列は，ランダムウォークである可能性が高く，AI応用を行ったとしても，その予測能力には疑問を持たざるを得ない．また，実務的応用可能性という観点で考えると，株価予測におけるAIの活用はあまりにもブラックボックスにすぎるため，成績が良くない時期における説明可能性が低い点も大きな障害となる．

そこで，本章では株価予測をクロスセクションの予測ファクターという観点に限定し，そうした研究成果が近年急増している事実を紹介した．予測ファクターの数は年々増加の一途をたどっているが，その整理は未だされていない．そこで

第Ⅱ部　行動経済学の広がりと奥行き

最近は，機械学習の方法論を援用して変数選択しようという取り組みが行われている．

AIの金融応用におけるもう一つの方向性は，これまで活用されていない大規模なデータを，近年の計算速度の進化を活用してすすめることにある．本章では，その一例として取引関係に基づく株価の予測可能性について紹介した．企業間の組み合わせを考える時，取引関係は大規模取引データとなり，グラフ構造で表現し解析するに最も適した情報である．グラフ理論の一般的手法を援用し，企業間の関係性を定量的に評価することで安定的に α を達成するモデル構築が可能となっている．

引用文献

Ariel, A. R., 1987. A monthly effect on stock returns. Journal of Financial Economics 18, 1, 161-174.

Bouman, B. and S. Jacobsen, 2002. The Halloween indicator, 'sell in may and go away': Another puzzle. American Economic Review 92, 1618-1635.

Carhart, M., 1997. On persistence in mutual fund performance. Journal of Finance 52, 57-82.

Cochrane, J., 2011. Presidential address: Discount rates. Journal of Finance 66(4), 1047-1108.

Cohen, L. and A. Frazzini, 2008. Economic links and predictable returns. Journal of Finance 63(4), 1977-2011.

Fama, E. and K. French, 1993. Common risk factors in the returns on stocks and bonds. Journal of Financial Economics 33, 3-56.

Fama, E. and K. French, 1997. Industry costs of equity. Journal of Financial Economics 43, 153-193.

Fama, E. and K. French, 2015. A five-factor 資産価格評価モデル. Journal of Financial Economics 116, 1-22.

Fama, E. and J. MacBeth, 1973. Risk, return and equilibrium: Empirical tests. Journal of Political Economy 81, 607-636.

Freyberger, A., A. Neuhierl and M. Weber, 2017. Nonparametric dissection of the cross section of expected stock returns. AFA Conference paper.

羽室行信，岡田克彦，2018. 情報伝播速度の生み出す投資機会—サプライチェーンネットワークを利用した個別銘柄投資—. 人工知能基本問題研究会報告論文.

Harvey, C., Y. Liu and H. Zhu, 2016. … and the cross-section of expected returns. Review of Financial Studies 29(1), 5-68.

Huang, J., J. Horowitz and F. Wei, 2010. Variable selection in nonparametric additive models. Annals of Statistics 38(4), 2282-2313.

第9章　AIと行動ファイナンス

Kendall, M. and A. Hill, 1953. The analysis of economic time series, part I : Prices. Journal of the Royal Statistical Society, Series A 116(1), 11-34.

Lewellen, J., 2015. The cross section of expected stock returns. Critical Finance Review 4(1), 1-44.

Pastor, L. and R. Stambaugh, 2003. Liquidity risk and expected stock returns. Journal of Political Economy 111, 642-685.

Sakakibara, S., T. Yamasaki and K. Okada, 2013. The calendar structure of the Japanese stock market: The sell in May effect versus the Dekansho-bushi effect. International Review of Finance 13(2), 161-185.

Savor, P. and M. Wilson, 2014. Asset pricing: A tale of two days. Journal of Financial Economics 113(2), 171-201.

第10章

行動ファイナンスと新規株式公開

髙橋秀徳[a]

●要旨

　本章は新規株式公開（IPO）の価格形成に関する理論及び実証研究のレビューを行う．IPO パズルについては長い研究の歴史があるが，絶えず新たな研究が発表されている．近年の研究では，テクノロジーの発展に伴い新しい種類のデータや分析手法を利用することで，IPO パズルの解明が進んでいる．本章では，この分野で特に行動ファイナンスが果たした役割に焦点を当て，IPO 研究の過去と未来を俯瞰する．

キーワード：新規株式公開，初期収益率，行動ファイナンス

JEL Classification Numbers: G24, G40, G14

1. はじめに

　本章では，新規株式公開（Initial Public Offerings; IPOs）の価格形成を取り上げる．IPO とは，企業（未上場会社）が自社の株式を証券取引所で不特定多数の投資家に対して公開し売買可能にすることをいう．アントレプレナーやベンチャーキャピタル（VC）などの既存株主は IPO を通じて魅力的な投資回収の機会を得る．また発行体にとっては，自社の株式に初めて市場価格が付くなど企業のライフサイクルにおいて重要なイベントである．さらに，新規にリスクの引き受け手となる投資家にとっては，未上場であった企業の株式を流通市場で売買する機会を得ることで，ポートフォリオ選択の幅が広がることとなる．このように，IPO は様々な主体に関係するイベントであることからも，これまで様々な視点から数多くの研究が行われてきた．その中でも特にファイナンス研究者を魅了してきたテーマが IPO の価格形成であろう．

---

　a) 名古屋大学大学院経済学研究科 e-mail: hidenori.takahashi@soec.nagoya-u.ac.jp

第Ⅱ部　行動経済学の広がりと奥行き

　本章で IPO の価格形成を取り上げる理由は 3 点ある．第一に，IPO というイベントは非合理的投資家が株価に与える影響を検証するために適した環境を提供する．例えば，IPO は個人投資家の注目を集めることからも，個人投資家の注目と株価の関係を分析することに役立つ．第二に，Ibbotson（1975）の研究から数えると40年以上続く研究の歴史があるが，いまだに数多くの研究が発表されているため，研究のアップデートが必要であると考える．そして第三に，この分野への日本の貢献が挙げられる．日本のデータを用いた論文が，ファイナンスのトップレベルの学術雑誌に掲載された数少ない研究領域ではないだろうか．

　本章の以下の構成は次の通りである．2 節では，IPO 研究で焦点となるパズルについて説明する．3 節および 4 節では，パズルへのアプローチとして，情報の非対称性に基づく理論と行動ファイナンスからの説明をそれぞれ紹介する．5 節では，近年の研究を中心に再び情報ベースの理論に基づく研究を紹介する．そして 6 節で研究の展望を述べる[1]．

2．IPO パズル

　IPO にはよく知られたパズルが存在する．流通市場で初めて取引された日の終値が公開価格と比べて平均的に高くなる傾向がある．これは公開価格が初日の終値と比較して平均的に過小に値付けされていると考えることもできる．そのためこの現象は，高い初期収益率または過小値付け（アンダープライシング）と呼ばれている．Ritter and Welch（2002）は，1980-2001年の米国では初期収益率の平均値は18.8%，1999-2000年のインターネットバブル期においては65%にもなることを報告している．

　2016年 2 月にマザーズに上場した「株式会社はてな」を例に過小値付け現象を説明しよう．図 1 はブックビルディング（BB）方式による株式会社はてなの IPO 価格形成プロセスを示している．主幹事証券会社による価値評価によって想定公開価格は700円と決定されたのち，機関投資家の需要調査（ロードショー）の結果から，仮条件価格帯は700円から800円に設定された．その後，個人投資家

---

1 ）本章では，近年の論文を中心にまとめている．広範囲のレビューについては Ritter and Welch（2002），Ljungqvist（2007），Ritter（2011）を参照されたい．

第10章 行動ファイナンスと新規株式公開

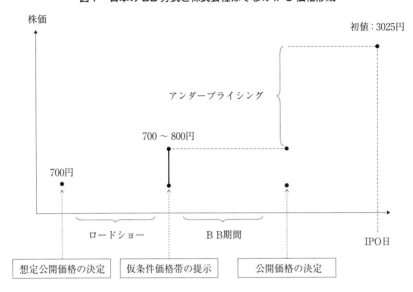

図1 日本のBB方式と株式会社はてなのIPO価格形成

を含む投資家からの需要申告を受け付けるBBを経て最終的に1株当たり800円で公開価格が設定された[2]．このように投資家からの需要状況を考慮して価格付けが行われたはずであるが，流通市場で初めて付いた価格（初値）は3025円と，公開価格を大きく上回った．そして上場初日は2700円で取引を終えた[3]．初値で計算したアンダープライシングは278％（(3025円－800円)÷800円）にもなる[4]．

なぜ公開価格と初値が大きく乖離するのだろうか．伝統的ファイナンスでは，リターンはリスクに対する報酬であると説明される．この原則をIPOパズルに適用すると，高い初期収益率はIPO企業の財務および流動性に関するリスクを負担することへの報酬であると思われるかもしれない．しかし，高い初期収益率

---

2) 仮条件の上限価格で決定した理由として，次の3点を挙げている：①申告された総需要株式数が，公開株式数を十分に上回る状況であったこと，②申告された総需要件数が多数にわたっていたこと，③申告された需要の価格毎の分布状況は，仮条件の上限価格に集中していたこと．
3) IPO初日は買い気配で値が付かなかったため，IPO日の翌日の終値である．
4) 初値と上場初日の市場終値は異なるが，どちらを用いて初期収益率を計算しても大きな違いはない．そのため本章では，これらを区別せず同じ意味で使用する．

は IPO 初日にのみ観察される現象であり，初日の終値で購入した投資家に対するリスク・プレミアムは存在しない．IPO 後数日のうちにこれらのリスクが消滅するとは考えにくい．そのため IPO 研究の焦点は，このパズルをいかに解くかにあるといえる．パズルの解法には大きく分類して二つのアプローチが存在する．情報の非対称性に基づくアプローチと行動ファイナンスからのアプローチである．

3．情報の非対称性に基づく理論からのアプローチ

情報の非対称性モデルは，IPO に関わる主体（発行体，引受人，投資家）の間に情報の非対称性が存在することを前提とする．本節では Rock（1986）と Benveniste and Spindt（1989）の理論を紹介する[5]．

Rock（1986）の逆選択モデルは，発行に関する情報を持つ投資家（'the informed'）と，情報を持たない投資家および発行体と引受人（'the uninformed'）を想定している．新規発行には，良い発行（公開価格が市場価格よりも低く設定された割安な IPO）と悪い発行（公開価格が市場価格よりも高く設定された割高な IPO）が混在しており，情報を持つ投資家は良い発行か悪い発行かを判別できるが，情報を持たない投資家にはそれができないとする．この前提のもとでは，情報を持つ投資家は良い発行のみに参加し，情報を持たない投資家はいずれの発行にも同じように参加する．その結果，情報を持たない投資家は勝者の災い（winner's curse）に直面することになる．つまり，情報を持たない投資家は，割高な IPO の割り当ては受けることができるが，割安な IPO の割り当ては需要の一部しか受けることができない．このような不釣り合いな割り当てが起きる状況では，情報を持たない投資家は IPO に参加したいとは思わないであろう．Rock は，新規公開株の供給を，情報を持つ投資家の需要だけで満たすことができず，情報を持たない投資家にも参加してもらう必要があると仮定している．情報を持たない投資家を IPO につなぎとめるための条件は，情報を持たない投資家の期待収益率が非負となることである．そのため，割高な IPO を不釣り合いに割り当てられることへの報酬として，発行体は新規公開株を平均的に過小に値付けし

5）その他の理論については Ljungqvist（2007）を参照されたい．

なければならない.

Benveniste and Spindt（1989）の情報顕示理論では，ロードショーやBBを通じて，アンダーライターが投資家の保有する情報を引き出す状況を考える．アンダーライターが，公開価格設定に有益な情報を持つ継続的投資家（'regular investors'）から私的情報を引き出そうとするが，継続的投資家はポジティブな情報をアンダーライターに伝えるインセンティブはない．そこで，アンダーライターは情報提供の見返り（*quid pro quo*）として投資家に過小値付けした株式を割り当てる.

このように情報の非対称性モデルでは，公開価格が市場価格に対して過小値付けされていると考える.

しかし，2000年代の研究では，次第に情報の非対称性モデルに対する疑問が生じることとなる．Ritter and Welch（2002）は，情報の非対称性に基づく理論ではインターネットバブル期（1999-2000年）の高い初期収益率を説明できそうになく，情報の非対称性はアンダープライシングの主要な決定要因にはならないと主張した．そして将来，行動ファイナンスおよびエージェンシー対立の視点からの説明が大きな役割を果たすだろうとIPO研究の新たな方向性を示した.

Ritter and Welch（2002）のこの主張を支持する実証結果が報告されている．Butler et al.（2014）は，1981-2007年に行われた米国IPOのサンプルを用いて，これまでの先行研究で使用されている，初期収益率の決定要因とされる48個の変数の中から頑健な15個の変数を特定した．15個の説明変数はすべてIPO日前に利用可能な公開情報（あるいは公開情報から容易に計算可能な変数）であった．具体的には，発行会社の売上高や負債比率，仮条件価格帯の中間値（midpoint）から公開価格までの変化率，IPO日から過去30日間に行われた他社のIPOの平均初期収益率などである．重回帰分析の結果では，15個の変数だけで初期収益率の変動の45.5%を説明できることが示されている．この結果は，初期収益率は情報の非対称性だけでは説明できず，他の要因も重要であることを示唆しており，また，初期収益率の決定要因としての私的情報の重要性に疑問を投げかけた.

4. 行動ファイナンスからのアプローチ

行動ファイナンスは二つの基礎的要素からなる．心理（psychology）と裁定取

第Ⅱ部　行動経済学の広がりと奥行き

引の限界（limits to arbitrage）である（see, Barberis and Thaler 2003, Ritter 2003）．これらの要素を用いて IPO パズルをどのように説明できるだろうか．本節では，初期収益率の行動ファイナンス的説明を紹介する．

4.1.　プロスペクト理論とメンタル・アカウンティング

　市場価格より公開価格が低く設定されているとすれば，発行体は市場で調達できたはずの資金を調達し損ねたことを意味する．これは発行体にとっての損失，つまりコストと考えることができる．このコストは Money Left on the Table と呼ばれ，次式で定義される．

Money Left on the Table
　　＝IPO での公開株数×（初日の市場終値－公開価格）

もし，株価が公開価格ではなく初日の終値で評価されていたとすれば，発行体は，より多額の資金を調達できていたことになるか，あるいは実際に調達した金額と等しい額を調達するために，より少数の株式を発行することで既存株主の希薄化を抑えることができたはずである．

　Money Left on the Table を先の「株式会社はてな」の例を用いて説明する．上場初日の終値は2700円，公開価格は800円，公開株数は868,200株（募集370,000株と売出し498,200株（オーバーアロットメントによる売出し含む））であるため，Money Left on the Table は約16.5億円と計算される．これは発行会社にとって多額の機会費用といえるであろう[6]．それにもかかわらず，社長は「株式市場の高い期待に感謝したい」と話している[7]．なぜ16.5億円もの資金を市場で調達し損ねたにもかかわらず，低い価格設定をした主幹事証券会社に対して不満を漏らさないのだろうか．Loughran and Ritter（2002）は，このミステリーをプロスペクト理論（Kahneman and Tversky 1979）で説明した．プロスペク

　6）発行会社は，間接的コストの他に，アンダーライターに引受手数料（直接的コストの構成要素）を支払う．引受価格と公開価格との差額の総額は引受人の手取金となる．直接的コストの研究については，Chen and Ritter（2000）や Abrahamson et al.（2011）を参照．
　7）「新興—はてな，初日は買い気配，今年の新規上場，第1号，高い知名度を評価の見方」日本経済新聞，2016年2月25日，朝刊19ページ．

234

ト理論では，人は富の水準ではなく，参照点からの富の変化に関心があると考える．IPO の文脈においては，仮条件価格帯の中間値を参照点とし，アントレプレナーが予想した価格よりも高い価格が設定されたことによる富の増加とアンダープライシングによる富の減少の合計で価値評価すると考える．富の増加が富の減少を上回る場合，アントレプレナーはアンダーライターの価格設定に満足する．一方アンダーライターは過小値付けした株式を顧客（投資家）に割り当てる代わりに，顧客からの見返りを期待できる．そのため，Money Left on the Table はアンダーライターにとっての間接報酬とみなすことができる．では，なぜアンダーライターは，報酬を間接的にではなく，直接報酬（グロス・スプレッド）として徴収しないのだろうか．Loughran and Ritter はその理由をメンタル・アカウンティング（Thaler 1980）で説明している．発行体は機会費用を直接報酬ほど重要とは考えていないようである．

Loughran and McDonald（2013）は，Form S-1の文章に不確実またはネガティブな言葉を含んでいる場合，発行体はアンダーライターに対して，弱い情報の立場にあると考えた．このような状況においては，アンダーライターは想定発行価格を低く見積もり，投資家の高い需要を部分的に公開価格に織り込むと考えられる．プロスペクト理論に従うと，S-1に不確実な言葉が多く含まれている場合，上方に価格調整が行われると予測でき，Loughran and McDonald の実証結果はこの予測を支持している．

4.2. センチメント

市場価格（初値）は，ファンダメンタルバリューではなく，投機的バブルと考えることもできる．新規発行の割り当てを受けることができなかった投機的投資家が株価をファンダメンタルバリューから乖離させている可能性がある．Ljung-qvist et al.（2006）は，資産のファンダメンタルバリューに基づいて売買を行わない投資家をセンチメント投資家と呼んだ．

近年の IPO 研究では，様々な情報からセンチメントを計測する試みがある[8]．Bajo and Raimondo（2017）は，Wall Street Journal や New York Times などの

8）Liew and Wang（2016）は Twitter から，また Tsukioka et al.（2018）は Yahoo! 掲示板の書き込みから，投資家のセンチメントを計測している．

新聞記事からセンチメントを計測し，当該 IPO に関する記事のポジティブ・トーン（ポジティブ・センチメント）と高い初期収益率の関係を明らかにした．メディアは個人投資家の信念に影響を与え，IPO 株への需要を促し，高い初期収益率につながると説明している．

Clarke et al.（2016）は，米国とは異なるインドの IPO 市場の特徴を利用して，投資家センチメントを計測した．インドの BB 方式のもとでは，投資家タイプ（機関投資家と非機関投資家）ごとの需要申告の情報が開示される．Clarke et al. は，2003-2014年に行われた362件の IPO をサンプルに用いて，情報を持たない投資家の満たされない需要（実際に割り当てられた株数を超過する需要申告の発行株数に対する割合で定義）が高い IPO では初期収益率が高くなる傾向があることを明らかにした．これは投資家センチメントに基づくモデルを支持する結果である．また，インドの BB 方式のもとでは，投資家は BB 期間の需要状況を観察することができるため，情報を持たない投資家の勝者の災いは生じないはずである．しかし，このような状況においても，平均23％のアンダープライシングが生じており，この結果は Rock（1986）の逆選択理論では説明できない．さらに，インドでは2005年11月以降，アンダーライターによる IPO 株の裁量的配分が規制されており，この規制導入前後で初期収益率の平均値に有意な差はみられないこと，また機関投資家の需要は（規制前後のいずれの期間においても）初期収益率に影響を与えていないことからも，Benveniste and Spindt（1989）の情報顕示理論による説明とも一致しない．

4.3. 投資家の注目

伝統的ファイナンスでは，人間はすべての利用可能な情報を使用して，期待効用を最大にするようなポートフォリオを選択すると考える．しかし，現実には人間の情報処理には能力的・時間的な限界があるため，簡便法を用いた判断に頼る．これを限定合理性（bounded rationality）と呼ぶ．

株式を購入する際，投資家は膨大な探索問題に直面する．2018年3月時点で，東京証券取引所（第一部，第二部，マザーズ，JASDAQ, Pro Market）には約3600社が上場しているが[9]，投資家はこのような膨大な選択肢の中からどのよう

9）日本取引所グループ：http://www.jpx.co.jp/listing/co/index.html

第10章 行動ファイナンスと新規株式公開

に銘柄選択を行うのだろうか. Barber and Odean (2008) は, 個人投資家は注目銘柄の純購入者となると主張した. つまり, 注目された株式は個人投資家の買いが売りよりも多くなる. Barber and Odean は, 異常取引量, 超過収益率およびニュースを間接的な注目指標として用いて, この理論を実証的に示した.

Da et al. (2011) は Barber and Odean (2008) の注目理論で IPO パズルを説明している. Da et al.は Google Search Volume Index (SVI) を個人投資家の直接的な注目指標として用いて, 異常 SVI と初期収益率の正の関係を明らかにした. さらに, 高い異常 SVI と高い初期収益率を経験した IPO 株はその後, 株価のアンダーパフォーマンスが観察されることを示した. IPO 株は個人投資家の注目を集めるため, IPO 日に価格上昇圧力が働き一時的に過大評価されるが, それは次第に是正されていくと解釈できる. このように注目理論では, 情報の非対称性に基づく理論では説明されていない, 高い初期収益率と長期のアンダーパフォーマンスという二つの IPO パズルを同時に説明することが可能である.

企業名も投資家の注目を集めるようだ. 伝統的ファイナンスでは, 企業名は企業が生み出す将来キャッシュフローとは無関係であるため企業価値には影響しないと考えられている. しかし, 企業名が企業価値に影響を与える証拠が存在する. Bae and Wang (2012) は, 米国の証券市場に上場している中国企業で企業名に"China"という語を含む企業 (チャイナネーム株) は, それを含まない企業 (非チャイナネーム株) に比べて高いリターンをあげるという「チャイナネーム効果」を発見した. ただし, この効果は, 中国株がブームに沸いていた (中国株に投資家の注目が集まっていた) 2006年から2007年10月において顕著であり, 2007年11月から2008年にはチャイナネーム株は価格の下落を経験している. この結果は, 投資家の注目により一時的な価格上昇圧力が働くという注目理論の予測と一致する. さらに, チャイナネーム効果が投資家の注目により生じている証拠として, チャイナネーム IPO の平均初期収益率は非チャイナネーム IPO のそれより約2倍 (35.4% vs. 17.8%) 高いことを示している. Bae and Wang は, 47社 (IPO の分析においては28社) という小サンプルではあるが, チャイナネーム株の高いリターンは, 企業属性やリスクの違いによるものではないという証拠も提示している[10].

---

10) 長期のパフォーマンスに関する分析は行われていない.

第Ⅱ部　行動経済学の広がりと奥行き

中国に関連する興味深い研究をもう一つ紹介しよう．Hirshleifer et al.（2018）は，中国の数字にまつわる迷信が投資家の資産価格評価に影響を与えている証拠を提示した．中国では 6, 8, 9 は幸運の数字（ラッキーナンバー），4 は悲運の数字（アンラッキーナンバー）とされている．上場時のコードにラッキーナンバーのうち少なくとも一つを含み 4 を含まない企業を‘ラッキーナンバー企業’，逆にラッキーナンバーを含まず 4 を含む企業を‘アンラッキーナンバー企業’と定義し，この 2 つのグループの初期収益率と IPO 後 3 年間の株価パフォーマンスを比較した．その結果，ラッキーナンバー企業の初期収益率はアンラッキーナンバー企業のそれより平均的に34.4％高いが，3 年間という長期でみると，ラッキーナンバー企業の株価はアンラッキーナンバー企業の株価をアンダーパフォームすることを明らかにした．この結果は，ラッキーナンバー IPO に対する一時的な過大評価は長期的にはファンダメンタルバリューに収斂すると解釈できる．ラッキーナンバー企業をショートし，アンラッキーナンバー企業をロングする投資戦略でポートフォリオを構築すると年率 6 ％のアルファが得られる．では，なぜ賢明な投資家はラッキーナンバー IPO を空売りすることで利益を得ようとしないのだろうか（なぜアルファは消滅しないのだろうか）．Hirshleifer et al.はその理由として，裁定取引の限界を挙げる．一般に中国では最近まで空売りが規制されており，裁定取引に限界が生じるため，アルファが観察されると説明している．

中国企業のアリババ集団は2014年 9 月18日に公開価格が 1 株当たり68ドルで設定され[11]，翌日にニューヨーク証券取引所に上場を果たした．中国でのラッキーナンバーが多く含まれていることに気づくだろう．これは偶然の一致ではない[12]．

---

11) 9 月18日（9.18）は中国語で，就要发と発音が似ており，これには商売繁盛という意味がある．

12) Alibaba's Shares Close Up 38% on First Day of Trading, *The New York Times*（September 19, 2014）.

5. 情報の非対称性に基づく理論も根強い

近年の IPO 研究では，行動ファインナンス的説明だけでなく，情報の非対称性に基づく理論を支持する結果も多数報告されている．

Bauguess et al.（2015）は，米国証券取引委員会（SEC）の EDGAR システムでの検索トラフィックを当該 IPO に関する情報を持つ投資家需要の代替変数として用いて，検索トラフィックが多い IPO は大幅な価格調整が行われ，アンダープライシングの程度も大きいことを明らかにした．この結果は，情報を持つ投資家の価格発見機能に対する報酬としてアンダープライシングが行われている証拠であり，Benveniste and Spindt（1989）の情報顕示理論に一致すると結論付けている．

Brown and Kovbasyuk（2016）は IPO 価格設定において機関投資家が保有する私的情報の重要性に関する証拠を提示した．Brown and Kovbasyuk は Form 13F（機関投資家が運用するポートフォリオの四半期報告書）から，高い異常初期収益率の IPO を継続的に購入している機関投資家グループを特定し，それらを‘キー・インベスター（Key investors）’と名付けた．そして，なぜそれらの機関投資家は“Key”となりえたのかを分析した．仮に，キー・インベスターは IPO 企業に関する観察可能な共通要因（例えば，VC から投資を受けているか否かなど）から判別し，高い初期収益率が期待できる IPO にのみ参加しているのであれば，回帰分析において，観察可能な企業属性を制御すれば，キー・インベスターと高い初期収益率の関係は消滅するはずである．ところが，企業属性に関する変数を制御した後でさえもキー・インベスターの参加と高い初期収益率の間には統計的・経済的に有意な関係がみられた．この関係は，キー・インベスターの業種に関する専門性が強く影響しており，また機関投資家からの情報がより重要になる評価困難な発行会社で顕著であった．さらに，キー・インベスターが参加する IPO で大幅な価格調整が行われていることも示しており，これらの結果は，情報ベースの理論を支持する証拠であると結論付けている．

6. 今後の展望

これまで IPO パズルに関する多くの理論研究と実証研究が行われてきた．と

第Ⅱ部　行動経済学の広がりと奥行き

はいえ，高い初期収益率を理解するためには，さらなる研究が必要であると考える．本節では今後の展望を述べたい．

6.1.　指標の精緻化

　近年のファイナンス研究は，データの蓄積やテクノロジーの発展により，分析手法も多彩になっている．IPO 研究でも同様の傾向がみられる．例えば，Google の SVI（e.g., Da et al. 2011, Jiang and Li 2013）や EDGAR システムの検索トラフィック（Bauguess et al. 2015）などのウェブデータが利用されたり，テキストマイニング（Loughran and McDonald 2013, Tsukioka et al. 2018）や LASSO（Butler et al. 2014）などの分析手法が取り入れられている．今後の展開として，音声データや画像データが利用されることは容易に想像できる．

　しかし，単に新たな指標や分析手法を取り入れるだけでなく，用いる指標が何を捉え，結果をどのように解釈できるのかというファイナンス理論との関連付けが不可欠である．Da et al.（2011）と Bauguess et al.（2015）の研究を比較することで，この重要性を説明したい．これら二つの研究はいずれも IPO 前の検索（またはアクセス）数と価格調整及び初期収益率の関係を分析している．そして，検索数と価格調整，初期収益率の間には正の関係があるという発見事項は類似しているが，指標の捉え方が異なる．Da et al.では個人投資家の注目指標としてGoogle SVI を用いている一方で，Bauguess et al.では投資家の需要申告（新規発行に関する情報への需要）として EDGAR システム上での検索トラフィックを用いている．Bauguess et al.は，Google 検索は企業に関する広範な関心を表す一方で，EDGAR は発行に関する金融文書の検索という違いがあると説明している．このように，指標の捉え方が異なると分析結果の理論的解釈も異なるのである．

6.2.　国際比較

　もう一つの方向性は国際比較である．初期収益率は国ごとに大きく異なる（Loughran et al. 1994）．なぜ各国で初期収益率が異なるのだろうか．先行研究から少なくとも二つの要因が考えられる．

　第一に，制度に起因する要因である．IPO の価格設定には BB 方式が広く利用されているが，その方法は各国で異なる．米国とは異なる国の制度的特徴を利用

した研究は多く存在する（e.g., Kutsuna et al. 2009, Clarke et al. 2016）．Chang et al.（2017）は，台湾のプレ IPO 市場（The Emerging Stock Market; ESM）の存在という特徴を利用してアンダープライシングの原因を分析した．2005年以降台湾では，未上場企業は上場申請の遅くとも 6 カ月前から ESM で取引されることが義務付けられている．プレ市場での価格を観察することができるのだから，企業価値評価の不確実性や情報の非対称性はほとんど存在しないはずである．それにもかかわらず，台湾の主要証券取引所（台湾証券取引所とグレタイ証券市場）に上場する企業は，平均55％と高い初期収益率が観察される．つまり，情報の非対称性に基づく理論ではこのように高い初期収益率を説明することが困難である．Chang et al.は，アンダープライシングの程度が大きくなるほどアンダーライターの IPO 手数料と仲介収益が増加する傾向がある証拠を示し，アンダーライターには自身の便益のために公開価格を故意に低く設定するインセンティブが働いているというエージェンシー仮説と整合的な結果であると主張した．

　BB 方式のプロセスが異なる二ヵ国を直接比較した研究も存在する．Okada and Takahashi（2018）は，米国と日本の BB 方式の違いに着目し，IPO 企業のホームページのページビュー（PV）を投資家の注目度指標として用いて，PVが IPO の価格形成に与える影響を分析した．米国の BB 方式では仮条件価格帯の外で公開価格が設定されることがある一方で，日本の BB 方式のもとでは仮条件価格帯の範囲内で公開価格が設定される．Okada and Takahashi は，このような硬直的な日本の BB 方式のもとでは，投資家の需要を十分に織り込んだ価格設定ができないために高い初期収益率が観察されると主張する．日本の初期収益率は先進国の中でも比較的高く，BB 方式の違いが原因の一つである可能性を指摘している．鈴木（2017）も，日本の硬直的な BB 方式のもとでは，投資家の需要に関する情報が公開価格に十分に織り込まれていないと批判している．

　第二の視点は文化的要因である．投資家のいくつかの心理的バイアスは文化に由来する（e.g., Hirshleifer et al. 2018）．そして，文化に由来する心理的要因が資産価格に影響を与える証拠が存在する．Weng（2018）は，台湾市場においても，数字にまつわる迷信（Hirshleifer et al. 2018）が資産価格のミスプライシングをもたらしていることを示した．台湾文化でも中国同様，6, 8, 9 がラッキーナンバー，4 がアンラッキーナンバーとされている．企業が証券取引所に上場する際の 4 桁コードにラッキーナンバーのいずれかを含み 4 を含まない企業を‘ラッ

第Ⅱ部　行動経済学の広がりと奥行き

キー企業'；4を含みラッキーナンバーを含まない企業を'アンラッキー企業'と
定義した．1991-2015年のサンプルを用いて，ラッキー企業とアンラッキー企業
のIPO後5年間の株価パフォーマンスを比較した結果，Hirshleifer et al.（2018）
とは異なり，ラッキー企業はアンラッキー企業に比べて継続して高いリターン
（平均0.61％/月）をあげていることを明らかにした．ただし，この傾向は，台湾
の証券市場で機関投資家の存在が増した時期や機関投資家の保有比率が高い企業
のサブサンプルでは観察されない．これらの結果から，個人投資家（非合理的投
資家）の心理的バイアスが資産価格をファンダメンタルバリューから乖離させ，
そのミスプライシングは長期にわたり解消されないと説明している．

　このように，制度や文化の違いに注目した国際比較から，各国の初期収益率の
違いやアンダープライシングのメカニズムを分析することが有効であろう．

6.3.　裁定取引の限界

　行動ファイナンスにおいて，投資家心理と並び重要な要素は裁定取引の限界で
ある．初値の高騰を説明するいくつかの理論は，IPO株の空売りが困難である
との前提のもとに構築されている（e.g., Miller 1977, Rock 1986; Derrien 2005,
Ljungqvist et al. 2006）．

　ところが，Edwards and Hanley（2010）はこの前提に異議を唱えた．2005-
2006年に米国で行われた388件のIPOを用いて，IPO直後の空売り状況を分析し
た結果，サンプルのほぼすべてにおいてIPO初日に空売りが行われていたので
ある．IPO初日の空売り比率は平均で発行株数の7％，取引量の12％を占める，
空売り取引の多くが取引開始後15分以内に行われていることを示した．さらに，
初期収益率が高いIPOほど，多くの空売りが行われていることを明らかにした．
これらの結果から，空売りの困難性以外の要因（空売りの低収益性）が，高い初
期収益率が十分に解消されない原因である可能性を指摘している．Edwards and
Hanleyの研究からも分かるように，これまで十分に検証されていない，理論の
前提を分析する必要がある．裁定取引の限界はその一つであろう．

6.4.　結語

　行動ファイナンスはIPO研究に大きく貢献してきた．ただし，IPOパズルを
説明する理論として，情報の非対称性に基づく理論と行動ファイナンスによる説

242

第10章　行動ファイナンスと新規株式公開

明は相互排他的ではない．それらの相対的な重要性を明らかにしていくことが重要である[13]．IPOパズルへの挑戦はもうしばらく続きそうだ．

引用文献

Abrahamson, M., T. Jenkinson, and H. Jones, 2011. Why don't US issuers demand European fees for IPOs? Journal of Finance 66, 2055-2082.

Bae, K. H. and W. Wang, 2012. What's in a "China" name? A test of investor attention hypothesis. Financial Management 41, 429-455.

Bajo, E. and C. Raimondo, 2017. Media sentiment and IPO underpricing. Journal of Corporate Finance 46, 139-153.

Barber, B. M. and T. Odean, 2008. All that glitters: The effect of attention and news on the buying behavior of individual and institutional investors. Review of Financial Studies 21, 785-818.

Barberis, N. and R. Thaler, 2003. A survey of behavioral finance. Handbook of the Economics of Finance 1, 1053-1128.

Bauguess, S. W., J. W. Cooney Jr., and K. W. Hanley, 2015. Investor demand for information in newly issued securities. Unpublished Working Paper.

Benveniste, L. M. and P. A. Spindt, 1989. How investment bankers determine the offer price and allocation of new issues. Journal of Financial Economics 24, 343-361.

Brown, D. C. and S. Kovbasyuk, 2016. Key Investors in IPOs. Unpublished Working Paper.

Butler, A. W., M. O. C. Keefe, and R. Kieschnick, 2014. Robust determinants of IPO underpricing and their implications for IPO research. Journal of Corporate Finance 27, 367-383.

Chang, C., Y. M. Chiang, Y. Qian, and J. R. Ritter, 2017. Premarket trading and IPO pricing. Review of Financial Studies 30, 835-865.

Chen, H. C. and J. R. Ritter, 2000. The seven percent solution. Journal of Finance 55, 1105-1131.

Clarke, J., A. Khurshed, A. Pande, and A. K. Singh, 2016. Sentiment traders & IPO initial returns: The Indian evidence. Journal of Corporate Finance 37, 24-37.

Da, Z. H. I., J. Engelberg, and P. Gao, 2011. In search of attention. Journal of Finance 66, 1461-1499.

Derrien, F., 2005. IPO pricing in "hot" market conditions: Who leaves money on the table? Journal of Finance 60, 487-521.

Edwards, A. K. and K. W. Hanley, 2010. Short selling in initial public offerings. Journal of Financial Economics 98, 21-39.

Hirshleifer, D., M. Jian, and H. Zhang, 2018. Superstition and financial decision making. Management Science 64, 235-252.

Ibbotson, R. G., 1975. Price performance of common stock new issues. Journal of Financial

---

13) 例えば，Clarke et al.（2016）は，初期収益率の構成要素を分解し，情報の非対称性に基づくモデルと投資家センチメントに基づくモデルの相対的な重要性を分析している．

第Ⅱ部　行動経済学の広がりと奥行き

Economics 2, 235-272.

Jiang, L. and G. Li, 2013. Investor sentiment and IPO pricing during pre-market and aftermarket periods: Evidence from Hong Kong. Pacific-Basin Finance Journal 23, 65-82.

Kahneman, D. and A. Tversky, 1979. Prospect theory: An analysis of decision under risk. Econometrica 47, 263-292.

Kutsuna, K., J. K. Smith, and R. L. Smith, 2009. Public information, IPO price formation, and long-run returns: Japanese evidence. Journal of Finance 64, 505-546.

Liew, J. K. S. and G. Z. Wang, 2016. Twitter sentiment and IPO performance: A cross-sectional examination. Journal of Portfolio Management 42, 129-135.

Ljungqvist, A., 2007. IPO underpricing. Handbook of Corporate Finance: Empirical Corporate Finance 1, 375-422.

Ljungqvist, A., V. Nanda, and R. Singh, 2006. Hot markets, investor sentiment, and IPO pricing. Journal of Business 79, 1667-1702.

Loughran, T. and B. McDonald, 2013. IPO first-day returns, offer price revisions, volatility, and form S-1 language. Journal of Financial Economics 109, 307-326.

Loughran, T. and J. R. Ritter, 2002. Why don't issuers get upset about leaving money on the table in IPOs? Review of Financial Studies 15, 413-444.

Loughran, T., J. R. Ritter, and K. Rydqvist, 1994. Initial public offerings: International insights. Pacific-Basin Finance Journal 2, 165-199.

Miller, E. M., 1977. Risk, uncertainty, and divergence of opinion. Journal of Finance 32, 1151-1168.

Okada, K. and H. Takahashi, 2018. Page view-based investor attention and IPO pricing. Unpublished Working Paper.

Ritter, J. R., 2003. Behavioral finance. Pacific-Basin Finance Journal 11, 429-437.

Ritter, J. R., 2011. Equilibrium in the initial public offerings market. Annual Review of Financial Economics 3, 347-374.

Ritter, J. R. and I. Welch, 2002. A review of IPO activity, pricing, and allocations. Journal of Finance 57, 1795-1828.

Rock, K., 1986. Why new issues are underpriced. Journal of Financial Economics 15, 187-212.

鈴木健嗣, 2017. 日本のエクイティ・ファイナンス, 中央経済社.

Thaler, R., 1980. Toward a positive theory of consumer choice. Journal of Economic Behavior & Organization 1, 39-60.

Tsukioka, Y., J. Yanagi, and T. Takada, 2018. Investor sentiment extracted from internet stock message boards and IPO puzzles. International Review of Economics & Finance 56, 205-217.

Weng, P. S., 2018. Lucky issuance: The role of numerological superstitions in irrational return premiums. Pacific-Basin Finance Journal 47, 79-91.

第11章

グリット研究とマインドセット研究の行動経済学的な含意
労働生産性向上の議論への新しい視点*

川西 諭[a]・田村輝之[b]

●要旨

　本章では，グリット（Grit）とマインドセット（Mindset）という2つの心理学概念に関する研究を紹介し，労働生産性向上をめぐる議論への含意，および行動経済学研究への応用の可能性について議論する．グリットとは，長期的な目標達成に向かって「やり抜く力」であり，本章で紹介するマインドセット研究は「固定思考」と「成長思考」という2つの対極をなす思考を問題とする．既存のグリット研究とマインドセット研究はいずれも私たちの能力のうち，努力によって後天的に獲得される資質が常識的に考えられているよりも重要であること，そして資質の獲得が私たちの心理や思考によって強く影響を受けることを指摘している．これらの研究に照らすと，労働生産性を低水準にしている原因として，人々の考え方が，先天的資質を重視する固定思考に偏ってしまっている認知バイアスが浮かび上がる．

キーワード：グリット（Grit），マインドセット（Mindset），労働生産性
JEL Classification Numbers: D90, D91, I24

1. 序論

　生産性の違いは経済学のもっとも重要な関心事である．アダム・スミスは分業の利益という概念で生産性の高い経済を説明しようとし，国際貿易論，経済成長論，経済発展論においても生産性は最も重要な概念である．

　資本主義経済の発展が著しかった19世紀から20世紀にかけては，工場や機械などの生産設備の生産性に関心が集まる一方，労働者の生産性にはそれほど大きな

＊本研究は，JSPS 科研費 JP16H06323 の助成を受けたものです．
a) 上智大学経済学部 e-mail: s-kawani@sophia.ac.jp
b) 京都経済短期大学 e-mail: tetamura@gmail.com

関心は払われてこなかったが，近年の経済学研究では，教育に関する研究が盛んになるにつれて，個々の労働者の生産性への関心も高まっている[1]．

経済発展や経済成長の研究者によって一国の平均労働生産性やその基礎となる平均的な学力の国際比較が行われ，一国内における所得格差の原因として，労働生産性の格差，学歴，学力の格差にも注目が集まっている．

厚生労働省が発表した平成28年の労働経済白書では，日本の労働生産性が主要国の中で低水準であることを示し，その向上に向けて働き方改革の必要性を説いている（厚生労働省 2016）．働き方改革の議論では，労働時間が長すぎることや働き方の自由度が低いこと，他国と比べて転職が難しいことなどから，能力の高い労働者がその能力を発揮できず，結果として労働生産性が低くなっている側面に注目が集まっているが，労働生産性が低水準である原因は，その基礎となる学力低下や，長時間労働のために能力開発のための教育投資の時間がとれないこと，働く人たちが能力開発に意欲的でないことなども原因であるように思われる．

本章では，労働生産性のうち，労働者の能力，およびその基礎となる学力の決定に影響を与える可能性のあるグリット（Grit）とマインドセット（Mindset）という2つの心理学概念の研究を紹介し，労働生産性向上をめぐる議論への含意，および行動経済学研究への応用の可能性について議論する．

標準的な経済学では，労働生産性を決定する労働者の能力や学力は，労働者の先天的な資質，教育投資の量，および環境要因などの様々な不確実要素の影響を受けるとされてきた．

これらの要因のうち教育投資の量（学歴や教育投資支出）以外は分析者が観察可能でないため，必然的に教育投資の量に注目が集まり，国家レベルで労働生産性を向上させるためには，教育投資を量的に増やすべきだという意見も日本社会には根強くあるように思われる．

一方で，詰め込み教育への懸念があるように，本当に教育投資の量を増やすことで学力が高まり，労働生産性が高まるのかについて疑問を呈する識者も少なくない．

また，観測可能な教育投資の量が同じであるにもかかわらず学力や労働生産性

1）エビデンスに基づいた教育の経済学的研究については中室（2015）を参照されたい．

に違いが出た場合，何が違いをもたらしているかの本質的な原因は十分に解明されているとは言えない．

　原因の一つとして，まず考えられるのは先天的資質の違いであろう．後述するように，実際，そのように考えている人も少なくないと思われるが，もしも，能力差が主に先天的資質の違いによるものであれば，それを埋める手立てはほとんどないことになる．また，世界的に見ると高い教育を受けている日本人の労働生産性がなぜ他国と比べて高くないのかという疑問への答えもまた，日本人の先天的資質が他国に比べて劣っているからという受け入れがたい結論になってしまう．

　本章で紹介する2つの研究，グリット研究とマインドセット研究は，労働生産性に関する議論に新しい視点と明るい見通しを与えてくれるものと著者たちは考えている．

　グリット研究は，ペンシルバニア大学のアンジェラ・ダックワース教授による一連の研究で，学業，スポーツ，芸術，ビジネスなど様々な分野で成功している人たちの成功の要因は生まれ持った才能や知能ではなく，後天的に誰もが獲得可能なグリット（やり抜く力）にあることを様々な実験研究によって客観的に明らかにしようと試みている．グリット研究が世界中で注目を集めているのは，日本だけでなく世界中の多くの人が（少なくとも心のどこかで）「社会で成功している人たちは先天的な優れた才能の持ち主だ」という思い込みをしてきたからであり，グリット研究によってその思い込みが誤ったものである可能性に気付かされたからである．

　マインドセット研究は，このグリット（やり抜く力）に影響を与える要素としても注目されているハーバード大学のキャロル・S・ドゥエック教授による研究である．マインドセットとは考え方や信念（belief）のことであるが，ドゥエック教授は人間の能力に関するマインドセットには，能力が不変であると考える「固定思考（fixed mindset）」と能力は努力により向上できると考える「成長思考（growth mindset）」があり，固定思考の人は生まれつきの能力が高くても，その能力を伸ばすための勉強や努力を避けてしまうために成長することができず，成長思考の人は勉強や努力に前向きで困難にぶつかってもそれに立ち向かい能力を伸ばせることを多くの実験によって明らかにしてきた．

　私たちの成長や成功に大きな影響を与えるマインドセットは，親や先生の考え

第Ⅱ部　行動経済学の広がりと奥行き

方の影響も受け，当然社会にはびこる偏見の影響も受けるものであるが，ドゥエック教授は教育によって子どもたちのマインドセットを変え，行動を変え，学力を向上させることにも成功している．

　グリット研究とマインドセット研究に照らして，労働生産性をめぐる議論を考えてみると，人々の考え方が固定思考に偏ってしまう認知バイアスなどが，学力，能力，労働生産性が低くなってしまっている原因として浮かんでくる．そうだとすれば，グリットとマインドセットという概念を研究することの行動経済学的な意義は大きい．

　第2節と第3節ではそれぞれグリット研究とマインドセット研究の概要を紹介し，第4節では労働生産性向上をめぐる議論への含意，そして第5節では行動経済学研究の視点からの含意を議論する．第6節は今後の課題を検討して結びとしたい．

2．グリット研究の概要

　本節では，これまでのグリット研究の概要を紹介する．

2.1．グリットスコアが成功を決める

　グリット研究の第一人者は，前述のアンジェラ・ダックワース教授であり，2013年には一連の研究成果により「マッカーサー賞」を受賞している．受賞の理由は，「人生でなにを成し遂げられるかは，「生まれ持った才能」よりも，「情熱」と「粘り強さ」によって決まる可能性が高いということを突きとめたこと」とされている（後述の著書参照）．また，2016年に翻訳出版された『やり抜く力―人生のあらゆる成功を決める「究極の能力」を身につける』（ダイヤモンド社）では，これまでのグリット研究の整理と今後の課題などがまとめられている．本節では，主にこの著書に沿って概説をする（Duckworth 2016 神崎訳 2016）．

　ダックワース教授の一連の研究における初期の研究課題は，米国陸軍士官学校の入学者を対象として「どのような士官候補生が，最後まで過酷な訓練に耐えうるのか」ということであった（Duckworth et al. 2007）．米国陸軍士官学校への入学審査は，大学進学適性試験（SAT），高校における成績，体力測定，リーダーとしての資質（Leadership Potential Score）に加え，連邦議会議員や上院議

248

第11章　グリット研究とマインドセット研究の行動経済学的な含意

員，もしくは米国副大統領の推薦状が不可欠であり，米国の最難関大学の入学に
ひけをとらない難易度であるとされる．この最難関の入学試験を突破した士官候
補生は，各高校を代表するスポーツ選手であり，大半はチームのキャプテンを務
めている生徒ばかりであるにも関わらず，5人に1人は最終的に中退していた
（ダックワース 2016, p. 15）．

　ダックワース教授は，前述の入学審査における各項目のスコア（SATや高校
の成績など）と中退者の関係性を検証したが，中退者を予測する上では，あまり
役に立たなかったと述べている（ダックワース 2016, p. 19）．そこで，次に注目
したのが次節で詳述するグリット（やり抜く力）のスコアである．米国陸軍士官
学校の「ビースト・バラックス」と呼ばれる過酷な訓練に耐え抜いたグループと
脱落したグループでは，このグリットスコア（Grit score）に如実な差があった
ことが報告されている（ダックワース 2016, p. 26）．また，このグリットスコア
は，入学審査の各項目ともそれぞれ相関関係がないことが示されている（Duck-
worth et al. 2007）．すなわち，たとえ入学審査のスコアが優秀であったとして
も，グリットスコアが低いケースや，その逆のケースも見受けられたのである．

　さらに，ダックワース教授は，ある会社における「営業職」の数百名の男女を
対象にアンケート調査を行ったところ，その半年後には営業職の55％が退職して
いたが，この時もグリットスコアが高い人々は会社に勤め続けており，グリット
スコアが低い人々が退職していたことが明らかにされた（ダックワース 2016, p.
27）．

　また，数千名の高校2年生を対象とした別のアンケート調査では，1年後に，
その12％が高校を中退していたが，卒業することができた生徒たちは，やはりグ
リットスコアが高かった．そして，生徒の卒業を予測するうえでは，「学校が好
きであるか」，「まじめに勉強に取り組んでいるか」などの要素よりも，グリット
スコアの方がはるかに重要な情報であったと述べている（ダックワース 2016, p.
28）．ダックワース教授のその他の研究については，以下を参照されたい
（Duckworth et al. 2011, Duckworth and Gross 2014, Robertson-Kraft and
Duckworth 2014）．

2.2.　グリット（やり抜く力）とは
　それでは，グリットはどのように定義され，また計測されるのであろうか．ダ

第Ⅱ部　行動経済学の広がりと奥行き

表1　日本語版グリット尺度（短縮版）

	あてはまらない	ややあてはまらない	どちらともいえない	ややあてはまる	あてはまる
1．新しいアイデアや計画を思いつくと，以前の計画から関心がそれる	5	4	3	2	1
2．私は困難にめげない	1	2	3	4	5
3．いったん目標を決めてから，後になって別の目標に変えることがよくある	5	4	3	2	1
4．頑張りやである	1	2	3	4	5
5．終わるまでに何ヶ月もかかる計画にずっと興味を持ち続けるのは難しい	5	4	3	2	1
6．始めたことは何であれやり遂げる	1	2	3	4	5
7．物事に対して夢中になっても，しばらくするとすぐに飽きてしまう	5	4	3	2	1
8．勤勉である	1	2	3	4	5

出典：ダックワース（2016）p. 83，西川ら（2015）より，著者作成.

ックワース教授は，グリットを「perseverance and passion for long-term goals」と定義している（Duckworth et al. 2007）．すなわち，長期的な目的を達成するための情熱（passion）と粘り強さ（perseverance）の2つの要素によってグリットは定義される．そして，個々人のグリットのレベルは表1のような主観的なアンケート調査によって計測される．表1の質問項目のうち奇数番号は「情熱（passion）」に関する項目であり，偶数番号は「粘り強さ（perseverance）」と関連している．当初，グリットスコアは，12の質問項目により構成されていたが，現在は8項目の短縮版が使用されることが多い（Duckworth and Quinn 2009, 西川ら 2015）．

　選択した回答の数字の単純平均がグリットスコア（最高値5，最低値1）で，その人のグリットの水準を示す目安となる．ちなみに，奇数番号の「情熱」に関連する質問項目はすべて逆転項目になっており合意しないほどグリットスコアが高くなる．

　質問文から，グリットにおいて重要なのは一時的な瞬発力ではなく，1つの事に継続的に取り組むことができる持久力であることがわかる．まさに，「継続は力なり」なのだ．

このような簡単なアンケートで調べられるグリットスコアの方が，学力（IQ
やSATなど），体力，性格テストの成績よりも困難を乗り越えられるかをより
正確に予想できるという発見は注目に値する．学校の入学試験や就職の採用試験
は言うまでもなく，困難を乗り越えて成功できる人を選抜するために行われてい
るが，入学・採用試験の成績よりもグリットを調べた方がよいのであれば，グリ
ットを測定する試験も試験に加えた方が良さそうである．無論，表1のような簡
単な質問を入学・採用試験で使うということになれば，偽りの回答をする人が出
るだろう．しかし，そのような不正ができない方法でグリットを測定することが
できれば選抜側，採用側が求める人材を集めることが可能になるものと期待され
る．

2.3． グリットは伸ばせる

グリットは遺伝要因，または環境要因のどちらから，より影響されるのであろ
うか．もしも遺伝要因でほぼ決まっているのであれば，グリットも「生まれ持っ
た才能」ということになろう．この問題については，さらなる研究の蓄積が必要
となるが，現在のところ，グリットは後天的な経験や介入などによって伸長でき
ると考えられている．実際に，Alan et al.（2016）はトルコの小学校において大
規模なフィールド実験を行い，グリット等に関するビデオ教材などを用いた教育
的な介入により，生徒の課題に取り組む際の「粘り強さ」や学力テストの点数を
向上できることを示した．一連の介入は，教員により学校の課外活動の時間に行
われ，1クラス当たり平均12週間，1週間当たりでは少なくとも2時間が用いら
れた．サンプルサイズは，全体として52の小学校（106クラス）における2,900人
の生徒である．

また，ダックワース教授はアンケート調査に基づいて年齢とともにグリットが
高くなる可能性を示唆している（ダックワース 2016, p. 125）．

今後，グリットの伸長に関する研究には，長期的な追跡調査（パネル調査）な
どが必要であるが，グリットを育むためのプロセスとして，ダックワース教授は
以下の4段階が重要であるという仮説を立てている（ダックワース 2016, pp.
132-133）．第5節で行動経済学的な研究との関連付けを検討するため，概要を簡
単に要約すると以下のようになる．

①【興味】他の人がつまらないと感じるようなことにも興味を持ち，楽しんでい

る．目的を達成することに喜びを感じている．

② 【練習】より高い目標を常に設定し，それを達成するプロセスを粘り強く継続している．

③ 【目的】仕事が他の人の役に立っていることを認識している．

④ 【希望】どんな困難に直面しても，「やればできる」という希望を失わない．

2.4. グリットとセルフ・コントロールの相違

これまでグリットについて概説を行ってきたが，本節では行動経済学の既存の概念である「セルフ・コントロール（self-control，自制，自己規律と訳すこともある）」とグリットとの関係性について検討する．はじめに，セルフ・コントロールは，「衝動の抑制や，誘惑に抗うなど，規範的に望ましい方向に自分自身の反応（思考，感情，行動など）を変える能力」とされる（Baumeister 2002, Baumeister et al. 2007）．このセルフ・コントロールは，人々の非認知能力の1つとして注目され，高い学業成績との関係（Tangney et al. 2004, Duckworth et al. 2010, Duckworth and Carlson 2013, Mischel 2014）や，高い社会的地位および所得との関係（Moftt et al. 2011）が報告されている．また，de Ridder et al. (2012) は，102件の研究結果についてメタ分析を行い，セルフ・コントロールが幸福度や対人関係など，あらゆる人間の活動場面における指標と正の関係があることを示した．

次に，グリットとセルフ・コントロールは，概念としてどのように違うのであろうか．Duckworth et al. (2007) では，グリットとセルフ・コントロールの指標間の相関係数は0.6以上と強い正の相関関係を示している（無相関の検定：p＜0.01）．その一方で，Duckworth (2014) は，セルフ・コントロールの方が，グリットよりも，日々の身体的健康などを予測しうることを述べている．また，グリットは，回帰分析においてセルフ・コントロールの影響を制御したうえでも，前述のように米国陸軍士官学校における過酷な訓練への耐性や，National Spelling Bee における高い成績に対して影響をもたらす一方で，セルフ・コントロールはグリットを制御した場合には，これらに影響を及ぼさないことを示した（Duckworth et al. 2007）．さらに，Oriol et al. (2017) は，グリットとセルフ・コントロールの指標間の相関係数は非常に高いものの，構造方程式モデル（Structural Equation Model）の中で両変数を制御したうえで，グリットは小学

第11章　グリット研究とマインドセット研究の行動経済学的な含意

生ではなく，中学生の学校満足度のみに正の影響を与え，一方，セルフ・コントロールは，小学生の学校満足度のみに正の影響を与えることを示した．

　以上の研究結果は次のように解釈される．誘惑に負けずに行動する能力であるセルフ・コントロールが身体的健康や小学生の学校満足度を説明するのは，健康維持や小学校生活で問題を起こさないためにはそれが必要であるからと考えられる．一方，グリットが米国陸軍士官学校や National Spelling Bee，および中学校学校満足度を説明するのは，これらが単に誘惑に負けないというだけではなく，一つのことを粘り強く継続する能力をも要求するためではないかと考えらえる．

　Duckworth and Gross（2014）も，セルフ・コントロールは，目の前にある誘惑などに抗うスキル・能力であるのに対して，グリットは最上位の目標に向けて，困難や挫折をも乗り越える「長期的」なモチベーションや心の情熱と関連していると述べている．例えば，継続的に勉強を続ける場合は，「何時にこの机に座る」ことを習慣化することで，「勉強をするか・しないか」などの理性的な意思決定からは解放され，行動が自動化される方法が紹介されている（ダックワース 2016, p. 198）．これは，行動の「習慣化」と呼ばれるセルフ・コントロールのスキルの1つである．一方，グリットの場合，より重要となるのは，「なぜ，勉強を頑張り続けるのか」という最上位の目標に向けたモチベーションである．例えば，研究活動においても，新しい研究テーマは刺激的であり，関心が移ろうこともしばしばあるが，その一方で，1つの研究テーマに10年間以上のスパンで，情熱を持ち続けることは容易な事ではない．日々のセルフ・コントロールのスキルは非常に高くとも，長期的な持久力や情熱の視点においてグリットスコアが低い人は存在するのである．このように，グリットは「なぜ，その事を長く続けるのか」という本質的な動機とも関連しており，前述のグリットの定義において，「passion（情熱）」が含まれている理由はこの為である（グリットの定義（再掲）:「perseverance and passion for long-term goals」）．

　前節のように，ダックワース（2016）は，長い間継続して行動する為には，自分自身が心から面白いと「興味」を持つこと，そして次に行動を習慣化し，「練習」や努力を継続すること，また，はじめのうちは，人は自分自身の成功や立身出世の為に努力を行うが，やがて「他者や社会の為」という新たな目的を見出すことで，長期間に渡って頑張り続けるエンジンを獲得することができるとしている．

253

第Ⅱ部　行動経済学の広がりと奥行き

誘惑に負けずに「練習」や努力を継続するためには一定のセルフ・コントロール能力が必要であるが，それだけでは長い間継続して一つのことを続けることはできない．また，強い「興味」を持つ人や「他者や社会の為」という強い動機を持つ人はそれほど強いセルフ・コントロール能力を持たなくとも一つのことを継続することが可能かもしれない．

グリットとセルフ・コントロールはともに人生の成功と関連し，かつ相互に関連している概念であるが，概念的には明確に区別される非認知能力と言えよう．

3.　マインドセット研究の概要

3.1.　能力に関するマインドセット

ダックワース教授のグリット研究にも紹介されているキャロル・S・ドゥエック教授のマインドセット研究は2006年に出版された著書"Mindset"[2]にまとめられている．マインドセットとは心のあり方，考え方である．ドゥエック教授はこれを信念（belief）という言葉で言い換えているが，意思決定理論では，前提群（a set of assumptions），世界観（world view）や人生哲学（philosophy of life）も含むとされる．つまり，性善説や性悪説，宗教的な世界観，自由主義や社会主義といったイデオロギー，偏見なども広い意味ではマインドセットにあたる．

しかし，ドゥエック教授が著書の中で取り上げているマインドセットはそのような多様なマインドセットではない．ドゥエック教授が注目しているのはただ一つ，人間の能力に関するマインドセットである．教授によれば人間の能力に関するマインドセットには，2つの対極をなす思考がある．固定思考（Fixed mindset）と成長思考（Growth mindset）である．訳書ではそれぞれ「硬直マインドセット」と「しなやかマインドセット」と訳されているが，本章では固定思考と成長思考という表現を採用したい．

固定思考とは，人の能力が「石版に刻まれたように固定的で変わらない」という信念である．これに対して，成長思考は，人の能力が「努力（と戦略，そして他者の助け）しだいで伸ばすことができる」という信念である[3]．

2）2008年には翻訳書『マインドセット「やればできる！」の研究』（草思社）が出版されている．

254

第11章　グリット研究とマインドセット研究の行動経済学的な含意

　人間の能力がどのように決まるかについては生物学や心理学研究者たちによって様々な研究がなされ，先天的要素（遺伝的な要素）と後天的要素（環境要因や努力など）の両方によって影響されることが広く知られている．遺伝的影響を強く受ける能力もあれば，努力次第で伸びることが明らかになっている能力もある．また，後天的に決まる能力にも一定の年齢に達すると変えられなくなると信じられている能力（絶対音感など）もある．もちろん，未解明のことも多いため，見解が分かれるのは無理もないのだが，マインドセット研究が問題としているのはどちらの信念が正しいかではない．正しいか正しくないかにかかわらず，人々がある時点において固定思考か成長思考かの「どちらの説を信じるかによって，その後の人生に大きな開きが出てくる」という点である．

3.2. マインドセットに関する研究の流れ

　ドゥエック教授のマインドセットに関する一連の研究は，「失敗」に対して対極的な行動をとる2種類の子どもたちが存在することの発見からはじまった．Diener and Dweck（1978）は，小学校5年生を対象に複数のやや困難な学習課題を解かせる実験研究を行い，同様の「失敗」を経験した後，すぐにあきらめてしまう無気力型（helpless）と，試行錯誤を重ねて課題に取り組み続けるマスタリー志向型（mastery-oriented）の対極をなす2種類の子どもたちがいることを見出した（サンプルサイズは，それぞれ30人ずつ）．この2種類のタイプは課題に対する態度が大きく異なっていた．課題に対して「とにかく落ち着いて，この課題を理解すべきである」，「難しくなればなるほど，試行が必要である」と，自分を見つめ積極的に改善策を考えているマスタリー志向型の子どもが12人いたのに対し，無気力型でそのように考えている子どもはいなかった．「挑戦することが好きである」と課題に好意的であるマスタリー志向型の子どもは19人いたのに対し，無気力型で好意的な子どもはいなかった．

　上記とは異なる小学校5年生のサンプルを用いた同様の実験課題では，実験後に行われた「なぜ，今回の実験課題が難しかったのか」という質問に対する答えも対照的だ（サンプルサイズは，無気力型29人，マスタリー志向型38人）．無気力型の子どもの52％が「問題が解けなかったのは，自分が賢くないからである」

　3）日本語訳からの引用であるが，丸括弧部は原著に従って著者が追記した．

第Ⅱ部　行動経済学の広がりと奥行き

と答えたのに対して，マスタリー志向型の子どもは，「自分の努力が足りなかっ
たため（23.7％）」，「運が悪かったから（21.05％）」，「実験者が公平ではなかっ
たから（23.7％）」と答え，無気力型の半数以上が回答した「自分が賢くないか
ら」と答えた実験参加者は1人もいなかった．こうした行動と態度などの違いか
ら容易に想像されることだが，一連の実験学習課題において成績が上昇した人数
を比較すると，マスタリー志向型の方が無気力型と比べて圧倒的に多くなった
（カイ二乗検定：p＜0.001）．

　ドゥエック教授たちの関心は当然，このような対極をなす行動や態度が生まれ
る原因に向けられた．Elliott and Dweck（1988）が注目したのは，課題を解く際
に子どもたちが何を目標にしているかだ（心理学ではこれを「達成目標」とい
う）．Elliott and Dweck は実験学習課題に取り組む子どもたちの達成目標として
「自分たちの能力を伸ばすこと」（これを「学習目標（Learning goals）」という）
と，「自分自身が良い評価を受けること，または悪い評価を避けること」（これを
「遂行目標（performance goal）」という）の2種類があることを確認した．同論
文では，101名の小学校5年生を対象に難解な学習課題を解かせる実験を行い，
子どもたちの達成目標と「失敗」に対する行動の違いを調べた．この実験では課
題で失敗を経験した後に「肯定的」と「否定的」の2種類のフィードバックを子
どもたちに与え，後続課題における成績に変化が見られるかを検証した．

　その結果をまとめたのが表2である．自分の能力を伸ばすことを目標にしてい
る「学習目標」の子どもたちはフィードバックが肯定的でも否定的でも積極性を
失うことなく成績を伸ばしたが，評価を気にする「遂行目標」の子どもたちは，
「肯定的」なフィードバックを受けた場合は積極性を失わなかったが，「否定的」
なフィードバックを受けた場合には成績が伸びなくなり（カイ二乗検定：p＝
0.06），また実験課題に対して「この課題は退屈である．嫌いだ．」とするネガテ
ィブ感情を感じる子どもが多いことが明らかにされた（フィッシャーの正確確率
検定：p＝0.01）．この研究から無気力型とマスタリー志向型の行動や態度の違
いが達成目標の違いによって生じることが確かめられた．

　それでは達成目標の違いは何によって生まれるのか．その根本的な背景として
ドゥエック教授が辿り着いたのが「知能に対する考え方」，マインドセットであ
る．

　Dweck and Leggett（1988）は，14歳の中学生を対象にしたアンケート調査に

256

表2　知能に対する考え方，達成目標，行動パターンの関係性

知能に対する考え方	達成目標	現在の能力への自信	行動パターン
Theory of intelligence	Goal orientation	Perceived present ability	Behavior pattern
増大理論(＝能力は伸ばせる)	学習目標	高い	マスタリー志向型
Incremental theory	Learning goal	低い	マスタリー志向型
固定理論(＝能力は固定的)	遂行目標	高い	マスタリー志向型
Entity theory	Performance goal	低い	無気力型

Dweck & Leggett (1988)	Elliott　and Dweck (1988)	Diener and Dweck (1978)

出典：Dweck and Leggett（1988），東垣（2012）より，筆者作成．

より，「知能は固定的である（固定理論）」と考える子ども（22人）のうち，遂行目標を持つ子は半数の11人であるのに対し，学習目標を保有している子は4人（18.2%）しかおらず，これとは対照的に，「知能は伸ばすことができる（増大理論）」と考える子ども（N＝41）のうち，遂行目標を持つ子は4人（9.8%）であるのに対し，学習目標を持つ子は25人（60.9%）おり，知能に対する考え方が達成目標を強く規定していることを発見した．

　その後のドゥエック教授の一連の研究で，「知能に対する考え方」のうち，「知能は伸ばすことができる（増大理論）」という成長思考のマインドセットが学校成績などにプラスの影響を与えることが明らかになり，関連する研究は今日まで多くなされている（Henderson and Dweck 1990, Dweck and Hong 1995, Stipek and Gralinski 1996, Hong et al. 1999, Aronson et al. 2002, Good et al. 2003, Grant and Dweck 2003, Blackwell et al. 2007, Yeager et al. 2016, Claro et al. 2016, Costa and Faria（2018）は膨大なマインドセットの文献についてメタ分析を行っている）．

　以下では，前述の著書"Mindset"に沿って，その概要を紹介する．

3.3.　マインドセットの測定

能力に関するマインドセットもグリットスコアと同じように表3のような簡単

第Ⅱ部　行動経済学の広がりと奥行き

表3　マインドセットを測定する質問

①知能は人間の土台をなすもので，それを変えることはほとんど不可能だ．   Your intelligence is something very basic about you that you can't change very much.
②新しいことを学ぶことはできても，知能そのものを変えることはできない．   You can learn new things, but you can't really change how intelligent you are.
③知能は，現在のレベルにかかわらず，かなり伸ばすことができる．   No matter how much intelligence you have, you can always change it quite a bit.
④知能は，伸ばそうと思えば，相当伸ばすことができる．   You can always substantially change how intelligent you are.

出典：ドゥエック（2008），英文は原著 Dweck（2006）．

な質問調査で測定することができる．①と②に同意する人は固定思考の度合いが強く，③と④に同意する人は成長思考の度合いが高く，回答結果からどちらのマインドセットが強いかを判定する[4]．

3.4.　能力に関するマインドセットが与える様々な影響

　ドゥエック教授はマインドセットの違いが人々の行動やその結果にどのような影響をもたらすのかを実に多くの実験や調査によって明らかにしている．ドゥエック教授のアプローチは事前に3.3節で紹介したような質問紙調査を行った後で，その後の行動の違いを調べるという方法である．

　3.2節の最後に紹介した多くの研究に基づいて，ドゥエック教授は，能力に関するマインドセットの違いが学習に対する態度や努力の方向性に次のような異なる傾向を生むとしている．

・固定思考の人は学習や努力を避けるのに対し，成長思考の人は学習や努力に積極的である傾向がある．

・試験問題を解いた後，固定思考の人は自分の答えが正解であったかどうかに関心があるが，正解が何であったかにはあまり関心を示さない．これに対して成

---

4) ドゥエック教授のホームページ　https://www.mindsetonline.com/testyourmindset/　では上記の4つの質問を含む，16の主張に対して同意するか否かを6件法（強く同意，同意，ほぼ同意，ほぼ不同意，不同意，強く不同意）で回答させて，マインドセットを測定する方法が紹介されている．16の主張うち8つの質問は上記の質問を含む知能（intelligence）に関するもので，残る8つの質問は知能（intelligence）を才能（talent）に置き換えたものである．

長思考の人は正解が何であったかに関心を示す傾向がある.

・困難な課題に直面した時に，固定思考の人はやる気が落ちるが，成長思考の人のやる気はあまり落ちない.

・固定思考の人はすでにできることがわかっている簡単な課題を好むが，成長思考の人は難しい課題に挑戦することを好む傾向がある.

・固定思考の人は一回のテストで人の能力がわかると思う傾向があるが，成長思考の人はそうは思わない.

・テストで失敗をしたときに，固定思考の人は次に同じような試験があっても勉強したがらないが，成長思考の人は勉強する傾向がある.

・試験の後，他の学生の答案を見られるとき，固定思考の学生は自分より成績の悪い学生を見つけようとするが，成長思考の人は自分よりも成績の良い学生の答案を参考にしようとする傾向がある.

・抑うつに陥ったとき，固定思考の人のほうが程度がひどく，自暴自棄になりやすい．成長思考の人は気持ちは落ち込んでも，意志を強く持とうと奮起する傾向がある.

つまり，成長思考の人はまさに能力を伸ばす努力をするが，固定思考の人は自分の能力が低いことを知られないようにする努力や自分の能力が高いことを示す努力をする．ちなみに，自分の能力をより正確に認識しているのは成長思考の方であることも報告されているが，これは行動経済学的な認知バイアスの事例としても興味深い．すなわち，成長思考の人は今の自分をよく見てほしいという欲求がそれほど強くないので，認知バイアスがあまり生じないが，固定思考の人はよく見てほしいという欲求が強いので認知バイアスが生じていることが考えられる.

学習に対する態度の違いは当然ながら学力にも差をもたらす.

多くが困難に直面するであろう中学校に進学する生徒たち（Blackwekk et al. 2007），医学部準備教育課程の大学生（pre-med students）などを対象にした調査で（Grant and Dweck 2003），成長思考の人は成績の向上を示す傾向があるのに対し，固定思考の人は成績が向上する傾向は見られず，悪くなることもあることが報告されている.

経済学の分野でも期待の自己実現，あるいは自己実現的期待が議論されることがあるが，個人レベルでも期待の自己実現は起こるのである.

第Ⅱ部　行動経済学の広がりと奥行き

3.5.　能力に関するマインドセットは変えられる

　ドゥエック教授の研究で注目されているのが，褒め方の違いが子どもたちの行動と学力に影響を与えることを示した実験研究である．

　思春期初期の子どもたち数百人を対象に，非言語形式知能検査の難しい問題を解かせ，その結果を褒めるのだが，半分のグループはその能力を褒め，残る半分のグループはその努力を褒めた．すると能力を褒めたグループは固定思考の行動をとるようになり，努力を褒めたグループは成長思考の行動をとるようになった．

　能力を褒められたグループはさらに難しい問題を与えられても解こうとはしなかったが，努力を褒められたグループは積極的に解こうとした．

　最終的に非言語形式知能検査で両グループの能力を比較すると，能力を褒められたグループの知能は下がり，努力を褒められたグループの知能は上がったことが報告されている．

　褒めて伸ばす教育を推進する動きは日本でも広がっているが，どのように褒めるべきかについての議論はほとんどなく，能力を褒めるとかえって能力が下がってしまうという結果は注目に値する．

　褒め方の違いでマインドセットに影響が出るのであるから，教育が子どもたちの学力に影響を与えるとしても不思議ではない．

　このことを裏づける研究として，ドゥエック教授はドイツの研究者ファルコ・ラインベルク教授の研究を紹介している（Dweck 2008）．この研究によれば，固定思考の教員の指導を受けた生徒の成績順位は指導を受ける前と後でほとんど変わらない（正確には良好群，不振群にグループ分けをした場合に変化前と変化後でグループ間の移動がない）のに対し，成長思考の教員の指導を受けた生徒の成績順位は指導を受ける前の成績にかかわらず，指導後にはすべての学生が良好群になっていたとしている．

　以上の研究に照らせば，子どもたちのマインドセットが周囲の影響を強く受けることは容易に想像できる．実際，人種や性別による偏見が「私たちは努力しても無駄だ」という固定思考を子どもたちに植え付け，結果として能力差を生み出してしまうことをドゥエック教授は指摘している．社会の多くの人が固定思考を持っていれば，その社会の子どもたちも固定思考を持ってしまい，結果として社会全体の学力や生産性が停滞してしまう恐れがある．

260

しかし，そのような状況を変えることは可能だ．ドゥエック教授は脳内に起こる神経細胞の変化など人間の学習メカニズムについて説明し，努力によって能力が伸びることを理解させることで子どもたちのマインドセットが成長思考に変わり，子どもたちの学力を伸ばせることを実験で示している．マインドセットを変えることは可能なのである．

3.6. マインドセットと人間関係

　ドゥエック教授は能力に関するマインドセットがいじめや夫婦関係などの人間関係にも影響を与えることも明らかにしている．

　固定思考の人は，自分の能力が低いことは救いようがない深刻な問題ととらえるので，自分よりも能力の低い人を見つけて相対的に自分の立場を守ろうとする傾向があり，いじめの加害者になりやすいという．また，いじめの被害者が固定思考の場合，いじめられて自分の相対的な立場が脅かされることは最も避けたいことであり，いじめる相手に対して怒りや恨みを持つ傾向があるという．成長思考の人はそもそも他者をいじめる傾向はあまりなく，いじめられても加害者側を許し，人間的な成長を希望することもあるという．

　また，夫婦関係をはじめとする人間関係でも，固定思考の人は，いい関係が持てないとすぐに相性が悪いとか，相手に問題があると言って関係を壊してしまいがちであるのに対し，成長思考の人は最初からいい関係が持てないのは人間的に未熟であるからで，少しずつ成長することでいい関係性を構築できると関係性を大事にする傾向があるという．

　いじめや人間関係の問題は教育の現場だけでなく，職場においても生産性を左右する重要な要素であると考えられ，能力に関するマインドセットの影響は個人の能力にとどまらず，組織や社会の生産性にも影響を与える可能性を示唆している．

3.7. グリットとマインドセット

　本節では，グリットとマインドセットの関係性について紹介する．ダックワース教授とドゥエック教授は，共同研究の中で2,000名以上の高校3年生を対象にアンケート調査を行い，「成長思考」を有する生徒たちは「固定思考」である生徒たちと比べて，グリットスコアがはるかに高いことを発見している．そして，

第Ⅱ部　行動経済学の広がりと奥行き

高グリットスコアの生徒たちは成績が良く，また大学への進学率等も高いことを報告している（ダックワース 2016, p. 241）.

2.3節の4つの段階に関連付けるならば，成長思考の人は困難があっても自らが成長することでいずれはそれを乗り越えられるという「希望」を持ち，継続して「練習」しようとするが，固定思考の人は困難に直面して一度失敗してしまうと簡単にあきらめてしまう.

グリットを高める介入実験が効果を持ったのは，マインドセットが褒め方や教育によって後天的に変えられる性質を持ち，「希望」が持てるようになったことが原因の一つとして考えられる.

3.8.　マインドセットとセルフ・コントロールの関係

2.4節ではグリットと非認知能力であるセルフ・コントロール能力との関係について述べたが，ここではマインドセットとセルフ・コントロールの関係について触れておきたい.

この二つの概念が関係する状況は，勉強やスポーツ，仕事などで継続した努力が成果を左右する状況である.　セルフ・コントロール能力があれば，遊びたいとか休みたいという様々な誘惑に負けずに努力を継続することができるだろう.　一方のマインドセットも努力の継続を左右すると考えられる.　固定思考を持つ人は努力をしても意味がないと考えるからそもそも努力をすること自体が難しい.　一方，成長思考の人は努力すれば成功できると思っているので，努力する動機が強く，それを継続することを難しいとは感じない.

このように，マインドセットとセルフ・コントロールは努力の継続という点で関連しているが，セルフ・コントロール研究で有名なウォルター・ミシェル教授がセルフ・コントロールとマインドセットの関係に注目していることもここで紹介したい.

スタンフォード大学のウォルター・ミシェル教授はいわゆるマシュマロ・テストの研究で世界的に有名になった研究者である.　マシュマロ・テストとは，4歳児を対象に行った研究実験で，15分間マシュマロを食べずに我慢できたら，マシュマロをもう一つもらえるというセルフ・コントロール能力を測る実験である.　この実験でセルフ・コントロール能力があると判断された子どもたち（15分間マシュマロを食べずに我慢できた子どもたち）はそうでない子どもたち（我慢でき

第11章　グリット研究とマインドセット研究の行動経済学的な含意

なかった子どもたち）よりもその後の学業成績が高く，社会的にも成功していたことを追跡調査によって明らかにした[5]．この研究はセルフ・コントロールの重要性を示す実験として有名であるが，驚くべきことは4歳児のときのセルフ・コントロール能力が長期間にわたって人生に影響を与えるという事実である．

　幼少期のセルフ・コントロール能力がなぜ長期間にわたって影響をし続けるのか．ミシェル教授はそのメカニズムのカギを握る要因としてマインドセットに注目しているのだ．ミシェル教授は著書「マシュマロ・テスト」の中で，ドゥエック教授の一連の研究を紹介したうえで次のように述べている．

　　　"幼いころに成功体験や自己効力感を自覚する体験をした人は，その後，根
　　気良く目標を追求し，成功に対する楽観的な見通しを育み，成長の過程で避
　　けられない挫折や失敗や誘惑に対処する意欲や能力が高まる．私は本書で，
　　未就学のときにマシュマロ二個を手に入れるために待てる秒数と，その後の
　　人生に見られる多種多様なポジティブな結果には関係があると言いたいのだ
　　が，自分には物事をコントロールする力がある，自分が主体者であるとい
　　う，しだいに深まる感覚や，楽観的な見通しは，私のこの主張を成り立たせ
　　る，肝心なリンク（有効成分）となる．"136ページ

「我慢をすることでマシュマロを手に入れることができた」子どもたちはおそらく日常的にも「我慢をすることで成功することができた（あるいは褒められた）」という成功体験を経験していて，「自分はやればできる」という成長思考のマインドセットを持っているから誘惑に負けそうになった時にも「自分は最後まで我慢できる」と思える．そしてそのような成長思考のマインドセットを持っている子どもたちはその後も色々なことにチャレンジし，成長し，それがさらなる成功体験を生みマインドセットを強化するという好循環が起こるために「多種多様なポジティブな結果」を手に入れることができるとミシェル教授は考えているのである．

───────────

　5）マシュマロ・テストについては同名の著書ミシェル（2015）を参照されたい．

263

第Ⅱ部　行動経済学の広がりと奥行き

4．労働生産性向上をめぐる議論への含意

　ここまではグリット研究とマインドセット研究の概要を見てきたが，ここから
はそのエッセンスと含意を議論したい．まず，労働生産性向上をめぐる議論への
含意を考えてみよう．

4.1．後天的な資質の重要性と認知バイアスの存在

　労働生産性の基礎となる学力や能力は先天的な資質と後天的な資質の両方の影
響を受けると考えられるが，グリット研究とマインドセット研究のいずれもが指
摘しているのは，一般の人たちが常識的に考えている以上に後天的な資質，とり
わけ努力によって獲得される資質の重要性が高い可能性があることである．

　この指摘が正しいのであれば，行動経済学的にはある種の認知バイアスが存在
していると言える．ドゥエック教授が指摘するように，学力，スポーツ，芸術，
ビジネスの分野で顕著な成果を示す人たちに圧倒的な能力差を見せつけられる
と，私たちは能力差の背後にある努力にはあまり目を向けずに，つい先天的能力
に違いがあるからだと安易に考えてしまいがちだ．親や学校の先生たちも子ども
たちの能力差を見たときに，つい先天的な能力差と判断してしまい，「あの子は
天才」「センスがある（ない）」「頭がいい（悪い）」「運動神経がいい（悪い）」
「運動音痴」「親の私ができた（できない）のだからあなたができて（なくても）
当たり前」などという発言がよく聞かれるが，そういう発言を問題視する人は少
ない．

　人の資質に関する認知バイアスの存在とその影響を示す学術的研究として，早
生まれの研究は注目に値する．

　早生まれの研究とは，同じ学年の中で相対的に月齢が若い人たちが不利な扱い
を受けている可能性を示す事実に注目した研究である．たとえば，プロ野球選手
やJリーガーに早生まれの子（1月〜3月生まれの子）が極端に少ないことはよ
く知られている．この効果はスポーツだけにとどまらない．川口・森（2007）は
最終学歴や生涯所得も早生まれの人の方が低いことを明らかにしている．

　早生まれの人の方がそれ以外の人と比べて先天的資質が劣るとは考えにくいこ
とから，早生まれの人たちの中には潜在的な可能性が十分に発揮できていない人
が多くいると考えられる．早生まれの効果が生涯所得にまで影響するのであれ

264

ば，労働生産性の議論とも関係してくる重要な社会現象といえる．

　早生まれの人の不利は幼少期には生じやすい．4月生まれの子と3月生まれの子ではほぼ1歳の差があるが，日々の成長が著しい学齢前の子たちではこの差は大きく，早生まれの子の不利は顕著だ．しかし，本人も周囲もその差が月齢の差によるものと正しく認識していれば，早生まれの効果は年齢とともに薄れるはずだが，そうなっていないのは月齢による差を資質の差と誤って認識してしまうことが原因だと考えられる．

　資質の差の誤認にはもちろん先天的資質だけでなく，後天的資質の誤認も含まれうるが，資質の大部分が先天的に決まっていると考える固定思考の傾向が強いほど誤認の影響は強く残ると考えられる．相対的にパフォーマンスが悪い現実を目にしたとき，固定思考を持っていると，本人は自分は才能がないと自信を失い努力をしなくなり，親や指導者はこの子に指導しても効果がないと指導や教育をあきらめたりすることが考えられる．こうしたことが起これば，幼少期の能力差は成長とともに縮まるどころかむしろ開いてしまうことになる．

　一方，後天的資質を重視する成長思考のマインドセットを持っていれば，本人は積極的に努力し，周囲も指導，教育を継続するだろうから，早生まれの効果は年齢とともに薄れていくと考えられる．周囲の人のマインドセットの影響としては，3.5節で紹介したドイツの研究者ファルコ・ラインベルク教授の研究は注目に値する．固定思考の教員の指導を受けた生徒の成績順位は指導を受ける前と後でほとんど変わらないのに対し，成長思考の教員の指導を受けた生徒の成績順位は指導を受ける前の成績にかかわらず，指導後にはすべての学生が良好群になっていたという研究結果である．この研究の結果が普遍性を持つのであれば，早生まれ効果の原因は指導者のマインドセットの影響も大きい可能性がある．

　以上のことから，早生まれの研究は単に資質の認知バイアスの存在を示唆しているだけでなく，それが固定思考に偏っていることをも示唆している可能性があると著者たちは考えている．人々のマインドセットが先天的資質を重視する固定思考に偏っていることを示唆する事例は他にもある．

　著書『「学力」の経済学』（中室 2015）の中で中室牧子准教授（慶応義塾大学）は習熟度別学級の教育効果が高いことをデータに基づいて示しているが，学校教育の現場で能力に応じてクラス分けをすることに抵抗を感じる親や教員が多く，実現は難しいという．これも親や教員のマインドセットが固定思考に偏っている

ことが原因である可能性がある．マインドセットが固定思考で能力は伸びないと思っている親にとっては，学級が選別されることは成績が公表されることに等しく，受け入れがたいと感じられてしまう．

　ちなみに，同じスポーツであっても，学年ではなく習熟度でクラス分けをするのが一般的な水泳競技では早生まれの効果はほとんど観察されないという．

　しかし，グリット研究とマインドセット研究が指摘するように後天的な資質が大きいのであれば，人々のマインドセットが固定思考に偏っていることは大いに問題である．固定思考に偏れば偏るほど，人は努力をしなくなってしまうからである．実際には努力によって獲得されうる後天的な資質があるのに，それに気付かずに努力をしないために能力が低いままだとしたら，本人にとって残念な選択であるだろう．また，本来高められるはずの能力がマインドセットが固定思考であるために，低い水準であることは経済の労働生産性を低下させてしまう可能性がある．このことについては節を改めて検討しよう．

4.2.　労働生産性向上と「生産性革命」をめぐる議論への含意

　2018年3月現在，安倍政権は働き方改革による生産性革命を推し進めようとしている．日本の労働生産性が他国と比べて高くないことはおそらく事実であり，まだまだ改善の余地があることには著者も同意する．日本の労働生産性が低い理由が「働きすぎ」と「教育投資量の不足」であるならば，働き方改革で生産性は向上するだろう．

　しかし，日本の労働生産性が低い理由が，日本人のマインドセットが（他国の人と比べて）固定思考に偏っていることにあるのだとしたら，労働時間を短縮して，教育投資の時間と金額を増やしても，生産性の向上にはつながらず，「革命」と呼べるような生産性向上は期待できないであろう．

　他国と比べて日本人のマインドセットが固定思考に偏っていると懸念される根拠として日本人の自己肯定感の低さと日本の大学生の学習時間の短さの2つがあげられる．以下ではこの2点について議論したい．

4.2.1.　日本人の自己肯定感の低さについて

　日本人の自己肯定感が低いことについては，さまざまな国際比較調査で指摘されているのでご存知の人も多いだろう．内閣府の平成26年版子ども・若者白書によれば，日本を含めた7カ国の満13〜29歳の若者を対象とした意識調査の結果

第11章　グリット研究とマインドセット研究の行動経済学的な含意

「私は自分自身に満足をしている」かという問いに対して「そう思う」「どちらかといえばそう思う」と答えた人の割合が韓国，アメリカ，イギリス，ドイツ，フランス，スウェーデン（それぞれ，71.5, 86.0, 83.1, 80.9, 82.7, 74.4%）と比べて45.8%と著しく低い数字になっていることを挙げて，日本の若者の自己肯定感が低いことを指摘している．また，国立青少年教育振興機構が平成30年3月に発行した「高校生の心と体の健康に関する意識調査―日本・米国・中国・韓国の比較―」によれば，「私は価値のある人間だと思う」かという問いに対して「そうだ」「まあそうだ」と回答した者の割合が米国，中国，韓国が80%を超えているのに対し，日本が44.9%と突出して低くなっている（国立青少年教育振興機構 2018）．同研究はまた上記質問を含む自己評価に関する10の質問項目の回答結果を因子分析し，日本は4か国の中で自己肯定志向が最も低く，自己否定志向が韓国に次いで2番目に高いとしている．同報告書の2010年の統計と比較すると，日本の若者の自己肯定感が低い傾向は改善方向にあるが，他国と比較して低い傾向は変わっていない．

　アンケート調査で自己肯定感が低くなることについては，日本人の性格によるものであり，実際の自己肯定感は低くないという研究もある．この点については十分な検証が必要であることは確かであるが，若者の自殺死亡率が諸外国と比べて高いことなどを考慮すると，自己肯定感が低いことについて楽観的な見方をすることはできないだろう．

　この自己肯定感の低さが日本人の固定思考傾向を示唆すると考えられるのは，固定思考の人ほど自己肯定感が低くなりやすいからである．固定思考の人でも物事が思うようにうまくいっているときには自己肯定感は下がらないが，困難に直面して思うようにいかなくなると，固定思考の人は自信を失い自己肯定感が低くなるとドゥエック教授は指摘する．これに対し，成長思考の人は困難に直面して一時的に落ち込むことはあっても課題と向き合い困難を乗り越えようと努力するので自己肯定感が下がることはない．日本の若者と海外の若者が同程度の課題に直面しているのだとすれば，日本の若者の自己肯定感が低いことは日本の若者のマインドセットが固定思考に偏っていることに原因がある可能性があるのかもしれない．

　日本の若者のマインドセットが固定思考に偏っているのだとすると，その原因はどこにあるのだろうか．

267

第Ⅱ部　行動経済学の広がりと奥行き

　若者のマインドセットに影響を与える要素として家庭や学校における周囲の大人の影響がまず考えられる.

　ベネッセ教育総合研究所の研究によれば, 中学生のマインドセットと親のマインドセットは強く相関している. この研究では成長マインドセットを「努力すればたいていのことはできる」かという質問で捉えているが, この質問に対して,「とてもそう思う」と答えた親の子どもは 8 割が肯定的に (「とてもそう思う」か「そう思う」と) 答えているのに対し,「まったくそう思わない」と答えた親の子どもは 5 割しか肯定的に答えていない. 逆の因果は考えにくいことから, 親のマインドセットは少なからず子供のマインドセットに影響を与えている可能性がうかがわれる.

　学校教育の影響も大きいだろう. 親のマインドセットが子どもに影響するように, 教員のマインドセットも子供に影響する可能性がある. 前節で紹介したファルコ・ラインベルクの研究は教員のマインドセットが子どもたちのマインドセットに影響を与えた可能性を示唆している (そうでなければ成績不振群の子どもたちの成績が良好になることは考えにくい).

　教育現場の人たちのマインドセットは評価の仕方にも現れる. もしも先天的資質が重要で, 選別することが教育の役割であると考えるのであれば, 相対的な能力差がわかればよいので, 偏差値などの相対評価が重視されることになる.

　後天的な資質が重要であり, 能力をどれだけ伸ばすかが教育の主な役割と考えるのであれば, 相対評価ではなく, 絶対評価に目を向けるべきだろう. 相対評価をしていては, 能力を伸ばすという点での教育の質の判断もできない. 例えば英語の教員であれば, 英検や TOEIC や TOEFL の試験を使えば, 英語教員の教育力も評価することができる. 評価の難しい能力や科目もあるが, 教育を受けたことで何ができるようになったのかに目を向けることは可能である. それにもかかわらず絶対評価への関心が薄いことも, 先天的資質を重視する固定思考傾向の表れと言えるかもしれない.

　こうした評価の仕方の違いは子どもたちのマインドセットにも影響する. 相対評価では努力をして能力が向上しても, 他の子たちも同じように努力をすれば, その努力が評価されない. 子どもたちが努力をして能力が向上すれば評価される絶対評価の方が, 子どもたちは「努力すれば自分の能力は伸びる」という成長思考の感覚をより感じられる. 教育心理学者の鹿毛雅治教授はドゥエック教授の研

究も参照しながら，相対評価は生徒を固定思考にする傾向があり，テスト不安を高め，内発的動機付けを下げて，学習意欲を低下させるとしている（鹿毛1990）.

ゆとり教育以来，文科省は絶対評価を推進しているが，日本の多くの公立中学校や高等学校では定期試験の校内順位を生徒や保護者に通知する一方，どのような能力を身につけたのかはほとんど通知していない．また，子どもたちはもちろん，親も，教師も，教育委員会もそのことを問題と感じていないように思われる．これは先天的資質を重視する傾向の一つの表れではないだろうか.

東京都教職員研修センター（2011）が発表した報告書によれば，東京都の子どもたちの自己肯定感（自己評価，自己受容）は小学校6年生から中学校2年生にかけて大きく低下している．この結果は，中学に入ると学校になじめずに不登校になったり，いじめが増えるなどの問題が起こる，いわゆる「中1ギャップ」と呼ばれる状況を表していると考えらえる．中1ギャップには様々な要因があるとされているが，中学校において学校内での相対的な順位を意識させられるようになることも影響している可能性がある.

また，先に紹介したベネッセ教育総合研究所の研究によれば，中学生のマインドセットは学年が上がるとともに成長思考の傾向が弱まることを示している．この結果は中学校の学習評価が子どもたちのマインドセットを固定思考化している可能性を示唆しているとも解釈できる．同研究は成長思考の高い学生ほど学力が高まり，より難しい高校への進学を希望する傾向があることを明らかにしており，マインドセットが子どもたちの学習意欲と学力に影響を与えることを確認している.

4.2.2. 日本の大学生の学習時間の短さについて

日本の生産性の低さを考えるとき，日本の大学生の学習時間の短さは深刻な問題であろう．現在，大学は最も多くの社会人を世に送り出している教育機関である．多くの大学生が大学で学ぶ18歳から22歳の年齢は知的にも成熟し，様々なことを学び，さらに知的に成長できる学習の適齢期の一つと言ってよい．その貴重な学生時代における日本の大学生の学習時間が他国と比べて短いことはよく知られている.

「なぜ日本の大学生は世界でいちばん勉強しないのか？」（辻 2013）の著者である辻太一朗氏は2つの統計データを紹介している．一つは東京大学の大学経営

第Ⅱ部　行動経済学の広がりと奥行き

政策研究センターによる2007年の日米の比較調査である（大学経営・政策研究センター 2007）．これによれば米国の大学1年生のうち1週間の学習時間が5時間未満の人の割合は16％未満なのに対し，日本の大学生は66％を超えている．もう一つのデータは平成23年の総務省の「社会生活基本調査」で，これによると日本の大学生は1日の授業も含めた学習時間が3.5時間で小学6年生，中学3年生，高校3年生と比べて最も少ないとしている．大学受験を控えた高校3年生と比べて少ないことは問題ないのかもしれないが，小学6年生の5.2時間と比べても短いのはかなり深刻な問題と多くの識者が指摘している．大学生の学習時間が小学6年生よりも短いのは，一日の総授業時間が小学校よりも大学の方が短く，大学生が授業外学習を（多くすると想定されているにもかかわらず）ほとんど行っていないからである．授業の予習復習をすることも少なければ，自分の興味のあることを独学で学ぶこともほとんどない学生が多いのである．

　日本の大学生の学習時間がこれほど短いのはなぜだろうか．

　しばしば指摘される原因は日本の大学生には学習に対する外発的な動機付けが弱いことである（たとえば，辻 2013など）．海外では勉強しないと卒業できない，卒業できたとしても成績が悪ければ希望する企業に就職できないため，大学生は必死に勉強するが，日本の大学生は授業に出てさえいれば卒業自体は難しくなく，就職活動において企業は大学での成績をほとんど見ないから，大学生は必死に勉強しようとしないとされる．

　外発的動機付けが弱いことが学習意欲を奪っていることに疑いはないが，著者たちはあえてマインドセットの固定思考傾向の影響を指摘したい．

　すでに述べた日本の若者の自己肯定感の低さを前提にすると大学生のマインドセットが固定思考に偏っていることも大学生の学習時間に少なからぬ影響を与えているのではないだろうか．「努力しても自分の能力は伸びない」，「能力は生まれながらにして決まっている」と考えていたら，大学で努力して学習しようと思わないであろう．

　実際，教育の現場にいると，教員から大学生の学習意欲が低いとの声がしばしば聞かれる．学びたいという意欲，内発的な動機が低いために大学生は積極的に授業外学習をしないのではないか．近年，大学生たちの間で使われる「意識高い系」という言葉は「前向きだが空回りしている学生」を揶揄する俗称だが，ドゥエック教授によれば，努力する人を嘲笑する傾向は固定思考の人に見られる特徴

第11章 グリット研究とマインドセット研究の行動経済学的な含意

の一つである.

また，外発的動機付けの議論にもマインドセットの固定思考傾向が影響を与えている可能性も指摘したい.

外発的な動機付けの議論では，企業が学生を採用する際に大学での学びを評価しない（大学での成績を見ない）ことが問題視されるが，そもそもなぜ企業は学生の成績を見ないのだろうか.

東京大学高大接続研究開発センターの濱中淳子教授は，日本の人事関係者が「大学教育は意味がない」と考えていたために，「学生が大学で何を学んだか」よりも「どの大学を出たか」を重視する採用が続いていたと指摘する．濱中教授は，実際に人事関係者を対象にアンケート調査を行っている（濱中 2019）.「大学における専門の学習・研究が，企業人として有能な人材になることに結びつくと考えていますか」という項目への回答として，3割の回答者が「考えていない（あまり＋まったく）」と回答しており，さらに大企業の人事関係者は中小企業の関係者と比べて，2倍ほどその割合が高いとしている．多くの学生たちが志望する大企業の人事関係者が大学教育の意義を評価していないのだとすれば，学生たちが大学で学ぶ外発的な動機付けを失う理由になるかもしれない.

ここで問題となるのは，なぜ大学における学習・研究が有能な人材になることに結び付くと考えられないのかである．2つの理由が考えられるだろう.

一つは大学において学習・研究の努力をしても大学生の能力は変化しないという固定思考が背後にある可能性である．先天的な能力が人の能力を決めているのであれば，難関大学に入学できた能力の高い大学生を採用すればよく，大学で何を学んだかを調べる必要はないというロジックである.

企業が出身大学によって見ているのは単なる「頭の良さ」や「課題解決能力」だけでなく，グリットやマインドセット，あるいはセルフ・コントロールなどの非認知能力を見ているという指摘もあるだろう．難関大学に入った学生は非認知能力が高いという考え方は，大学4年間で非認知能力はあまり変化しないという前提に立っており，これも形を変えた固定思考と考えられる.

研究者たちの多くはグリットやマインドセットは変化しうるものであると考えており，海外の大学生たちのように外発的動機づけが強い環境で学べば，大学生の学力や非認知能力は4年間でかなり高められるのではないだろうか.

大学における学習・研究が有能な人材になることに結びつかないもう一つの理

271

第Ⅱ部　行動経済学の広がりと奥行き

由は大学で学ぶ内容が役に立たないと企業が考えている可能性である．努力によって大学生たちの能力は伸びるが，その能力は企業では役に立たない．企業がこのように考えているのであれば，採用時に大学で何を学んだかは問わない理由にはなるだろうが，前述の濱中教授は質問紙調査の結果から大学での学びが役に立たないという認識は間違っていると指摘する．

　濱中教授は地方の総合国立大学卒業生を対象にした質問紙調査（回答者数：工学系 976 名，経済学系 596 名）を実施し，「大学時代の積極的な学習経験は，本人の知識能力の向上や成長体験をもたら」し，「その蓄積と体験が，現在に必要な知識能力を向上させ，その結果が仕事の業績，ひいては所得に反映される」という「学び習慣仮説」が成り立つことをデータから明らかにしている（濱中 2017）．この仮説は大学で学ぶ知識そのものではなく，知識を獲得する能力や体験の重要性を指摘するものであり，大学の学びによって獲得される非認知能力も含まれると考えてよいだろう．ちなみにこの研究では，経済学系の学生が大学で学ぶ知識はキャリア後半の所得にプラスの影響を与えるが，短期的にはそのような効果はなく，働き始めてすぐに仕事に役に立つことがないために，大学で学ぶ知識が役に立つと考えている人が工学系に比べて経済学系の学生に少ない可能性も指摘している．

　企業が大学の成績を見ない理由はこのほかにもある．大学の成績が学生の能力を正しく反映していない（辻 2013）ことや，そのこともあって成績から能力を判別するコストが大きいことなども考えられる．しかし，濱中教授が指摘するように，大学生が努力することで価値のある能力を身につけられることを企業の人たちが正しく認識するならば，コストを払ってでも成績からその能力を見ようとするかもしれない．だとすれば問題はコストが大きいことではなく，大学で身につけられる能力を過小評価していることだ．

　以上をまとめると，大学生が学ばない理由として，大学生自身が固定思考に偏っていて学習する意欲を失っている可能性に加え，企業側の大学生の資質に対する認識が固定思考に偏っているか，大学生が 4 年間の努力によって獲得できる能力の価値を過小評価しているために，大学生の学習に対する外発的動機づけを低くしている可能性が見えてくる．

　本章では日本人の自己肯定感の低さと日本の大学生の学習時間の短さの 2 点から日本人のマインドセットが固定思考に偏っている可能性を議論した．

272

第11章　グリット研究とマインドセット研究の行動経済学的な含意

　若者たちのマインドセットが固定思考に偏っている原因として，親や教師のマインドセットが固定思考に偏っていることの影響も考えられるが，努力が報われるとは限らない相対評価制度や4年間の努力を評価しない就職採用慣習などが，若者の学習意欲を奪っている可能性も否定できない．

　濱中教授が指摘するように，努力しそれが成長につながる成功体験を多くの若者が経験することがないことが努力をしても自分の能力は伸びないという固定思考を醸成している可能性もある．

　社会人の学習時間（リカレント教育や生涯学習）の統計を見ても日本は他国と比べて少ない．時間的余裕がないことが原因であれば，働き方改革で労働時間を短縮することで社会人の学習時間が増えるだろう．しかし，マインドセットが固定思考で学習意欲が低いことが原因であれば，学習時間が増えることも労働生産性が高まることもあまり期待できないのではないだろうか．

　人々のマインドセットが固定思考に偏っているために，日本人の学力，能力，そして労働生産性が低水準となっているのであれば，その原因を明らかにして，改善をしていくことが労働生産性向上のより本質的な施策となるのではないだろうか．

　この問題は私たち一人一人にとっても重要な問題である．行政の取り組みに任せるだけでなく，私たち一人一人が自らのマインドセットやグリットの視点から自らを内省し，自分自身の行動や他者の行動を前向きで粘り強いものに変えていくことで，自分たちの生活は変わっていくだろう．

　個人，家庭，学校，職場，そして国家のそれぞれのレベルで，学力，労働生産性，国際競争力を向上させる方法について行動経済学的な視点からの研究が進むことを期待したい．

5．行動経済学への含意

　グリット研究とマインドセット研究の成果は行動経済学の視点からも様々な興味深い論点を提供してくれている．

　4.1節で議論した資質に関する認知バイアスの存在も行動経済学的に興味深いが，このほかにも，2つの研究には行動経済学的に興味深い論点かある．

　本節では，マインドセットと行動の多様性の関係，グリット形成プロセスのメ

273

第Ⅱ部　行動経済学の広がりと奥行き

カニズムについての行動経済学的な視点，という2つの論点を深掘りしてみたい．

5.1.　行動の多様性の原因としてのマインドセット

　これまでの行動経済学では，多くの人に共通して見られる認識や行動のバイアスに注目してきた．無論，バイアスの程度にも個人差があるので，全ての人が全く同じバイアスをもつわけではないが，現実に存在する行動の多様性について議論されることは著者の知る限りあまりない．

　私たちの社会には色々な人たちがいて多様な行動をとっている．想定外の他者の行動に悩まされるという経験は誰にでもあろう．現代社会では様々な理由から多様性が増し，それが一つの社会問題にもなっているが，なぜ多様な行動が生まれるのかについては十分に理解されているとは言えないように思われる．

　マインドセット研究は多様性の原因を理解する手がかりを与えてくれる．そもそもドゥエック教授がマインドセットに注目したきっかけは子どもたちの中に難しい課題に挑戦することに対して積極的な子とそれとは反対に消極的な子がいる現実に直面したことだったとされている．多様な行動を理解する手がかりとしてドゥエック教授はマインドセットという後天的に形成され，かつ可変的なものに注目し，それが行動の違いを説明する可能性を明らかにしたのである．

　多様性が生み出されるメカニズムを理解するために，同じような状況において固定思考と成長思考という2つの極端な思考に人々のマインドセットが分かれてしまう理由を考えてみたい．

　まずはマインドセット研究と原因帰属理論の関係から考察を始めてみたい．渡辺（2017）によれば，ドゥエック教授のマインドセットの研究は原因帰属理論を発展させたものとされる．原因帰属理論とは，行動経済学では自己奉仕バイアスで有名な理論である．この理論によれば私たちは何かが起きたときにそれが多様な要因によって複合的にもたらされたものであっても，ある特定の要因のみによって引き起こされたかのように考えてしまいがちである．

　行動経済学でよく知られた自己奉仕バイアスは，成功の要因は自分の能力，失敗の要因は運や他人のせいという風に自分に都合の良い要因に原因を帰属させる傾向を指す．実際には成功の裏には運や他人のおかげもあるだろうし，失敗が実力を反映したものであることもあるにちがいないから，自分に都合の良い原因帰

274

第11章　グリット研究とマインドセット研究の行動経済学的な含意

属の考えは間違っている場合も多いだろう．しかし，多くの場合，何がどの程度，結果に影響をしたのかを正確に把握することは困難なので，原因帰属が間違っていたとしてもそれに気付き是正されることはなく認知バイアスとして放置されてしまう．

　自己奉仕バイアスは一般的な傾向として実際に存在するのだろうが，すべての人が同じように誤った原因帰属をするのであれば，多様性の説明にはならない．ドゥエック教授が注目したのは，失敗に対して全ての人が運のせいにせず，自分の努力が足りなかったと反省し，あきらめずに挑戦しようとする普通とは違う子どもたちの存在であった．実際には同じ要因で失敗をしていても，人によって帰属させる原因が異なるのだとしたら，それはなぜか．ドゥエック教授はこの問いの答えとして資質に関するマインドセットの違いに注目した．

　多様な原因帰属を説明する要因としてドゥエック教授はマインドセットの多様性に注目したわけだが，マインドセットの多様性をもたらしている仕組みも根本は原因帰属と共通している．成長思考と固定思考は人間の資質が先天的要因と後天的要因のどちらによって決定されているかという原因帰属の違いである．

　実際には先天的要因と後天的要因の両方が重要であるが，私たちはどちらかが決定的に重要であるかのように考えてしまいがちであり，それがマインドセットの多様性を生んでしまっていると考えられる．

　もしも，様々な現象が起こる原因を私たちが理解しようとするときに，多様な要因から複合的に生じている可能性も考慮に入れて，特定の要因のみに帰属させるような安易な結論付けをせずに本当の原因を探求し続けるならば，私たちはいずれ同じような原因理解にたどり着くであろう．同じように私たちの資質の決定要因を注意深く探求し続けるならば，ほとんどの人が同じようなマインドセットにたどり着くであろう．

　探求をせずに安易な結論で満足してしまうために，どの要因に注目をするかで現実の理解が大きく異なってしまい，現実の理解が異なるために行動も異なってしまう．

　深く探求せずにシンプルな答えで満足してしまう傾向は行動経済学の認知的節約として様々な事例が知られている．さまざまなヒューリスティック（簡便法）も認知的節約と考えられるし，プロスペクト理論の編集プロセスでも選択肢の簡単化が無意識のうちに行われるとしている．現実を簡単に理解しようとしてしま

275

第II部　行動経済学の広がりと奥行き

う認知的節約が多様性の根本的な原因ではないかというのが我々の多様性理解の第一の仮説である.

次に，マインドセットが多様になる原因を考えたい.単に資質が決定される要因を一つに絞る傾向があるというだけでは，人によって多様な考えを持つ理由を説明したことにはならない.人によって先天的要因に帰属させる固定思考と後天的要因に帰属させる成長思考を分ける要因は一体何だろうか.

マインドセットの研究では，過去の体験が重要だとされる.数回頑張ってもうまくいかないと「いくら努力をしても自分はダメだ」「努力しても自分の能力は伸びない」と固定思考に偏ったマインドセットを持ってしまう.逆に，幸運にも努力が報われる成功体験があると人は成長思考を持ちやすいとされる.もちろん，結果を成功と受け止めるか失敗と受け止めるかは周りのフィードバックにも影響されるようだ.チームスポーツにおいて自分は頑張って活躍したがチームは負けたという場合，努力したことや活躍したことを周囲が褒めれば成功体験になるが，チームが負けたことを咎めれば失敗体験にもなる.

成功体験が成長思考を生み，失敗体験が固定思考を生むメカニズムの背後には，行動経済学者によく知られた代表性ヒューリスティックや利用可能性ヒューリスティックがあるのかもしれない.代表性ヒューリスティックは典型的と思われる事象，利用可能性ヒューリスティックは想起しやすい事象から一般的事象の確率を推論する簡便法でいずれも典型例や想起しやすい事象が一般的事象から外れている場合には間違った結論を導いてしまう.少し頑張ったがうまくいかなかったというだけで「何度やってもうまくいかない」，「絶対にできない」と言ってしまったり，逆に運よく努力が報われただけかもしれないのに「努力は必ず報われる」「やればできないことはない」と言ったりするのは客観的に見れば言いすぎに思えるが，当人にとってそれが典型的な事例，あるいは想起しやすい事例であればそれをもって一般化してしまった結果とも解釈できる.

失敗体験が固定思考を生むメカニズムについては，アドラー心理学における目的論による説明も考えられる.アドラー心理学の特徴の一つである目的論では，人の行動には意識されているか否かにかかわらず，何らかの目的があり，その目的にあうように認識が形成されると考える.他の子と同じように頑張ったけれども自分だけがうまくいかなかったり，勝負に負けて嫌な思いをしたりしたら，同じような思いをしたくないと感じても不思議ではない.努力すれば今度はうまく

できるかもしれないけれども，失敗したときのことが不安．すると「できれば努力をしたくない」という目的が生まれ，その目的を正当化する認識として「努力しても能力は伸びない」という固定思考が形成される．これが目的論に基づく固定思考の説明である．本人だけでなく，親や教師も努力させるための働きかけが苦痛，あるいは面倒になると，「あきらめさせたい」という目的が生まれて「努力しても無駄である」という固定思考でその判断を正当化しようとするとも解釈できる[6]．

　ちなみにアドラー心理学における目的論の議論は，行動経済学ではよく知られたL.フェスティンガー（1965）の認知的不協和理論にも通じるものである．ちなみに，先に紹介した自己奉仕バイアスも認知的不協和理論で説明される認知バイアスである．

　いずれにしても過去の体験が私たちのマインドセットを規定するメカニズムは存在しそうである．そして，いったん一つのマインドセットに落ち着いてしまうと，私たちのマインドセットはしばらくは変わらないようだ．固定思考の人はそもそも努力をしなくなるので，努力が報われないという信念が揺らぐことはあまりない．むしろ成長思考のマインドセットの方が揺らぎやすいかもしれない．努力が報われている限りは問題ないが，いくら努力しても成長している実感がない，うまくできないということが続くと「いくらやってもだめだ」とあきらめてしまうことになるかもしれない．

　ここでは個人の資質に関するマインドセットについて考察をしたが，これ以外の信念，マインドセットについても同様のことが言えるのではないだろうか．私たちは過去の経験から極端な信念を持ちやすく，その信念が容易には覆されないとすると全く異なる多様な信念を持つ人たちが共存しつづけることになる．たとえば，性善説や性悪説についても人に助けられた経験を持てば性善説，あるいは人に裏切られた経験を持てば性悪説という偏った信念が形成されて固まってしまうことは考えられそうだ．そして，性善説の人は信頼関係を構築しやすく他者に対して良い印象を持ちやすく，逆に性悪説の人は信頼関係を築くことが難しく他者に対して悪い印象を持つ傾向があるとすれば，いずれの信念もその言動によって強化されてしまうメカニズムがありそうである．

6）アドラー心理学についてはアドラー（2012），岸見・古賀（2013）を参照されたい．

第Ⅱ部　行動経済学の広がりと奥行き

　ここでの考察は思考や行動の多様性が観察される原因についての行動経済学的な仮説に過ぎないが，多様性が増していると言われる現代において，行動経済学研究の重要なテーマの一つとして今後も研究を進めたい．

5.2.　グリット形成プロセスの行動経済学的分析

　やり抜く力，グリットがある人ほど成功しているとすれば，誰もがグリットを手に入れる方法を知りたいと思うだろう．

　ダックワース教授がグリットの強い成功者たちの観察から見出した興味，練習，目的，希望の4段階の形成プロセスは厳密な検証が与えられたわけではないが，それぞれのプロセスが異なる行動経済学的な要素を含んでおり，大変興味深い．以下，一つ一つ見ていこう．

【興味】　まず，第一段階の「興味」が重要であることは誰もが納得するところであるが，親も教育者もついこのことを忘れて，勉強や努力を強いてしまいがちである．興味がないのに，そして興味を持たせる努力や工夫もしないで「なぜやらないのか」「なぜ頑張らないのか」と行動を強いてもあまり効果的ではない．

　実際，子どもたちや学生たちがどのようなことに興味を持つのかについて真剣に考えて教育を行っている教員がどれほどいるだろうか．教育の役割が能力を伸ばすことであるならば，興味を持たせることに教育者はもっと関心を持つべきである．

　好奇心や関心は男性と女性，年齢でも異なるだろうし，個人差もあるだろう．好奇心についての研究も今後の行動経済学のテーマの一つになりうるだろう．

【練習】　ダックワース教授は成功しているエキスパートの練習法として，伸ばしたい能力について高めの目標を設定して，それが達成できるまで「意図的な練習」を何度も繰り返していることを指摘している．

　それが大事なことはわかっていても，実行するのは簡単ではない．セルフ・コントロール能力がなければ，練習を繰り返して能力を伸ばすことはできないだろう．この意味で，グリット形成にはセルフ・コントロールが関係している．

　セルフ・コントロール問題は行動経済学の重要な研究テーマであり，グリット形成プロセスの「練習」は行動経済学的に興味深いテーマと言えよう．

【目的】　自らの仕事が自分のためになっているというだけでは，努力を継続することはできず，他の誰かのためになっていると思えること，すなわち利他的な目

第11章　グリット研究とマインドセット研究の行動経済学的な含意

的がなければ努力を継続できないとダックワース教授は述べている．言い換えれば「仕事の目的が利己的では努力が継続しない」ということになるが，この仮説に疑念を持つ経済学者は多いかもしれない．一方，利他性は行動経済学の重要なテーマでもあり，様々な研究がなされている．利他性がグリット形成に重要であり，労働生産性や仕事の成功や満足感，幸福感に影響を与えるとすれば，この仮説自体が大変興味深いものと言えよう．

【希望】　努力が報われると思えなければ，努力をするエネルギーは生まれない．グリットと成長思考が関係しているのは，そのためである．能力に関するマインドセット以外にも希望に影響を与える要因があるのかもしれない．希望については玄田有史教授（東京大学）をはじめとする「希望学」プロジェクトで学際的な研究が進められており[7]，グリット研究，マインドセット研究との関連も行動経済学的な視点から注目したい．

　このようにグリット形成プロセスの4つの段階はそれぞれが行動経済学の視点からも興味深い仮説となっている．また，客観的に見ると大きな苦痛を伴うものに思える努力もエキスパートたちは楽しんでいるとされる点やグリットと幸福度の関係なども興味深いテーマと言える．

6.　結び

　本章では，労働生産性向上をめぐる議論への含意という切り口で，グリットとマインドセットという2つの心理学研究を紹介し，これらが労働生産性向上をめぐる議論と行動経済学研究に持つ含意を検討した．

　グリット研究とマインドセット研究はいずれも我々の能力のうち努力によって後天的に獲得される資質の重要性を明らかにした点と，そのためには「自分の能力は努力によって伸ばせる」と信じる成長思考が必要であることを明らかにした．

　私たちがどう考えるかが，私たちの行動に影響を与え，結果として人生をも左右するということは伝統的な経済学ではほとんど議論されてこなかった視点である．

　7）希望学については玄田編（2006）を参照されたい．

第Ⅱ部　行動経済学の広がりと奥行き

　しかし，行動経済学においてはそのような研究はすでに始まっている．慶應義塾大学の大垣昌夫行動経済学会会長は「世界観が経済行動に与える影響」をゼミのテーマとしており，様々な世界観による行動の違いなどを研究されている[8]．また，川西・橋長（2015）は学生の金融に対するマインドセットが，金融教育の成果に与える影響を調査し，「金融が社会の役に立っている」というマインドセットを持つ学生は金融知識の改善が見られ，「金融は怖いもの」という否定的なマインドセットを持つ学生は金融教育を受けても知識の改善があまり見られないことを明らかにした．とはいえ，マインドセットが行動に与える影響についての研究は始まったばかりと言ってよいだろう．

　本章ではグリット研究とマインドセット研究の成果を肯定的に評価して紹介した．学術研究者として，このような楽観的な結論に対して常に懐疑的な目をもって検証しなければならないことは言うまでもない．そのような批判的な視点からも研究が進められることを期待して本章の結びとしたい．

引用文献

Alan, S., T. Boneva and S. Ertac, 2016. Ever failed, try again, succeed better: Results from a randomized educational intervention on grit. University of Chicago HCEO Working Paper.

アルフレッド・アドラー著，岸見一郎訳，2012．個人心理学講義―生きることの科学（アドラー・セレクション）．アルテ，東京．

Aronson, J., C. Fried and C. Good, 2002. Reducing the effects of stereotype threat on African American college students by shaping theories of intelligence. Journal of Experimental Social Psychology 38(2), 113-125.

Baumeister, R. F., 2002. Ego depletion and self-control failure: An energy model of the self's executive function. Self and Identity 1(2), 129-136.

Baumeister R. F., K. D. Vohs and D. M. Tice, 2007. The strength model of self-control. Current Directions in Psychological Science 16, 351-355.

Blackwell, L. S., K. H. Trzesniewski and C. S. Dweck, 2007. Implicit theories of intelligence predict achievement across an adolescent transition: A longitudinal study and an intervention. Child Development 78(1), 246-263.

Claro, S., D. Paunesku and C. S. Dweck, 2016. Growth mindset tempers the effects of poverty on academic achievement. Proceedings of the National Academy of Sciences of the United States of America 113, 8664-8668.

　8）世界観と経済行動に関する研究については大垣・田中（2014）第9章を参照されたい．

第11章 グリット研究とマインドセット研究の行動経済学的な含意

Costa. A. and L. Faria, 2018 Implicit theories of intelligence and academic achievement: A meta-analytic review. Frontiers in Psychology 9, article 829.

大学経営・政策研究センター, 2007. 全国大学生調査 (2007年).

de Ridder, D. T. D., G. Lensvelt-Mulders, C. Finkenauer, F. M. Stok and R. F. Baumeister, 2012. Taking stock of selfcontrol: A meta-analysis of how trait self-control relates to a wide range of behaviors. Personality and Social Psychology Review 16, 76-99.

Diener, C. I. and C. S. Dweck, 1978. An analysis of learned helplessness: Continuous changes in performance, strategy, and achievement cognitions following failure. Journal of Personality and Social Psychology 36, 451-462.

Duckworth, A. L. 2016. Grit: The Power of Passion and Perseverance, Scribner, New York. (アンジェラ・ダックワース著, 神崎朗子訳, 2016. やり抜く力―人生のあらゆる成功を決める「究極の能力」を身につける. ダイヤモンド社, 東京.)

Duckworth, A. L. and S. M. Carlson, 2013. Self-regulation and school success. B. W. Sokol, F. M. E. Grouzet and U. Muller eds., Self-Regulation and Autonomy: Social and Developmental Dimensions of Human Conduct, Vol. 40. Cambridge University Press, New York, 208-230.

Duckworth, A. and J. J. Gross, 2014. Self-control and grit: Related but separable determinants of success. Current Directions in Psychological Science 23(5), 319-325.

Duckworth, A. L. and P. D. Quinn, 2009. Development and validation of the Short Grit Scale (Grit-S). Journal of Personality Assessment 91(2), 166-174.

Duckworth, A. L., T. A. Kirby, E. Tsukayama, H. Berstein and K. A. Ericsson, 2011. Deliberate practice spells success: Why grittier competitors triumph at the National Spelling Bee. Social Psychological and Personality Science 2(2), 174-181.

Duckworth, A. L., C. Peterson, M. D. Matthews and D. R. Kelly, 2007. Grit: Perseverance and passion for long-term goals. Journal of Personality and Social Psychology 92(6), 1087-1101.

Duckworth, A. L., E. Tsukayama and H. May, 2010. Establishing causality using longitudinal hierarchical linear modeling: An illustration predicting achievement from self-control. Social Psychology and Personality Science 1(4), 311-317.

Dweck, C. S. 2006. Mindset: The New Psychology of Success, Ballantine Books, New York. (キャロル・S・ドゥエック著, 今西康子訳, 2008. マインドセット「やればできる！」の研究. 草思社, 東京.)

Dweck, C. S., C. Chiu and Y. Hong, 1995. Implicit theories: elaboration and extension of the model. Psychological Inquiry 6, 322-333.

Dweck, C. S. and E. L. Leggett, 1988. A social-cognitive approach to motivation and personality. Psychological Review 95, 256-273.

Elliott, E. S. and C. S. Dweck, 1988. Goals: An approach to motivation and achievement. Journal of Personality and Social Psychology 54, 5-12.

フェスティンガー著, 末永俊郎監訳, 1965. 認知的不協和の理論：社会心理学序説. 誠信書房, 東京.

玄田有史編著，2006．希望学．中央公論新社，東京．

Good, C., J. Aronson and M. Inzlicht, 2003. Improving adolescents' standardized test performance: An intervention to reduce the effects of stereotype threat. Applied Developmental Psychology 24, 645-662.

Grant, H. and C. S. Dweck, 2003. Clarifying achievement goals and their impact. Journal of Personality and Social Psychology 85, 541-553.

濱中淳子，2017．「文系より理系」という誤解が広がる理由―学習効果とタイムラグという事情．President Online（2017年6月9日），https://president.jp/articles/-/22243

濱中淳子，2019．学ばない人ほど「大学は役立たず」と言う―人は自分の経験から自由になれない．President Online（2019年1月17日），https://president.jp/articles/-/27214

Henderson, V. and C. S. Dweck, 1990. Adolescence and achievement. S. Feldman and G. Elliott eds., At the Threshold: Adolescent Development, Harvard University Press, Cambridge, MA, 308-329.

東垣絵里香，2012．達成目標理論に関する研究ノート：達成目標概念の変遷及び国内文献レビュー．東洋大学大学院紀要49, 53-71.

Hong, Y., C. Chiu, C. S. Dweck, D. M. S. Lin and W. Wan, 1999. Implicit theories, attributions and coping: A meaning system approach. Journal of Personality and Social Psychology 77, 588-599.

川口大司，森 啓明，2007．誕生日と学業成績・最終学歴．日本労働研究雑誌569, 29-42.

川西 諭，橋長真紀子，2015．行動経済学の金融経済教育への応用―行動バイアスからマインドセット・バイアスへ―．金融庁金融研究センターディスカッションペーパー DP2015-3.

岸見一郎，古賀史健，2013．嫌われる勇気―自己啓発の源流「アドラー」の教え．ダイヤモンド社，東京．

国立青少年教育振興機構，2018．高校生の心と体の健康に関する意識調査―日本・米国・中国・韓国の比較―．http://www.niye.go.jp/kenkyu_houkoku/contents/detail/i/126/

厚生労働省，2016．平成28年版労働経済白書．

Mischel, W., 2014. The Marshmallow Test: Why Self-Control is the Engine of Success. Little, Brown and Company, New York.（柴田裕之訳，2015．マシュマロ・テスト：成功する子・しない子，早川書房，東京．）

Moftt, T. E., L. Arseneault, D. Belsky, N. Dickson, R. J. Hancox, H. Harrington and A. Caspi, 2011 A gradient of childhood self-control predicts health, wealth, and public safety. Proceedings of the National Academy of Sciences of the United States of America 108(7), 2693-2698.

中室牧子，2015．学力の経済学．ディスカヴァー・トゥエンティワン，東京．

西川一二，奥上紫緒里，雨宮俊彦，2015．日本語版 Short Grit（Grit-S）尺度の作成．パーソナリティ研究24, 167-169.

大垣昌夫，田中沙織，2014．行動経済学．有斐閣，東京．

Oriol, X., R. Miranda, J. C. Oyanedel and J. Torres, 2017. The role of self-control and grit in domains of school success in students of primary and secondary school. Frontiers in

Psychology 8, 1716.

Robertson-Kraft, C. and A. L. Duckworth, 2014. True grit: Traitlevel perseverance and passion for long-term goals predicts effectiveness and retention among novice teachers. Teachers College Record 116(3), 1-27.

鹿毛雅治, 1990. 教育評価と学習意欲の関連についての考察. 慶応義塾大学大学院社会学研究科紀要：社会学心理学教育学30, 73-80.

Stipek, D. and J. H. Gralinski, 1996. Children's beliefs about intelligence and school performance. Journal of Educational Psychology 88, 397-407.

Tangney, J. P., R. F. Baumeister and A. L. Boone, 2004. High self-control predicts good adjustment, less pathology, better grades, and interpersonal success. Journal of Personality 72(2), 271-324.

辻太一朗, 2013. なぜ日本の大学生は世界でいちばん勉強しないのか？ 東洋経済新報社, 東京.

東京都教職員研修センター, 2011. 自尊感情や自己肯定感に関する研究（第3年次）. 東京都教職員研修センター紀要 第10号.

ウォルター・ミシェル著, 柴田裕之訳, 2015. マシュマロ・テスト：成功する子・しない子. 早川書房, 東京.

Yeager, D., C. Romero, D. Paunesku, C. Hulleman, B. Schneider and C. Hinojosa, H. Y. Lee, J. O'Brien, K. Flint, A. Roberts, J. Trott, D. Greene, G. M. Walton and C. S. Dweck, 2016. Using design thinking to improve psychological interventions: The case of the growth mindset during the transition to high school. Journal of Educational Psychology 108, 374-391.

渡辺研次, 2017. 大学生のしなやかマインドセットの発達（上）. 大阪経大論集 68(4), 1-24.

第Ⅲ部

行動経済学の開く未来

第12章

民族多様性と市場メカニズムに関する実験研究
ケニアにおける相対取引実験*

下村研一[a] ・ 大和毅彦[b]

●要旨

本研究では，市場参加者の出身民族の相違が，市場メカニズムのパフォーマンスに
どのような影響を及ぼすかを吟味するために，ケニアの主要民族であるルオ人，キク
ユ人，そしてカレンジン人を対象として，相対取引実験を実施した．保守的で慎重な
性格であるとされるカレンジン人が参加した取引では，ルオ人やキクユ人だけが参加
する取引と異なり，取引価格と保有量は公平な均衡へ収束した．民族の違いは市場結
果に多大な影響を与える可能性があるが，対面で取引を行う異民族間の相対取引で
も，所得や厚生の不平等といった大きな格差が生じるとは限らないことを観察した．

キーワード：民族多様性，市場メカニズム，公平性，経済実験，ケニア

JEL Classification Numbers: C92, D51

1. はじめに

本章では，市場参加者の出身民族の相違が市場メカニズムのパフォーマンスに
どのような影響を及ぼすかを，ケニアのナイロビ大学における相対（あいたい）

＊本章の内容は論文 Shimomura and Yamato（2012）で行ったケニアのナイロビ大学における
実験のデータとその分析結果に基づく．査読者の有益なコメントに感謝する．日野博之教授
にはプロジェクトの代表者として，ナイロビ大学開発研究所のモハメッド・ジャマ所長，ジ
ョセフ・オンジャラ研究員，同大学の学生諸氏，および JICA（国際協力機構）の吉田耕平
氏には協力者として実験実施にご尽力頂いた．大高時尚，高橋清貴，福田恵美子，山崎陽子
の諸氏には実験準備，資料整理，数値解析，翻訳を補助して頂いた．ジーン・エンスミンガ
ー，アンジャン・ムカジ，チャールズ・プロット，シャム・サンダ─，特に，高橋基樹の諸
先生からは研究の過程で有益なコメントを頂いた．また，JICA および科学研究費補助金基
盤研究（B）26285045からは研究助成を受けた．ここに記して感謝の意を表す．
a）神戸大学 経済経営研究所
b）東京工業大学 工学院経営工学系

第Ⅲ部　行動経済学の開く未来

取引実験により検証した結果を紹介する．この問題意識の背景には，多様な民族からなるアフリカの経済，特にケニアの経済は，同民族間での取引でも異民族間の取引でも同様に効率的な市場均衡に到達するのか，という根本的な疑問がある．経済のあり方を考察する際，一般には市場に自由競争を導入することにより効率的な資源配分が達成されるという「市場原理」を基本とすることは，古くはアダム・スミスが唱えた「見えざる手」，比較的最近ではジョン・ウィリアムソンが唱えた「ワシントン・コンセンサス」により，広く認識されている．しかし，そこで想定される市場は，(1)参加者がどれくらいいて，それぞれどのような資源や技術を有し，提供可能な財やサービスに対してどのような評価をするのか，(2)その市場には規制や税制などどのようなルールがあるのか，そして(3)参加者はそれぞれどのような情報とインセンティブを有するか，の三点が特徴づけの本質とされる．つまり，市場がどのような民族によって構成されるかは問題視されない．理論上は参加者の出身民族に関係なく，条件(1)(2)(3)が同じ市場であれば，同じ市場成果が発生するとされる．市場はこの意味で「匿名性」がある．この考えに基づけば，世界のどの国どの地域であれ，そこに住む人々の生活の質の向上はルール・情報・インセンティブの整備にかかっていることになる．

　しかしながら，世界的には，かなり多くの国で異なる民族が共存している．民族多様性は，ビジネスマネジメントや，一国の地域市場のパフォーマンスを説明する際に中心的役割を担ってきたが，民族多様性が市場経済のパフォーマンスにどのような影響力を及ぼすかという重要な問題は，理論的にも実証的にもまだ十分に分析されているとは言い難い[1]．

　この理由の一つは，民族間の特徴や行動の違いを考慮に入れた経済理論モデルが，われわれの知る限り，存在しないことにある．完全競争市場であっても，不完全競争市場であっても，市場参加者の匿名性が必ず仮定されてきた．すなわち，市場参加者にとっては取引される商品の量と質のみが重要で，買い手や売り手の民族性は考慮されず，市場の結果は影響を受けないことが暗に仮定されてきたのである．また，実証的な分析に関しては，一つの同一民族しか存在しない市

---

1) Gneezy, Leonard and List（2009）は，父系社会のマサイ族（タンザニア）との母系社会のカーシ族（インド）における競争に対する選好の男女間の差を実験研究で吟味し，異なる民族で，顕著な経済行動の違いが生じうることを示している．

第12章　民族多様性と市場メカニズムに関する実験研究

場における結果と，様々に異なる民族から成る市場の結果を比較することが望ましいが，こうした条件に当てはまるようなデータを集めることは非常に困難である．これらの点から，本研究では，実験的アプローチを採り，多民族国家ケニアの首都ナイロビにおいて，ケニアの主要な3民族，ルオ人，キクユ人，そしてカレンジン人の大学生を対象に実験を行った．

　実験の手順は次のとおりである．まず財は2種類とする．この2財に対して異なる選好を持つ2タイプの個人がより高い利得を目指して各自保有する2財の一部を交換する市場経済のモデルを構築する．そして，ルオ人，キクユ人，カレンジン人から無作為に抽出された被験者で同じ民族出身者の2人組を十分な数だけ作り，構築したモデルと同じ利得表と2財の模擬商品を彼らに与え実験室で2財の取引をさせる．この取引を数回繰り返して，データを取り，取引がどのようになされたかを時系列で整理し分析する．

　その結果，以下のことが明らかになった．(a)取引のパターンは，その取引に従事した民族の組み合わせによって異なる．そして，(b)交換が同一民族間で行われたか，異民族間で行われたかが重要である．また，(c)交換が異民族間で行われた場合，保守的で慎重な性格であるとされる「カレンジン人」という特定の民族が加わることにより，平等な配分を実現するような均衡に収束する．言い換えれば，本実験は，民族多様性が社会経済の安定化と貧富格差の解消の効果を持つ可能性を示唆している．このことは，ワシントン・コンセンサスの実現により格差が広がるというスティグリッツ（Stiglitz 2002）による見解やこれまで想定されてきた「民族多様性により市場経済の均衡は不安定になり，そのことが民族間の不平等を生み出す」という通念に対する反例を提示することも意味する．

　本章の構成は以下の通りである．2節では，本研究の背景としてケニアの民族多様性と実験に用いる交換経済の理論モデルを概観する．3節では，2節の理論モデルをどのように実験室実験としてデザインしたかを解説する．そして，4節で実験結果を分析し，5節で結論を述べる．

2.　本研究の背景

2.1.　ケニアの民族多様性

　本研究では，実施の場所としてケニアを選択した．その最も大きな理由は，本

第Ⅲ部　行動経済学の開く未来

研究を含むアフリカ研究プロジェクトのリーダーである日野博之氏（当時神戸大学特命教授，現在ケープタウン大学客員教授）が2011年ケニア首相府の経済アドバイザーを務め，ケニアでは「民族」という概念が文化だけでなく生物学的に異なる人間の集団として定義されることから，ケニアでの経済実験をわれわれに提案したことである．ケニアは，アフリカ大陸の他の国々と比べても，活動する人間の出身民族が政治と経済に重要な影響力を持っていることが有名であり，実に40以上の民族が独自のアイデンティティーを持って共存している「民族多様性」（ethnic diversity）の国である（高橋 2010a, 2010b）．

　実際，ケニアにおいて全人口に占める民族ごとの人口の割合は，1989年のデータによるとキクユ人が20.8％，ルヒヤ人が14.4％，ルオ人が12.4％，カレンジン人が11.5％を占めている．（高橋 2010a, p. 291）．この4民族は，ケニアのアフリカ系大民族と呼ばれる．今回の実験では，実験助手を全員ルヒヤ人から採用したため，ルヒヤを被験者とはせず，被験者はキクユ，ルオ，カレンジンから募った．本研究の実験を，なるべくケニア経済の「縮図」に近づけるためである．

　ここで，キクユ，ルオ，カレンジンとは一般にどのような民族と考えられているかについて，主として経済行動の面から触れる．以下は，ナイロビ大学上級研究員のジョセフ・オンジャラ氏（ケニア出身）が，同大学での勤務およびさまざまな民族出身の学生への教育経験から，キクユ，ルオ，カレンジンの特徴について自身の見解をわれわれに語ったインタビューの記録からの引用である．

・キクユは商売向きで，商魂たくましく勤勉．自己利益，特に商売関係，に基づいて行動する．
・ルオは遊びが好きで，長期間のお金の投資には興味がない．からだが強く，サッカー選手はほとんどルオの出身．
・カレンジンは保守的かつ慎重で，リスクを取る典型的なタイプではない．結束は強い方で，共同体との距離が近い．一旦ある水準まで満足したと感じたら，それ以上は求めない傾向がある．

　もちろん，同じ民族の人々でも個人差は存在する．だが，このインタビューの記録から3民族の経済行動には何らかの相違が存在するのではないかという予測がなされることは自然であろう．

2.2. 実験で検証する理論モデル

本研究の目的は，複数の競争均衡が存在する経済モデルを設計し，異なる民族に属する被験者による実験室実験を行い，複数の競争均衡からどの均衡が選択されるかを観察することである．モデルは2種類の商品，XとY，と2つのタイプの消費者から成る純粋交換経済で，中間に位置する公平な均衡が1つ，そしてどちらか一方のタイプに非常に有利で他方のタイプに不利な配分を実現する均衡が2つの合計3つの競争均衡が存在するものである．同じタイプに属する被験者は，同じ効用関数と初期保有量を有する．タイプ1の消費者の効用関数とタイプ2の消費者の効用関数は異なる．またタイプ1となった被験者は，タイプ2の被験者と比べ，初期時点に，商品Xをより多く（そして，商品Yをより少なく）保有する．

われわれは上記のような交換経済として，以下のモデルを考えた．消費者1と2の効用関数は，以下のレオンチェフ型であるとする[2]．

$$U_1(x_1, y_1) = a_1 \min\{g_1(x_1), y_1\} + b_1 \text{ and}$$
$$U_2(x_2, y_2) = a_2 \min\{g_2(x_2), y_2\} + b_2$$

ただし，ここで (x_i, y_i) はタイプ i $(i=1, 2)$ の消費バンドルを表し，$\min\{\alpha, \beta\}$ は実数 α, β でより大きくない方の値を表す．われわれの実験では，以下のようにパラメータの値および g_1, g_2 の関数形を設定した．

$$a_1 = 52.58, b_1 = 669.96, a_2 = 50, b_2 = 695.07$$

$$
\begin{aligned}
g_1(x_1) &= x_1/9.8 & &\text{if } x_1 \in [0, 6.2] \\
&= 10x_1 - 6.2(10 - 1/9.8) & &\text{if } x_1 \in [6.2, 7.5] \\
&= x_1/9.8 + 1.3(10 - 1/9.8) & &\text{if } x_1 \in [7.5, 14.9] \\
&= 10x_1 - 13.6(10 - 1/9.8) & &\text{otherwise;} \\
g_2(x_2) &= x_2/9.1 & &\text{if } x_2 \in [0, 7.35] \\
&= 11.3x_2 - 7.35(11.3 - 1/9.1) & &\text{if } x_2 \in [7.35, 8]
\end{aligned}
$$

2）ここではレオンチェフ型の効用関数を用いているが，対数関数や2次関数など他のさまざまな効用関数の下でも複数均衡が存在しうる．Bergstrom et al.（2009），Chipman（2010），Shapley and Shubik（1977）を参照せよ．

第Ⅲ部　行動経済学の開く未来

$$= x_2/9.1 + 0.65(11.3 - 1/9.1) \qquad \text{if } x_2 \in [8, 17.45]$$
$$= 11.3x_2 - 16.8(11.3 - 1/9.1) \qquad \text{if } x_2 \in [17.45, 18.45]$$
$$= x_2/9.1 + 1.65(11.3 - 1/9.1) \qquad \text{otherwise.}$$

また，タイプ 1 の消費者の初期保有を $(\bar{x}_1, \bar{y}_1) = (25, 1)$，タイプ 2 の消費者の初期保有を $(\bar{x}_2, \bar{y}_2) = (5, 29)$ とした．ここで，Y の価格を 1 に固定して，X の価格を正の実数 p で与えると，タイプ 1 の消費者の所得は $p\bar{x}_1 + 1\bar{y}_1 = 25p + 1$ となる．よって，タイプ 1 の消費者は予算制約式 $px_1 + y_1 \leq 25p + 1$ のもとで，自身の効用関数 $a_1 \min\{g_1(x_1), y_1\} + b_1$ を最大化する消費ベクトル (x_1, y_1) を選択する．この p に対して，ある 1 つの (x_1, y_1) を決めるベクトル値関数がタイプ 1 の消費者の「需要関数」であり，$(x_1, y_1) = (d_{X_1}(p), d_{Y_1}(p))$ と与えられる．個々の関数 d_{X_1}, d_{Y_1} はそれぞれタイプ 1 の消費者の X の需要関数，Y の需要関数である．タイプ 2 の消費者についても全く同様で，タイプ 2 の消費者の需要関数として，$(x_2, y_2) = (d_{X_2}(p), d_{Y_2}(p))$ と与えられる．この 2 人からなる交換経済の「超過需要関数」とは，任意の $p > 0$ に対して

$$(E_X(p), E_Y(p)) = (d_{X_1}(p) + d_{X_2}(p) - \bar{x}_1 - \bar{x}_2, d_{Y_2}(p) + d_{Y_1}(p) - \bar{y}_1 - \bar{y}_2)$$

を与えるベクトル値関数であり，個々の関数 E_X, E_Y はそれぞれ X の超過需要関数，Y の超過需要関数である．このとき，任意の $p > 0$ に対して，需要関数は予算制約を等式で満足するので，辺々加えて移項することにより，$pE_X(p) + E_Y(p) = 0$ を得る．この p に関する恒等式がこの交換経済のワルラス法則である．消費者の数が 2 人でなくても，タイプ 1 と 2 の消費者の数が同数ならば同じ形の式が導出できる．図 1 は，この交換経済をエッジワースの箱で図示したものである．ここで，太い折れ線，点線の折れ線はそれぞれタイプ 1，2 の消費者のオファー曲線であり，与えられた価格のもとで消費者が効用を最大化する消費ベクトルの軌跡を示す．効用最大点は L 字型の無差別曲線の角になるので，タイプ 1 のオファー曲線は $y_1 = g_1(x_1)$，タイプ 2 のオファー曲線は $y_2 = g_2(x_2)$ と表せる．2 人のオファー曲線の交点が「競争均衡配分」であり，単に「均衡配分」とも呼ばれる．その交点に対応する価格が「競争均衡価格」であり，単に「均衡価格」とも呼ばれる[3]．この価格は X の超過需要関数が $E_X(p) = 0$ となるときの p であり，この p のもとでの需要関数の値 $(x_1, y_1; x_2, y_2) = (d_{X_1}(p), d_{Y_1}(p); d_{X_2}(p), d_{Y_2}(p))$ は均衡

第12章 民族多様性と市場メカニズムに関する実験研究

図1 競争均衡が3つ存在する交換経済のオファー曲線

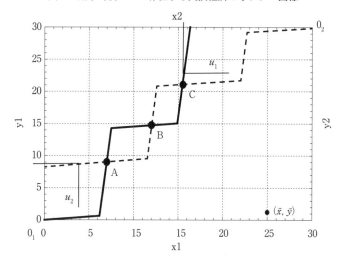

配分と一致する．

われわれが設定した効用関数の形と初期保有量の分配状態により，この経済には図1のように3つの均衡A, B, Cが存在する．これらの均衡の安定性を考えよう．図2は，Xの超過需要関数を表している．超過需要関数の値がゼロとなる均衡価格はA点（$p=0.4449$），B点（$p=1.0582$），C点（$p=2.1147$）で，3つ存在する．まず，価格pがA点より小さい場合，超過需要関数の値は正となり，需要が供給を上回るため，pは上昇する．次に，価格pがA点とB点の間にある場合には，超過需要関数の値は負となり，需要が供給を下回るため，pは下落する．また，価格pがB点とC点の間にある場合には，超過需要関数の値は正となり，需要が供給を上回るため，pは上昇する．最後に，価格pがC点より大きい場合には，超過需要関数の値は負となり，需要が供給を下回るため，pは下落する．よって，ワルラス的価格調整過程では，B点の均衡価格は局所的に不安定となり，A点とC点の均衡価格は両方とも局所的に安定となる．

3） ワルラス法則により，Xの市場において超過需要がゼロとなれば，Yの市場でも超過需要がゼロとなる．よって，2商品の交換経済の均衡については，1商品の市場だけ考察すればよい．

図2 財 X の超過需要関数

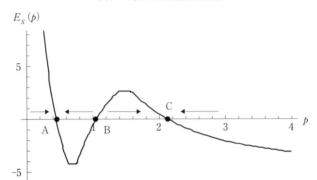

　図1では，これらの3つの均衡価格に対応した均衡配分 A, B, C が示されている．中間の均衡配分 B 点（消費者1の財ベクトル $=(12.0132, 14.7432)$）は局所的に不安定な均衡価格で達成されている．これに対して，他の二つの均衡配分 A 点（消費者1の財ベクトル $=(6.99771, 9.00859)$）と C 点（消費者1の財ベクトル $=(15.4803, 21.1309)$）は局所的に安定な価格で実現されている[4]．

　われわれの実験においては，理論で想定されている無理数を含む実数の値での取引は行うことができず，被験者が行う商品の取引単位は整数に限られる．したがって，この実験の設定に対応して厳密な理論予測を行うためには，交換経済モデルの離散バージョンを考察する必要がある．図3は，この離散バージョンの交換経済をエッジワースの箱で表したものであり，箱の中で交換が実現可能な点は X の数量と Y の数量がともに整数である点に限られる．その制約下でのタイプ1の消費者のオファー曲線上の実現可能な点は●，タイプ2の消費者のオファー曲線上の実現可能な点は×で表されている．いくつかの価格に対しては，効用最大点が複数存在し，2つの厚みのあるオファー曲線が交わる均衡配分は7つ存在する．4つの点，A1 $=(7,8)$, A2 $=(7, 9)$, A3 $=(8, 9)$, C1 $=(16, 20)$, C2 $=(16, 21)$

---

[4] より一般的にいえば，タイプ1の消費者が n 人，タイプ2の消費者も n 人いる経済において，同じタイプの消費者が同じ行動をとった時の対称な均衡を，図1のA, B, Cは表している．

第12章　民族多様性と市場メカニズムに関する実験研究

図3　離散バージョンの交換経済のオファー曲線

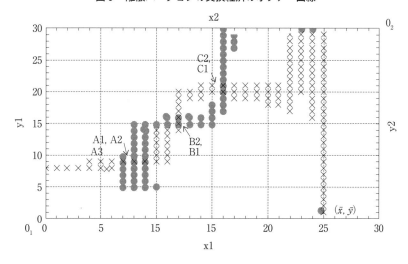

は局所的に安定な均衡を表し，均衡価格はそれぞれ $p=0.39, 0.44, 047, 2.11, 2.22$ となる．他方，B1＝(12, 15) と B2＝(12, 16) は局所的に不安定な均衡を表し，均衡価格はそれぞれ $p=1.08, 1.15$ となる．

　表1は，上記に述べた離散値での理論予測を要約したものである．X の価格が中間の均衡 B1 と B2 では，2人の消費者の格差は小さく，特に，B1 では2人の消費者は全く同じ利得を受け取り，公平な均衡配分が実現されている．しかしながら，均衡 B1 と B2 は局所的に不安定である．

　他方，X の価格が低い均衡 A1, A2, A3 は，初期保有として Y を多く持っているタイプ2の消費者にとって有利な均衡である．また，X の価格が大きい均衡 C1 と C2 は，初期保有として X を多く持っているタイプ1の消費者にとって有利な均衡である．これら5つの均衡は公平ではないが，局所的に安定である．このように，競争均衡の公平性と安定性の間にはトレードオフが存在する．

　上記の均衡価格の相違を，消費者の交渉力の差と考えることもできる．まず，X の価格 p が1.08より小さい場合，タイプ2の消費者がタイプ1の消費者よりも相対的に高い交渉力を持つと言える．A1, A2, A3 での均衡価格はこの条件を満たすが，他の均衡価格は満たさない．次に，X の価格 p が1.15より大きい場合，消費者1が消費者2よりも相対的に高い交渉力を持つと言える．C1とC2での均

295

第Ⅲ部　行動経済学の開く未来

表1　離散均衡の理論予測

	配分		価格 p	安定性	利得	
	タイプ1 (x_1, y_1)	タイプ2 (x_2, y_2)			タイプ1	タイプ2
A1	(7, 8)	(23,22)	0.39	安定	1091	1745
A2	(7, 9)	(23,21)	0.44	安定	1143	1745
A3	(8, 9)	(22,21)	0.47	安定	1143	1739
B1	(12,15)	(18,15)	1.08	不安定	1445	1445
B2	(12,16)	(18,14)	1.15	不安定	1445	1395
C1	(16,20)	(14,10)	2.11	安定	1722	1136
C2	(16,21)	(14, 9)	2.22	安定	1669	1136

衡価格はこの条件を満たすが，他の均衡価格は満たさない．さらに，X の価格 p が1.08（B1での均衡価格）と1.15（B2での均衡価格）の間にある場合には，2人の消費者の交渉力はほぼ同じであるとみなされる．

3. 実験デザインと取引方法

3.1. デザイン

　本実験を実施したケニアは，アフリカ大陸の他の国々と比べても，民族の違いが政治や経済に重要な影響力を持っている国として有名である．また，ケニアには，実に40以上の民族が独自のアイデンティティーを持って共存している．しかし，民族紛争の歴史は長く，特に有名なものでは，2007年末の大統領選挙後に起こった「選挙後暴動」（the post election violence）があり，1000人以上が犠牲になったとされている．

　被験者は全員，市場実験に参加した経験がない大学生である．実験に参加した被験者は，都市部にあるナイロビ大学とケニヤッタ大学の学生と，比較的小さな街にあるモイ大学，エガートン大学，マウント・ケニア大学，キマティ工科大学，そしてジョモ・ケニヤッタ農工大学の大学生である．農村地域の高齢者に比べて，大学生の持つ民族意識はそれほど強くない可能性があるが，実験内容を正確に理解し，実験ルールに従って取引を実行できる能力は学生の方が高いと期待したので，本実験では大学生を被験者として選択した．

第12章　民族多様性と市場メカニズムに関する実験研究

　ケニアに存在する民族全ての組み合わせに関して市場取引実験を行うことは当
然不可能なので，2節で述べたように，今回は三つの主要民族，ルオ人，キクユ
人とカレンジン人の大学生による実験を実施した．これらの3民族は，ルヒヤ
人，カンバ人，マサイ人，ソマリ人，そしてスワヒリ人と合わせて，ケニアの政
治と経済において，大きな影響力を持ってきた民族である．

　これらの3民族から，それぞれ24名，合計72名に実験に参加してもらった．さ
らに，各民族の24名を12名ずつ2つのグループに分け，1つのグループにはタイ
プ1の消費者，そしてもう一つのグループにはタイプ2の消費者の役割を果たし
てもらった．各被験者の消費者のタイプは，実験中固定され，変化することはな
かった．

　実験は，2010年3月2日から4日の間に，ナイロビ大学において行った．全部
で9つのセッションを実施し，表2(a)は，各セッションにおける民族と消費者
のタイプの組み合わせを表している．ここで，「L」は「ルオ人」，「Ki」は「キ
クユ人」，「Ka」は「カレンジン人」，「1」は「消費者タイプ1」，「2」は「消
費者タイプ2」をそれぞれ表している．例えば，「Ki1-L2」は，消費者タイプ1
の役割を与えられるキクユ人のグループと，消費者タイプ2であるルオ人のグル
ープ間で行われた取引のセッションを表している．各被験者は合計3つのセッシ
ョンに参加した．

　表2(b)は，本実験のタイムスケジュールである．最初に，各グループは，自
分たちと同じ民族に属するグループと取引を行う．その後，自分たちとは異なる
民族のグループと取引を行う．例えば，ルオ人で消費者タイプ1の被験者は，ま
ず初日の午前中に，同じルオ人で消費者タイプ2の被験者と取引をする（L1-L2
セッション）．次に，その日の午後に，キクユ人で消費者タイプ2の被験者と取
引を行う（L1-Ki2セッション）．そして，最後に，3日目の午前中に，カレンジ
ン人で消費者タイプ2の被験者と取引を行う（L1-Ka2のセッション）．

　各被験者が参加した3つのセッションは，終了するまで合計5時間を要し，被
験者は平均して5791ケニアシリング（2010年3月時点で約75米国ドル）を受け取
った．被験者72名の中で，報酬の最高額は，6277ケニアシリング（約82米国ド
ル）で，最低金額は4502ケニアシリング（約58米国ドル）であった．次節で説明
するように，各セッションは5ラウンドから構成されるが，5つのラウンドの中
から無作為に選ばれた一つのラウンドにおける最終利得に比例した額を被験者に

297

第Ⅲ部　行動経済学の開く未来

表2（a）　9つの実験セッション

		タイプ2		
		ルオ	キクユ	カレンジン
タイプ1	ルオ	L1-L2	L1-Ki2	L1-Ka2
	キクユ	Ki1-L2	Ki1-Ki2	Ki1-Ka2
	カレンジン	Ka1-L2	Ka1-Ki2	Ka1-Ka2

表2（b）　タイムスケジュール

		2010/3/2	2010/3/3	2010/3/4
AM		L1-L2	Ka1-Ka2	L1-Ka2
		Ki1-Ki2		Ka1-L2
PM		L1-Ki2	Ka1-Ki2	
		Ki1-L2	Ki1-Ka2	

支払った.

3.2.　取引方法

　実験では，二人一組でペアになり，各セッションの24名の被験者から合計12組のペアを作り，取引を行うようにした．被験者には，実験のインストラクション，利得表，記録用紙，及び名札が配布された．配布した利得表は，付録の表A-1と表A-2に記載されている．表A-1の消費者タイプ1の利得表および表A-2の消費者タイプ2の利得表には，商品Xと商品Yの組み合わせによってどのように利得が決定されるかが示されている．これらの表では，列が商品Xの量，そして行が商品Yの量を表しており，利得の値は小数点以下が切り捨ててある．

　各被験者に配布された名札には，被験者のペア名（A，B，C，…，L）と消費者タイプ（1か2），そして，被験者の種族の略称（「L」は「ルオ」，「Ki」は「キクユ」，そして「Ka」はカレンジンを表す）が記入されている．AからFまでの6つのペアは消費者タイプ1で，GからLまでの6つのペアは消費者タイプ2である．なお，実験で用いた言語は英語である．実験に参加した大学生は，実験内容を理解する十分な英語能力を持っていた．

　実験では，一つのセッションで取引を行うことが可能な時間を10分毎に区切り，5回繰り返した．以下では，この区切りを「ラウンド」と呼ぶ．つまり，各

298

セッションは，5つのラウンドから構成され，一つのラウンドの時間は10分である．

　各取引において，各ペアは，封筒に入ったピンクのカードと白いカードを受け取った．ピンクのカード1枚は商品Xの1単位を，そして白いカード1枚は商品Yの1単位を表している．24人（12ペア）の被験者が自由に交渉を行い，歩き回って取引相手となるペアを見つけることができるような十分に大きなスペースのある部屋で実験を実施した．

　被験者には，利得表に関する情報や，初期保有量に関する情報を，一切，他のペアに明かさないようにと通告した．また，商品Xと商品Yのどちらについても，自分たちの所有する量よりも多い量を交換することを禁止した．

　ペア間で合意に至ったら，商品Xと商品Yの交換が行われる．1つの取引が終了したら，取引結果を記録用紙に記入した後，各ペアは取引結果の情報を実験者に報告した．実験者は，商品Xを与えたペアの名前，取引された商品Xの量，商品Yを与えたペアの名前，取引された商品Yの量，及び商品の取引された割合（＝Y/X）を黒板に書くか，もしくはプロジェクターに映して，被験者に公開した．これで一つの取引が終了する．

　各ラウンドにおいて，10分間の中で，各ペアは何回でも取引を繰り返し行うことが可能である．また，どのペアとも取引を行うことができ，取引相手を変えることも，以前取引した相手を再び選ぶこともできた．ラウンドの最後に，被験者は自分の席に戻り，彼らが持つ全ての商品カードは回収された．次のラウンドは，2分間の休憩を挟んだ後に始まり，被験者は前のラウンドの始めに手にしていたのと同じだけの商品を受け取った．すなわち，商品は，ラウンドを越えて持ち越されることなく，ラウンドごとにリセットされるように設定されていた．各セッションは5つのラウンドから成る．

　5ラウンド目が終了した後，サイコロを使って，5つのラウンドの中から一つのラウンドを無作為に選んだ．各被験者の受け取る報酬は，この無作為に選択されたラウンドの最後において，被験者が属するペアが受け取った最終利得によって決まる．一つのペアの各メンバーは，それぞれ同じ報酬額を受け取った．

第Ⅲ部　行動経済学の開く未来

図4（a）　L1-L2セッションで成立した取引価格の推移

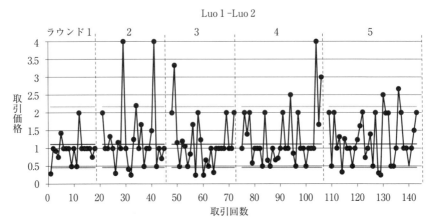

図4（b）　K1-Ki2セッションで成立した取引価格の推移

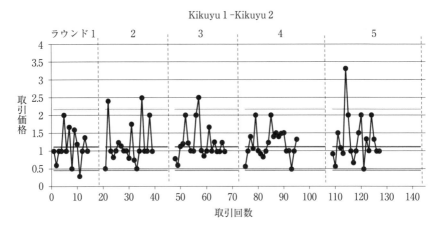

4. 実験結果

4.1. 取引価格の推移

　図4は，同じ民族同士で取引を行った3つのセッションで成立した取引における商品Xと商品Yの交換比率が，各ラウンドでどのように推移したかを表す図である．図4で，縦軸は，商品Yの商品Xに対する交換比率=（交換された商品Yの量）/（交換された商品Xの量）を，横軸は取引の順番を表し，左から

図4（c） K1-K2セッションで成立した取引価格の推移

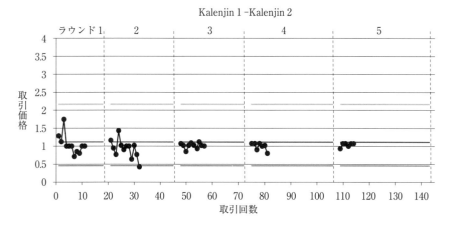

ラウンド1，2，…，5における推移を表す[5]．ここでは，商品 Y の商品 X に対する交換比率を，商品 X に対する商品 Y の取引価格 p と考える．

図4（a）は，ルオ人同士で取引した L1-L2 セッションで成立した価格の推移を表すが，取引価格の変動が大きく，ラウンドが進んでも，3 つの均衡のどれにも収束していない．キクユ人同士で取引した Ki1-Ki2 セッションで成立した価格の推移を表す図4（b）についても同様である．他方，図4（c）のカレンジン人同士で取引した Ka1-Ka2 セッションでは，前半のラウンドでは価格の変動が見られるものも，ラウンドが進むにつれて変動の幅は小さくなり，中間の均衡価格に収束していく傾向が見られる．

図5（a）と図5（b）は，ルオ人とキクユ人で取引を行った 2 つのセッション，Ki1-L2 セッションと L1-Ki2 セッションにおいて成立した取引価格の推移を表す．どちらのセッションにおいても，価格の変動幅は依然として大きく，いずれかの均衡価格が達成されたとは言い難い．

図6（a）から図6（d）は，カレンジン人を含む異なる民族間で取引を行った 4 つのセッション，Ka1-Ki2 セッション，Ki1-Ka2 セッション，Ka1-L2 セッションと L1-Ka2 セッションにおいて成立した取引価格の推移を表す．どのセッションに

5）全ての取引価格の推移図で，各ラウンドの長さは，最も取引回数の多かった L1-L2 セッションの回数の長さに合わせてある．

図5(a)　Ki1-L2セッションで成立した取引価格の推移

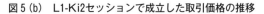

図5(b)　L1-Ki2セッションで成立した取引価格の推移

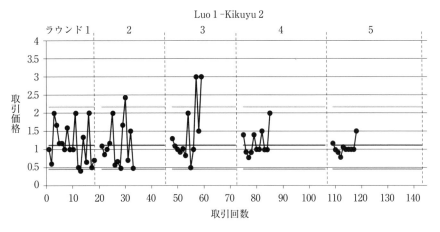

おいても，後半のラウンドでは中間の均衡価格へ収束する傾向があり，特に，第5ラウンドで成立したすべての取引において，中間の均衡価格で商品の交換が行われている．

4.2. 最終配分

表3は，ラウンド終了時における商品Xと商品Yの最終配分のうち，公平な均衡配分であるB1（タイプ1の消費者が $(x_1, y_1)=(12, 15)$，タイプ2の消費者が

図6（a） Ka1-Ki2セッションで成立した取引価格の推移

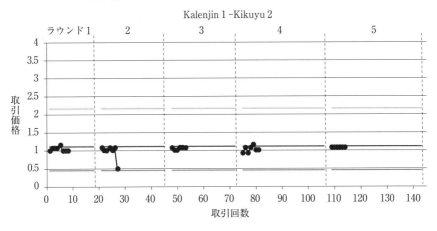

図6（b） Ki1-Ka2セッションで成立した取引価格の推移

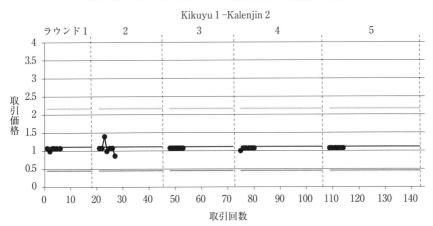

$(x_2, y_2) = (18, 15)$ をそれぞれ受け取る配分）が占める割合を，民族，消費者のタイプとセッション毎に示したものである．例えば，タイプ1のルオ人「L1」の被験者（6ペア）が行った取引について見てみよう．最初のセッションでは，「L1」被験者の6ペアは，タイプ2のルオ人「L2」被験者の6ペアと5ラウンド取引を行った．したがって，一つのセッションにおける「L1」被験者に関する最終保有のデータ数は，6（被験者のペアの数）× 5（ラウンド数）= 30とな

第Ⅲ部 行動経済学の開く未来

図6(c) Ka1-L2セッションで成立した取引価格の推移

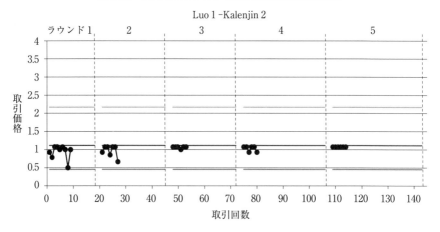

図6(d) L1-K2セッションで成立した取引価格の推移

る.最初のセッションでは,最終保有量が $(x_1, y_1)=(12, 15)$ である「L1」被験者はいなかったので,公平な均衡配分の割合は,0/30＝0％であった.

公平な均衡配分の割合は,カレンジン人の被験者がいないセッション,ルオ人もしくはキクユ人の被験者のみが参加するセッションにおいては,極めて低い値になっている.しかしながら,公平な均衡配分の割合は,カレンジン人の被験者が参加すると劇的に増加した.例えば,タイプ2のルオ人が公平な財バンドルB1を受け取る割合は,タイプ1のルオ人もしくはキクユ人と取引した時には4

第12章　民族多様性と市場メカニズムに関する実験研究

表3　公平な均衡配分の割合

ルオ人タイプ1：L1

セッション		B1		B1 近辺（±1）	
1 回目	L1-L2	0.00%	(= 0 /30)	0.00%	(= 0 /30)
2 回目	L1-Ki2	6.67%	(= 2 /30)	43.33%	(=13/30)
3 回目	L1-Ka2	63.33%	(=19/30)	86.67%	(=26/30)

ルオ人タイプ2：L2

セッション		B1		B1 近辺（±1）	
1 回目	L1-L2	0.00%	(= 0 /30)	10.00%	(= 3 /30)
2 回目	Ki1-L2	3.33%	(= 1 /30)	30.00%	(= 9 /30)
3 回目	Ka1-L2	90.00%	(=27/30)	100.00%	(=30/30)

キクユ人タイプ1：Ki1

セッション		B1		B1 近辺（±1）	
1 回目	Ki1-Ki2	3.33%	(= 1 /30)	6.67%	(= 2 /30)
2 回目	Ki1-L2	20.00%	(= 6 /30)	40.00%	(=12/30)
3 回目	Ki1-Ka2	90.00%	(=27/30)	93.33%	(=28/30)

キクユ人タイプ2：Ki2

セッション		B1		B1 近辺（±1）	
1 回目	Ki1-Ki2	0.00%	(= 0 /30)	13.33%	(= 2 /30)
2 回目	L1-Ki2	6.67%	(= 2 /30)	33.33%	(=12/30)
3 回目	Ka1-Ki2	60.00%	(=18/30)	96.67%	(=28/30)

カレンジン人タイプ1：Ka1

セッション		B1		B1近辺（±1）	
1 回目	Ka1-Ka2	30.00%	(= 9 /30)	50.00%	(=15/30)
2 回目	Ka1-Ki2	63.33%	(=19/30)	100.00%	(=30/30)
3 回目	Ka1-L2	90.00%	(=27/30)	100.00%	(=30/30)

カレンジン人タイプ2：Ka2

セッション		B1		B1 近辺（±1）	
1 回目	Ka1-Ka2	33.33%	(=10/30)	60.00%	(=18/30)
2 回目	Ki1-Ka2	86.67%	(=26/30)	86.67%	(=26/30)
3 回目	L1-Ka2	73.33%	(=22/30)	90.00%	(=27/30)

	B1		B1 近辺（±1）	
カレンジン人を含まないセッション	5.00%	(=12/240)	22.08%	(=53/240)
カレンジン人を含むセッション	68.00%	(=204/300)	86.33%	(=259/300)

	B1		B1 近辺（±1）	
ルオ人を含まないセッション	45.83%	(=110/240)	63.33%	(=152/240)
ルオ人を含むセッション	35.33%	(=106/300)	53.33%	(=160/300)

	B1		B1 近辺（±1）	
キクユ人を含まないセッション	47.50%	(=114/240)	62.08%	(=149/240)
キクユ人を含むセッション	34.00%	(=102/300)	54.33%	(=163/300)

％未満であったが，タイプ1のカレンジン人と取引した場合には90％に上昇した．

　このように，中間の公平な競争均衡B1は，カレンジン人が参加するセッションの方が，カレンジン人が参加しないセッションよりも多く達成されている．各期の最後で消費バンドルB1が達成される割合は，カレンジン人の参加した5つのセッションでは68％であったのに対して，カレンジン人が参加していない4つのセッションではわずか5％であった．他方，ルオ人（キクユ人）が参加した5つのセッションにおけるB1の割合は45.83％（47.50％）で，ルオ人（キクユ人）以外で実施された4つのセッションにおける割合35.33％（34.00％）よりも低かった．

　これまでの結果をまとめると以下のようになる．

第Ⅲ部　行動経済学の開く未来

　1）ルオ人もしくはキクユ人の被験者が取引に参加するセッションでは，取引価格と財の最終配分は，三つの均衡どれにも収束しなかった.

　2）他方，カレンジン人の被験者が取引に参加するセッションでは，取引価格と財の最終配分は，ラウンドが進むに連れて，中間の公平な均衡に収束した.

4.3.　カレンジン人効果：「My Way or the Highway」

　本実験では，カレンジン人の取引への参加が，公平な均衡の達成に重大な影響を持つ「カレンジン人効果」が観察された．カレンジン人は，早い段階から公平な均衡で取引を行い始め，他の民族の被験者が少しでも自分たちの利得を改善しようと別の提案を行っても拒否し，公平な均衡で取引のみを受け入れるという，言わば「My Way or the Highway」的行動をとったのである[6].

　実際，キクユ人とカレンジン人が取引したセッションと，ルオ人とカレンジン人が取引したセッションでは，全てのラウンドにおいて成立した取引の数は6回から8回と少なく，特に，最後のラウンドでは，公平な均衡価格と財配分が6回の取引で実現されている（図6 (a)から図6 (d)を参照）．つまり，全ての被験者（タイプ1の被験者が6ペア，タイプ2の被験者が6ペア）が，それぞれ1回しか取引を行わず，各取引はすべて公平な均衡価格と数量で行われている.

5.　おわりに

　理論的には公平な均衡配分は不安定であると予想されるが，これに反し，本研究の実験では，公平な均衡配分への収束を観察した[7].　本実験では，異民族間の取引の影響ができるだけ出やすい環境を構築するために，財の交換方法として，

　6）「My Way or the Highway」とは，「私のやり方に従わないのならば，出て行きなさい」，あるいは，「私の提案が嫌ならば，この話はなかったことにして下さい」といったことを意味する．「My Way or the Highway」的行動のネーミングについては，カリフォルニア工科大学のジーン・エンスミンガー教授とチャールズ・プロット教授の示唆に感謝する.

　7）われわれの交換経済モデルでは価格調整によるワルラス安定性と数量調整によるマーシャル安定性は全く逆の結論になり，中間の公平な均衡はワルラス安定ではないが，マーシャル安定になる．ワルラス安定性とマーシャル安定性の相違を考慮した市場実験結果の分析には関しては，Plott and George（1992），Plott et al.（2013），Shen et al.（2016）を参照せよ.

「相対取引」（被験者同士が対面し，手作業によって直接交換が行われる取引方式）を用いた[8]．しかしながら，他の財の取引手段として，「ダブルオークション」を用いた市場取引実験が行われている[9]．ここで，ダブルオークションとは，売りであれ買いであれ，取引希望の単価と数量の提案が他者に受け入れられる限り，提案者は商品を売ることも買うことも許されるような市場取引方式のことを言う（つまり，売り手も買い手も取引希望の提案ができるという意味で「ダブル」が使われる）．クロケット–オプレ–プロット（Crockett et al. 2010）はこのダブルオークションを用いた実験で，ゲール（Gale 1963）の交換経済モデルにおけるタトヌマンによる価格調整プロセスと安定性理論の妥当性を検証している．彼らは，カリフォルニア工科大学の学生を被験者としたコンピューターネットワークを用いたダブルオークション実験を実施し，安定性の理論予測を立証する結果を観察している．

　他方，われわれは被験者をケニアの3つの民族から同人数選定し，それぞれの民族間で取引が行われるようにすることによって，直接的に経済主体の不均質性を取り入れている．さらに，対面で交渉する相対取引を採用するという点で，オンライン上でダブルオークションの実験を行ったクロケット–オプレ–プロットとは異なる．異民族間の取引において，ダブルオークションを用いて実験を行った場合に，どのような結果が得られるかを吟味することは残された重要な課題である．

　また，本実験では，各被験者は全部で3つのセッションに参加したが，表3が示すように，被験者が実験に参加する回数が増えるにつれて，公平な均衡配分の実現割合が増えるという学習効果が観察された．表3の「カレンジン人タイプ」のセッションの結果で，1回目の同じカレンジン人同士よりも，2回目と3回目の他民族との取引のほうが，公平な均衡に収束する割合が高くなっているのは，この学習効果が働いたものと考えられる．しかしながら，被験者が最初に実験に参加した1回目で比較すると，公平な配分割合の5つのラウンド全体の平均値

8）相対取引実験については，Chamberlin（1948）や Holt（1996）を参照せよ．

9）ダブルオークション実験については，Anderson et al.（2004），Bossaerts and Plott（2008），Crockett et al.（2010），Huber et al.（2009），Plott（2000），Plott and Smith（1999），Smith（1962）等を参照せよ．

第Ⅲ部　行動経済学の開く未来

は，ルオ人やキクユ人のセッションではほぼ0％であったの対して，カレンジン人のセッションでは約30％であった．特に，カレンジン人同士で取引した1回目のセッションにおける最後の5ラウンド目で成立した6つの取引の内，4つが公平な配分（タイプ1が$(x_1, y_1)=(12, 14)$を受け取るB1均衡配分），残り二つもほぼ公平な配分（タイプ1が$(x_1, y_1)=(12, 15)$もしくは$(11, 14)$を受け取る配分）であった．このように，カレンジン人は，1回目のセッションでも，ラウンドの最後ではほぼ公平な配分を実現することに成功している．

　さらに，表3の「ルオ人タイプ」と「キクユ人タイプ」のセッションにおいて，公平な配分の割合は，ルオ人もしくはキクユ人のみで行った1回目と2回目に比べて，3回目でカレンジン人が参加すると，著しく上昇している．このことから，学習効果よりも，カレンジン人が取引に参加することの効果の方が大きいと推測される．しかし，この推測の妥当性を検証するためには，学習効果をできるだけ取り除き，各被験者が1回のセッションにしか実験に参加しないデザインの実験を行う必要がある．この点も，今後の残された重要な研究課題である．

　本実験では，特に，保守的で慎重な性格であるとされるカレンジン人の市場取引への参加が，公平な均衡での取引を著しく促進することを観察した．このように，民族の違いは市場結果に多大な影響を与える可能性があるものの，対面で取引を行う異民族間の相対取引でも，所得や厚生の不平等といった大きな格差が生じるとは限らないことが実験により判明した．このことは，市場原理に基づくワシントン・コンセンサスの実現が，必ずしも格差の拡大をもたらすとは限らないことを示唆している．もちろん，様々に異なる民族からなる社会における市場メカニズムの有効性に関する研究は始まったばかりであり，われわれのケニアにおける実験研究は一例に過ぎない．しかしながら，他のアフリカ諸国やアジアにおける多様な民族から成り，民族間の関係が大きな問題となっている発展途上国においても，ワシントン・コンセンサスに従って，市場メカニズムに任せる政策が本当に良いのか吟味する一つの手段として，現地の被験者を用いた実験アプローチは有用と言えるであろう．

引用文献

Anderson, C. M., C. R. Plott, K. -I. Shimomura, and S. Granat, 2004. Global instability in experimental general equilibrium: The Scarf example. Journal of Economic Theory 115,

第12章 民族多様性と市場メカニズムに関する実験研究

209-249.

Bergstrom, T. C., K.-I. Shimomura, and T. Yamato, 2009. Simple economies with multiple equilibria. The B.E. Journal of Theoretical Economics 9, Article 43.

Bossaerts, P. and C. R. Plott, 2008. From market jaws to the Newton method: The geometry of how a market can solve systems of equations. C. R. Plott and V. L. Smith eds., Handbook of Experimental Economics Results, Vol. 1, Elsevier B. V., Amsterdam, The Netherlands.

Chamberlin, E. H., 1948. An experimental imperfect market. Journal of Political Economy 56, 95-108.

Chipman, J. S., 2010. Multiple equilibrium under CES preferences. Economic Theory 45, 129-145.

Crockett, S., R. Oprea, and C. R. Plott, 2010. Extreme Walrasian dynamics: The Gale example. American Economic Review 101, 3196-3220.

Gale, D., 1963. A note on global instability of competitive equilibrium. Naval Research Logistics Quarterly 10, 81-87.

Gneezy, U., K. L. Leonard, and J. A. List,2009. Gender differences in competition: Evidence from a Matrilineal and a Patriarchal Society, Econometrica, 77, 1637-1664.

Holt, C. A. 1996. Classroom games: Trading in a pit market. Journal of Economic Perspectives, 10, 193-203.

Huber, J., M. Shubik, and S. Sunder, 2009. Default penalty as disciplinary and selection mechanism in presence of multiple equiliria. Cowles Foundation Discussion Paper No. 1730, Yale University.

Plott, C. R., 2000. Market stability: Backward-bending supply in a laboratory experimental market. Economic Inquiry 38, 1-18.

Plott, C. R. and G. George, 1992. Marshallian vs. Walrasian stability in an experimental market. Economic Journal 102, 437-460.

Plott, C. R., N. Roy, and B. Tong, 2013. Marshall and Warlas, disequilibrium trades and the dynamics of equilibration in the continuous double auction market. Journal of Economic Behavior and Organization 94, 190-205.

Plott, C. R. and J. Smith, 1999. Instability of equilibria in experimental markets: Upward-sloping demands, externalities, and fad-like incentives. Southern Economic Journal 65, 405-426.

Shapley, L. S. and M. Shubik, 1977. An example of a trading economy with three competitive equilibria. Journal of Political Economy 85, 873-875.

Shen, J., K.-I. Shimomura, T. Yamato, T. Ohtaka, and K. Takahashi, 2016. Revisiting Marshallian versus Walrasian stability in an experimental market. RIEB Discussion Paper, Kobe University.

Shimomura, K.-I. and T. Yamato, 2012. Impact of ethnicities on market outcome: results of market experiments in Kenya. H. Hino, J. Lonsdale, G. Ranis and F. Stewart eds., Ethnic Diversity and Economic Stability in Africa. Cambridge University Press, Cambridge, UK.

Smith, V. L., 1962. An experimental study of competitive market behavior. Journal of Political

Economy 70, 111-137.

Stiglitz, J. E., 2002. Globalization and Its Discontents. Penguin, London, UK.

高橋基樹，2010a．開発と国家—アフリカ政治経済論序説（開発経済学の挑戦 3）．勁草書房，東京．

高橋基樹，2010b．民族，言語，および開発—アフリカ地域研究の建設的「越境」のために．アフリカレポート 50，日本貿易振興機構アジア経済研究所．

第12章　民族多様性と市場メカニズムに関する実験研究

付録　表 A-1　消費者タイプ1の利得表

Amount of Y / Amount of X

Payoff Table	0	1	2	3	4	5	6	7	8	9	10	11	12	13	14	15	16	17	18	19	20	21	22	23	24	25	26	27	28	29	30
30	927	935	942	950	957	964	972	1385	1585	1970	1978	1985	1993	2000	2007	2015	2098	2164	2237	2310	2383	2455	2528	2601	2674	2746	2819	2892	2965	3038	3110
29	927	935	942	950	957	964	972	1385	1585	1970	1978	1985	1993	2000	2007	2015	2098	2164	2237	2310	2383	2455	2528	2601	2674	2746	2819	2892	2965	3038	3038
28	927	935	942	950	957	964	972	1385	1585	1970	1978	1985	1993	2000	2007	2015	2098	2164	2237	2310	2383	2455	2528	2601	2674	2746	2819	2892	2965	2965	2965
27	927	935	942	950	957	964	972	1385	1585	1970	1978	1985	1993	2000	2007	2015	2098	2164	2237	2310	2383	2455	2528	2601	2674	2746	2819	2892	2892	2892	2892
26	927	935	942	950	957	964	972	1385	1585	1970	1978	1985	1993	2000	2007	2015	2098	2164	2237	2310	2383	2455	2528	2601	2674	2746	2819	2819	2819	2819	2819
25	927	935	942	950	957	964	972	1385	1585	1970	1978	1985	1993	2000	2007	2015	2098	2164	2237	2310	2383	2455	2528	2601	2674	2746	2746	2746	2746	2746	2746
24	927	935	942	950	957	964	972	1385	1585	1970	1978	1985	1993	2000	2007	2015	2098	2164	2237	2310	2383	2455	2528	2601	2674	2674	2674	2674	2674	2674	2674
23	927	935	942	950	957	964	972	1385	1585	1970	1978	1985	1993	2000	2007	2015	2098	2164	2237	2310	2383	2455	2528	2601	2601	2601	2601	2601	2601	2601	2601
22	927	935	942	950	957	964	972	1385	1585	1970	1978	1985	1993	2000	2007	2015	2098	2164	2237	2310	2383	2455	2528	2528	2528	2528	2528	2528	2528	2528	2528
21	927	935	942	950	957	964	972	1385	1585	1970	1978	1985	1993	2000	2007	2015	2098	2164	2237	2310	2383	2455	2455	2455	2455	2455	2455	2455	2455	2455	2455
20	927	935	942	950	957	964	972	1385	1585	1970	1978	1985	1993	2000	2007	2015	2098	2164	2237	2310	2383	2383	2383	2383	2383	2383	2383	2383	2383	2383	2383
19	927	935	942	950	957	964	972	1385	1585	1970	1978	1985	1993	2000	2007	2015	2098	2164	2237	2310	2310	2310	2310	2310	2310	2310	2310	2310	2310	2310	2310
18	927	935	942	950	957	964	972	1385	1585	1970	1978	1985	1993	2000	2007	2015	2098	2164	2237	2237	2237	2237	2237	2237	2237	2237	2237	2237	2237	2237	2237
17	927	935	942	950	957	964	972	1385	1585	1970	1978	1985	1993	2000	2007	2015	2098	2164	2164	2164	2164	2164	2164	2164	2164	2164	2164	2164	2164	2164	2164
16	927	935	942	950	957	964	972	1385	1585	1970	1978	1985	1993	2000	2007	2015	2092	2092	2092	2092	2092	2092	2092	2092	2092	2092	2092	2092	2092	2092	2092
15	927	935	942	950	957	964	972	1385	1585	1970	1978	1985	1993	2000	2007	2015	2019	2019	2019	2019	2019	2019	2019	2019	2019	2019	2019	2019	2019	2019	2019
14	927	935	942	950	957	964	972	1385	1585	1946	1946	1946	1946	1946	1946	1946	1946	1946	1946	1946	1946	1946	1946	1946	1946	1946	1946	1946	1946	1946	1946
13	927	935	942	950	957	964	972	1385	1585	1873	1873	1873	1873	1873	1873	1873	1873	1873	1873	1873	1873	1873	1873	1873	1873	1873	1873	1873	1873	1873	1873
12	927	935	942	950	957	964	972	1385	1585	1800	1800	1800	1800	1800	1800	1800	1800	1800	1800	1800	1800	1800	1800	1800	1800	1800	1800	1800	1800	1800	1800
11	927	935	942	950	957	964	972	1385	1585	1728	1728	1728	1728	1728	1728	1728	1728	1728	1728	1728	1728	1728	1728	1728	1728	1728	1728	1728	1728	1728	1728
10	927	935	942	950	957	964	972	1385	1585	1655	1655	1655	1655	1655	1655	1655	1655	1655	1655	1655	1655	1655	1655	1655	1655	1655	1655	1655	1655	1655	1655
9	927	935	942	950	957	964	972	1385	1582	1582	1582	1582	1582	1582	1582	1582	1582	1582	1582	1582	1582	1582	1582	1582	1582	1582	1582	1582	1582	1582	1582
8	927	935	942	950	957	964	972	1385	1509	1509	1509	1509	1509	1509	1509	1509	1509	1509	1509	1509	1509	1509	1509	1509	1509	1509	1509	1509	1509	1509	1509
7	927	935	942	950	957	964	972	1385	1437	1437	1437	1437	1437	1437	1437	1437	1437	1437	1437	1437	1437	1437	1437	1437	1437	1437	1437	1437	1437	1437	1437
6	927	935	942	950	957	964	972	1364	1364	1364	1364	1364	1364	1364	1364	1364	1364	1364	1364	1364	1364	1364	1364	1364	1364	1364	1364	1364	1364	1364	1364
5	927	935	942	950	957	964	972	1291	1291	1291	1291	1291	1291	1291	1291	1291	1291	1291	1291	1291	1291	1291	1291	1291	1291	1291	1291	1291	1291	1291	1291
4	927	935	942	950	957	964	972	1218	1218	1218	1218	1218	1218	1218	1218	1218	1218	1218	1218	1218	1218	1218	1218	1218	1218	1218	1218	1218	1218	1218	1218
3	927	935	942	950	957	964	972	1146	1146	1146	1146	1146	1146	1146	1146	1146	1146	1146	1146	1146	1146	1146	1146	1146	1146	1146	1146	1146	1146	1146	1146
2	927	935	942	950	957	964	972	1073	1073	1073	1073	1073	1073	1073	1073	1073	1073	1073	1073	1073	1073	1073	1073	1073	1073	1073	1073	1073	1073	1073	1073
1	927	935	942	950	957	964	972	1000	1000	1000	1000	1000	1000	1000	1000	1000	1000	1000	1000	1000	1000	1000	1000	1000	1000	1000	1000	1000	1000	1000	1000
0	927	927	927	927	927	927	927	927	927	927	927	927	927	927	927	927	927	927	927	927	927	927	927	927	927	927	927	927	927	927	927

付録　表 A-2　消費者タイプ 2 の利得表

Amount of Y

Payoff Table	0	1	2	3	4	5	6	7	8	9	10	11	12	13	14	15	16	17	18	19	20	21	22	23	24	25	26	27	28	29	30
30	962	970	977	985	992	1000	1008	1015	1526	1534	1541	1549	1557	1564	1572	1579	1587	1595	2028	2384	2392	2399	2407	2415	2422	2430	2437	2445	2453	2460	2468
29	962	970	977	985	992	1000	1008	1015	1526	1534	1541	1549	1557	1564	1572	1579	1587	1595	2028	2384	2392	2399	2407	2415	2422	2430	2437	2445	2453	2460	2468
28	962	970	977	985	992	1000	1008	1015	1526	1534	1541	1549	1557	1564	1572	1579	1587	1595	2028	2384	2392	2399	2407	2415	2422	2430	2437	2445	2453	2460	2468
27	962	970	977	985	992	1000	1008	1015	1526	1534	1541	1549	1557	1564	1572	1579	1587	1595	2028	2384	2392	2399	2407	2415	2422	2430	2437	2445	2453	2460	2468
26	962	970	977	985	992	1000	1008	1015	1526	1534	1541	1549	1557	1564	1572	1579	1587	1595	2028	2384	2392	2399	2407	2415	2422	2430	2437	2445	2453	2460	2468
25	962	970	977	985	992	1000	1008	1015	1526	1534	1541	1549	1557	1564	1572	1579	1587	1595	2028	2384	2392	2399	2407	2415	2422	2430	2437	2445	2453	2460	2468
24	962	970	977	985	992	1000	1008	1015	1526	1534	1541	1549	1557	1564	1572	1579	1587	1595	2028	2384	2392	2399	2407	2415	2422	2430	2437	2445	2453	2460	2468
23	962	970	977	985	992	1000	1008	1015	1526	1534	1541	1549	1557	1564	1572	1579	1587	1595	2028	2384	2392	2399	2407	2415	2422	2430	2437	2445	2453	2460	2468
22	962	970	977	985	992	1000	1008	1015	1526	1534	1541	1549	1557	1564	1572	1579	1587	1595	2028	2384	2392	2399	2407	2415	2422	2430	2437	2445	2453	2460	2468
21	962	970	977	985	992	1000	1008	1015	1526	1534	1541	1549	1557	1564	1572	1579	1587	1595	2028	2384	2392	2399	2407	2415	2415	2415	2415	2415	2415	2415	2415
20	962	970	977	985	992	1000	1008	1015	1526	1534	1541	1549	1557	1564	1572	1579	1587	1595	2028	2346	2346	2346	2346	2346	2346	2346	2346	2346	2346	2346	2346
19	962	970	977	985	992	1000	1008	1015	1526	1534	1541	1549	1557	1564	1572	1579	1587	1595	2028	2277	2277	2277	2277	2277	2277	2277	2277	2277	2277	2277	2277
18	962	970	977	985	992	1000	1008	1015	1526	1534	1541	1549	1557	1564	1572	1579	1587	1595	2028	2208	2208	2208	2208	2208	2208	2208	2208	2208	2208	2208	2208
17	962	970	977	985	992	1000	1008	1015	1526	1534	1541	1549	1557	1564	1572	1579	1587	1595	2028	2138	2138	2138	2138	2138	2138	2138	2138	2138	2138	2138	2138
16	962	970	977	985	992	1000	1008	1015	1526	1534	1541	1549	1557	1564	1572	1579	1587	1595	2028	2069	2069	2069	2069	2069	2069	2069	2069	2069	2069	2069	2069
15	962	970	977	985	992	1000	1008	1015	1526	1534	1541	1549	1557	1564	1572	1579	1587	1595	2000	2000	2000	2000	2000	2000	2000	2000	2000	2000	2000	2000	2000
14	962	970	977	985	992	1000	1008	1015	1526	1534	1541	1549	1557	1564	1572	1579	1587	1595	1931	1931	1931	1931	1931	1931	1931	1931	1931	1931	1931	1931	1931
13	962	970	977	985	992	1000	1008	1015	1526	1534	1541	1549	1557	1564	1572	1579	1587	1595	1862	1862	1862	1862	1862	1862	1862	1862	1862	1862	1862	1862	1862
12	962	970	977	985	992	1000	1008	1015	1526	1534	1541	1549	1557	1564	1572	1579	1587	1595	1792	1792	1792	1792	1792	1792	1792	1792	1792	1792	1792	1792	1792
11	962	970	977	985	992	1000	1008	1015	1526	1534	1541	1549	1557	1564	1572	1579	1587	1595	1723	1723	1723	1723	1723	1723	1723	1723	1723	1723	1723	1723	1723
10	962	970	977	985	992	1000	1008	1015	1526	1534	1541	1549	1557	1564	1572	1579	1587	1595	1654	1654	1654	1654	1654	1654	1654	1654	1654	1654	1654	1654	1654
9	962	970	977	985	992	1000	1008	1015	1526	1534	1541	1549	1557	1564	1572	1579	1585	1585	1585	1585	1585	1585	1585	1585	1585	1585	1585	1585	1585	1585	1585
8	962	970	977	985	992	1000	1008	1015	1516	1516	1516	1516	1516	1516	1516	1516	1516	1516	1516	1516	1516	1516	1516	1516	1516	1516	1516	1516	1516	1516	1516
7	962	970	977	985	992	1000	1008	1015	1446	1446	1446	1446	1446	1446	1446	1446	1446	1446	1446	1446	1446	1446	1446	1446	1446	1446	1446	1446	1446	1446	1446
6	962	970	977	985	992	1000	1008	1015	1377	1377	1377	1377	1377	1377	1377	1377	1377	1377	1377	1377	1377	1377	1377	1377	1377	1377	1377	1377	1377	1377	1377
5	962	970	977	985	992	1000	1008	1015	1308	1308	1308	1308	1308	1308	1308	1308	1308	1308	1308	1308	1308	1308	1308	1308	1308	1308	1308	1308	1308	1308	1308
4	962	970	977	985	992	1000	1008	1015	1239	1239	1239	1239	1239	1239	1239	1239	1239	1239	1239	1239	1239	1239	1239	1239	1239	1239	1239	1239	1239	1239	1239
3	962	970	977	985	992	1000	1008	1015	1170	1170	1170	1170	1170	1170	1170	1170	1170	1170	1170	1170	1170	1170	1170	1170	1170	1170	1170	1170	1170	1170	1170
2	962	970	977	985	992	1000	1008	1015	1100	1100	1100	1100	1100	1100	1100	1100	1100	1100	1100	1100	1100	1100	1100	1100	1100	1100	1100	1100	1100	1100	1100
1	962	970	977	985	992	1000	1008	1015	1031	1031	1031	1031	1031	1031	1031	1031	1031	1031	1031	1031	1031	1031	1031	1031	1031	1031	1031	1031	1031	1031	1031
0	962	962	962	962	962	962	962	962	962	962	962	962	962	962	962	962	962	962	962	962	962	962	962	962	962	962	962	962	962	962	962

Amount of X

第13章

所得再分配選好の形成分析の展開と展望
反グローバル化時代における格差と人々の意識[*]

山村英司[a]

●要旨

　所得の不平等は古くから経済問題で，不平等を小さくするため所得分配政策は適切に取られるべきであると認識されている．2010年代に入り近年では国内の所得の不平等が原因となって，反グローバル主義が台頭し貿易自由化を推進してきた米国などが閉鎖経済を志向する政策を取るようになった．このような現実を反映し，21世紀に入り経済学において不平等や所得再分配の問題を考察する研究が数多くなされている．とりわけ人々の心理面を考慮に入れた行動経済学において，先端的手法により分析が進められ重要な知見が蓄積されている．本章では古くも新しい不平等の問題を，経済学はどのように分析してきたかを振り返る．そして，行動経済学に残された今後の課題に触れる．

キーワード：所得再分配選好，格差，反グローバル化，主観的意識

JEL Classification Numbers: C92, D63, F59, F69, Z13

1.　はじめに

　人民に広く成功の機会が存在するアメリカ社会．ヨーロッパに比べ所得階層間の移動が起こりやすいために，アメリカでは低所得層でも不平等が幸福度を下げることがないと考えられてきた（Alesina et al. 2004）．また，アメリカのような社会では，低所得者であっても所得再分配政策を支持しないことが理論的に示さ

　＊本論文の査読者から，数多くの貴重なコメントと示唆を受けた．これにしたがって，論文を加筆修正したことにより，論文が大幅に改善された．地域によっては日本観測史上最高の41℃を記録した猛暑の中，査読作業を担当いただいた査読者に感謝を申し上げたい．もちろん本論文に残されていると思われる誤りは，筆者の未熟によるものである．

　a）西南学院大学経済学部

第Ⅲ部　行動経済学の開く未来

れた（Piketty 1995）．一方，所得の不平等は経済発展につれて拡大するが，その後縮小していき，平等な社会に近づくというクズネッツの逆U字仮説が経済学者の中で広く受け入れられていた（Kuznets 1955）．社会主義国家群の崩壊後は，世界の国々は市場経済と民主主義を基盤として，アメリカ型社会へ収斂するという楽観的な予想が広まっていたように思われる．しかし，素朴な「アメリカンドリーム」は，21世紀に入り変容したアメリカ社会において色あせたものになった．

　アメリカでは1970年代半ばから所得上位1％以上の大富豪に富が集中しつづけることが示された（Piketty 2013）．最近の研究によると，アメリカ合衆国において低所得層に生まれた人々が成功し高所得者層の仲間入りをする確率は，過去半世紀のうちに大きく低下している（Chetty et al. 2016）．さらに，高所得層に仲間入りする可能性は地域によって大きく違う．製造業などを主力産業とする地域では「アメリカンドリーム」を実現することはきわめて難しいことが示されている．このような地域に住む，ブルーカラーの白人はヒルビリーなどとよばれ，アメリカ社会では忘れられた存在となっていた（Vance 2016）．2016年のアメリカ合衆国の大統領選では，低所得層の白人を中心とした有権者によりトランプ氏が唱える反自由貿易や移民排斥主義が支持された．これが，トランプ氏が大統領誕生の原動力になったと考えられている．その後，アメリカはTPP（Trans-Pacific Partnership）から離脱することになった．似たような現象は英国でも見られ，国民投票により英国のEU離脱が議決された．この出来事は"BREXIT"と称され，EUの経済統合の遠心力となっている．市場経済の浸透と経済のグローバル化を主導してきたアメリカおよびイギリスにおいて，市場経済の意義が政治的に否定された歴史的な出来事といえよう．つまり，平成の終わりにおいて，我々は反グローバル化の時代に直面しているといえよう．

　横軸に世界全体の所得階層をとり，縦軸に1988年から2008年までのそれぞれの階層の所得の平均成長率をとる図を描くと，像の鼻のような曲線が描かれる（Lakner and Milanovic 2016, Milanovic 2016）．詳しく見ると，所得上位1％階層の成長率は65％程度であるのに対して，世界中の所得上位20％の階層の成長率はほぼ0％である．これは先進国内の大富豪と中間所得層の所得差の拡大を意味すると解釈できる．以上の背景から，西欧の経済先進諸国における市場のグローバル化に反対する政治的な圧力が高まったように思われる．

314

第13章　所得再分配選好の形成分析の展開と展望

　国内の不平等や移民労働力への反発により，自由貿易が阻害されるならば貿易からもたらされる経済的便益が損なわれる．では，そもそも不平等とは，客観的な事実であるのか，それとも主観的に認知されたものなのか．さらには，現在は不平等であると感じても，将来にわたって不平等な状況が続くと考えるのか．このような不平等に関して，根本的な論点は経済学ばかりでなく心理的な側面にも関わる．先進国の国内における社会階層間の不平等の拡大と，これに対する社会的な関心の高まりに呼応して，21世紀に入り不平等について数多くの学術的研究が蓄積された．

　世界は既存の経済学では説明困難な現実に直面している．このため人間行動の心理的な側面に光を当てた行動経済学は学術世界で無視できない存在となっている．象徴的な出来事として，わずか15年の間に，3人の行動経済学者がノーベル経済学賞を受賞したことがあげられよう[1]．これを契機に，マスメディアを通して「生身の人間」行動を分析する学問として一般社会にも認知されるようになった．海外におけるアカデミックな潮流に呼応して，日本においても行動経済学会が創立され発展を遂げてきた．行動経済学が扱うべき現代的な課題として，不平等や所得再分配があげられよう．そして不平等の問題を政策と結びつける場合，所得再分配政策の是非がとわれる．所得の不平等の拡大が先進国における国内問題になるにつれ，主観的な不平等や所得再分配に関する論文が数多く発表されてきた．本章では特に所得再分配選好とその関連研究について，主に1990年代以降に発表された国内外の研究成果を紹介する．

　本章の続く2節では行動経済学の形成過程を概観したあとに，この潮流の中で海外で行われた主要な先行研究を解説する．3節では日本の先行研究を紹介し，その含意を示す．4節では今後の展望を示しつつ，未来の「行動経済学者」へのメッセージを送る．

2.　「行動経済学」の形成と関連研究の紹介

　現在では「行動経済学」という名称が広く認知されるようになったが，これが

1）2002年のダニエル・カーネマン，2013年ロバート・シラー，そして2017年のリチャード・セイラーである．

第Ⅲ部　行動経済学の開く未来

定着したのは比較的最近のことであろう．経済心理学，実験経済学などと呼ばれる研究分野と重なり合う部分も多く，「行動経済学者」を名乗る研究者の研究内容やアプローチも多様であるように思える．したがって，本節では研究テーマが行動経済学的な分析対象である場合，広義の意味での「行動経済学」の研究として紹介する．

　伝統的経済学が前提とする「合理性」の仮定は長年ブラックボックスの中に入れられてきた．この仮定が現実の人間にどの程度当てはまるのかを検証するためには，人間の嗜好性や行動の癖を丹念に観察することが求められる．とはいえ，研究環境が整備されていない頃には，このような基礎研究は，一部の先駆的研究を除いてほとんどなされて来なかったといえよう[2]．20世紀末から顕著になったミクロレベルのデータの整備と計量経済的な方法の精緻化，さらには内生性の問題に対処するため実験的なアプローチの普及などにより，多くの研究者が「行動経済学」の関連テーマに取組むようになった．研究スタイルの変化や「行動経済学」の形成の中で，「所得再分配選好」に関する研究が蓄積されてきた．これらの研究の意義を理解するために，簡単に「行動経済学」の変化について概観しておく．

　1990年代以降の急速な研究環境変化の中でも，大きな節目は，1995年頃からコンピュータの普及とともに様々なサーベイデータが公共財として研究者に共有されるようになったことである．その後，データを得るための特別人的コネクションがない研究者でも，個人レベルのデータを用いて実証研究を行うことが可能になった．さらに，21世紀に入ってからは，内生的な要因をコントロールするために実験的アプローチが盛んになった．一方でそれまで行われてきたサーベイデータを利用した研究への評価は大幅に低下した[3]．また，2010年以降テクノロジー

　2）行動経済学の生みの親とも言えるダニエル・カーネマンとエイモス・トヴェルスキーはもともと心理学者であり，リチャード・セイラーも1970年代初頭は，講義で伝統的経済学を教えていた．これらの行動経済学の巨人の主要業績が発表された頃は，その考えはシカゴ学派をはじめとして，多くの経済学者の批判にさらされた（Thaler 2015）．

　3）2010年に公共経済学分野のトップ・ジャーナルである Journal of Public Economics に論文を投稿した際に，筆者は次のような経験をした．editor より主観価値を被説明変数にする研究では実験的アプローチをとっていることが審査の前提となるとの説明を受けた．これは，実験的なアプローチが一般化したことを示す事例と考えられよう．

第13章　所得再分配選好の形成分析の展開と展望

の発展により社会心理学，情報工学，動物行動学，医学などの異分野の研究者との研究交流が起きた．それまでも経済学と他分野との「学際研究」はあったが，相互の研究分野への誤解や知識不足のために，学術的に意義ある水準までに研究を深化させることは困難であった．現在では異分野間で共通の知的基盤が形成され，分野を超えた新たな「融合研究」が進展している[4]．技術進歩は経済学に大きな影響をあたえ，それまで経済学ではブラックボックスに収められていて人間の内的メカニズムに踏み込んだ分析が可能になってきている．経済学を取り巻く環境変化に伴い，行動経済学が飛躍的に発展してきた．経済学の中でも行動経済学は「融合研究」の色彩が最も強い分野であろう．ここで大まかに，現在では行動経済学で主に扱われるテーマについて，経済学者がとってきた主な研究アプローチを時系列的に並べてみよう[5]．

1．理論研究中心の時代（〜1995年）．必要なデータが少なかったため，実証研究が数少ない時代．行動経済学の先駆的な実証研究は存在したが，幅広い層の研究者が行動経済学的な実証分析に取組む環境が整っていなかった時代．

2．個人データの収集とオープンアクセス化の時代（1996〜2000年）．Windows95の登場以降，統計分析を手軽に行うことが可能になった．技術的な環境変化とともに，個人レベルのサーベイデータの公開による，国際比較などが普及した．ミクロデータを用いた実証研究が経済学で一般化した時代．

3．実験による実証研究が急増した時代（2001〜現在）．ゲーム理論などで示された理論的帰結を検証するために，様々な実験手法を開発された．日本においても経済学者が利用するための実験室が整備され，数多くのラボ実験が

4）たとえば，脳科学と経済学の融合分野である神経経済学が形成され，行動経済学の新しい流れとなっている（大垣・田中 2014）．

5）リチャード・セイラー個人の研究の時代区分によれば，1986〜1994年を「経済学者と闘う」時代とし，1995〜現在を「シカゴ大学に赴任する」時代としている．伝統的経済学の中心であるシカゴ大学にセイラー教授が赴任したことは，行動経済学が経済学において無視できない影響力を持った証であろう．本論でも1995年以降について，さらに細かく時代わけをしているが，これはあくまで大まかな傾向であり，それぞれのスタイルの研究が広く浸透した時期を示している．したがって，このカテゴリー分けには収まらない研究も存在する．例えば1990年代頃に，経済学においても，先駆的な実験室実験は存在した．また，データマイニングや high-frequency data の利用は2000年ごろから始まっている．

第Ⅲ部 行動経済学の開く未来

行われるようになる[6]. 実験室実験には,本質的な問題点もある[7]. この問題点を解決するアプローチとして,フィールド実験をはじめとして様々なタイプの実験が行われるようになる[8].

4．テクノロジーの進展により，新たな分析アプローチが登場する時代（2010～未来）．例えば，脳科学との融合した神経経済学などの分野が形成された．将来的には，人工知能と人間の比較研究なども登場するかもしれない．

本章で扱う所得再分配選好の形成の分析の先行研究も，大まかに1～4に分類される．表1に，これらの先行研究をまとめている．紙幅の制約から以下では表1の中からとりわけ重要なものを選んで，これまでの研究動向を概観していく．

2.1. 理論研究

個人レベルのデータが不十分だった時代には，実証研究よりも理論的な研究の比重が高かった．その中には，後々実証的に検証可能な仮説を提起するための理論的メカニズムを提起した研究が存在する．理論研究が存在することによって，所得再分配選好や不平等感などの形成メカニズムの実証研究に経済学的な意味付けがなされたといえる．古典的な研究では，所得が高い人ほど所得再分配から得られる便益が小さくなるので，所得再分配を好まないことが示された（Romer 1975, Meltzer and Richard 1981）．しかし，所得再分配の問題は，現時点の経済状態だけではなく，将来に希望が持てるかどうかという時間軸と予測の側面から考えることも必要となる．現在の所得水準が低く社会が貧しいとしても，周囲の人々の何人かが豊かになると，それを観察することにより自分も豊かになると予想する．その結果，不平等に対して寛容になる場合がある（Hirschman and

---

6）1998年に実験経済の専門誌である Experimental Economics が創刊された.

7）実験室実験では，被験者が大学生など特定の階層に偏ることが多く，サンプルサイズも小さい．また，被験者は実験に参加しているという意識があるため，意思決定などにバイアスがかかる可能性がある.

8）とりわけ，現実世界におけるランダム化比較試験（Randomized Controlled Trial, RCT）を使った実験の影響力が高まった．2009年に全米経済学会から，フィールド実験の論文を積極的に掲載する American Economic Journal: Applied Economics が創刊された．フィールド実験研究の旗手である Ester Duflo が Founding editor であった.

第13章　所得再分配選好の形成分析の展開と展望

表1　関連する先行研究一覧

	研究種別	データ・手法	対象
Romer（1975），Meltzer and Richard（1981），Piketty（1995），Bénabou and Ok（2001），Alesina and Angeletos（2005 a, b）；Galasso，（2003）	理論研究		
Corneo and Grüner（2002）；Isaksson and Lindskog（2009）；Guillaud，（2013）；Pittau et al.（2013）；Cojocaru（2014）；Corneo and Neher（2015）；Steele（2015）；Yamamura（2016；2017）；Gimpelson and Treisman（Forthcoming）.	実証研究	サーベイデータ	国際比較
Fong（2001）；Luttmer（2001）；Alesina and La Ferrara（2005）；Keely and Tan（2008）；Alesina and Guuliano（2009）；Page　and Goldstein（2016）	実証研究	サーベイデータ	アメリカ
Ohtake and Tomioka（2004），Yamamura（2012；2014；2015a, 2015b）	実証研究	サーベイデータ	日本
Rainer and Siedler（2008）；Meagher and Wilson（2008）[a]；Luttmer and Singhal（2011）；Dahlberg et al.（2012；2017）；Iglesias et al.（2013）；Mollerstrom and Seim（2014）；Martén（Forthcoming）；Sabatini et al.（2017）；Martén（Forthcoming）；Gärtner et al.（2017）.	実証研究	サーベイデータ	西欧，および北欧
Ravallion and Lokshin（2000）；Okulickz-Kozaryn（2014）	実証研究	サーベイデータ	東欧・ロシア国
Beckman（2006）；Neustadt（2011）；Durante et al.（2014）；Kameda and Sato（2017）	実証研究	ラボ実験	アメリカ，日本
Brunner et al.，（2011）；Couttenier and Sangnier（2015）	実証研究	自然実験	
Cruces et al.（2013）；Kuzimeko et al.（2015）；Karadja et al.（2017）	実証研究	サーベイ実験	
Takahashi et al., 2009；Tricomi et al. 2010；Haruno and Frith,（2010）	実証研究	神経経済学	

注a：オーストラリアのサーベイデータを利用

Rothschild 1973）．1990年代以降に，この効果を所得再分配選好と結びつける研究が出てくる．Piketty（1995）は，過去の経験からの学習により，自身が属する所得階層が現在よりも将来的に高くなると期待するか，低くなると期待するかにより所得再分配に対する態度が決まることを理論的に示した[9]．同じような問題意識から，人々が将来の所得変化確率を知っていると仮定し，現在貧しいとしても将来的に自身の所得が上昇すると期待すると考える人は所得再分配政策を支

319

第Ⅲ部　行動経済学の開く未来

持しないことを定式化した POUM（prospect of upward mobility）理論が提起された（Bénabou and Ok 2001）．これらの理論が説得力を持ったのは，アメリカにおいて所得格差の拡大が十分認識されず，アメリカンドリームの可能性が共有されていたことにあると思われる．

自身の所得の影響をコントロールしても，周囲の人の所得が上がると幸福度が低下することが実証的に示されている（Luttmer 2005）．したがって，不平等や不公正は，他者の存在によって発生する問題であることが分かる．最後通牒ゲームなどの実験研究において人間は利己的にふるまわず公正，協力的にふるまうことが発見されており，これを理論的に説明する研究がある（Fehr and Schmidt 1999）．Fehr らは，人間を利己的な選好をもつタイプと公正（fair）な選好をもつタイプにわけた．周囲の人間が公正な選好をもち，さらに集団内で懲罰が可能なときに，利己的な人間も公正で協力的に行動する可能性を示した．

局所的に限定された状況を拡大し，現実社会を分析する研究も登場した．たとえば，不平等や所得再分配が社会の問題であることに注目し，社会の特性の役割を考察した研究が登場する．Alesina and Angeletos（2005a）は個人の期待ではなく，社会に共有される信念（belief）が鍵となることを示した．ここでは，個人の努力が所得を高め，努力の果実を享受するという社会信念があるなら，その社会構成員は所得再分配を好まなくなる．一方で所得が運やコネによって決まるという社会信念があるなら，所得再分配が好まれるとした．さらに，Alesina and Angeletos（2005b）は所得再分配の政策を支持する際の政治過程を考慮することにより，政治腐敗と不平等の存続メカニズムをモデル化した．ここでは，大きな政府は腐敗する傾向にあり不平等や不公正さを生じさせると考える．人々はこの不公正さや不平等を正すために所得再分配政策を支持するようになる．その結果，かえって政府腐敗を維持するようになることを示した．

2.2．　サーベイデータを利用した研究

Piketty（1995）や Bénabou and Ok（2001）ら理論的仮説を検証した実証研究

9）その後，Piketty は歴史データを収集し不平等の変化を検証する実証研究者へと変身した．実証研究では，Piketty（1995）で示した自身の理論モデルが現実的な説明力を失っていることを明らかにした（Piketty 2013）．

が数多く蓄積された．ドイツでは現在よりも将来はより多くの所得を得ると予想する人は所得再分配を支持せず，逆に将来は現在よりも低い所得しか得られないと考える人は，所得再分配を支持する（Rainer and Siedler 2008）．旧社会主義国のロシアや東欧諸国においても，将来的に自身の所得が低下すると予想する人や，職を失うことを恐れる人は，所得が高くても所得再分配政策を支持する傾向を示したものがある（Ravallion and Lokshin 2000, Okulickz-Kozaryn 2014）．数十カ国を含む国際データを用いた研究においても同様の結果が観察されている（Guillaud 2013, Steele 2015）．より詳細な分析によれば，このような傾向は人々がリスク回避的な場合のみに観察されるという報告がある（Cojocaru 2014）[10]．また，失職後に一時的に所得再分配を支持するが，経済状況が改善されるともとの所得再分配選好に戻ることも示されている（Martén, Forthcoming）．

　結果ばかりではなく，結果にいたるプロセスに注目する研究も多い．Alesina and La Ferrara（2005）は，所得水準の上昇が公正なプロセスを経ていると感じられることが重要であることを示した[11]．所得格差が何に起因すると信じるかが，所得再分配への支持度合いを決めるかを分析する研究も盛んに行われた（Isaksson and Lindskog 2009）．アメリカにおいて経済的成功が幸運に起因すると考える人は，所得再分配政策を支持する傾向がある（Fong 2001）．認知能力が高い人は，所得再分配を支持しない傾向にあるが，これは能力の高さを利用して所得を高める可能性があるからであろう（Mollerstrom and Seim 2014）．しかしながら，認知能力の高さが先天的に決まっているのであれば，これも運に依存するともいえよう．

　Corneo and Grüner（2002）の分析結果によれば，経済的に成功するために勤勉さが重要となると考える人は，政治的所得再分配を支持しないことを示したが，このような現象は旧社会主義国には観察されない[12]．社会主義時代に培われた人々の価値観は自由市場体制への移行後も維持され，人々の選好に影響を及ぼす（Alesina and Fuchs- Schündeln 2007）．たとえば，旧東ドイツ地域では，旧

10）Gärtner et al.（2017）によれば，過去および現在の所得水準と資産をコントロールしても，リスク回避的であると所得再分配を好みようになる．さらに，高齢者や女性が所得再分配を好む理由もリスク回避の程度によって説明される．

11）社会の不公正が所得再分配選好の形成に影響を与えることを検証した研究としては Iglesias et al.（2013）がある．

第Ⅲ部　行動経済学の開く未来

西ドイツ地域よりも，大幅に所得再分配を支持する傾向がある（Guillaud 2013)[13]．不公正な原因によって所得格差が生じるならば，POUM仮説では考慮されていなかった階層間の軋轢が高まるであろう．低所得層が高所得層に対して反発し，conflictが発生する可能性がある．このような負の外部性を緩和するために，高所得層やエリートは所得再分配を支持する傾向がある（Yamamura 2016)[14]．利己的行動をとることにより他者から制裁を受ける可能性がある場合，社会の中で協力的な行動がとられることは実験的な研究からも明らかにされている（Fehr and Gächter 2002).

　近年のグローバル化のもとで，移民の増加などによる社会の異質性の高まりが，現実の経済政策の選択に影響をあたえている印象がある．このような現実を踏まえ，人々が共有する価値観やアイデンティティが所得再分配選好におよぼす影響を分析した研究が進展した（Costa-Font and Cowell 2015, Kourtellos and Petrou 2017)．移民を対象に出身国の文化の効果などを検証することにより，歴史的経験，文化要因などのアイデンティティが人々の価値観を形成し，所得再分配選好や不平等への寛容さの程度を決めることが明らかにされた（Alesina and Giuliano 2009, Luttmer and Singhal 2011)．Yamamura（2017）は世界41カ国を含むサーベイ調査データを利用して，1870年における各国の教育水準が現代における人々の所得再分配性向を検証した．その結果，回答者本人の教育水準，所得，年齢などをコンロールした後でも，1870年の居住国の平均教育水準が高いほど人々は所得再分配政策を支持しないことが明らかになった．社会における教育水準が高いほど，その社会に住んでいる人の将来所得の上昇確率が高くなる．そのために所得再分配政策を好まなくなるというPOUM仮説が支持される．さらにこの結果は，普通教育が普及する時代に形成された価値観が，世代を超えて

---

12) アメリカとヨーロッパの比較研究では，個人効果をコントロールすると，他の所得再分配選好の決定要因はアメリカとヨーロッパの間では異なることが示されている（Pittau et al. 2013).

13) 左派イデオロギーが強い国々の政府は不景気なときにより所得再分配的な政策とるのに対して，右派イデオロギーが強い国では好景気のときにより所得再分配政策をとる（Herwartz and Theilen 2017).

14) 政治権力と所得再分配のメカニズムを考察した研究にLeon（2014）がある．また民主的な政治体制のもとでは，中位投票者が所得再分配政策の決定に影響力を持つことが示された（Corneo and Neher 2015).

現代でも人々の所得再分配選好に影響を与えると解釈できる．共通の特徴やアイデンティティを持つ人に対しては，人々は共感や仲間意識をもち，互助的関係を形成するかもしれない．自身が所属する社会メンバーがどのような特徴を持つかによっても，所得再分配選好は変化するであろう．アメリカでは所属する地区が同じ人種グループにより構成されるほど，所得再分配は支持されることが明らかにされた（Luttmer 2001）．スウェーデンにおいても，移民の流入が人々の所得再分配政策への支持を低下させることが観察された（Dahlberg et al. 2012）[15]．

2.3. 実験的手法および先端的テクノロジーを利用した研究

　サーベイデータの限界は，被説明変数と説明変数の間の相関関係を観察できても，因果関係を特定することは困難であることだ．サーベイデータを利用する場合でも，理屈上では伝統的な計量経済的手法である操作変数法を用いることにより，因果関係を明らかにすることが出来る．しかしながら，操作変数としての要件を満たす変数を探すことは困難を極める．近年では，実証研究を主要学術誌に研究成果を掲載するためには，実験的アプローチをとることが求められる傾向にある．とりわけ，2010年前後から所得再分配選好の分析するために，ラボ実験，自然実験，さらにはサーベイに実験を取入れた研究が急速に進展した．これにより，理論研究から導かれる仮説や，サーベイデータを用いた研究結果が，より精度の高い手法により再検証されるようになった．

　実験室内で人々の所得再分配選好を検証した研究は数多く存在する（e.g., Bolton and Ockenfels 2000, Charness and Rabin 2001, Engelmann and Strobel 2004, Traub 2009, Kameda and Sato 2017）．例えば Engelmann and Strobel（2004）は，実験への参加者の中から3人を選び一組のグループを作る．それぞれのグループに対し，仮想的に当該グループに属す3人がそれぞれ得る所得の分布のパターンを3通り提示する．そして，いずれの所得分布パターンを好むかをこたえてもらう．このとき，実際にいずれのパターンになるかを選ぶことが出来るのは，3人の中で2番目に所得が高い者である．いずれのグループに属するかは，ランダム

---

15) Nekby and Pettersson-Lidborm（2017）は Dahlberg et al.（2012）の推計結果が不適切なデータ処理によるものであると主張した．これに対して，Dahlberg et al.（2017）に示された反論がある．

第Ⅲ部　行動経済学の開く未来

に決められるために，その中での所得順位は事前には予測できない．したがって，すべての参加者が決定者になる可能性がある．3通りの所得パターンには，次のような特徴づけがなされる[16]．(1)グループ全体で所得合計が最も大きくなる効率的な選択，(2)所得が最低の人の所得を最大化するマクシミン選択，(3)参加者間の所得格差を小さくする不平等回避の選択．提示する所得パターンを工夫することにより，様々なゲーム状況を作り，参加者の選好がどの程度一貫性を持つかを検証することが出来る．Engelmann and Strobel（2004）はドイツで行われたが，全く同じ方法で日本でも実験が行われた（Kameda and Sato 2017）．全体としてドイツ人に比べ，日本人はマクシミン選択をとる傾向が強いことが分かった．この結果は国の文化を反映する可能性があることを示唆する．社会的アイデンティティが所得再分配選好におよぼす影響を実験室実験で分析したものとしてKlor and Shayo（2010）がある．ここでは，大学生を被験者としている．様々な学部の実験参加者にランダムに所得を与えたあとに，所得再分配に関する投票を行う．このとき，自己の利益と自分の属する集団の利益との間にはトレードオフの関係になるような設定を置く．実験結果から，参加者は自分にとっての利益を最大化するよりも，自分の所属する学部集団の利益を最大化するようにふるまう傾向があることが分かった．

　脳科学と経済学を融合した神経経済学では，意思決定をする時の人間の脳の活動部位を観察し，人間が何を感じ意思決定をしているかを明らかにする．所得再分配選好を分析する実験室実験における設定のもと，自身と他者の所得差が小さくなることを好む人たちは，自身と他者の所得差が大きくなるほど脳の扁桃体という部分が活動する．これに対して，自分の所得が最大になることを好む人々は，このような傾向は観察されなかった（Haruno and Firth 2010）．これは，人

---

16) 不平等回避の選択の定義として，正確にはFehr and Schmidt（1999）とBolton and Ockenfels（2000）との2種類が想定されている．Fehr and Schmidt（1999）では3人の全員の所得分布を決定できる2番目に高い所得を得る人は，自身と最高所得者との間の所得差が大きいほど不効用が大きくなる．さらに，2番目に高い所得を得る人は自身より低所得の人との所得差が大きい場合にも不効用が大きくなる．したがって，3人の所得が一致することが最も望ましい．一方Bolton and Ockenfels（2000）では，最高所得者と最低所得者の所得の平均所得が，自身の所得に近づくほど，2番目の所得を得る人の効用が大きくなる．ここでは，最高所得者と最低所得者の間の所得格差は考慮しない．

第13章　所得再分配選好の形成分析の展開と展望

によって自身と他者の所得差を感じる脳の部位が異なり，そのために選好の違い
が出てくることを示唆する．他の研究では，他者に比べて高い所得を与えられた
人は，その後に追加的な所得が自身より所得が低い他者に与えられたときに，脳
の線条体という部分が活動する．自身に追加的所得が与えられたときも同じく線
条体が活動する．しかしながら，初期条件で所得が低い人は，他者に所得が与え
られえたときに，線条体は反応しなかった（Tricomi et al. 2010）．したがって，
利他的選好は，脳の活動によっても説明されるものと考えられる．利他性が正の
感情であるとするなら，嫉妬は負の感情であろう．自身よりも有利立場にある人
が不運に見舞われると，人々の脳の線条体が活動する（Takahashi et al. 2009）．
つまり，他者に対する正の感情も，負の感情も，その発露の過程で線条体が関わ
っていることがわかる．これまで行動経済学で知られた現象は脳活動と関連して
おり，人間の「内面」でおきているメカニズムが可視化されるようになってきて
いる．

　自然実験的な研究としては，外生的な正の経済ショックがあると人々は所得再
分配を好まなくなることを示したBrunner et al.（2011）がある[17]．歴史的デー
タを活用することにより，実験的状況を設定する研究も有効である．Couttenier
and Sangnier（2015）はアメリカ国内において歴史的に資源が豊富な地域に在住
している人々は所得再分配を支持しないことを示した．これらの研究により，
Hirschman and Rothschild（1973）やPiketty（1995）によって提起された古典
的仮説が厳密に支持される．

2.4.　サーベイ調査研究の結果と実験的手法の研究結果の違い

　サーベイ調査によれば，人々が感じる主観的所得の不平等感は，客観的に計測
される所得の不平等とは乖離しており，客観的不平等ではなく主観的不平等感が
所得再分配選好と強く相関している（Gimpelson and Treisman
Forthcoming）[18]．また，自分自身が社会の中でどのような所得層に属するかに

17）外生経済ショックの効果を分析するために，自然実験とラボ実験を組み合わせた研究もあ
　る．好況期と不況期において，それぞれ比較可能に工夫した独裁者ゲームを実施したとこ
　ろ，好況期に比べ，不況期には利己的な選択が観察された（Fisman et al. 2015）．
18）アメリカにおいては，中位点の所得額を現実の額よりも高めに考え，所得の不平等度を現
　実よりも低めに予測する傾向がある（Page and Goldstein 2016）．

325

第Ⅲ部　行動経済学の開く未来

よって，人々の所得再分配政策への支持度合いは変化すると考えられる（Romer 1975, Meltzer and Richard 1981）．しかしながら，人々が自身の所得地位に関して正確な情報を持っているという前提は実証的に成立しないという研究結果が報告されている（Chambers et al. 2014, Fernandez-Albertos and Kuo 2015, Engelhardt and Wagener Forthcoming）．人々が正確な情報を持っていないならば，人々の所得地位が所得分配性向へ及ぼす効果は正確に測定できない．サーベイ調査による研究では，人々が客観的な情報がない状況と，客観的情報を得た状況を比較することは不可能である．

　この問題を克服するために，近年はサーベイ調査に実験的要素を取り入れた研究がなされている（Cruces et al. 2013, Karadja et al. 2017）．Cruces et al.（2013）は，アルゼンチンでサーベイ実験調査を行った．ここでは，人々の所得再分配選好と主観的に考える自身が属する所得階層を調べ，この情報を利用して実験的分析を行っている．主要な発見によれば，自身の所得地位を実際よりも高いと考えている人々は，実際の所得地位を知らされると，所得分配政策を支持するようになる．ただし，ここでは，人々は，自身の主観的な所得地位と現実の所得地位との間に系統だったバイアスは見られなかった．これと類似の実施したサーベイ実験調査をスウェーデンで実施した Karadja et al.（2017）は，人々が客観的な所得階層よりも低い所得階層に位置すると考えるひとが多数を占めていることを確認した．次に彼らの所得階層について客観的情報を与えた．その時に，自身が考えていたよりも現実所得地位が高いことを知った人々は，情報を与える前よりも所得再分配政策を支持しなくなった．これと関連する問題意識からウェッブ調査を用いた実験としては，Kuziemko et al.（2015）がある．ここでは所得の不平等に関する情報を与えられることにより，人々は所得の不平等の問題をより深刻に考えるようになるが，人々の所得再分配政策への支持度合いには影響がなかった．このような一種のパラドクスを解く鍵は，人々の政府への信頼性への低さにあるとした（Kuziemko et al. 2015）．つまり，所得の不平等は深刻であるが，政府にはこれを解決する能力がないと考えるならば，政府の所得再分配政策を支持しなくなるというわけである．

　以上の点をまとめると，サーベイ調査では人々は現実の所得分布などを知っていることを前提として分析を行ってきた．しかし，実験的調査手法を組み込むことにより現実には人々は正確に自身の所得地位や所得分布を知らないために，バ

イアスのある所得分配性向を持つことが明らかになった．このようなバイアスの
ために，所得再分配政策支持の低下や，所得の不平等の問題を軽視する傾向がみ
られると考えられる．

3.　日本の研究

　日本人を対象として行ったサーベイ調査を利用し，所得再分配性向の決定因を
分析した実証研究としては，Ohtake and Tomioka（2004）があげられる．推計
結果は次のようになる．将来失業の可能性が高いと考える人は，所得再分配を好
むことが示された．さらに，将来所得の上昇の見込みが低い者，特に高齢者は所
得再分配を好み，若者は所得再分配を好まない傾向が観察された．つまり，日本
においては POUM 仮説が支持され，これは他国の先行研究と整合的であるとい
えよう（e.g., Ravallion and Lokshin 2000, Rainer and Siedler 2008, Guillaud 2013,
Okulickz-Kozaryn 2014, Steele 2015）．この他，実験室実験により，西欧で行わ
れた Engelmann and Strobel（2004）の追試を行った Kameda and Sato（2017）
がある．これら研究は基本的に西欧諸国で行われた分析と類似の手法を使い，先
行研究結果と日本の結果を比較検証することに力点がおかれていた．独自に仮説
を立てながら，その検証を日本のサーベイデータを利用して行ったものとして
は，筆者による一連の研究がある．以下本節では，筆者による研究を紹介する．

　先に紹介したように，伝統的には所得再分配から得られる便益が小さくなるの
で，高所得者は所得再分配を好まないと考えられてきた（Romer 1975, Meltzer
and Richard 1981）．しかしながら，利他的動機を想定する場合，自身の所得が
高くなるほど，不平等を緩和する動機を持つ可能性がある（Dimick et al. 2016）．
とりわけ所属する社会グループの中の人間関係が親密であるならば，高所得者の
利他性は高まると予想される[19]．一方で低所得者は，常に所得再分配を望む動
機があるために，周囲の人間関係の影響は弱いと予測する．このような周囲人と
の間に生まれる正の外部性以外にも，負の外部性が所得再分配性向に影響を与え

19）このような人間関係の親密さを概念化したものが Social capital である．1990年代半ば以
　　降，政治学者である Putnam のイタリアやアメリカを対象とした研究により，Social capital
　　の重要性が社会科学諸分野に広く認知されるようになった（Putnam 1993, 2000）．

図1 社会・政治環境と所得再分配選好の関係

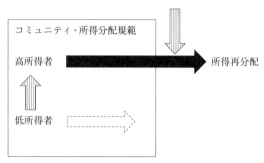

注：Yamamura (2012, 2014, 2015a, 2016) で提起されたメカニズム．

ることがある．図1に示されるような枠組みの中で，筆者は社会経済的要因が所得再分配選好に与える効果が高所得者と低所得者でどのように異なるかを検証した．図1の四角で囲まれているところは，人々が所属する社会の範囲をあらわす．この中で，人々を低所得者と高所得者に分ける．高所得者は低所得者に対して仲間意識を持つために，周囲の人の経済状態が悪ければ，利他的な動機から周囲の人を助けようとする可能性がある．一方で高所得者は低所得者からの妬みを受ける可能性もある．あるいは高所得者は，強盗などの対象になるかもしれない．このような正や負の外部性が低所得者から高所得者へ向かう矢印によってあらわされる．したがって，正の外部性により，高所得者は所得再分配政策を支持する可能性がある．外部性を緩和するために，所得再分配を支持する可能性もある．これは，高所得者から出て右方向にのびる太い黒色矢印によってあらわされる．ただし，高所得者の所得再分配の支持の程度は，政府への信頼がなければ弱まる．これは，「政治への信頼度」から出る下向きの矢印によって表現される．

　居住地における共同体的な人間関係が濃密で互助的な機能があるなら，共同体メンバーと良好な関係を維持することで得られる利益は大きいだろう（山村 2004）．伝統的経済学における効用水準は自身の消費によって決定されているが，実際は周囲の人々の消費にも依存するだろう．たとえば，周囲の人が自身の社会的な優位性を誇示するような消費をすると，周囲の人間は不愉快になり，効用を下げる可能性がある（Frank 2005）．その結果，誇示的な消費をする人は共同体

メンバーからは顰蹙をかい，共同体から排除されるかもしれない．そうすると，共同体から得られる，様々な便益が犠牲になる．このような外部性が生じないようにし，良好な人間関係を維持するために，高所得者は貧しいものへ自身の所得を分配する「分け合い」行動を取るようになるだろう（速水 2004）[20]．

　これを日本のサーベイデータを用いて分析した Yamamura（2012）の推計結果は次の通りである．コミュニティ内の交流が活発な地域に住むほど，高所得者は所得再分配を好むが，低所得者にはこのような傾向が観察されなかった．所属する集団における規範や慣習はインフォーマルなルールとして機能し，集団に属するメンバーの意識に影響を与え行動に影響を与える可能性がある（山村 2004）．Yamamura（2015a）はサーベイデータを用いて次の推計結果を提示した．日本の居住地において所得再分配政策を支持する人の割合が高いほど，人々は税負担を軽く感じる傾向がある．さらに，回答者をグループ分けすると，この傾向は高所得者グループには顕著にみられるが，低所得者グループでは観察されない．つまり，所属グループで所得再分配を肯定する規範が共有されている場合，高所得者は相対的に高額の納税額であっても税を負担することを義務として感じていると解釈できる．高所得者は所属集団における経済地位が高いことから，その集団の中で果たすべき自分の富を再配分する役割や義務を大きく感じていると解釈できる．国際サーベイデータを用いた研究や（Yamamrua 2016），イタリアのデータを用いた研究（Sabatini et al. 2017）では，他の角度から筆者が日本のデータを利用した一連の結果推計結果の再検証を行っている．主要な推計結果から，日本以外でも高所得者は社会環境の影響に敏感に反応して所得再分配政策を支持するが，低所得者ではこのような傾向がないことが明らかになった．したがって，ここで展開した考察は一定の普遍性を持つといえよう[21]．

　現代社会では所得再分配は主に政治的な過程をへて実現される．しかし，小さな政府は不平等を縮小する力はない．一方で，大きな政府は腐敗し不平等を大きくすることになるというジレンマがある（Alesina and Angeletos 2005b）．政府へ治めた税金が社会における不公平感を緩和するために活用されないならば，人々は納税にたいして消極的になるだろう．Yamamura（2014）は，日本におい

---

20) 消費の負の外部性を回避するために，合理的な人間が利他的にふるまう可能性は伝統的な経済学を拡張したモデルによっても分析可能である（Becker 1974）.

て居住地域における政治家への信頼度が高いほど，所得再分配を支持すると同時
に，税負担を軽く感じることが分かっている．以上の分析を総合すると図1に描
くように，グループ内の人間関係によって形成される所得再分配選好が，政治過
程を媒介して変容することが分かる．つまり，高所得者から低所得者への所得再
分配の規範がインフォーマルに共有されているとしても，これを実現するように
政治が機能していると感じられない場合，人々は所得再分配を積極的に支持する
ことはない．前節で紹介したように Kuziemko et al.（2015）のアメリカでのウ
ェッブ実験においても Yamamura（2014）と整合的な結果が報告されている．
国内外の研究では情報公開条例などの制定により，政府の透明度が高まることに
より，政治におけるレントシーキング行動が抑止されたり，公務員や自治体の首
長の給料が抑制されることが示されている（e.g., Mas 2017, Yamamura and
Kondoh 2013, Yamamura and Ishida 2017）．ここから，政府の腐敗を小さくしつ
つ，所得の不平等が緩和される可能性を読み取ることが出来る．ここまでの結果
を総合的に踏まえるならば，脱税などを抑止し所得再分配政策の効果を高めるた
めには，透明性の高い政治を実現し，政府の信頼度を高めることが重要であると
考えられる．

4. 今後の展望：未来の研究者への問い

　行動経済学会創立10周年の節目に現実の世界を概観するならば，「経済格差」
が先進国内で観察され，移民問題とあいまって社会の分断化が顕在化している．
このような市場の負の外部性に起因すると思われる反市場主義や閉鎖的な一国主

21）一般的に先行研究では男よりも女のほうが，所得再分配を好む傾向がある（e.g., Corneo
　　and Grüner 2002, Alesina and Giuliano 2009）．このことを踏まえ，筆者は成長過程において
　　周囲を取り巻く人の性別の影響を分析した（Yamamura 2015b）．兄弟姉妹の中で最年長で
　　ある男は所得再分配政策に反対するが，最年長の女にはこのような傾向がない．さらに年長
　　の兄弟や姉妹の数の効果について検証すると，兄の数が多いほど，回答者は所得再分配政策
　　を支持する．しかし，回答者の姉の数と回答者の所得再分配支持度合いに相関はなかった．
　　この結果は次のように解釈できよう．兄弟の中で，相対的に支配的な力を持つ長男は，親か
　　ら子供に与えられる「富」を独り占めしようとする．一方，長女はこのような利己的な行動
　　を取らない．そうすると，成長過程で兄たちに虐げられてきた年少者は，自然と所得再分配
　　を好むようになる．成長期に形成されえた選好は大人になってからも維持される．

義が台頭している．近現代史において繰り返されてきた政治経済的な緊張関係が高まっている．本論で言及したように，周囲の人々の所得増や豪奢な消費は，他者の幸福度や仕事満足度を下げる負の外部性がある（Frank 2005, Luttmer 2005, Card et al. 2012）．この外部性のため，社会の対立が生じ効率性を損なう可能性がある．現実にアメリカの TPP 離脱，イギリスの "BREXIT" は経済効率性を大きく損ない，経済成長を阻害していくであろう．このように予測される帰結にもかかわらず，所得階層間で反グローバル政策に対する反応は大きく異なっているようである．

低所得者たちは長期的には，自身の所得低下をもたらす可能性を考慮せず近視眼的な行動を取っているようにも思える．しかし，もしも長期的な帰結を十分理解していたとしても，実験室実験における懲罰行動の研究からすると，自己の所得低下を招いたとしても富裕層の所得低下をもたらすためにグローバル化反対を唱える可能性がある．ここから引き出される教訓は，政府が上手に所得再分配政策を提示することにより支持を集め，これを実行することにより負の外部性を小さくすることである．Yamamura（2016）によって示されたように所得階層間の対立が大きい場合には，高所得者は政府の所得再分配政策を支持するとすれば，社会の分断や衝突から発生する負の外部性は小さくなる．これと同時に過度に大きな政府を目指すのではなく，経済効率性を損なわないようにすることが肝要である．また効率的で無駄のない政府は人々の信頼を高め，納税者は政府の所得再分配政策を受け入れるであろう（Yamamura 2014, Kuziemko et al. 2015）．「経済学」がいかに発展しても，「経済問題」そのものが大きく変容するわけではない．分配と成長の両立という古典的なテーマは，実は今も将来も，経済学者に求められる最も重要な課題であり続けるのである．

日本は令和に入り，新たな時代の始まりを告げた．人工知能が急速に発展し現時点で囲碁将棋などのボードゲームでは完全に人間を上回っている．人工知能が様々な点で人間能力を超えるシンギュラリティの可能性も真剣に議論されている．これまで検証不能だった人間行動も，経済学と理系分野が連携しあうことにより分析可能になっている．これからは分野を超えた研究により，これまでブラックボックスにいれられてきた，人間行動のメカニズムが一層明らかにされるであろう．

歴史的にみれば学問の発展に伴い，学術研究の細分化が進み同一カテゴリーに

属する研究者の間でも，互いに研究内容を理解することが困難な状況に至った．また，細分化された研究の精緻化が進むほど，経済学における研究対象と現実社会の問題が乖離していく．1990年代半ばごろには，このような閉塞状況に経済学が陥っていたように思われる．この時期に社会心理学者から次のようなビジョンが提起された．「真の人間／社会科学の基盤を提供するアプローチ…生物学者と認知科学者，そして経済学者をはじめとする社会科学者は…歴史上初めて，共通の知的基盤を形成し始めている」（山岸 1998, p. 210）．このビジョンに呼応するようにして，行動経済学は他分野との交流や融合によって刺激を受け発展してきた．行動経済学会が創立50周年，さらには100周年を迎える時に，「行動経済学」という言葉は歴史的遺物となり，「行動経済学的アプローチ」は標準的「経済学」の中に組み込まれているかもしれない．現在では行動経済学では社会心理学はもとより脳科学などとの融合研究が急速に進展している（大垣・田中 2014）．今後さらに情報科学など諸分野との融合が進み，学問の再編の中で「経済学」や「行動経済学」いうカテゴリー分けも古色蒼然としたものとなっているかもしれない．学問の転換点に立ち会えることは，「行動経済学者」にとって喜ばしいことであろう．未来の「行動経済学者」は，日本における「行動経済学」の開拓者である我々の試みをどのように再評価するのであろうか．

　一方で，本章で扱った不平等や所得再分配は古くから存在する政治経済学的テーマである．人工知能が現在の予想を超えて大きな役割を果たしているとしても，「人間」は他者の存在を意識せずにはいられない．「人間」によって構成される社会において，不平等や所得再分配は根源的なテーマであり続けるだろう．さらに，これまで人類が歴史上経験したことがない急速な少子高齢化の到来により，現在生きている世代と将来生まれてくる世代との間の税負担をはじめとする格差の問題がクローズアップされている．西暦2100年ごろには，現実社会でいかなる不平等が起きているのか？　いかなる所得再分配政策が取られているのか？国家とグローバル社会の関係はどうなっているのか？　分配と成長の両立は達成されているのか？　そして，「行動経済学者」はこれらの大問題を解くために，どのような貢献をしているのであろうか？

引用文献

Alesina, A. and G. M. Angeletos, 2005a. Fairness and redistribution. American Economic Review

第13章　所得再分配選好の形成分析の展開と展望

95, 960-980.

Alesina, A. and G. M. Angeletos, 2005b. Corruption, inequality, and fairness, Journal of Monetary Economics 52(7), 1227-1244.

Alesina, A., R. Di Tella, and R. MacCulloch, 2004. Inequality and happiness: Are European and American different? Journal of Public Economics 88, 2009-2042.

Alesina, A. and N. Fuchs-Schündeln, 2007. Good-bye Lenin (or not)? The effect of communism on people's preferences. American Economic Review 97, 1507-1528.

Alesina, A. and P. Giuliano, 2009. Preferences for redistribution. NBER Working Papers 14825, Cambridge, MA.

Alesina, A. and E. La Ferrara, 2005. Preferences for redistribution in the land of opportunities. Journal of Public Economics 89, 897-931.

Becker, G., 1974. A theory of social interactions. Journal of Political Economy 82, 1063-1093.

Beckman, S. R., 2006. A tax and redistribution experiment with subjects that switch from risk aversion to risk preference. Social Choice and Welfare 27(3), 627-641.

Bénabou, R. and E. A. Ok, 2001. Social mobility and the demand for redistribution: The POUM hypothesis. Quarterly Journal of Economics 116(2), 447-487.

Bolton, G. E. and A. Ockenfels, 2000. ERC: A theory of equity, reciprocity, and competition. American Economic Review 90(1), 166-193.

Brunner, E., S. Ross, and E. Washington, 2011. Economics and policy preferences: Causal evidence of the impact of economic conditions on support for redistribution and other ballot proposals. Review of Economics & Statistics 93(3), 888-906.

Card, D., A. Mas, E. Moretti, and E. Saez, 2012.Inequality at work: The effect of peer salaries on job satisfaction. American Economic Review 102(6),2981-3003.

Chambers, J. R., L. Swan, and M. Heesacker, 2014. Better off than we know: Distorted perceptions of income and income inequality in America. Psychological Science 25, 613-618.

Charness, G. and M. Rabin, M., 2001. Understanding social preferences with simple tests. Quarterly Journal of Economics 117, 817-869.

Chetty, R., D. Grusky, M. Hell, N. Hendren, R. Manduca, and J. Narang, 2016. The Fading American Dream: Trends in Absolute Income Mobility Since 1940, NBER Working Pa- pers 22910.

Cojocaru, A., 2014. Prospect of upward mobility and preferences foo redistribution: Evidence from the life in transition survey. European Journal of Political Economy 34, 300-314.

Corneo, G. and H. P. Grüner, 2002. Individual preferences for political distribution. Journal of Public Economics 83, 83-107.

Corneo, G. and F. Neher, 2015. Democratic redistribution and rule of the majority. European Journal of Political Economy 40, 96-109

Costa-Font, J. and F. Cowell, 2015. Social identity and redistributive preferences: A survey. Journal of Economic Surveys 29(2), 357-374.

333

第Ⅲ部　行動経済学の開く未来

Couttenier, M. and M. Sangnier, 2015. Living in the garden of Eden: Mineral resources and preferences for redistribution. Journal of Comparative Economics 43(2), 243-256.

Cruces, G., R. Perez-Truglia and M. Tetaz, 2013. Biased perceptions of income distribution and preferences for redistribution: Evidence from a survey experiment. Journal of Public Economics 98, 100-111.

Dahlberg, M., K. Edmark and H. Lundqvist, 2012. Ethnic diversity and preferences for redistribution. Journal of Political Economy 120, 41-76.

Dahlberg, M., K. Edmark, and H. Lundqvist, 2017. Revisiting the relationship between ethnic diversity and preferences for redistribution: Reply. Scandinavian Journal of Economics 119 (2), 288-294.

Dimick, M., D. Rueda, and D. Stegmuller, 2016. The altruistic rich? Inequality and other-regarding preferences for redistribution. Quarterly Journal of Political Science 11 (4), 385-439.

Durante, R., L. Putterman, and J. van der Weele, 2014. Preferences for redistribution and perception of fairness: An experimental study. Journal of the European Economic Association 12, 1059-1086.

Engelhardt, C. and A. Wagener, Forthcoming. What do Germans think and know about income inequality? A survey experiment. Socio-Economic Review.

Engelmann, D. and M. Strobel, 2004. Inequality aversion, efficiency, and maximin preferences in simple distribution experiments. American Economic Review 94, 857-869.

Frank, R. H., 2005. Positional externalities cause large and preventable welfare losses. American Economic Review 95(2), 137-141.

Fernandez-Albertos, J. and A. Kuo, 2015. Income perception, information and progressive taxation: Evidence from a survey experiment. Political Science Research and Methods 12, 1-28.

Fehr, E. and K. M. Schmidt, 1999. A theory of fairness, competition, and cooperation. Quarterly Journal of Economics 114(3), 817-868.

Fehr, E. and S. Gächter, 2002. Altruistic punishment in humans. Nature 415, 137-140.

Fisman, R., P. Jakiela, and S. Kariv, 2015. How did distributional preferences change during the Great Recession? Journal of Public Economics 128, 84-95.

Fong, C., 2001. Social preferences, self-interest, and the demand for redistribution. Journal of Public Economics 82, 225-246.

Gärtner, M, J. Mollerstrom, and D. Seim, 2017. Individual risk preferences and the demand for redistribution. Journal of Public Economics 153, 49-55.

Galasso, V., 2003. Redistribution and fairness: A note. European Journal of Political Economy 19, 885-892.

Gimpelson, V. and D. Treisman, Forthcoming. Misperceiving inequality. Economics & Politics.

Guillaud, E., 2013. Preferences from redistribution: An empirical analysis over 33 countries.

Journal of Economic Inequality 11(1), 57-78.

Haruno, M. and D. Frith, 2010. Activity in the amygdala elicited by unfair divisions predicts social value orientation. Nature Neurocience 13(2), 160-161.

速水佑次郎, 2004. 新版 開発経済学 諸国民の貧困と富. 創文社.

Hirschman, A. O. and M. Rothschild, 1973. The changing tolerance for income inequality in the course of economic development. Quarterly Journal of Economics 87(4), 544-566.

Herwartz, H. and B. Theilen, 2017. Ideology and redistribution through public spending. European Journal of Political Economy 46, 74-90.

Iglesias, E., P. Lopez, and S. Santos, 2013. Evolution over time of determinants of preferences for redistribution and the support for the welfare state. Applied Economics 45 (28-30), 4260-4274.

Isaksson, A. S. and A. Lindskog, 2009. Preferences for redistribution: A country comparison of fairness judgements. Journal of Economic Behavior & Organization 72(3), 884-902.

Kameda, K. and M. Sato, 2017. Distributional preference in Japan. Japanese Economic Review 68 (3), 394-408.

Karadja, M., J. Mollerstrom, and D. Seim, 2017. Richer (and holier) than thou? The effect of relative income improvements on demand for redistribution. Review of Economics & Statistics 99(2), 201-212.

Keely, L. and C. Tan, 2008. Understanding preferences for in- come redistribution. Journal of Public Economics 92 (5-6), 944-961.

Klor, E. F. and M. Shayo, 2010. Social identity and preferences over redistribution. Journal of Public Economics 94, 269-278.

Kourtellos,K. and K. Petrou, 2017. The Role of Social Identity in Preferences for Redistribution and Beliefs. Mimeo.

Kuziemko, I., M. Norton, E. Saez, and S. Stantcheva, 2015. How elastic are preferences from redistribution? Evidence from randomized survey experiments. American Economic Review 105(4), 1478-1508.

Kuznets, S., 1955. Economic growth and income inequality. American Economic Review 45(1), 1-28.

Lakner, C. and B. Milanovic, 2016. Global income distribution: From the fall of the Berlin Wall to the great recession. World Bank Economic Review 30(2), 203-232.

Leon, G., 2014. Strategic redistribution: The political economy of populism in Latin America. European Journal of Political Economy 34, 39-51.

Luttmer, E. F. P., 2001. Group loyalty and the taste for redistribution. Journal of Political Economy 109(3), 500-528.

Luttmer, E. F. P., 2005. Neighbors as negatives: Relative earnings and well-being. Quarterly Journal of Economics 120(3), 963-1002.

Luttmer, E. F. P. and Singhal, M., 2011. Culture, context, and the taste for redistribution.

第Ⅲ部　行動経済学の開く未来

American Economic Journal: Economic Policy 3(1), 157-179.

Martén,L., Forthcoming. Demand for redistribution: Individuals' response to economic shocks. Scandinavian Journal of Economics.

Mas, A., 2017. Does Transparency lead to pay compression? Journal of Political Economy 125(5), 1683-1721.

Meagher, G. and S. Wilson, 2008. Richer, but more unequal: Perceptions of inequality in Australia 1987-2005. Journal of Australian Political Economy 61, 220-243.

Meltzer, A. H. and S. F. Richard, 1981. A rational theory of the size of government. Journal of Political Economy 89, 914-927.

Milanovic, B., 2016. Global Inequality: A New Approach for the Age of Globalization. Cambridge, MA: Harvard UP.

Mollerstrom, J. and D. Seim, 2014. The demand for redistribution and cognitive ability. PLoS ONE 9(12).

Nekby, L. and P. Pettersson-Lidborm, 2017. Revisiting the relationship between ethnic diversity and preferences for redistribution: Comment. Scandinavian Journal of Economics 119(2), 268-287.

Neustadt, I., 2011. Do religious explain preferences for income redistribution? Experimental evidence. CESifo Economics Studies 57(4), 623-652.

大垣昌夫，田中沙織，2014. 行動経済学：伝統的経済学との統合による新しい経済学を目指して．有斐閣．

Ohtake, F. and J. Tomioka, 2004. Who supports redistribution? Japanese Economic Review 55(4), 333-354.

Okulickz-Kozaryn, A., 2014. Winners and losers in transition: Preferences for redistribution and nostalgia for communism in eastern European. Kyklos 67(3), 447-461.

Page, L. and D. Goldstein, 2016. Subjective beliefs about the income distribution and preferences for redistribution. Social Choice and Welfare 47(1), 25-61.

Piketty, T., 1995. Social mobility and redistributive politics. Quarterly Journal of Economics 110, 551-584.

Piketty, T., 2013. Capital in the Twenty First Century. Belknap Press, New York.

Pittau, M., R. Massari, and R. Zelli, 2013. Hierarchical modelling of disparities in preferences for redistribution. Oxford Bulletin of Economics & statistics 75(4), 556-584.

Putnam, R., 1993. Making Democracy Work: Civic Traditions in Modern Italy. Princeton University Press, Princeton.

Putnam, R., 2000. Bowling Alone: The Collapse and Revival of American Community. A Touchstone Book.

Rainer, H. and T. Siedler, 2008. Subjective income and employment expectations and preferences for redistribution. Economics Letters 99, 449-453.

Ravallion, M. and M. Lokshin., 2000. Who wants to redistribute? The tunnel effect in 1990 Russia.

Journal of Public Economics 76, 87-104.

Romer, T., 1975. Individual welfare, mojority voting and the properties of a linear income tax. Journa of Public Economics 4, 163-185.

Sabatini, F., M. Ventura, E. Yamamura, and L. Zamparelli, 2017. Fairness and the unselfish demand for redistribution by taxpayers and welfare recipients. MPRA Paper 82081.

Steele, L. G., 2015. Inequality, equal opportunity, and attitudes about redistribution. Social Science Quarterly 96(2), 444-464.

Takahashi, H. M., M. Kato, D. Matsuura, T. Mobbs, T. Suhara, and Y. Okubo, 2009. When your gain is my pain and your pain is my gain: Neural correlates of envy and schadenfreude. Science 323 (5916), 937-3939.

Thaler, R., 2015. Misbehaving: The Making of Behavioral Economics, Allen Lane: New York.

Traub, S., C. Seidl, and U. Schmidet, 2009. An experimental study on individual choice., social welfare, and social preferences. Euroepan Economic Review 53, 385-400.

Tricomi, E., A. Rangel, C. F. Camerer, and J. P. O' Doherty, 2010. Neural evidence for inequality-averse social preferences. Nature 463 (7284), 1089-1091.

Vance, J. D., 2016. Hillbilly Elegy: A Memoir of a Family and Culture in Crisis. Harper, New York.

山岸俊男，1998．信頼の構造：心と社会の進化ゲーム，東京大学出版会.

山村英司，2004．新しい地域開発学に向けて—共同体的慣習と経済的効率性—．西南学院大学経済学論集 39(1)，299-366．（初稿は山村英司（1998）『共同体の合理性』早稲田大学経済学研究科修士論文）.

Yamamura, E., 2012. Social capital, household income, and preferences for income redistribution. European Journal of Political Economy 28(4), 498-511.

Yamamura, E., 2014. Trust in government and its effect on preferences for income redistribution and perceived tax burden. Economics of Governance 15(1), 71-100.

Yamamura, E., 2015a. Norm for redistribution, social capital, and perceived tax burden: Comparison between high and low-income households. Review of Economics and Institutions 6(2), Article3, 1-27.

Yamamura, E., 2015b. Effects of siblings and birth order on income redistribution preferences: Evidence based on Japanese general social survey. Social Indicators Research 121 (2), 589-606.

Yamamura, E., 2016. Social conflict and redistributive preferences among the rich and the poor: Testing the hypothesis of Acemoglu and Robinson. Journal of Applied Economics 19(1), 41-64.

Yamamura, E., 2017. Effect of historical educational level on perceived inequality, preference for redistribution and progressive taxation. International Economic Journal 31(3), 355-369.

Yamamura, E. and H. Kondoh, 2013. Government transparency and expenditure in the rent-seeking industry: The case of Japan for 1998-2004. Contemporary Economic Policy 31: 635-647.

第Ⅲ部　行動経済学の開く未来

Yamamura, E. and R. Ishida, 2017. Analysis of the implementation of information disclosure ordinances in Japan: The effect on the income of mayors and chief executives in local governments. MPRA Paper 83337.

第14章

規範行動経済学と共同体[*]

大垣昌夫[a] ・ 大竹文雄[b]

●要旨

　日本を筆頭に世界の国々で少子高齢化が進むなかで，各国の人口の大きい割合を占める高齢者の認知能力が低下することになる．また，女性の社会参画のために，保育サービスの重要性が増す．認知能力が大きく低下した高齢者や子供が市場メカニズムを一人では有効に使えないことを考えると，市場メカニズムと共同体メカニズムをどのように混合させていくことが社会にとって望ましいかという問題が重要である．行動経済学がこの問題に取り組むための研究の枠組みをすでに完成させたとは言えないが，内生的選好モデルに徳倫理という倫理観を導入する理論研究など，すでにこのような問題に取り組むために役立つさまざまな研究が行われている．本章ではこのような視点から，規範行動経済学と共同体について概観する．

キーワード：規範行動経済学，共同体，社会的選好，NPO，保育，介護

JEL Classification Numbers: D64, L31

1.　はじめに

　経済システムの背後にあるメカニズムを大きく分けると，公共メカニズム，市場メカニズム，共同体メカニズムの3つが考えられる[1]．個人，企業，NPO，公的機関，政府などの経済主体はそれぞれこれらのメカニズムを組み合わせて経済

---

[*]本予稿の作成にあたり，大阪大学社会経済研究所・共同利用・共同研究費と慶應義塾大学学事振興資金による研究補助を受けている．本誌の匿名の査読者のコメントから有益なコメントをいただいた．

a ）慶應義塾大学経済学部 e-mail: mogaki@econ.keio.ac.jp

b ）大阪大学経済学部 e-mail: ohtake@econ.osaka-u.ac.jp

1 ）3つのメカニズムの名称は，「政府メカニズム」を，「公共メカニズム」に変更した他はHayami（2009）に依拠している．

第Ⅲ部　行動経済学の開く未来

システムの中で機能していると考えられる．例えば公的資金の提供を受けている病院が営利企業に保育サービスを委託し，営利企業が保育士を雇用している場合を考えてみよう．病院は公共メカニズムから資金提供を受けながら，入札などの市場メカニズムを用いて営利企業を選定する．営利企業は労働市場の市場メカニズムを用いて保育士を雇用する．保育士が園児たちへの利他性や使命感から，労働市場で他で得られる賃金率よりも安い賃金率で働いている場合，市場メカニズムだけでなく保育士と園児たちとの共同体メカニズムも働いている[2]．

　介護や看護についても，保育と同様な市場メカニズムと共同体メカニズムの混合の問題がある．厚生労働省（2017, 2018）の調査によると，介護老人福祉施設など要介護施設での虐待と市町村等が判断した件数は平成26年度の300件から平成28年度の452件と，2年間で50％以上も増加している．これに対し，家族などの養護者による虐待と判断された件数は平成26年度の15,739件から平成28年度の16,384件と，同じ2年間で約4％の増加で，増加率は要介護施設での虐待よりも低かったが，件数ははるかに多い．また平成28年度中に発生した市町村把握の虐待等による死亡例が25人あった．

　2018年3月22日に横浜地裁が有料老人ホームの元職員に死刑を言い渡した川崎市の連続転落死のように裁判で争われた例もある．しかし，疑いが少しでも残れば無罪となる裁判で，認知症を発症した高齢者の被害を証明することが困難であることも注意を要する．例えば，2018年2月26日に東京地方裁判所で判決がでた千代田区一番町特養施設での虐待事件では，陳述書によると施設で虐待を受けたうえに無理やりに食べさせられための誤嚥により死亡に至った可能性が指摘されているが，原告側の敗訴となったのである．

　認知能力が低下した高齢者の介護については，ホモエコノミカスを前提とした市場メカニズムを裁判などの公共メカニズムで補完するだけでは効率性が十分に高まらない．また，少子高齢化による年金，医療費，介護費などの増加と労働人口の減少傾向による政府財政の悪化を考える公共メカニズムに依存するわけにはいかない．今後，市場メカニズムを有効に活用できない高齢者の虐待を減らしながら介護を充実させていくには家族や介護者たちと高齢者の共同体メカニズムの重要性が増していくと考えられる．

　2）この保育委託の具体例について，本章の3節と5節で考察する．

第14章　規範行動経済学と共同体

　市場メカニズムはSchmidt（2011）の概観論文が示すように社会的選好を持つ
経済主体が存在していても利己的な部分の効用の最大化の原理で働く．そこで本
稿では，共同体メカニズムを，各共同体メンバーの利己的な部分の効用の最大化
以外の動機（利他性，応報性，使命感など）からの行動によって働くメカニズム
と定義する[3]．3節で説明するようにヒューマン・キャピタル，ソーシャル・キ
ャピタル，スピリチュアル・キャピタルは，利他性，応報性，使命感への影響を
通して共同体メカニズムに影響を与える．

　経済学を大きくふたつに分けると，「資源配分はどのように決まっているか」
という倫理観や価値観に中立な科学の問題を扱う実証経済学と，「どのように資
源配分されるべきか」という倫理観や価値観に中立ではありえない問題を扱う規
範経済学がある．本章の目的は共同体メカニズムを行動経済学での規範経済学で
考察することである．

　伝統的経済学ではホモエコノミカスを前提としており，企業と消費者はそれぞ
れ利潤最大化と効用最大化の行動を行っているという大前提を置いているため，
この大前提を変更することについての規範的な議論を行うことはできない．伝統
的経済学においては，規範経済学を用いて行動の変化について研究する意味があ
るのは，政府などの公共の経済主体はどう行動すべきか，ということだけであ
る．これに対し，行動経済学ではホモエコノミカスを前提としていないので，政
府だけではなく，個人や企業がどう行動すべきか，ということも研究する意味が
ある．

　ここで規範経済学には倫理観を用いる必要があるが，さまざまな倫理観を理論
化する学問が規範倫理学である．規範倫理学の3大アプローチとして，帰結主
義，義務論，徳倫理がある[4]．帰結主義は，行為の動機や決定の過程ではなく，
効用のような行為の帰結だけで倫理的に判断するアプローチである．代表的なの
は経済学で広く用いられている厚生主義やその一種である功利主義である．義務
論は道徳的義務を重視するアプローチで，代表的なのは「誰でも人を道具ではな

　3）共同体レベルの利他性の研究としてSasaki et al.（2017）がある．ここで利他性と応報性
　　をあわせた概念が向社会性だが，本章では向社会性も必ずしも社会全体のレベルではなく，
　　各共同体レベルで考える．
　4）Sandel（2009）は分かりやすく功利主義，義務論，徳倫理を含むさまざまな倫理理論を紹
　　介している

341

第Ⅲ部　行動経済学の開く未来

く目的とすべき」とするイマヌエル・カントの義務論である．徳倫理は徳を中心とするアプローチである．代表的なのはアリストテレスの倫理学で，徳を実践して習慣づけることによって獲得し，徳を活用して社会に貢献することをよしとする．

　コミュニタリアンと言われる共同体を重視するマイケル・サンデルのような哲学者たちは徳倫理を重視する．これは功利主義は個人の効用を基礎として社会のための倫理判断をするという意味で個人主義的であり，義務論を代表するカントの義務論は人類共同体を重視すると言えるが，もっと小さい共同体を重視する考えはこの理論からは出てこない．これに対し，徳倫理ではもっと小さい共同体に貢献するための徳も重視される．

　経済学で用いられてきた倫理観のうち，パレート効率性や社会の効用の和の社会的厚生関数で表現される功利主義は純粋な帰結主義と言える．これに対し，社会のなかで最小の効用を持つ個人の効用を最大化するマクシミン社会的厚生関数は，次の意味で帰結主義と義務論を混合した倫理観を表現しているといえる．まずパレート基準を満たす社会的厚生関数は帰結主義のひとつである厚生主義を表現するがマクシミン社会的厚生関数はパレート基準を満たさない[5]．カントの義務論では個人の倫理は動機の純粋性を求めるが，他の人々の動機は分からないので，社会のための倫理としては純粋な動機で行為できるための自由を守る社会契約が求められる．Sandel（2009, Chapter 5）は，誰でも人を大切にすべきとするカントの義務論のひとつの表現がロールズの正義論での社会契約であるとする．経済学ではロールズの正義論の社会で最も恵まれない人を大切にする側面を表現するのが，マクシミン社会的厚生関数とされている．

　このように経済学では異なる倫理理論を混合して使うことができるし，一般の人の倫理観は 3 大アプローチの混合である場合は多いと思われる．Bhatt et al.（2014）は厚生主義と徳倫理を混合することにより，義務論の理想に近づいていくことを善とする「無条件の愛の学習の原理」を提唱した．共同体レベルの利己主義が倫理的に理想的ではないとすると，誰でも人を大切にするカントの義務論での無条件の愛が至高の理想と言えるであろう．しかし，ほとんどの人々が無条件の愛で自分と全く関係のない人まで大切にすることができていないとすると，

　5）ただし弱パレート基準を満たす（大垣・田中（2018, 第12章）に説明がある．）

あまりに理想的な義務論から政策を推奨しても有用ではないであろう．そこで理想に近づいていくための徳の獲得を善とする徳倫理と，効用が学習を阻害するほど低くならないように厚生主義を混合するのが「無条件の愛の学習の原理である」．この原理では，原則的には生まれたときには現在の自分の効用だけを重視する状態から，現在の自分だけではなく将来の自分も公平に大切にする忍耐強さの徳の獲得という意味で現在と将来の自分という小さい共同体の中での利他性の獲得から始まり，家族共同体内での利他性の徳の獲得，地域共同体，国家共同体，人類共同体というより大きな共同体での利他性の徳を獲得していく学習を促進するような政策や行為を善とする．

　共同体メカニズムに関する規範経済学分析の結果を政府や個人や企業が用いるためにはソーシャル・キャピタルや忍耐強さの表現としての時間割引因子という個人の時間選好や，利他性を含む社会的選好に影響を及ぼして変化を促進する必要がある[6]．ソーシャル・キャピタルの規範に影響を及ぼす政策手法としてはナッジで規範に影響を及ぼす例が Thaler and Sunstein（2008）で説明されている．時間選好や社会的選好などの選好が経済システムの外にある遺伝などで外生的に決定されているなら，選好を政策的に変化させることができない．しかし，行動経済学では，プロスペクト理論の参照点が各期の初期保有や期待などで決定されていれば，選好が内生的となることをはじめとして，多くの内生的選好の証拠がある．

　経済学で共同体メカニズム，市場メカニズム，公共メカニズムについて考察した研究として Hayami（1989, 2009），Bowles and Gintis（2002），岡部（2017）などがある．Bowles and Gintis（2002）と Hayami（2009）が強調している共同体メカニズムを働かす要素がソーシャル・キャピタルである．社会学で Bourdieu（1986）はソーシャル・キャピタルを，「相互的に知り合い認識する多少とも制度的な関係の持続するネットワークに関係する実際のあるいは潜在的な資源の総

6）ここで行動経済学でも利他性などを含む社会的選好が遺伝などの経済システムの外部で決定しているという意味で外生的選好モデルが用いられることも多い．選好が外生的であってもヒューマン・キャピタルやソーシャル・キャピタルなどを通して共同体メカニズムに変化をもたらすことができる．しかし，本章で見るように選好の内生性を支持する多くの実証研究があり，共同体の規範経済学分析のためには内生的社会的選好モデルの研究のさらなる発展が望まれる．

第Ⅲ部　行動経済学の開く未来

量」と定義した．Hayami（2009）は，ソーシャル・キャピタルを「社会的関係のある人々の集団に生じると期待される社会的生産物を増加させるために，経済主体間の協力の発展に貢献する非公式な社会的関係の構造」と定義している．ここで社会的生産物とはその社会が生産する付加価値の総額であり，社会的関係の構造とはネットワーク，規範，信頼などのことである．この定義は政府が関わる制度からの公式な社会的関係を定義から排除している．これは公共メカニズムでの制度と共同体メカニズムでの関係を区別する目的である．また，ソーシャル・キャピタルがあいまい概念となって測定することができなくなるなど科学的な研究を進める上での問題が生じることを防ぐために，意図的に狭い定義を提唱している．

　ソーシャル・キャピタルに含まれる規範が重要な役割を果たす経済モデルのひとつに Akerlof（1982）の贈与交換モデルがある．贈与交換は共同体メカニズムと考えることができる．冒頭の保育委託の例では，保育士が市場賃金よりも安い賃金を受け入れるのに対し，Akerlof のモデルでは労働者は市場賃金よりも高い賃金を企業から受け取り，贈与交換という共同体メカニズムによって，企業のためにより多くの努力をする．贈与交換については実験経済学の膨大な文献があり，Cooper and Kagel（2016）が概観している．

　ソーシャル・キャピタルと並んで共同体メカニズムで重要となるのが利他主義である．Barro（1974）と Becker（1974）の異世代間利他主義のモデルは，家族共同体のための利他主義モデルと解釈できる．これらのモデルを含む利他主義を含む社会的選好（あるいは他者考慮選好）モデルの膨大な文献の概観としてSchmidt（2011），Cooper and Kagel（2016），大垣・田中（2018，第 8 章，9 章）などがある．教育などの政策が社会的選好に影響を与えることができる内生的選好モデルが規範経済学では重要となるが，Mulligan（1997）が家族内は他人への利他性が変化する内生的利他主義モデルを構築している．

　このように共同体メカニズムは経済学で研究されてきたのだが，本章の目的のためには規範経済学をどのように共同体メカニズムに応用していくかが重要である．規範経済学ではどのような倫理観を用いるかが重要となり，共同体メカニズムを含むモデルも，経済学では厚生主義の倫理観で分析されてきた．次節では共同体メカニズムを考えていくためには，純粋な厚生主義ではなく，別の倫理観も導入していく必要があることを論じる．

第14章　規範行動経済学と共同体

本節以降の本章では2節で厚生主義だけでなく徳倫理の倫理観を規範経済学分析に取り入れる枠組みについて説明する．3節でヒューマン・キャピタル，ソーシャル・キャピタル，スピリチュアル・キャピタルと共同体メカニズムの関係を説明し，4節と5節は教育経済学で発見されてきた実証的証拠について解説する．4節は内生的選好に関わるヒューマン・キャピタル，5節はソーシャル・キャピタルに関する実証的証拠である．6節は向社会的組織と社会的選好についての概説である．7節では結論を述べる．

2.　共同体の規範経済学研究のための倫理観

共同体に関する規範経済学分析をするためには，伝統的経済学で重用されてきた消費や余暇からの効用を厚生概念とした厚生主義だけでは様々な不足があるように思われる．

2.1.　厚生主義以外の倫理観の必要性

このことを考えるために，1節で言及した保育委託の具体例をあげる．大倉（2017）によると，京都市立病院では長年にわたり院内保育園が医師や看護師に保育サービスを提供していたが，病院の地方独立法人化にともない，2011年に営利企業に保育を委託することとなった．この時点では既存の保育士の雇用継続が業者の選定基準に含まれていた．委託後も保育業務の質が高かったが，4年間の契約期間となっていたため2014年に2015年4月以降についての業者の選定が行われた．ところが，この際には京都市は雇用継続の措置をとらなかった．新しく契約を請け負った営利企業は，ベテラン保育士の賃金を大幅に下げた．その上で，引き下げられた賃金のもとでも京都市立病院で働き続けようとしたベテラン保育士たちは入社試験を受けたが，その企業は彼らを全員不採用とした．これにショックを受けた他の保育士たちも辞めることになり，この保育園の保育士全員が退職することになった．このことは，保育の質に影響を与えた．具体的には，保育士の変化により子供たちにも円形脱毛症などの健康の悪化をはじめとする被害が生じたのである．

この事例では，京都市立病院の元保育士6名は，保育士ら労働者に対する不当な扱いと，子どもの福祉を無視した京都市の保育の在り方を問うために裁判を提

第Ⅲ部　行動経済学の開く未来

起することになった．京都市は経済効率性などの議論を用いることで一審に勝訴し，2018年6月時点で控訴審が進行中である．京都市立病院の例では，経済効率性だけを考えても，仮に保育の質が容易に測定可能ならば，元保育士たちの主張の正当性を裁判で説得的に示すことができるかもしれない．しかし，保育の質を正確に計測することは困難である．例えば，多くの保育園で行われているように，保護者を対象に保育に関するアンケートで保育の質を計測する場合，保護者は「子供を人質にとられている」と考えるので保育の質を高く評価しすぎるという問題がある．

　そこで，保育士が一つの保育園で長く働いたり，将来にも長く働ける保証を得ることで，その保育園への貢献に対する使命感が強まったり，園児に対する利他性が増していく，などの共同体に関わる倫理観を議論に導入することにより，元保育士たちの主張をより説得的にすることができるかもしれない．

　本章の冒頭で説明したように規範倫理学の3大アプローチの中では徳倫理が，そのような共同体に関わる倫理観を提供する．徳倫理では個人の消費と余暇からの効用を幸福概念とせず，社会や共同体への貢献からの充実感を中心としてエウダイモニアを幸福概念とする．エウダイモニアは通常「幸福」と訳されるギリシア語であるが，アリストテレスの時代に「善く生きる」「善く行っている」とほぼ同義であった（内山 2008, p. 621）．生まれたばかりの乳児でも効用を求めるのに対し，エウダイモニアは経験して学習する必要がある．もし成長して両親の手伝いをするようになったときに，両親や兄弟姉妹が喜ぶ顔から充実感を感じるようになった場合，早い時期にエウダイモニアを経験して学習するかもしれない．このようにエウダイモニアは共同体の他のメンバーに対する利他性が高いほどより深く経験されることとなる．個人が利他性のような徳を学んでいき，エウダイモニアが増すことを善しとするのが徳倫理である．Dahlsgaad et al.（2005）はポジティブ心理学の立場から儒教，道教，道教，仏教，ヒンズー教，アテネ哲学，ユダヤ教，キリスト教，イスラム教の教えを研究し，世界に共通な勇気，正義，人間性，節制，智慧，超越の6つの徳があるとしている．何が超越の徳であるかという定義は文化に依存するが，より大きな世界とつながって意味づけする力をもつことが良いことである，ということはこれらの宗教や思想に共通している．

2.2. 徳倫理を導入する分析の枠組み

　徳倫理は概ね経済学では無視されてきたが，このひとつの理由は徳倫理を導入した規範経済学の数学的分析の枠組みが存在しなかったことにあると思われる．Bhatt et al.（2017）は，そのような枠組みを提唱している．上記の全ての徳を扱う数学的分析の枠組みを構築するのは困難であるので，Bhatt らは主として節制の徳に注目した．具体的には，中毒財に依存してでも効用を得たい，将来の自分の効用よりも現在の自分の効用を優先したい，他の人の効用よりも自分の効用を優先したい，というような欲望を節制する徳をモデル化する．このために本章では，中毒モデル，内生的時間選好モデル，内生的社会的選好モデルと同様に内生的選好モデルを考える．中毒モデルで中毒ストックが小さい，時間選好モデルで時間割引率が 0 に近い，内生的社会的選好モデルでより自分と他者に平等にウエイトづけする選好を持っているのが，徳倫理の観点からは望ましいとするメタ選好を用いる．

　純粋な厚生主義に他の倫理観を導入すると，弱パレート基準が成立しなくなる場合が必ず生じることが Kaplow and Shavell（2011）によって証明されている．そこで，徳倫理を導入する際には，パレート基準を修正する必要がある．Bhatt らは Tempkin（2011, p. 408）によるパレート基準の修正を採用した．

定義 1：修正弱パレート原理：x と y という二つの社会状態があるとする．もし誰もが y よりも x を厳密により好むのならば，他の倫理的に関連する要因の観点から x が y よりも悪いと評価されない限り，社会にとって x は y よりも高く評価されるべきである．

弱パレート基準の定義に「他の倫理的に関連する要因の観点から x が y よりも悪いと評価されない限り」という条件の一文を加えることで，私たちは徳倫理のような倫理的に関連する他の要因が厚生主義の要因に勝る可能性を認める．
　次にメタ選好を用いて徳倫理の基準を導入する．

定義 2：徳倫理の基準：x と y という二つの社会状態があるとする．もし少なくとも一人の選好順序が y におけるよりも x におけるほうが徳倫理の観点から厳密により望ましく，また誰もが y におけるのと x におけるのとで徳倫理の観点

第Ⅲ部　行動経済学の開く未来

から無差別であるか望ましいならば，社会にとって x はより善いと評価されるべきである．

　厚生主義を道徳の徳と組み合わせるためには，徳の基準をも修正する必要がある．修正された徳倫理の基準は次の通りである．

定義 3：徳倫理についての修正基準：x と y という二つの社会状態があるとする．もし少なくとも一人の選好順序が y におけるよりも x におけるほうが徳倫理の観点から厳密により望ましく，また誰もが y におけるのと x におけるのとで徳倫理の観点から無差別であるか望ましいならば，x が他の倫理的に関連する因の観点からして y よりも悪いと評価されない限り，社会にとって x はより善いと評価されるべきである．

　伝統的経済学でパレート基準よりも強い価値観を導入する場合には社会厚生関数を用いる．N 人の消費者がいる経済で，ある資源配分の下で消費者 i が得る効用を u_i $(i=1, ..., N)$ とすると，社会厚生関数 $W(u_1, ..., u_n)$ は，値が高いほど社会的に望ましいことを表現し，その社会状態の評価は弱パレート基準を満たす．同様に徳倫理の基準よりも強い倫理観を導入する場合には，Bhatt らは，内生的選好の性質，$(\varphi_1(x), \varphi_2(x), ..., \varphi_N(x))$ の関数として道徳評価関数（moral evaluation function），$M(\varphi_1(x), \varphi_2(x), ..., \varphi_N(x))$ を導入した．値が高いほど社会的に望ましいことを表現し，その社会状態の評価は徳倫理の基準を満たす．さらに，Bhatt らは，社会評価関数（social evaluation function）$S(W(x), M(x))$ を導入した．値が高いほど社会的に望ましいことを表現し，その社会状態の評価は修正弱パレート基準と，徳倫理についての修正基準を満たす．

　社会的厚生関数の枠組みが帰結主義の全てを扱うわけではないように，Bhatt らの枠組みも，徳倫理の全て扱うわけではない．共同体メカニズムのための分析としては，ソーシャル・キャピタルではなく，ヒューマン・キャピタルのうちの内生的選好に関わる側面を扱う枠組みである．

2.3.　家族共同体とワーク・ライフ・バランス

　Bhatt et al.（2015）の内生的な家族の利他性の分析は，徳倫理と厚生主義を混

第14章　規範行動経済学と共同体

合した倫理観を規範経済学分析に導入する前節で説明した枠組みを，家族共同体とワーク・ライフ・バランスの分析と解釈することができる．代表的親，代表的子ども，そして政府という，三種類の主体がいる二期間の経済を考える．第一期では，意思決定者は，

$$u(C_P) + \theta_K(R_K)u(C_K) \tag{1}$$

の効用関数を持っていると仮定する．ここで，C_p は親の消費，C_k は子どもの消費，R_k は親が子どもに対して利他的になるために必要な資源としての時間（たとえば，子どもと過ごす時間）で，$\theta_K(R_K)$ は親の子どもへの利他性の程度を示す R_k の増加関数である．

　1 に標準化された与えられた固定時間を手持ちにして，親は意思決定をする．親の意思決定者としての選択はこの時間を労働（L）と資源（R_K）の間で配分することである．L は人的資本を示す．意思決定者が L を入力することで Y と示される生産高が生じる．

$$Y = F(L) \tag{2}$$

ここで $F(L)$ は生産関数である．親の時間制約は以下のように与えられる．

$$R_K + L = 1 \tag{3}$$

　第二期では，親は彼の収入 Y の支出の配分を自分の消費 C_p と子どもに対すると所得移転（T）との間で選択する．子の消費（C_K）は移転所得と一致すると仮定する．政府は τ の率で所得税を収集し，定額の補助金 z を提供すると仮定する．このため，C_p と T の選択は次の通り制約される．

$$(1-\tau)F(1-R_K) + z = C_P + T \tag{4}$$

私たちは定額の補助金は政府予算が均衡するように，つまり $z = \tau \times F(1-R_K)$ を含意するように与えられると仮定する．所与の政府政策 τ と第一期での最適な資源（R_K^*）のもとで，親は第二期に(4)の制約下で(1)の最大化問題を解く．このことを予想して第一期に(3)の制約下で(1)を最大化するように親は L と R_K を選択する．

　Bhatt らの数値例では社会的厚生関数は

349

第Ⅲ部　行動経済学の開く未来

$$W(C_P, C_K, R_K, T) = u(C_P) + u(C_K) \tag{5}$$

と仮定されている．これは功利主義型の社会的厚生関数である．道徳評価関数は

$$M(C_P, C_K, R_K, T) = -(\theta(R_K) - 1)^2 \tag{6}$$

と仮定されている．Bhatt らは子どもに対する利他主義の徳を自分と子どもに対して公平な利他主義ウエイトとして $\theta(R_K) = 1$ のときに達成されることと定義する．徳は極端な二つの状態の中間として定義される．もし第二期に $\theta(R_K) < 1$ であるならば，親の子どもに対する利他性は不十分であり，他方でもし $\theta(R_K) > 1$ であるならば，親は過度な利他主義を示している．私たちの定義では，もし親が彼自身の消費と子どもの効用とに関心を等しく分け与えるなら，親は徳を達成する．

Bhatt らは，社会目的関数を

$$\begin{aligned}S(C_P, C_K, R_K, T) = &(M(C_P, C_K, R_K, T) - \overline{M})^{\alpha} \\ &\times (W(C_P, C_K, R_K, T) - \overline{W})^{1-\alpha}, \end{aligned}\tag{7}$$

と仮定している．ここで $\overline{M}$ と $\overline{W}$ はそれぞれ道徳評価関数と，社会的厚生関数の最悪のシナリオでの値である．

Bhatt らの数値例では，$\alpha = 0$ で道徳評価関数に 0 のウエイトが置かれ，社会的厚生関数を最大化する所得税率は -20% である．これは，政府が負の所得税を課して生産を補助することを示している．一方，$\alpha = 0.4$ の場合は，最適所得税率が 0 となる．さらに，道徳評価関数に大きなウエイトが置かれる場合は，最適所得税率は正となる．

このように，政府の関心が効用で測られる物質的満足度だけである場合，政府の政策は親が子どもと過ごす時間を犠牲にしても生産を奨励することになる．このような政策は意図しないでも親が子どもに対しての利他性を少なくする効果を持っているかもしれない．徳倫理が考慮されて政府の政策評価が家族共同体にも関心を持つようになると，政府の介入は少なくなる可能性がある．徳倫理の導入が政府の最適政策での介入をより大きくするという直観的な分析結果を生じるモデルもある（Bhatt et al. 2017 の中毒モデルの例を参照）が，このように，徳倫理の導入が逆に政府の介入を小さくする場合もある．

3. ヒューマン・キャピタル，ソーシャル・キャピタル，スピリチュアル・キャピタルと共同体メカニズム

2節では内生的利他主義選好に焦点を絞って徳倫理を導入した規範経済学分析を説明した．しかし，共同体メカニズムは利他性だけでなく，応報性や使命感の動機に基づいても働く．そこで本節では本章の枠組みを広げるために利他性，応報性，使命感に影響を与えるヒューマン・キャピタル，ソーシャル・キャピタル，スピリチュアル・キャピタルについて説明する．

機械や建物などのフィジカル・キャピタルは，(1)何らかの生産や効用を上げるのに役立つ，ことと(2)減価に時間がかかる，という2つの性質を持つ．ただしフィジカル・キャピタルが必ずしも社会全体のために良いとは限らない．例えば原子力発電所は電力エネルギーを生産するが，事故の可能性を考慮すると必ずしも社会全体のために良いとは限らない．現代経済学の一般的なヒューマン・キャピタルの定義は個人の無形の知識などで上記の(1)と(2)の性質を持つ．ここで本章の目的のためには，(1)を修正してより広義のヒューマン・キャピタルの概念を用いることにしたい．

将来の自分に対する利他性に関わるヒューマン・キャピタルの1種はBecker and Mulligan（1997）の内生的時間選好モデルでの自分の将来をより生き生きと想像するための将来志向キャピタル（future-oriented capital）である．このヒューマン・キャピタルが家庭での本の読み聞かせのような投資や，4節でより詳細に説明するAlan and Ertac（forthcoming）の学校での教育プログラムなどの投資によって増加すると時間割引率が低下して将来の自分への利他性が増す．Bhatt and Ogaki（2012）のタフ・ラブ・モデルでは，子供時代の消費が低いと，将来の消費が低い状況をより生き生きと想像できるので，時間割引率が低下する．このモデルの場合，親が子供時代の甘やかしを我慢するという投資をする場合と，子供時代の貧困のために消費が低ければそのような投資がなくとも賦課されたヒューマン・キャピタルが大きいと解釈できる．このように時間割引率が低下する場合，必ずしも何かの生産が生じたり，効用が上昇したりしているわけではない．しかし，徳倫理の観点からは時間割引の低下は忍耐強さの徳の獲得につながるので良いことと評価することができる．そこで(1)を修正して(1′)何等かの倫理観の観点から良しとされることに役立つ，とする．本章ではヒューマ

第Ⅲ部　行動経済学の開く未来

ン・キャピタルは（1′）と(2)の性質を持つ個人の無形資産と定義する.

例えば，Mulligan（1997）は親が子供と過ごす時間が長いほど親の子供に対する利他性が増すという実証的証拠に基づいて，親の利他性のためのヒューマン・キャピタルを含む内生的利他性モデルを構築した．さらに Mullign（1997）は他人への利他性のためのヒューマン・キャピタルが増えると内生的に他人への利他性が増すモデルも構築した．利他性の獲得は徳倫理で良しとされるので，Mulligan（1997）のヒューマン・キャピタルは本章の定義を満たしている．また，教育経済学で非認知能力と呼ばれる忍耐強さや対人スキルなどの能力を，ここではヒューマン・キャピタルの結果としての能力と捉える．本章の意味でのヒューマン・キャピタルは，非認知能力としての忍耐強さや利他性などを通して共同体メカニズムに影響を与える.

ヒューマン・キャピタルが個人の持つ無形資産であるのに対し，社会学でBourdieu（1986）はソーシャル・キャピタルを，「相互的に知り合い認識する多少とも制度的な関係の持続するネットワークに関係する実際のあるいは潜在的な資源の総量」と定義した．Hayami（2009）は，ソーシャル・キャピタルを「社会的関係のある人々の集団に生じると期待される社会的生産物を増加させるために，経済主体間の協力の発展に貢献する非公式な社会的関係の構造」と定義している．ここで社会的生産物とはその社会が生産する付加価値の総額であり，社会的関係の構造とはネットワーク，規範，信頼，信念などのことである．この定義は政府が関わる制度からの公式な社会的関係を定義から排除している．これは公共メカニズムでの制度と共同体メカニズムでの関係を区別する目的である．また，ソーシャル・キャピタルがあいまい概念となって測定することができなくなるなど科学的な研究を進める上での問題が生じることを防ぐために，意図的に狭い定義を提唱している．これらを背景に，本章の目的のためにソーシャル・キャピタルを（1′）と(2)の性質を持つ相互的に知り合い認識する社会的関係のある人々の集団の無形資産と定義する．この意味のソーシャル・キャピタルは規範，信頼，信念などを含み，相互的に知り合い認識する人々の集団内での利他性，応報性，使命感に影響を与えて共同体メカニズムに影響を与える.

相互的に知り合い認識する人々の共同体内での利他性，応報性，使命感に対し，職業，趣味，信条，宗教などの共通点を核とした共同体や，地方，国，人類，動物，生物の共同体のように，ほとんどの各メンバーが相互的には知り合っ

352

て認識しない共同体も存在する．このような共同体内での利他性，応報性，使命感に影響を与えて共同体メカニズムに影響を与える無形資産として，スピリチュアル・キャピタルが考えられる．Fogel（2000）はスピリチュアルという言葉を非物質的という意味で用い，スピリチュアル・キャピタルという言葉も使っている．4ページで彼は目的感，自己肯定感などをスピリチュアル・キャピタルに含めている．Verter（2003）はスピリチュアル・キャピタルの概念を宗教に応用して宗教的知識に含めている．Lillard and Ogaki（2005）はスピリチュアル・キャピタルを(1)と(2)の条件を満たす無形資産に限定するので宗教的知識を含めるが，目的感，自己肯定感などは生産や効用を増加させない限り含めない．

　本章の目的のためには，目的感や自己肯定感などもスピリチュアル・キャピタルに含まれるように広く定義することが有用なので（1′）の条件をさらに広くすることにする．このためには倫理観だけではなく，自然や死後の世界に関する信念などの世界観も含めて考えることとする．Kubota et al.（2013）や，Lee et al.（2013）らは意識される世界観としての信条システムや，論理がカテゴリー重視か関係性重視かという無意識の世界観の利他主義への影響を研究した．これらの研究を含む世界観の経済学での研究について大垣・田中（2018，第10章）に概観がある．世界観という倫理観も含むがさらに広い概念を用いて，（1″）何らかの世界観の観点から良しとされることに役立つ，という条件を考える．

　これらの背景から本章でのスピリチュアル・キャピタルは，（1″）と(2)の条件を満たす無形資産であって，ヒューマン・キャピタルでもソーシャル・キャピタルでもないもの，と定義する．スピリチュアル・キャピタルは相互的な知り合い関係のないような大きな共同体内でも利他性，応報性，使命感に影響を与えて共同体メカニズムに影響を与える．

4. 内生的選好に関わるヒューマン・キャピタルと教育に関する実証分析

　本章の規範行動経済学的枠組みの前提は，選好が内生的に形成されるというものである．中でも，利他性や互恵性のような向社会性が，経験や学習によって変化するか否かは，重要な仮定である．伝統的な経済学においては，個人の選好は，安定的で変化しないという前提で理論モデルが作成されてきた．一般的に

第Ⅲ部　行動経済学の開く未来

は，社会的選好は，生得的な特性に加えて，家庭教育や学校教育で形成されると考えられている．向社会性の変化には，二つの経路がある．第一は，教育や経験によってヒューマン・キャピタルと向社会性そのものが変化する場合であり，第二は，周囲の行動に関する信念や情報としてのソーシャル・キャピタルが変化することによる向社会行動の変化である．例えば，意図を元にした社会的選好の場合は，相手の意図によって社会的選好が異なるというタイプの選好であり，相手の向社会性についての信念が変化することで，異なる社会的選好が用いられる．ソーシャル・キャピタルが形成されるというのは，その共同体は向社会的な人たちで形成されているという信念を共同体参加者がもつということだと解釈できる．教育や経験が，向社会性を直接変化させるのか，周囲の人の向社会性に対する信念を変化させるのかということは理論的には異なる．近年，どのような教育や経験が向社会性を変化させるのかという実証研究が行われている．本節ではヒューマン・キャピタルに関すると解釈できる研究例を説明する．

　Alan and Ertac（forthcoming）は，トルコの小学校で，3 年生と 4 年生に忍耐強さを促進する介入を行うフィールド実験を行った[7]．Alan らは理論的には Becker and Mulligan（1997）の将来をより生き生きと想像できるようになる人的資本が大きくなるほど時間割引因子が大きくなる内生的選好モデルに基礎をおき，児童たちの忍耐強さを時間割引因子で測っている．Alan らはトルコの教育省の許可を得て，小学校の教師たちに，プロジェクトに参加すればトレーニングのためのセミナーに招待され，児童たちのために用意された教材は少なくとも週に 2 時間の 8 週間以内にカバーできることを知らされた．このプロジェクトの介入は，ケース・スタディやクラス活動やゲームから成る教育プログラムを教師が児童たちに教えることである．プログラムのゴールは児童たちが時間を通じた意思決定をするときに，自分たちの行動の将来の結果を評価する習慣を持つようになるように助けることであった．例えば「ゼイネップのタイム・マシーン」というケース・スタディでは，ゼイネップという少女の物語が自転車が欲しくて貯金をする必要があるが，短期的な消費をしたいという誘惑もある，という物語が語られる．タイム・マシーンによって，ゼイネップは自転車を持っている未来と，持っていない未来に行くことができる．児童たちはゼイネップがそれぞれの未来

　7）ここでの Alan and Ertack の研究の説明は，大垣・田中（2018）に依拠している．

でどのように感じるか，また自分が同様の状況ならどのように感じるかを想像するように言われた．ケース・スタディを補完するクラス活動では，児童たちはタイム・マシーンを作り，ターゲット設定に重要な将来の日（例えば通信簿をもらう学期末）を選んで，その日に行くふりをし，関連する絵を描いた．介入の効果はランダム化比較試験で測定され，介入を受けた児童たちが実験でより忍耐強い意思決定をし，この効果は介入の3年後も続いていた．

Ito et al.（2018）は，小学校時代における「隠れたカリキュラム」が，成人になってからの利他性，互恵性，再分配に対する考え等の価値観についてどのような影響を与えているかを，独自のインターネット調査をもとに分析している．日本の公立小学校の教育内容は，学習指導要領で事細かく規定されているため，全国どの小学校でも同じ内容の教育が行われていると一般には思われている．確かに，いわゆる学力という認知能力に関する教育内容は，学習指導要領で決められており，教科書も国による検定に合格したものが用いられており，地域による教育内容の差は小さい．しかし，彼らの研究によれば，学習指導要領に必ずしも定められていない教育内容，教育手法や慣習については，学校差や地域差がある．彼らはこうした学習指導要領に明確に定められていない教育内容を「隠れたカリキュラム」と呼んで，その違いが，成人になってからの価値観とどのような相関があるかを分析した．

日本の小学校教育における「隠れたカリキュラム」の代表的なものは，授業の前後に「起立・礼・着席」という先生との挨拶をすること，運動会があること，昼食後や放課後に児童が教室，廊下，トイレなどを掃除することがある．ただし，これらの隠れたカリキュラムは，日本のどの公立小学校でも行っているために，その影響を分析することはできない．

ところが，グループ学習，運動会での徒競争，卒業式で国旗掲揚や国歌斉唱，読書の時間，5段階の成績表，同和教育，男女別の出席番号，先生のストライキ，二宮尊徳像などの「隠れたカリキュラム」には，地域および時代によってかなり大きな違いがあることが調査によって明らかにされた．彼らは，このような「隠れたカリキュラム」を17項目選択し，それらを因子分析によって，5つの因子に分けて，その因子が成人になってからの価値観との相関を分析した．彼らが用いた因子は，「革新的教育」，「反競争的教育」，「参加・協力教育」，「勤勉・努力教育」，「人権・平和教育」である．

第Ⅲ部　行動経済学の開く未来

この5つの因子の中で，グループ学習に代表される「参加・協力教育」をより多く受けた人は，利他性が高く，協力行動による成果が高いと考えており，協力することから満足を感じ，互恵性が高く，国に対する誇りをもつ傾向が統計的に有意に高いことを示している．また，「参加・協力教育」を受けた人たちは，大企業や豊かな人に対する重課税に賛成している．これに対し，「反競争的教育」を受けた人たちは，利他性が低く，協力に対して否定的で，互恵性が低く，国に対する誇りが低く，社会保障政策に否定的で，市場経済にも否定的である．後者の結果は，競争に対して否定的な教育は互恵的な価値観を育みそうだという多くの人の予想と異なる．この結果について，著者らは，反競争的教育の考え方に，潜在的能力は誰もが同じであり，学力に差があるのは教育環境の差であるという考え方が逆に能力主義的な考え方を広めたという苅谷（1995）の考え方で説明している．こうした価値観の変化が，教育によって選好が変化した可能性もあれば，周囲の人々の価値観や選好についての信念が変化したことによって変化した可能性もある．また，実際にはヒューマン・キャピタルとソーシャル・キャピタルの両方が変化している可能性もあり，利他性などへの影響の貢献の割合についてさらなる研究が必要である．

5.　ソーシャル・キャピタルと教育の実証研究

3節の分析の枠組みは，ヒューマン・キャピタルの変化による選好の変化のためのもので，ソーシャル・キャピタルには応用できない．しかし，「無条件の愛の学習の原理」という倫理観からは，ソーシャル・キャピタルの増加による向社会性の増加も善いと判断される．本節ではソーシャル・キャピタルに関わる実証研究の例を説明する．Algan et al.（2013）は，グループ学習と伝統的な黒板を背にした授業という授業手法が，生徒の信念にどのような影響を与えるかを実証的に分析した．その結果，グループ学習を取り入れると，協力や信頼についての生徒の信念が上昇することを明らかにした．この変化は，本人の向社会性の変化から生じた可能性も，グループ学習が周囲の生徒の情報を知ることができて協力行動を取りやすくなったことから生じた可能性もある．Cantoni et al.（2017）は，中国における政治に関する学校カリキュラムの変更が地域によってタイミングが異なったことを利用して，生徒の信念に与える影響を分析し，生徒の思想的信念

356

が影響を受けたことを明らかにした.

Alan and Eran（2017）は，トルコのイスタンブールの小学校で，大規模なランダム化試行実験を行って，努力が成功やり遂げる力（グリット）を高める教育をすると，利他性が変化することを示した．具体的には，グリットを高める教育を受けた子供は，やり遂げる力は高まるが，所得獲得機会がなかった子供に対する利他性は変化しないのに対し，努力をしなかった子供に対する利他性が低下したことを明らかにした．つまり，努力をすれば成功できるという楽観的な価値観を育てる教育をすることによって，不運な子供たちに対する利他性は変化しないが，機会があったのに努力をしなかった子供たちに対する利他性が低下することを独裁者ゲームによって確認している．この結果は，努力をしなかった子供たちへの利他性が低下したと解釈することも，介入によって努力をする機会の有無の重要性を認識したことから努力をする子供とそうでない子供を正しく区別できるようになったと解釈することもできる．Alan and Eran の理論モデルによる解釈は，対象の子供たちのタイプに依存する社会的選好が変化したのではなく，タイプに関する信念が変化した，というものである．これはソーシャル・キャピタルの変化である.

6. 向社会的組織と社会的選好

本章の冒頭で，NPO という共同体組織と株式会社という利潤最大化の組織とで，保育や介護という情報が不完全で市場メカニズムが働きにくい場面で，提供されるサービスの質に違いが出てくる可能性を議論した．ここでは，まず NPO と株式会社で，従業員の賃金や利他性にどのような違いが出てくるかについての実証的・実験的研究を Nyborg（2014）に基づいて紹介する．これらは，共同体にすでに属するヒューマン・キャピタルとソーシャル・キャピタルへの変化に関する4節と5節で紹介した研究と異なり，異なった共同体組織にどのようなヒューマン・キャピタルとソーシャル・キャピタルを持った人々が集まるかについての研究と解釈できる．これらの場合の規範経済学からの判断には，利他性や使命感を持つ労働者の賃金率が市場賃金よりも低くなる，CSR が不正を増やすなどの，さまざまな難しい問題がある.

357

第Ⅲ部　行動経済学の開く未来

6.1. NPOと従業員の賃金

認可外の保育関係者に筆者らが行ったヒアリングによれば，株式会社だと利潤を追求していることが嫌で，できれば同じ認可外でもNPOの組織に勤めたいという意見があった．株式会社だと子供のことを第一に考えてくれない，という理由であった．しかし，利潤を追求していても，サービスがよくないと保育園として人気がでないので，子供たちの環境はよくなるはずだ．NPOであっても，子供たちの環境をよくするためという理由で，赤字で運営することはできない．株式会社だと利潤追求のために，保育士の質を考えないで低賃金で雇用するという批判もあるが，質が低い保育ばかりになるなら保育園の人気が下がってしまう．NPOの保育園なら優れた運営をするかといえば，経営効率に関する圧力が小さい分，非効率な運営がなされて，保育士の賃金も低く，子供たちの環境はそれほどよくならないかもしれない．

しかし，もし利潤動機の組織で働くことが嫌で，NPOなら働きたいという人がある程度いるならば，NPOは同じ仕事であっても安い賃金でそういう人たちを雇用することができる．同じ仕事で同じ給料なら株式会社で働くよりもNPOで働きたいという人なら，NPOで働けるなら少し給料が低くても喜んで働いてくれることになるからである．つまり，利潤動機ではなく，社会的な動機で働くことに喜びを見出している分，安い給料でもいいということである．そうすれば，NPOでは，同じ質の人をより安い給料で雇うことができるので，NPOの生産性は高くなる可能性がある．

つまり，NPOでは非利潤動機だからという理由で，低い賃金で働いてもいいという人が集まってくる．NPOや公的部門で，社会のために貢献できるなら，低い給料でも構わないという人がいるなら，利潤目的の企業でも社会的責任投資（CSR）に積極的だということであれば，少し給料が低くても構わないと思う人もいるはずである．実際，Nyborg and Zhang（2013）は，ノルウェイのデータを使って，学歴，性別，地域，産業などをコントロールしても，CSRにより多く支出している企業ほど，従業員の給料が低いことを明らかにしている．関連した議論に，特定の仕事をすること自体に喜びをもっている労働者を選ぶために，あえて賃金を引き上げないで人手不足の状態を保つという議論がある（Heyes 2005）．看護師や教師という職業をすること自体から効用を得る人は，職業意識が高く生産性も高い．しかし，そうした人たちは低い賃金であっても，その職業

を選択する．しかし，賃金を高めると所得が高いことに魅力を感じてその職業に就きたいという人が参入してくるため，逆に生産性が下がってしまう．そのため，低賃金でも働きたいという職業意識の高い人を選ぶために，低賃金を提示するというものである．利他的な仕事や社会貢献をしたいという人を選ぶために，低賃金を提示するということが生じている可能性がある．

6.2. CSR と従業員の社会的選好

　公的な部門で働きたいとか NPO で働きたいという人は，もともと人のために働くことが好きなのだから，公共心が高く，人と協力的な仕事の仕方ができるかもしれない．もしそうなら，CSR に熱心な企業だとイメージが認識されれば，人と協力して仕事をする人を採用することができるだろう．組織において，協力して仕事をするという特性は非常に重要である．チームで仕事をする場合，個人の働きぶりが完全には観察できないなら，人は他人の努力にただ乗りして，手を抜いて仕事をしたいという誘惑にかられる．もし，利己的な考え方をもっている人ばかりが集まれば，チームの生産性は激減する．つまり，チームプレイが重要な職場では，人と一緒に協力して仕事をすることを重視するような従業員を採用することができれば，従業員の仕事ぶりがよくわからなくても，高い生産性を維持できる．採用の際に，「協力することが好きですか」というような質問をしてもなかなか見抜くことは難しい．CSR に熱心な企業であることを示せば，協力的な従業員を採用することが可能になるかもしれない．

　CSR に熱心だと，本当に協力を重視する従業員を集めることができるだろうか．Brekke et al.（2011）は，公共財ゲームを実験室で行ってそれを確認した．彼らは，公共財ゲームの設定を標準的なものと少し変えたのである．青チームに入ると公共財ゲームでの賞金に加えて，1,000円プラスされて参加料がもらえる．一方，赤チームに入ると参加料はもらえないが，1,000円が赤十字に寄付される．つまり，公共財ゲームの報酬に加えて，参加料1,000円が追加的にもらえるチームと1,000円分赤十字に寄付できるチームである．彼らは，この青チームと赤チームのどちらに参加するかを，実験参加者に選ばせた．そうして，公共財ゲームをさせると，青チームの参加者は，先行研究における実験と同様に，繰り返しゲームを行うことで公共財への支出額がすぐに減少していった．ところが，赤チームでは，公共財への支出額は30回繰り返しても，減少しなかった．

第Ⅲ部　行動経済学の開く未来

　つまり，寄付をするということに価値を見出す人たちは，チームで協力することにも積極的だったのだ．あるいは，寄付をするということを選んだ人たちは，チームで協力するだろうと参加者が予測するため，結果的にも協力行動が促進されたかもしれない．社会には，利己的なタイプの人もいれば，他の人のためになることをしたいと思っている向社会的な人もいる．人の働きぶりを常時監督することができないとすれば，できるだけ他人の努力にフリーライドしない向社会的な人を採用することが重要である．あるいは，向社会的な人が多いという信念を社員が共有することによって，社員の向社会的行動を引き出すことができる可能性がある．CSR活動を積極的にすることは，他人の努力にフリーライドしない従業員を採用することにつながる．

6.3.　CSRが不正行為を増やす

　CSRは向社会的な労働者を採用することに貢献するかもしれないが，CSRに熱心だと従業員の不正行為を促進してしまうという意外な研究も存在する．List and Momeni（2017）は，賃金の一定割合を先払いして，残りを作業完了後に支払うという仕事をネット上で多数の労働者に依頼した．その際，一部の労働者には，賃金の一定割合をユニセフの教育プログラムに企業が利潤から寄付するというメッセージを出した．つまり，CSR活動をするという企業のもとで働いていると従業員に意識させた．社会貢献をしている企業のもとで働くなら，真面目に働こうという従業員は思うと予想できる．しかし，実際には，CSRのメッセージを受け取った従業員は，先払いの給料だけをもらって仕事をしない比率が高まった．彼らは，CSR企業で働くという善い行いをしたら，別のところでは悪い行いをしてもいいと思うという人間の特性がこのような結果をもたらしたのではないか，と推測している．CSR企業で働くことに，免罪符効果が発生しているのである．つまり，良いことをしているという自己イメージをCSRで満たされるならば，別の側面で悪いことをしても自己イメージが保たれると感じてしまう．この実験では，短期的な雇用関係だったために，このようなことが観察されただけかもしれないし．労働者を募集した後に，このような条件提示をしているため，セレクションの影響がないということも反映している．

7. 結論

　本章では，市場メカニズムと共同体メカニズムの混合について，どのような行動経済学的に考察する際の理論的な枠組みと実証的な研究の紹介を行った．サービスの質の向上が市場メカニズムだけでは十分に見込まれない業種において，向社会性をもとにした共同体メカニズムが有効に機能する可能性がある．そのようなメカニズムが機能するためには，人々の向社会性が教育や環境によって変化することが重要である．そして，そのもとで厚生評価を行うための枠組みとして，本章では徳倫理に基づく理論的枠組みを提供し，向社会性を内生的選好として考えた理論モデルを紹介した．さらに内生的選好だけではなく，広く利他性，応報性，使命感などから働く共同体メカニズムを考えるために，ヒューマン・キャピタル，ソーシャル・キャピタル，スピリチュアル・キャピタルの役割について考察した．そして，向社会性が教育によって変化することや向社会性をもった人を集めることについての実証的・実験的研究を紹介した．

　理論研究の面では，内生的選好についての徳倫理を導入した規範経済学分析の数学モデルの枠組みが2節で説明したように研究させている．これに対し，3種類のキャピタルの共同体メカニズムへの影響についてのそのような枠組みの構築は今後の課題である．

　実証研究の面では，本章の最初で言及した保育委託は，共同体に関する行動規範経済学について考えていくためには比較的に研究を進めていきやすくかつ重要な例であろう．本章の2節で説明した京都市立病院の保育委託と比較して共同体メカニズムが委託後も機能したと考えられるという意味で対照的な例が，2008年の大阪大学と徳島大学の保育業務の委託である．大阪大学は，営利企業と委託契約を結んだが，その契約には保育士や他の職員の継続雇用だけではなく，彼らの待遇を悪化させないという継続条項が入っていた．これらの契約の条項が委託後の共同体メカニズムの機能のために重要であったと考えられる．また，徳島大学は営利企業ではなくNPOに保育を委託した．このような契約によって，大阪大学と徳島大学の保育園の保育の質は維持されたと考えられる．ただし，保育の質に関する科学的な調査が行われた京都市立病院の場合と異なり，大阪大学と徳島大学の保育の質について同様の調査が行われたわけではない．しかし，大阪大学では継続条項が保育士と園児たちとOBを含む保護者たちの共同体を守ることに

第Ⅲ部　行動経済学の開く未来

寄与した結果，保育の質を高く保つ効果を持ったことが，保育士とOBを含む保護者とが協力したシンポジウムの開催などから伺われる[8]．また，徳島大学では園児の人数が2008年の約40人から，2017年には約120人となっており，NPOに保育を委託したことで保育の質が高く保たれる効果を持った可能性がある．

　保育をNPOに委託する場合は，NPOは共同体メカニズムに属しているが，NPOが保育士や職員を雇用する労働市場と，NPOが保育サービスを提供し，家計が保育料を支払って購入する保育サービス市場は，市場メカニズムに属する．一方，営利企業に委託する場合は，営利企業そのものは利潤最大化を行う組織であるので，保育士の労働市場と保育サービス市場に加えて，保育委託市場と保育士と園児とその保護者たちとの共同体メカニズムの混合をどのようにすべきか，という問題が発生する．また，NPOが営利企業よりも質の高い保育サービスを提供するとは限らないので，共同体メカニズムがよく機能するには，どのような条件が必要か，という問題がある．

　保育委託だけではなく，介護や看護でも共同体メカニズムが重要であろう．少子高齢化の進む日本で，共同体メカニズムの実証経済学的分析と規範経済学分析を進めていくことが行動経済学の喫緊の課題であると考える．

引用文献

Akerlof, G. A., 1982. Labor contracts as partial gift exchange. Quarterly Journal of Economics 97 (4), 543-569.

Alan, S. and S. Ertac, 2017. Belief in hard work and altruism: Evidence from a randomized experiment. HCEO Working Paper Series 2017-053. Human Capital and Economic Opportunity Working Group, University of Chicago.

Alan, S. and S. Etrac (forthcoming). Fostering patience in the classroom: Results from randomized educational intervention. Journal of Political Economy.

Algan, Y., P. Cahuc, and A. Shleifer, 2013. Teaching practices and social capital. American Economic Journal: Applied Economics 5(3), 189-210.

Barro, R. J., 1974. Are government bonds new wealth? Journal of Political Economy 82, 1095-1117.

Becker, G. S., 1974. Theory of social interactions. Journal of Political Economy 82, 1063-1093.

8）保育と行動経済学のシンポジウムが大阪大学社会経済研究所行動経済学センターと大阪大学たけのこ保育園の共催で開催された（池・坂東・粂・近藤・大竹・大垣 2014）．

Becker, G. S. and C. B. Mulligan, 1997. The Endogenous determination of time preference. Quarterly Juornal of Economics 112, 729-758.

Bhatt, V. and M. Ogaki, 2012. Tough love and intergenerational altruism. International Economic Review 53, 791-814.

Bhatt, V., M. Ogaki and Y. Yaguchi, 2015. Normative behavioural economics based on unconditional love and moral virtue. Japanese Economic Review 66(2), 226-246.（＝2017（翻訳）無条件の愛と道徳的な徳にもとづく規範行動経済学．三田学会雑誌 104(4), 21-46.）

Bhatt, V., M. Ogaki, and Y. Yaguchi, 2017. Introducing virtue ethics into normative economics formodels with endogenous preferences. University of Rochester, Rochester Center for Economic Research Working Paper No. 600.

Bourdieu, P., 1986. The forms of captial. J. Richardson ed., Handbook of Theory and Research for the Sociology of Education, Greenwood, 241-258.

Bowles, S. and H. Gintis, 2002. Social capital and community governance. Economic Journal 112 (483), F419-F436.

Brekke, K. A., K. E. Hauge, J. T. Lind, and K. Nyborg, 2011. Playing with the good guys. A public good game with endogenous group formation. Journal of Public Economics 95 (9-10), 1111-18.

Cantoni, D., Y. Chen, D. Y. Yang, N. Yuchtman and Y. J. Zhang, 2017. Curriculum and ideology. Journal of Political Economy 125(2), 338-392.

Cooper, D. J. and J. H. Kagel, 2016. Other-regarding preferences: A selective survey of experimental results, J. H. Kagel and A. Roth, eds., The Handbook of Experimental Economics, Volume 2, Princeton University Press, Princeton.

Dahlsgaard, K., C. Peterson, and M. E. P. Seligman, 2005. Shared value: The convergence of valued human strengths across culture and history. Review of General Psychology 9, 203-213.

Fogel, R. W., 2000. The Fourth Great Awakening & The Future of Egalitarianism. University of Chicago Press, Chicago.

Hayami, Y., 1989. Community, market, and state. A. Masunder and A. Valdes eds., Agriculture and Governance in the Interdependent World, Gower Publishing, Aldershot, U.K.

Hayami, Y., 2009. Social capital, human capital and the community mechanism: Toward a conceptual framework for economists. Journal of Development Studies 45(1), 96-123.

Heyes, A., 2005. The economics of vocation or 'why is a badly paid nurse a good nurse'? Journal of Health Economics 24(3), 561-569.

池 道彦，坂東昌子，粂 昭苑，近藤科江，大垣昌夫，大竹文雄，2014. シンポジウム『保育と行動経済学―学内保育園を通じて―』，行動経済学 7, 101-129.

Ito, T., K. Kubota and F. Ohtake, 2018. Long-term consequences of the hidden curriculum on social preferences, mimeo.

Kaplow, L. and S. Shavell, 2011. Any Non-welfarist method of policy assessment violates the pareto principle. Journal of Political Economy 109(2), 281-286.

第Ⅲ部　行動経済学の開く未来

苅谷剛彦，1995．大衆教育社会のゆくえ：学歴主義と平等神話の戦後．中央公論社，東京．

厚生労働省，2017．平成27年度　高齢者虐待の防止，高齢者の養護者に対する支援等に関する法律に基づく対応状況等に関する調査結果（2018年3月）．http://www.mhlw.go.jp/stf/houdou/0000155598.html

厚生労働省，2018．平成28年度　高齢者虐待の防止，高齢者の養護者に対する支援等に関する法律に基づく対応状況等に関する調査結果（2018年3月）．http://www.mhlw.go.jp/stf/houdou/0000196989.html

Kubota, K., A. Kamesaka, M. Ogaki, and F. Ohtake, 2013. Cultures, worldviews, and intergenerational altruism, Paper Presented at the European Regional Science Association 2013 Congress.

Lee, S. Y., Kim, B.-Y., H. U. Kwon, Lim, M. Ogaki, and F. Ohtake, 2013. Altruistic economic behavior and implicit worldviews, Paper Presented at the 7th Annual Meeting of Association of Behavioral Economics and Finance.

Lillard, D. R. and M. Ogaki, 2005. The effects of spiritual capital on altruistic economic behavior, Manuscript, Conell University and Ohio State University.

List, J. A. and F. Momeni, 2017. When corporate social responsibility backfires: Theory and evidence from a natural field experiment, NBER Working Paper 24169.

Mulligan, C. B., 1997. Parental Priorities and Economic Inequality, University of Chicago Press, Chicago.

Nyborg, K., 2014. Do responsible employers attract responsible employees? IZA World of Labor (May), 1-10.

Nyborg, K. and T. Zhang, 2013. Is corporate social responsibility associated with lower wages? Environmental and Resource Economics 55(1), 107-17.

大垣昌夫・田中沙織，2018．行動経済学：伝統的経済学との統合による新しい経済学を目指して．新版，有斐閣，東京．

岡部光明，2017．人間性と経済学―社会科学の新しいパラダイムを目指して―．日本評論社，東京．

大倉得史（編著），2017．先生，ボクたちのこときらいになったからいなくなっちゃったの？ひとなる書房，東京．

Sandel, M., 2009. Justice: What's Right Thing to Do? Farrar Straus & Giroux.（マイケル・サンデル　鬼澤　忍（訳）2010．『これからの「正義」の話をしよう―いまを生き延びるための哲学』早川書房）

Sasaki, S., N. Okuyama, M. Ogaki, and F. Ohtake. 2017, Education and pro-family altruistic discrimination against foreigners: Five-country comparisons. The Institute of Social and Economic Research Discussion Paper No. 1002, Osaka University.

Schmidt, K. M., 2011. Social preferences and competition. Journal of Money, Credit and Banking 43, 207-231.

Temkin, L. S., 2011. Rethinking the Good: Moral Ideas and the Nature of Practical Reasoning.

Oxford University Press, UK.

Thaler, R. H. and C. R. Sunstein, 2008. Nudge: Improving Decisions about Health, Wealth, and Happiness, Yale University Press.（リチャード・セイラー，キャス・サンスティーン（著）遠藤真美（訳）2009.『実践行動経済学——健康，富，幸福への聡明な選択』日経 BP 社）.

内山勝利（責任編集），2018，哲学の歴史 1：哲学誕生．中央公論新報社．

Verter, B. 2003, Spiritual capital: Theorizing religion with bourdier against bourdier. Sociological Theory 21, 150-174.

索　引

欧　字

AI（人工知能）　207
EDGAR システム　240
Google Search Volume Index（SVI）
　　237
GSOEP のデータ　163
LASSO　211

あ　行

アンカリング　76
　　——効果　75
アンダープライシング　241
アンダーライター　233
暗黙思考処理　182
維持期　51
意志決定　179
意志力の限界　179
異世代間利他主義　344
因果効果　87
エゴ枯渇（ego depletion）　184
　　——説　180
エッジ媒介中心性　222
応報性　341
オープンアクセス化　317
オプトアウト　3
オプトイン　3

か　行

会計発生高　213
外部性　328
快楽主義　150
過学習　216
格差　313
確実性効果　193
確実同値額　114
学習効果　308
確率荷重関数　97, 98, 115
過剰加重　193
価値関数　114
価値誘発理論　127, 135
株価の予測可能性　207
カレンジン人効果　306
感性マーケティング　57
機械学習　207
機会費用　234
　　——仮説　187
帰結主義　341
記号的処理　182
期待効用理論　103, 132
規範経済学　341
規範行動経済学　339
規範的な効用　189
規範倫理学　341
規模　212
義務論　342

367

逆選択モデル　232
逆選択理論　236
逆の因果関係　154
逆U字仮説　314
強化因子感応理論　55
教師企業　220
競争均衡　291
均衡配分　294
近視眼的　192
金銭的インセンティブ　3, 43
クールシステム　182
クラウディング・アウト　9
グラフ理論　221
繰り返しゲーム　139
グリット（Grit）　245
クロスセクション　207
　　──の予測ファクター　212
経験的システム　182
経済実験　287
経済心理学　100, 316
計量経済学　150
ケーキ問題　195
結婚　149
現在バイアス（双曲性）　25, 37, 181
限定合理性　217
向社会的組織　357
肯定的感情　152
行動意思決定論　99
行動ゲーム理論　128
行動変容　25, 47
　　──ステージモデル　47
　　──のプロセス　49
幸福感　149
合理的システム　182
誤行動（misbehavior）　180
固定効果モデル　161

固定思考（fixed mindset）　247, 261
固定理論　257
コミットメント　36

さ　行

最後通牒ゲーム　320
裁定取引の限界（limits to arbitrage）
　　223, 233
時間選好　28
時間非整合性　181
時間割引率　25, 347
資金援助仮説　168
時系列予測　208
資源仮説　185
次元の呪い（Curse of dimensionality）
　　212
自己肯定感　267
自己制御資源枯渇　75
資産価格評価モデル　207
市場原理　288
市場メカニズム　308
システマティック処理　73
自制（self-control）　48
自然言語処理　208
自然実験　154
実験経済学　125
実験室実験　27
実行期　51
資本資産評価モデル（CAPM）　209
使命感　341
社会階層　315
社会経済の安定化　289
社会心理学的行動理論　51
社会的強化（social reinforcement）
　　53

索　引

社会的厚生関数　342
社会的選好　339
社会平等仮説　168
奢侈財　199
囚人のジレンマ・ゲーム　140
週末効果　208
主観的意識　313
主観的確率　99
主観的期待効用理論　99
主観的幸福感　150
主体均衡　196
主体的意思決定　47
需要調査（ロードショー）　230
準双曲型の割引　192
順応　149, 163
準備期　51
証券市場線（SML）　209
情動効用　189
情動最適　189
情動処理　182
情動的・反射的な処理システム　180
情報顕示理論　233
情報伝播　219
情報の非対称性　232
初期収益率　229
所得分配政策　313
所得再分配選好　313, 316
自律的システム　182
新規株式公開（IPO）　229
心理学要因仮説　188
精緻化見込みモデル　73
成長思考（growth mindset）　247, 261
生物心理学理論　55
生理基盤仮説　188
セットポイント仮説　156

セルフコントロール（自制）　179
選好の正則性の仮定　76
選択バイアス　163
選択配偶仮説　149, 166
センチメント　235
先天的資質　247
臓器提供意思表示　47
双曲線関数　103
双曲線割引関数　110
双曲割引　48
操作変数法　154
増大理論　257
贈与交換　344
損失回避　26, 33
損失フレーム　33

た　行

態度・行動変容の実証（アクションリサーチ）　61
妥協効果　77
多数効果　77
ダブルオークション　307
注意葛藤課題　186
超過需要関数　292
月替り効果　208
デコイ効果　77
デフォルト設定　37
伝統的経済学　30
投資家の合理性　210
道徳評価関数　348
徳倫理　339

な　行

内生性　150

369

内生的時間選好　347
内生的社会的選好　347
内生的選好　347
　——モデル　339
内発的動機　9
ナッジ　3
二重過程理論　72
二重自己（dual-self）　181
　——モデル　179
二重処理仮説　181
二重処理理論　179
認知（的）不協和理論　51, 277
認知能力　339
ネットワーク解析　217
脳科学　318
ノード　221
　——媒介中心性　222
ノンパラメトリック　216

は　行

バイアス　72
背景対比効果　77
パレート基準　348
パレート効率性　342
ハロウィーン効果　208
反グローバル化　313
判断バイアス　193
非加法的確率　106
非対称性支配効果　77
ビッグ5　54
否定的感情　152
ヒューリスティックス　72
非誘惑財消費　197
フィールド実験　17, 154
賦存効果　193

ブックビルディング（BB）　230
不平等　315
プリンシパル—エージェントモデル
　50
フレーミング　76
プレシジョン・ナッジ　21
プロスペクト理論　106, 234
分析的システム　182
文脈効果　77
ベースライン仮説　156
変化に対する順応（adaptation）　157
報酬支払法　127
簿価時価比率　212
ホットシステム　182
ホモエコノミカス　341

ま　行

マインドセット（Mindset）　245
マズローの欲求5段階説　53
幻効果　77
満足遅延実験（マシュマロテスト）
　183
見えざる手　288
魅力効果　77
民族多様性　287, 289
無関心期　51
MUSUBU アプローチ　62
明示思考処理　182
迷信　238
免罪符効果　360
目標設定理論　47, 50

や　行

融合研究　317

索　引

誘惑効用関数　190
誘惑財　199
　——消費　197
誘惑理論　179

ら　行

ランダム化比較試験　　5
ランダム支払法　　127, 137-139
利己的行動　322
離散均衡　296
リスク回避的　209
理性処理　182

理性的・分析的な処理システム　180
利他性　340
利他的動機　327
リバタリアン・パターナリズム　201
類似性効果　77
劣最適な（suboptimal）行動　180
劣等財　199
連想的処理　182
労働生産性向上　245

わ　行

ワシントン・コンセンサス　288

執筆者一覧（執筆順）

依田高典（いだ・たかのり）　京都大学大学院経済学研究科教授
編者，第1章執筆

石原卓典（いしはら・たくのり）　京都大学大学院経済学研究科博士課程
第1章執筆

佐々木周作（ささき・しゅうさく）　京都大学大学院経済学研究科特定講師
第2章執筆

大竹文雄（おおたけ・ふみお）　大阪大学大学院経済学研究科教授
第2章，第14章執筆

八木　匡（やぎ・ただし）　同志社大学経済学部教授
第3章執筆

瓜生原葉子（うりゅうはら・ようこ）　同志社大学商学部准教授
第3章執筆

星野崇宏（ほしの・たかひろ）　慶應義塾大学経済学部教授
第4章執筆

竹内真登（たけうち・まきと）　東北学院大学経営学部講師
第4章執筆

竹村和久（たけむら・かずひさ）　早稲田大学文学学術院教授
第5章執筆

村上　始（むらかみ・はじめ）　日本学術振興会特別研究員 DC2（早稲田大学大学院
文学研究科）
第5章執筆

川越敏司（かわごえ・としじ）　公立はこだて未来大学システム情報科学部教授
第6章執筆

筒井義郎（つつい・よしろう）　甲南大学経済学部特任教授
第7章執筆

池田新介（いけだ・しんすけ）　関西学院大学大学院経営戦略研究科教授
第8章執筆

岡田克彦（おかだ・かつひこ）　関西学院大学大学院経営戦略研究科教授
編者，第9章執筆

羽室行信（はむろ・ゆきのぶ）　関西学院大学大学院経営戦略研究科准教授
第9章執筆

髙橋秀徳（たかはし・ひでのり）　名古屋大学大学院経済学研究科准教授
第10章執筆

川西　諭（かわにし・さとし）　上智大学経済学部教授
第11章執筆

田村輝之（たむら・てるゆき）　京都経済短期大学経営情報学科講師
第11章執筆

下村研一（しもむら・けんいち）　神戸大学経済経営研究所教授
第12章執筆

大和毅彦（やまと・たけひこ）　東京工業大学工学院経営工学系教授
第12章執筆

山村英司（やまむら・えいじ）　西南学院大学経済学部教授
第13章執筆

大垣昌夫（おおがき・まさお）　慶應義塾大学経済学部教授
第14章執筆

●編著者紹介

依田高典（いだ・たかのり）　京都大学大学院経済学研究科教授
1965年新潟県生まれ．1989年，京都大学経済学部卒．1995年，京都大学大学院経済学研究科
博士課程修了．博士（経済学）．現在，京都大学大学院経済学研究科教授．その間，イリノイ
大学，ケンブリッジ大学，カリフォルニア大学客員研究員を歴任．

岡田克彦（おかだ・かつひこ）　関西学院大学大学院経営戦略研究科教授．（株）Magne-Max
Capital Management CEO/CIO
Morgan Stanley & Inc, New York, Tokyo, UBS Securities, Tokyo, Halberdier Capital Management
Ptd Ltd, Singapore 共同創業者を経て現職．専門は行動ファイナンス．博士（経営学）．

行動経済学の現在と未来

2019年 9 月25日　第 1 版第 1 刷発行

編著者——依田高典・岡田克彦
発行所——株式会社日本評論社
　　　　　〒170-8474　東京都豊島区南大塚3-12-4　電話　03-3987-8621（販売），8595（編集）
　　　　　振替　00100-3-16
　　　　　https://www.nippyo.co.jp/
印　刷——精文堂印刷株式会社
製　本——株式会社難波製本
装　幀——林　健造
検印省略 © 行動経済学会, 2019
Printed in Japan
ISBN978-4-535-55909-7

JCOPY　〈(社)出版者著作権管理機構 委託出版物〉

本書の無断複写は著作権法上での例外を除き禁じられています．複写される場合は，そのつど事前に，(社)出版
者著作権管理機構（電話 03-5244-5088，FAX 03-5244-5089，e-mail: info@jcopy.or.jp）の許諾を得てください．ま
た，本書を代行業者等の第三者に依頼してスキャニング等の行為によりデジタル化することは，個人の家庭内の利
用であっても，一切認められておりません．